# 唐宋時代刑罰制度の研究

東洋史研究叢刊之七十四

辻正博 著

京都大学学術出版会

# 序　論――問題の所在と本書の構成

本書は、唐宋時代の刑罰制度について、特に追放刑[1]と労役刑に焦点を絞って考察を加え、その特質を明らかにしようとするものである。

唐宋時代の刑罰制度は、北朝に直接的な淵源を有し、唐初に完成を見た「唐律」に規定された刑罰体系を根幹とする。笞・杖・徒・流・死の「五刑」を主刑とする刑罰体系は、その後、明清律に至るまで大きな影響を持ち続けた。本書が唐律の刑罰体系を主たる考察対象とする理由の一つには、前近代中国の法制においてそれがきわめて重要な位置を占めていることがある。

さて、一般に、「律」と「礼」とは表裏一体の関係にあり、礼の規範を逸脱した行為を律によって裁くと言われる。しかし、礼と律とが本来、独立して成立・発展してきたこともよく知られた事実である。では、両者はいつ、いかにして邂逅し、密接不可分の関係を結ぶに至ったのであろうか[2]。本書ではこの問題について、流刑の成立を切り口として考察を進める。

唐律の五刑において、流刑は死刑に次ぐ重刑である。しかし、秦漢から魏晋南朝に至るまで継受されてきた刑罰体系の中に、「流刑」なる刑罰は存在しない。死刑の次に位置づけられた刑罰は、秦から前漢初期までは「肉刑」（身体毀損刑）だったのであり、前漢の文帝によって肉刑が原則として廃止されると、労役刑が死刑に次ぐ重刑となった。爾来、死刑と労役刑を根幹とする刑罰制度が、王朝の基本制度として維持・継承されてきたのである。その意味で、唐律の五刑は秦漢以来の刑罰制度と一線を画するものであった。

秦漢の刑罰制度における主刑と唐律の五刑とを比較したとき、後者の特徴のひとつとして挙げ得るのが、流刑の存在である。本書が流刑を考察の中心に据えるのは、それが唐律の刑罰体系を特徴づける刑罰であると考えたためである。流刑が主刑の一つを構成するようになったのは北魏に始まるが、秦漢から魏晋南朝にかけての時代においても、外見上流刑に類似した処罰が見られた。従来、そうした処罰は、ともすれば流刑の先駆形態と見なされ、唐律の流刑に擬えて議論されてきた。しかし、そうした安易な比定を行うことは、却って流刑とは何かという問題の本質を曖昧にし、或いは見誤らせるおそれがある。**第一章**において、秦漢時代にまで遡って唐律の流刑の淵源について考察を行うのは、流刑の本質を見極め、その成立を歴史的に位置づけようとするために他ならない。

さて、唐律の流刑制度は、唐律の規定やその公式解釈たる「疏」、『唐令拾遺』『唐令拾遺補』として復原された唐令の規定等を総合してこれまで論じられてきたが、二〇〇六年十一月、寧波・天一閣博物館蔵「明鈔本天聖令」が正式に公開されたことにより、唐代律令研究は新たな段階を迎えることとなった。「明鈔本天聖令」は「宋令」と「不行唐令」の二つの部分に分かれるが（後掲の「凡例」を参照）、後者は内容的に見て、開元二十五年令に依拠するものと考えられている[3]。つまり、「明鈔本天聖令」の公開により、これまで逸文でしか知り得なかった唐令の条文そのものが、我々の眼前に供せられることとなったのである。とりわけ、刑罰制度研究に直接関わる「獄官令」は、全六十二条、うち、「宋令」五十九条、「不行唐令」十二条と多くの条文を存する（詳細は、附篇第二論文を参照）。「不行唐令」の条文には、『唐令拾遺』『唐令拾遺補』で復原されていた唐令とほぼ同文のものもある一方、今回新たに知られることとなった条文もある。**第二章**において、唐律の流刑制度について概観を試みたのは、かかる研究の新段階に際会して新たな唐代法制史料を得たことにより、流刑の制度的内容について改めて考察を加え、その特徴をいま一度確認しておきたいと考えたからに他ならない。それはまた、唐律の流刑を歴史的に位置づけるための基礎作業でもある。

唐の律令は、王朝が成立して間もない時期にその骨格が定まり、その後三百年近くもの間、国家の根幹を担うこととなった。換言すれば、律令が前提としたのは、唐朝が成立した直前の時代、すなわち六世紀後半から七世紀初めにかけての社会だということになる。そのため、本書の研究対象である流刑制度に限って言えば、唐律の理念と刑罰執行の実際との間に、看過し難い乖離が当初より存在していた。**第三章**では、そうした問題について、流人の放還規定の問題を中心に考察を加える。唐律の規定によれば、流刑とは、遠隔地への強制移動（追放）と配所での期限付きの強制労働（居作）とを組み合わせた刑罰であり、刑の執行は、流人が配所に到着したことをもって完了する。したがって、恩赦による流人の放還は、唐律の理念から言えばあり得ないことであった。ところが、実際には恩赦による流人の放還がしばしば行われ、のちには、一定期間が過ぎれば恩赦の有無にかかわらず放免されるようになる。経書の理念を具現化すべく制定された律の流刑は、刑罰を運用する段になって現実の社会と向き合い対応を迫られる中で、期限つきの追放刑となることを餘儀なくされたのである。

前篇ではこのように、唐律の流刑について、歴史的淵源を考察することによってその特質を明らかにし、それが経書の理念を具現化した刑罰であり、それゆえ、刑罰の理念と刑罰執行の実際との間に生じたギャップを埋める必要に迫られたことを論じる。流刑は、言わば「礼教の刑罰」である。それゆえ、刑罰を実際に運用する段になると、さまざまな困難に直面した。そもそも、流刑が死刑に次ぐ重刑かどうかも、現実には心許ないところがある。古来、上代中国における「安土重遷」（郷里定住への執着）の風潮が、流刑が重い刑罰であることの根拠とされてきたが、これとて共同幻想の域を出ない。唐朝が、律の流刑に杖刑の要素を附加し、或いは配所を瘴癘の地に限定した「律外の流刑」を用意したのは、必然的な現実的対応であったと言い得る。また、何よりも流刑の実効性を裏づけていたのは、地方の官庁が流人を監視して、配所から自由に移動できないようにしておくことであった。そして、この監視が不十分なものとなった時、流刑は、刑罰として成立し得なくなったのである。唐末五代の時期、執行に時間のかかる流刑は、執行困難な刑罰となり、国家の主たる刑罰とは言い難くなっていた。軽罪犯には杖刑を、重罪犯には死刑を与えることにより、王朝は何とか威信を保とうとしたのである。

唐代後半以降、唐朝は榷塩法に代表される専売制度の実施により財政の維持を図ったが、それは、塩の密売（私塩）の横行を招来した。国家は、自らと利益を争う者を厳しく取り締まるため、必然的に彼らに厳刑を科した。唐末五代の刑罰は、専売法違反と盗罪とを中心に峻酷なものとなったが、裏を返せば、それは王朝が治安の維持に汲々としているさまを反映していたと言い得る。

それゆえ、新たな統一王朝たらんとする宋朝には、酷法を緩和する必要があった。事実、王朝に対抗する勢力が消滅してゆくにつれて、治安は向上し、すぐに死刑となってしまう法の存在が却って皇帝の信望を損ないかねなかったのである。死刑と杖刑のあいだに位置する「中間刑」を執行刑として創設することは、王朝にとって喫緊の課題となった。後篇では、新たな「減死一等の刑」として創設された配流刑・配軍刑を中心に、宋代における追放刑・労役刑の展開について考察を加える。

すでに唐末から五代にかけての時代において、五刑の一部について、杖打刑に読み替えて執行することが行われていたが、宋朝は、徒刑以下を臀杖・脊杖に、流刑を「脊杖＋配役」に読み替えて執行する「折杖法」を建国直後に発布し、『宋刑統』にもそれが取り入れられた。これによって、徒刑は労役刑ではなくなり、流刑は追放刑的要素を失ったのである。

ところが、『刑統』の流刑が折杖法により読み替えて執行される刑罰のうち、一年もしくは三年の「配役」すなわち有期労役刑の部分については、従来、その執行の現実性に懐疑的な見解が支配的であった。宋代には「配隷」と呼ばれる刑罰が広く行われていたという見方が、かかる見解を支えていた。折杖法の施行は、死刑とそれ以下の刑との間に横たわる軽重の格差を押し拡げる結果を招き、その格差を埋めるための新たな刑種の出現が想定されたからである。「配隷」とは、まさにそうした新刑種の名称と見なされた。**第四章**では、宋代法制史の基本史料である『宋史』刑法志を題材に採って、「配隷」とは何かについて、北宋時代を中心に概観を試みる。まず宋代に「配隷」と総称された刑罰の内容を分析することによってその実態を解明し、ひいては宋代の追放刑・労役刑全般についての見通しを得たいと思う。

続く**第五章**では、宋代を通じて折杖法の流刑読み替え執行規定が実行されていたことを明らかにして、通説の問題点を指摘する。さらに、流囚の服役の実際についても分析を加え、彼らが『刑統』に規定された「居作」とは全く異なる方式で労役に服していたことを指摘したい。唐律の制度をそのまま実行しようにも、時代はあまりにもかけ離れていたのである。唐から宋にかけて生じた社会の大きな変動は、官庁における雑役労働のあり方も一変させていた。労役は「廂軍」とよばれる雑役部隊によって担われ、刑徒もまたそうした部隊に編入されて服役していたのである。

では、死刑と流刑以下のあいだに生じた刑罰の軽重の格差は、いかにして埋められていったのであろうか。**第六章**では、この問題について考察を行う。まず注目すべきは、唐代以来、「減死一等の刑」として位置づけられてきた配流刑の存在である。律の流刑は折杖法によって追放刑的要素を喪失したが、皇帝の特旨によって科される配流刑は、宋代になっても引き続き行われていた。但し、刑罰執行の実態から見て、配流刑は二つに大別して考えるべきである。すなわち、唐代以来の「不刺面配流」と、宋代になって現われる「刺面配流」である。両者の法的な扱いは、恩赦においても峻別されている。そして、後者の刺面配流は、五代から見られる「刺面配軍」と密接に関わり合いながら、最終的には「刺配刑」として一本化され、その中で序列づけられるに至る。一方、「不刺面配流」も存続し、時に「編管」と結びついて史料に現われる。

編管もまた、宋代になって新たに登場した刑罰である。この制度については、従来、正面から取り組んだ研究に乏しく、その刑罰としての性格も曖昧なままにされてきた。**第七章**では、編管制度について、まずその語義を明らかにし、次いで刑罰としての適用対象・追放刑的要素の有無・労役の有無・刑期の問題について検討を加える。さらに不刺面配流との関係についても言及したいと思う。

以上、後篇では、宋代の刑罰制度を解明する上で重要な課題のうち、折杖法・刺配刑・編管の三者についてそれぞれ分析を加え、その歴史的な展開を中心に考察を行う。「減死一等の刑」をキーワードに、刑罰制度をめぐる宋朝の司法政策の一端を明らかにできればと思う。

なお、本書には**附篇**として、二本の論文を収録した。**第一**「唐代貶官考」は、文字通り、唐代における官人の左遷について考察したものである。唐代の官人は、律令によりさまざまな特権を保障された。「議・請・減・贖」と表現される法律上の特権によって、官人が刑罰の実刑を受けることが原則として無かったのも、その一例である。ところが、官人である以上、皇帝が決定した人事異動の結果には、問答無用で従わざるを得なかった。官人の処罰について記した唐代の史料には、配流と貶官を並べて書いたものが散見するが、それは、辺地への貶官を配流のヴァリエーションとして理解したものであろう。論文自体は、唐代の左遷ポストの分析に重心が置かれているが、前篇第二章の内容に関係するところもあり、附篇として本書に収めた。

附篇**第二**「天聖獄官令と宋初の司法制度」は、「明鈔本天聖令」の獄官令の条文を分析し、宋初の司法制度との関係について述べたものである。天聖令の諸条文は、成り立ちが各々異なっており、また、天聖令と同時期に編纂された編勅や附令勅が散逸してその内容がほとんどわからないため、宋代史の史料としては扱いづらい側面がある。この論文では、宋令のいくつかの条文について成立過程を明らかにしようと試み、天聖令の法典としての性格についても言及した。内容面で後篇所収の諸論文と相互に関連するところが多いため、附篇に収めることとした。

## 注

（1）本書では、犯罪者を僻遠の地に強制的に移動する刑罰を「追放刑」と呼称する。それは、神聖なる天子の居所たる京師（帝都）もしくは安寧に保たるべき郷里社会から、罪人を放逐（「追放」）する点を強調する意味において用いられるのであって、王朝版図の域外に罪人を「追放」する刑罰を意味しない。この点、最初に断っておきたい。

（2）たとえば、瞿同祖「中国法律之儒家化」（一九四八年初出。『中国法律与中国社会』中華書局、一九八一年所収）は、法律の儒家化は漢代に端を発するとしつつ、魏晋以降に儒臣が律を改訂するようになって、礼が律の条文の中に混ぜ込まれたと説く。また、冨谷至「晋泰始律令への道——第二部魏晋の律と令——」（『東方学報』京都第七三冊、二〇〇一年）は、前漢における「儒学の官学化」、後漢における礼教主義の盛行を承けて、礼の規定が法源化し、泰始律令が「典籍としての法典」として成立したという。では、明清律にまで継受された「律の五刑」における礼の影響とはいかなるものなのか——本書の大きな問題関心のひとつはこの点にある。

（3）坂上康俊「天聖令の藍本となった唐令の年代比定」（大津透編『日唐律令比較研究の新段階』山川出版社、二〇〇八年所収）。戴建国「《天聖令》所附唐令為開元二十五年令考」（『唐研究』一四、二〇〇八年）。岡野誠「天聖令依拠唐令の年次について」（『法史学研究会会報』一三、二〇〇九年）。

# 目次

## 後篇　宋代編配考

## 附篇第二　天聖獄官令と宋初の司法制度……459

# 凡例

・引用史料の略称については、巻末の「主な引用史料一覧」を参照されたい。

・漢文史料中の数字表記については、便宜上、大字（大写）を小字（小写）に改め、統一を図った。

・引用した漢文史料のうち、注釈（原注および後人の注）は〈 〉で括り、本文と区別した。

・史料引用に際して、字句を適宜、補足・訂正した箇所があるが、それらは〔 〕内に示した。

・簡牘史料引用の際の記号は、次のように使用する。

□　一文字不明
……　数文字不明
⧄　簡の断缺
（ ）　假借字の読み替え

・なお釈文では、原簡において重文符号の附された文字については、同じ文字を繰り返す形に改めて表記し、L字型の符号（文の句切れを示すか）については省略した。分段を示す黒丸の符号（●）についてはそのまま残した。

・本書では、唐律本文は『律音義』に、疏は『宋刑統』に拠って引用する（『宋刑統』の缺落箇所は『故唐律疏議』に拠った）。必要に応じて、『訳註日本律令』二・三（律本文篇）を参照し、条文番号もこれに拠った（「名例律1条」もしくは「唐名例律1条」のように表記する)。

・「明鈔本天聖令」の条文については、『天聖令校証』の校勘を尊重し、原則としてその「清本」(下冊所収)に拠り、字句を補正した場合にはその旨注記した。なお本書では、「明鈔本天聖令」条文のうち、「右並因旧文以新制参定」の文言より前に記された条文を「宋令」、この文言以降、「右令不行」の文言より前に記された条文を「不行唐令」と呼ぶこととする(「宋1条」、「不行唐1条」のように表記する)。

・本書では、『唐令拾遺』『唐令拾遺補』所載の唐令条文を「復旧某令」、『天聖令校証』による唐令復原案を「復原某令」と呼称する(「復旧某令1条」、「復原某令1条」のように表記する)。「復旧唐令」と「復原唐令」の内容が同じ場合は、原則として前者のみを引用した。[唐]・[貞]・[開二五]等の表示は、『唐令拾遺』『唐令拾遺補』に準拠した。なお、行論の便宜上、引用した条文に適宜アルファベットの符号を付した箇所がある。

・『養老令』の本文・条文番号・条文名は、日本思想大系本『律令』に拠る(「養老獄令1犯罪条」のように表記する)。

・本書の原稿は、二〇〇八年十月におおよその完成を見た。それ以降に入手した文献については、可能な限り参照し本書の内容に反映させようと試みたが、なお及ばなかったところがある。この点、お断りしておきたい。

# 唐宋時代刑罰制度の研究

# 前篇　唐代流刑考

# 第一章　流刑の淵源と理念

## はじめに

中国では古くから、罪人を強制的に移動させる措置を伴う刑罰が行われてきた。但し、その内容は多様であり、強制移動そのものを目的とする刑罰もあれば、行刑上の必要から罪人を移動させる場合もあった。ところが、唐律において「流刑」が五刑（主刑）の一角を占めたことから、この種の刑罰は、しばしば流刑と対比して論じられることとなった。

唐律の流刑の本質は、名例律4条の疏が『尚書』舜典の孔伝に拠って、

大罪はこれを四裔に投じ、或ひはこれを海外に流し、次いで九州の外、次いで中国の外にす。

大罪投之四裔、或流之于海外、次九州之外、次中国之外。

と説明するとおり、罪人を僻遠の地に放逐することにある。いにしえの聖君子が行ったと経書が記す「流刑」が、遥か時代を下った中世において刑罰体系の一翼を担うようになったのは、一体いかなる事情によるのであろうか。

本章では、唐律の流刑に先行する類似の刑罰、具体的には秦・漢初の遷刑、漢代から魏晋南朝にかけて見られる所謂「徙遷刑」、そして北朝の流刑について、それぞれの刑罰における強制移動のもつ意味に焦点を当てて検討を加えることとする。(1) それによって、唐律の流刑の淵源を明らかにし、その刑罰としての本質を浮かび上がらせることができるであろう。(2)

## 第一節　秦・漢初の遷刑

「遷」については、つとに沈家本が考証を行い、刑罰として「罪人を某所に遷す」事例が秦にあったことを指摘している。(3) 但し、これを「徙」と併せて一項目としていることから、沈氏は「遷」を「徙」とは別の刑罰とは考えていなかったように思われる。確かに、字義からすれば遷も徙もともに「移動する（させる）」ことであり、また伝世の文献史料にも、蜀への遷・徙を重刑として記した例が見える。沈氏が「按ずるに、漢に流罪無ければ、この徙と言ふは、乃ち死罪より減等して、誅するに忍びずしてこれを赦すなり（按、漢無流罪、此言徙者、乃由死罪減等、不忍誅而赦之也）」として、遷や徙を「死刑の代刑」として後世の流刑に擬えたのも、無理からぬことのように思われる。

久村因氏は、古代における漢民族の入蜀に関する研究のなかで、蜀の漢人の来歴を、亡命者・避難民と政策的殖民（徙民政策）の二つに大別した上で、後者の対象を庶民、罪人、捕虜の三つに分類された。このうち罪人、特に高級官僚を蜀に強制移動する措置は、秦王政（後の始皇帝）の治世の初期に確立したとされる[4]。久村氏はこの刑を「徙遷刑」と称し、前漢諸王の遷蜀刑に連なるものとして理解された。そして氏によれば、前漢の遷蜀刑とは「本刑（死刑）を特赦された場合の代刑」なのである[5]。

一九七五年に発見された「雲夢睡虎地秦簡」は、秦の遷刑に関する新たな史料を含むものであった。秦律に見える刑罰について概観した劉海年氏の論考によれば[6]、秦の遷刑は、

① 商鞅の時代に始まり、昭王や始皇の時にも広範に運用された。

② 罪人を「放逐、貶謫」する点で後世の流刑に近い。

③ 但し、秦簡の法律条文において遷刑が適用されるのは、必ずしも重罪に対してではない。「法律答問」の規定から、秦の遷刑は、刑罰等級上、徒刑である城旦よりも軽い刑罰であることがわかる。この点において、死刑に次ぐ重刑である後世の流刑とは大きく異なる。

という。劉氏は、史書に見える「遷」を秦簡の「遷」と同じ刑罰と見なして分析されているけれども、前者（沈氏の「遷・徙」、久村氏の「徙遷刑」）が死刑の代替刑であるのに対して、後者は労役刑たる城旦よりも軽い刑罰だというのであれば、両者はひとまず区別して扱われるべきであると考える[7]。また同じ理由から、遷刑を軽々に「流刑」と言い換えてしまうことには躊躇を覚える[8]。確かに、罪人を他所に強制的に移動させる限りにおいて、遷刑は後世の流刑に類似しているけれども、後述するように、強制移動のもつ意味や刑罰制度上の位置づけは異なるからである。

秦の遷刑については、近年、工藤元男氏が、秦の巴蜀支配において遷刑の果たした役割を検討した論考を発表された[9]。文献史料に基づく久村氏の研究をもとに、睡虎地秦簡に見える遷刑関連の史料を逐一検討された労作で

ある。以下、工藤氏の導き出された結論を適宜検証することによって、遷刑の性格を明らかにしてゆきたいと思う。

さて、劉海年氏が遷刑を城旦刑より軽いとする根拠とされたのは、次の「雲夢睡虎地秦簡」の史料である。

害盗別徼而盗、駕（加）罪之。●可（何）謂駕（加）罪。●五人盗、臧（贓）一銭以上、斬左止、有（又）黥以為城旦、不盈五人、盗過六百六十銭、黥劓（劓）以為城旦、不盈六百六十到二百廿銭、黥為城旦、不盈二百廿以下到一銭、罨（遷）之。求盗比此。（「法律答問」1～2）

これは、害盗（捕盗の任にある官吏）が巡邏からはずれて窃盗を犯した場合に、「加罪」、すなわち一般の窃盗よりも重罰が加えられることについて、集団の構成人数と盗贓額の多寡に応じて科される刑罰を具体的に解説した問答である。遷刑が科されるのは、五人未満の犯人が一銭以上二百二十銭未満相当の金品を盗んだ場合である。一般の窃盗の場合は、贓額が一一〇銭以上二二〇銭未満ならば耐隷臣妾、それより額が少なければ貲罪すなわち財産刑が科されると定められていた。[10] このことから劉氏は、遷刑を黥城旦よりも軽い刑罰とされたのである。

一方、睡虎地秦簡には、耐刑と遷刑を並列的に記した史料もある。

従軍当以労論及賜、未拝而死、有罪法耐罨（遷）其後、及法耐罨（遷）者、皆不得受其爵及賜。其已拝、賜未受而死及法耐罨（遷）者、鼠（予）賜。軍爵律（「秦律十八種」153～154）

軍功による授爵・賞賜に際して、本人が授与以前に死亡しその後嗣が耐刑・遷刑に当てられた場合、もしくは本人が耐刑・遷刑に当てられた場合、爵位と賞賜を受けられないこと等を定めた規定であるが、ここでは耐刑と遷

刑が並べて記されている。また、張家山漢簡「二年律令」の「告律」とされる条文には、

告不審及有罪先自告、各減其罪一等、死罪黥為城旦舂、城旦舂罪完為城旦舂、完為城旦舂罪▨▢鬼薪白粲及府（腐）罪耐為隷臣妾、耐為隷臣妾罪耐為司寇、司寇・罨（遷）及黥顏（顔）頯（頬）罪贖耐、贖耐罪罰金四両。（後略）（127〜129簡）

とある。これは、「告不審」（事実と異なる内容を告すること）や「先自告」（自首）の場合に罪一等を減ずることを定めた条文である。[11]すなわち、

死罪→黥城旦舂
黥城旦舂→完城旦舂
鬼薪白粲・腐罪（宮刑）→耐隷臣妾
耐隷臣妾→耐司寇
司寇・遷刑・黥顔頬→贖耐
贖耐→罰金四両

という具合である。ここでは、耐刑（耐司寇）や遷刑、黥顔頬が同じ等級の刑罰であるかのように記されている。ところが、同じく「二年律令」の「具律」とされる次の条文は、耐刑と遷刑の軽重関係について、別の示唆を与える。

贖死、金二斤八両。贖城旦舂・鬼薪白粲、金一斤八両。贖斬・府（腐）、金一斤四両。贖劓・黥、金一斤。贖耐、金十二両。贖罨（遷）、金八両。（後略）（119簡）

贖刑の額を黄金の重量で示したこの条文によれば、漢初の贖刑は重い順に、

「贖死」＞「贖城旦春・鬼薪白粲」＞「贖斬趾・腐」＞「贖劓・黥」＞「贖耐」＞「贖遷」

と序列づけられていたことになる。贖刑の序列が実刑の序列と異なっていることをどう解釈すべきなのか、あるいは全く別の見方をすべきなのか、未だ明確な結論を出すに至らない。

結局のところ、遷刑が黥城旦よりも軽く（劉海年説）、耐刑（耐司寇）と同等の重さをもつ刑罰として扱われることもあったという程度のことしか指摘し得ないけれども、文献史料に見える「死刑の代替刑」たる徙遷刑に比べて、秦・漢初の遷刑がかなり軽い刑罰であったことは間違いないであろう。[12]『史記』等の文献史料と睡虎地秦簡の間で、遷刑に関する史料の現れ方が大きく異なっている[13]という工藤氏の指摘は、慎重な言い回しながらも正鵠を射たものである。氏はそこに「睡虎地秦簡ではあくまで遷刑の法的規定を中心とし、文献史料では遷刑が実施された具体的な結果や運用面の記録が残されているという両者の史料的相違」が反映されている可能性を説かれるのであるが、ここでは少々別の角度から両者の違いについて言及してみたい。

久村氏のいう「徙遷刑」は、「遷徙が主刑を減免するための代刑的な意味を持っている」点で遷刑とは大きく異なっている。睡虎地秦簡や「二年律令」に見える遷刑関連の条文には、遷刑が「罪人を遠隔地に追放する刑罰」であることを積極的に示す材料を見出し得ない。遷刑を、後世の流刑の如き「追放刑」と無条件に決めてかかることはできないのである。

では、文献史料に見える秦の「徙遷刑」は、同じ「遷」の文字を含みながらも「遷刑」とは何の関わりももたないのであろうか。睡虎地秦簡によれば、秦では、刑罰以外にも行政的な措置として「人を他所に遷す」場合のあったことが知られている。具体的な遷所が記されているのは、以下に引用する二件の事例である。最初の例に

おいて遷の対象となっているのは、癘病患者である。

甲有完城旦罪、未断、今甲癘、問甲可（何）以論。当䙴（遷）癘所処之、或曰当䙴（遷）䙴（遷）所定殺。（「法律答問」122）

城旦・鬼薪癘、可（何）論。当䙴（遷）癘䙴（遷）所。（「法律答問」123）

癘病患者を「癘所（癘遷所）に遷す」ことを説明したこの問答は、工藤氏も引用され、「特定の病者に対して行われる隔離・追放という一種の行政措置であると共に、官吏や一般庶民に対する遷刑もその背後にある思想（犯罪者の追放）が共通していたことを反映するものであろう」と述べておられる[14]。患者を癘所[15]に遷したのは、他者への伝染を防止するためと考えられるので、この措置は「追放」よりもむしろ「隔離」の要素の方が強かったと思われる。さらに次の事例を見てみよう。

䙴（遷）子　爰書。某里士五（伍）甲告曰「謁鋈親子同里士五（伍）丙足、䙴（遷）蜀辺県、令終身毋得去䙴（遷）所。敢告」。告法（廃）丘主、「士五（伍）咸陽才（在）某里曰丙、坐父甲謁鋈其足、䙴（遷）蜀辺県、令終身毋得去䙴（遷）所論之、䙴（遷）丙如甲告、以律包。今鋈丙足、令吏徒将伝及恒書一封詣令史、可受代吏徒、以県次伝詣成都、成都上恒書太守処、以律食。法（廃）丘已伝、為報。敢告主」。（「封診式」46〜49）

これは、士伍の甲が自分の実子である丙を「足を鋈（よく）した上で蜀の辺県に遷し、終身遷所から出させない」よう願い出た一件を記した爰書である。睡虎地秦簡に見える「遷」の史料のうち、具体的な地名を「遷所」として示したものはこの一例のみである。父の願い出は廃丘県（内史の属県）によって聞き入れられ、遷の対象となる子を蜀の地に移送する際の手続きが細かく指示されている。

父が子を官署に訴え出た事例としては、これ以外に、

告子　爰書。某里士五（伍）甲告曰「甲親子同里士五（伍）丙不孝、謁殺。敢告」。即令令史己往執。令史己爰書、与牢隷臣某執丙、得某室。丞某訊丙、辞曰「甲親子、誠不孝甲所、毋它坐罪」。（『封診式』50～51）

がある。この場合は、父たる甲が実の子である丙を「不孝」の罪で告発し、死罪にするよう求めている[16]。秦においても父が無条件に子を殺害することは認められておらず[17]、かかる手続きを経て、公権力の裁きに委ねられねばならなかった。したがって、蜀の辺県への遷も、最終的には刑罰として行われたと思われる。

「遷子」の場合、父が子を蜀の辺県に遷してほしいと訴え出た理由は不明であるが、厳重な管理の下に身柄を移送し、遷所でも終身にわたり移動を禁止されたことを考えると、これもまた「追放」というよりは「隔離」に近い印象を受ける。

秦法、罪有らばこれを蜀漢に遷徙す。

秦法、有罪遷徙之於蜀漢。（『漢書』巻一上、高帝紀「項羽背約而王君王於南鄭、是遷也」に附された如淳注）

この史料は、秦の「遷蜀刑」について論じる際に必ず言及されるものである。久村氏はこの「秦法」に関連して、「蜀地への遷徙には或る特殊な階層がその対象となった形跡」が存し、『史記』に、

今より以来、国事を操り不道なること嫪毐・〔呂〕不韋が如き者は、その門を籍して、これに視(なら)ふ。

自今以来、操国事不道如嫪毐・不韋者、籍其門、視此。（『史記』始皇本紀、始皇十二年条）

とあるのが、如淳のいう「秦法」の始まりなのではないかと指摘されている。[18] 換言すれば、秦において罪人を蜀へ遷徙する場合はかなり限られていて、国家にとって政治的に極めて危険な人々がその対象となったということであろう。地理的に孤立したところに隔離し他者との接触を避けるという点で、蜀地は恰好の場所だったのであろう。

かつて久村氏が研究された前漢諸王の遷蜀刑も、この延長線上にあると考えられる。対象となった諸王は、必ずといってよいほど次の過程をたどって、蜀に徙されている。すなわち、

①有司が法にもとづいて裁きを行い、死刑の判決を下す。
②有司は皇帝に対し判決の裁可を求めるが、皇帝は「王を法に致すに忍びず」として列侯・二千石等による会議に付す。
③会議の結果、やはり死罪とすべしとの答申を得るが、皇帝は「王を法に致すに忍びず」として有司に再考を求める。
④有司もしくは皇帝から、王の死罪を赦免して廃位することが提案される。
⑤有司から、廃王を蜀に徙すことが提案され、皇帝はこれを裁可する。

死罪の赦免と同時になされている措置が「廃勿王」つまり王の廃位であることを、まず確認しておきたい。蜀への徙遷は、廃位の後に議論・提案されているのである。しかも廃王には皇帝から湯沐邑の賜与など生活を保障する措置がとられたため、後世の流刑囚が配所で味わう労苦とは無縁であった。

要するに、前漢諸王の遷蜀刑には、廃位した王を隔離・幽閉するという側面があった。[19]「死刑の代刑」という面も一概に否定し切れないけれども、後世の流刑との類似・対比からこの点をあまりに強調しすぎると、事柄の

本質を見誤りかねない。ちなみに、廃王を辺鄙な土地に幽閉する措置は唐代でも見られ、「安置」の名で呼ばれている。[20]

## 第二節　漢・魏晋南朝の「徙遷刑」

### 一　漢代の「徙遷刑」

漢代の「徙遷刑」についてはすでに大庭脩氏の先駆的な研究があり、[21] また邢義田氏に「安土重遷」の観点から徙民政策と遷徙刑（徙遷刑と同義）を対比した論考がある。[22]

大庭氏によれば、「徙遷刑」、すなわち、罪人を強制的に辺郡へ移動させる刑罰が、従来、漢の刑罰体系の中で曖昧な扱いを受けてきたのは、それが「流刑とは違って本刑たる死刑を特赦された場合の代刑であると考えられたために、また、漢代では流刑と呼ばれなかったため」であるという。そこで氏は、両漢を通して刑罰として罪人を辺郡に徙遷した事例を逐一検討し、そこから帰納して以下の結論を導き出された。

①漢の徙遷刑のはじまりは、前漢の元帝から成帝の河平年間までの間において、死刑の種類が減ぜられた時に設けられたものと推定される。

②徙遷刑の本源は「死刑の代刑」であったが、のち、どういう場合に徙遷されるかが「科」に定められた。すなわち、恩赦による臨時の代刑とは別に、「ほとんど正刑に等しい徙遷刑が存在した」と考えられる。

③徙遷刑は、徙遷される場所によって、南方の辺郡（合浦・九真・日南）に徙される「徙遠郡刑」と、北方の

辺郡（敦煌・朔方）に徙される「徙辺刑」との二種類に分けられる。前者は大逆不道犯の従犯、後者は不道犯及び大不敬犯に多く適用された。

④徙遷刑は「廃放の人は遠方に屏け、及ぼすに政を以てせず」という法原理による刑罰であるが、罪人を京師から追放するのもその目的であった。

このうち①については、武帝時代末に徙遷の事例の存することが邢氏によって指摘されており、(23)「徙遷刑」の開始時期は武帝期末まで遡ると考えられる。

また②についても、邢氏が、恩赦などに見られる主刑の系列に「徙遷刑」が入っていないことを理由に挙げ、疑問を呈されている。(24)わたくしもかつて、漢代において「徙遷刑」は「減死一等の刑」すなわち「死刑の代刑」であったけれども、独立した刑罰としては存在しなかったことを指摘したことがある。(25)

漢代の労役刑は、たとえば髡鉗城旦舂ならば、頭髪を剃り（髡）、足枷をされて（鉗）、「辺境に輸して早朝は辺塞の構築修理に使役し、昼間は寇虜の警戒に当たらしめる」建前であったが、実際にはその時々の必要に応じた役務に服していた。(26)前漢末の諫大夫、鮑宣は、「死一等を減ぜられ、髡鉗」となり、「既に刑を被り、乃ち徙されて」上党（現山西省長子県）に赴いた。(27)「減死一等の刑」が五歳刑であったことは、『三国志』巻一三、鍾繇伝の裴松之注に引く袁宏『後漢紀』に、

今の大辟の罪は、古と制を同じうす。免死已下は、五歳に過ぎず、既に鉗鎖を釈かるれば、復た人倫に歯するを得。

今大辟之罪、与古同制。免死已下、不過五歳、既釈鉗鎖、復得歯于人倫。

とあることから明白であり[28]、また、刑徒は自らの所属する獄から服役地まで移送された後に労役に服したことは、後漢「刑徒磚」の分析からすでに明らかになっている[29]。鮑宣は髠鉗された上で、服役のため都から上党に徙されたと見てよかろう。

大庭氏が、徙遷刑を「ほとんど正刑に近い扱い」を受けていたと論じられたのは、「徙遷の事は少なくとも科の中に含まれていた」という推測に基づく。拠りどころとなったのは、次の史料である。

司徒王朗議して以為らく「（中略）夫れ五刑の属は著して科律に在り、自ら減死一等の法有れば、死ならざれば即ち減と為す。施行せらるること已に久しく、遠く斧鑿をかの肉刑に假りて然る後に罪次有るを待たざるなり。前世の仁者、肉刑の惨酷なるに忍びず、是を以て廃して用ひず」と。

司徒王朗議以為「（中略）夫五刑之属、著在科律、自有減死一等之法、不死即為減。施行已久、不待遠假斧鑿于彼肉刑然後有罪次也。前世仁者、不忍肉刑之惨酷、是以廃而不用」。（『三国志』巻一三、鍾繇伝）

詔して曰く「（中略）それ天下に大赦す。（中略）法に坐して当に徙すべきものも徙すこと勿く、亡徒の当に伝すべきものも伝すること勿かれ。（後略）」

詔曰「（中略）其大赦天下。（中略）坐法当徙勿徙、亡徒当伝勿伝」。（『後漢書』巻六、順帝紀、永建元年（一二六）正月甲寅）

「法に坐して当に徙すべき」場合について、「減死一等の法」として「科律」の中に定めがあった、と大庭氏は推測されたのである。

滋賀秀三氏が指摘されるように、「臨時の処分が先例となって新たな法原則が発展し、やがてそれが成文化される」ことは十分にあり得たとしても、漢代にあってそれが「科という個有（ママ）の名で呼ばれた」とは言えない[30]。したがって、「赦令がなくとも、科によって自然徙遷されるようになっていた」という大庭氏の見解にそのまま従うことはできないけれども、「科律」の語をより広く「法律の条文」の意に解し、「減死一等の法」としてまとめられた一群の法令があったと見ることは許されるであろう。

近年、敦煌の懸泉置遺跡から出土した簡牘にも、これに関連する史料がある。

> 当に徙辺すべくして未だ行かず、行きて未だ到らず、若しくは亡ぐれば、徙すこと勿かれ。赦前に罪有りて後に発覚すれば治すること勿かれ。奏当の当に上すべきは上すこと勿かれ。それ当にその……を出入すべきは、……在所の県伝を為れ。疑はしき者は廷尉に讞し、它は律令の如くせよ。丞相御史、詔書を分行し、駕を為すこと各おの……
>
> 当徙辺未行、行未到若亡勿徙。赦前有罪、後発覚勿治[31]。奏当当上勿上。其当出入其□□□在所県為伝、疑者讞廷尉、它如律令。丞相御史分行詔書、為駕各……　（II 0214②:565）

おそらくは赦令の一部かと思われるこの残簡は、徙辺とされた罪人が（出発前も含めて）配所に到着する前に恩赦に遇った場合、徙辺の執行を取りやめることを命じる文言を含む。永建元年の大赦と照らし合わせて考えれば、「徙辺」に当る場合について何らかの法的指針が存在したと見てよいであろう。つまり、「減死一等の刑」として五歳刑に引き当てられた場合、犯罪内容や情状に応じて、こういう場合には「徙辺」とし、こういう場合には「輸左校」とする[32]といった取り決めが存していたのではないかと思われるのである。当時、徙辺される罪人がかなりの数にのぼっていたことを考えあわせれば、かかる推測は十分に成り立つように思う[33]。

そこで問題となるのが、「徙辺」のもつ刑罰思想的な意味である。大庭氏は、「徙遷刑」の法原理として「不便な地に移住を強制して罪人を懲らしめる」ことを挙げる一方、「京師から追放する」こともその目的とされた。久村氏が「諸侯王の遷蜀刑を支える法理論」として、『漢書』霍光伝の一節、「廃放の人は遠方に屏け、及ぼすに政を以てせず（廃放之人屏於遠方、不及以政）」を挙げられたのに対し[34]、大庭氏はさらに一歩に踏み込み、「この思想は、徙遷刑全般に通ずるものであった」と指摘されたのである。

次の史料は、「徙遷刑」が「辺境への強制移動」と「京師からの追放」とを、ふたつながら目的としたことを示すものである。

制して曰く「（中略）それ〔陳〕湯を免じて庶人と為し、徙辺せよ」と。又た曰く「故将作大匠〔解〕万年、（中略）赦令を蒙ると雖も、宜しく京師に居むべからず」と。是において湯と万年と倶に敦煌に徙さる。これを久しうして、敦煌太守奏すらく「湯は前に親ら郅支単于を誅したれば、威は外国に行はる。宜しく辺塞に近づくべからず」と。詔して安定に徙す。

制曰「廷尉増寿当是、湯前有討郅支単于功。其免湯為庶人、徙辺」。又曰「故将作大匠万年佞邪不忠、妄為巧詐、多賦斂、煩繇役、興卒暴之作、卒徒蒙辜、死者連属、毒流衆庶、海内怨望。雖蒙赦令、不宜居京師」。於是湯与万年倶徙敦煌。久之、敦煌太守奏「湯前親誅郅支単于、威行外国。不宜近辺塞」。詔徙安定。（『漢書』巻七〇、陳湯伝）

詔して曰く「前の将作大匠〔解〕万年、（中略）佞邪不忠にして、毒を衆庶に流し、海内怨望すること、今に至るも息まず。赦令を蒙ると雖も、宜しく京師に居むべからず。それ万年を敦煌郡に徙せ」と。

詔曰「前将作大匠万年、知昌陵卑下、不可為万歳居、奏請営作、建置郭邑、妄為巧詐、積土増高、多賦斂繇役、興卒暴之作、卒徒蒙辜、死者連属、百姓罷極、天下匱竭。（中略）万年佞邪不忠、毒流衆庶、海内怨望、至今不息。雖蒙赦令、不

宜居京師。其徙万年敦煌郡」。（『漢書』巻一〇、成帝紀、永始二年（前一五）十二月）

陳湯と解万年はともに、延陵造営をめぐる事件で罪に問われ、辺郡の敦煌に徙された[35]。注目すべきは、解万年の徙辺を「京師からの放逐」と言い表していることである[36]。徙辺は、文字通り「辺境への強制移動」であると同時に、天子のいる都から罪人を遠ざける措置でもあったことを、この史料は示している。また、いったん敦煌郡に徙された陳湯が、彼を辺郡に送るのは危険との理由から、同じ涼州でも最も都に近い安定郡に再度移動されたことは、徙辺が「廃放の人は遠方に屛け、及ぼすに政を以てせず」という言葉の趣旨とは些か違った意味をもつことを示している。徙辺された罪人は、王朝の管理の及ばぬ土地に放逐されたわけではなく、辺境に置かれながらも国家から監視される存在だったのである。このことは、次の史料からも読み取ることができる。

単超積しく忿恨を懐き、遂に事を以て〔第五〕種を陥れ、竟に坐して朔方に徙さる。超の外孫董援、朔方太守と為り、怒を稸へて以てこれを待つ。（中略）〔孫斌〕乃ちその友人同県の閭子直及び高密の甄子然に謂ひて曰く「蓋し盗のその主を憎むこと、従りて来ること旧し。第五使君は当に裔土に投ぜらるべくして、而して単超の外属、彼の郡守と為る。（後略）」

単超積懐忿恨、遂以事陥種、竟坐徙朔方。超外孫董援為朔方太守、稸怒以待之。（中略）乃謂其友人同県閭子直及高密甄子然曰「蓋盗憎其主、従来旧矣、第五使君当投裔土、而単超外属為彼郡守。（後略）」（『後漢書』列伝三一、第五種伝）

「裔土に投」ぜられるべく朔方に向けて護送された第五種は、結局、故吏の孫斌によって途中の太原で救出されたのだが、そのまま配所に送られていたなら、「及ぼすに政（政治・教化）を以て」されなかったばかりか、彼を朔方への徙遷に陥れた権力者の厳しい監視下に置かれたに違いない。

「徙遷刑」がかかる二つの目的をもった刑罰であったとすれば、それは漢代の刑罰全体の中で、どのように位置づけられていたのであろうか。ここで想起されるのが、「肉刑の復活」をめぐる議論である。

文帝の刑制改革により肉刑が廃止されて以後、刑制をめぐる議論では、死刑と労役刑のあいだに横たわる大きなギャップがしばしば問題とされたけれども、結果として、両者の中間に新たな主刑が設けられることはなく、また肉刑が全面的に復活し主刑に採用されることもなかった[37]。

肉刑復活が実現しなかった背景には、儒教にもとづく礼教主義の浸透があると思われる。経書の世界において死刑に次ぐ刑罰といえば、まず「流刑」が念頭に浮かぶ。

流もて五刑を宥む。

流宥五刑。（『尚書』舜典）

五刑服有り、五服三就、五流宅有り、五宅三居。

五刑有服、五服三就、五流有宅、五宅三居。（同前）

舜、堯に臣たりて、四門に賓し、四凶族を流す。渾敦・窮奇・檮杌・饕餮、これを四裔に投じ、以て螭魅を禦ぐ。

舜臣堯、賓于四門、流四凶族、渾敦・窮奇・檮杌・饕餮、投諸四裔、以禦螭魅。（『春秋左氏伝』文公十八年）

経書には、いにしえの聖君子が悪人をゆるして死刑を免じた場合、彼らを僻遠の地に放逐したと記されている。儒教が「国教化」して国家統治のための思想となってゆくのは、前漢の武帝期から元帝・成帝の頃とされるが、これは「徙遷刑」の開始時期とほぼ重なっている。「徙遷刑」は、こうした儒教思想が国家体制に組み込まれてゆく動きと軌を一にして、「減死一等の刑」としての地位を徐々に確立していったものと考えられる。[38]

罪人を「四裔に投じ」ることは上古の「流刑」の原点であったけれども、漢代の「徙遷刑」はこの思想を忠実に反映した刑罰では決してなかった。一方、「重罪人を京師から放逐する」という考えは、「徙遷刑」を命じた詔勅などから知ることができる。罪人を「遠方に屛ける」ことが「徙遷刑」の目的であったとすれば、『尚書』舜典の「五流有宅、五宅三居」にもとづく追放刑が漢代に考案されて然るべきであったろう。しかし実際には、「徙遷刑」において、京師からどれだけ離れた土地に罪人を移動させるかは、ほとんど顧慮されなかった。大庭氏は「徙遷刑」を徙遠郡刑と徙辺刑の二つに大別し、南へ徙される徙遠郡刑のほうがより重い刑罰だとされた。「南の方が都より遠距離」であり「より重罪のものがより遠くへ徙されることは、常識的にも当然」であるとの説明は、唐の流刑との対比から導き出されたものであろう。しかし、当時にあって、徙遷地を決める際に京師からの距離の遠近が論じられた形跡は無く、さらに、漢代の人々が南北辺境の距離差についてどのように認識していたかも明らかでない。大庭氏の見解は、些か穿ちすぎのように思われるのである。

「徙遷刑」が罪人を徙す距離に応じて軽重の差をつけたという明証がない以上、これを後世の流刑に直接結びつけて論ずることには無理があると言わざるを得ない。罪人を強制移動させる距離が流刑の軽重を決めるようになるのは、後述するように、北周律以降のことと見るべきであろう。

## 二　魏晋南朝における展開

魏晋南朝の刑罰体系は、基本的に漢王朝のそれを継受している。[39]前節で検討した「徙遷刑」についてもそれは同様である。[40]本節では、魏・晋・南朝の事例を一瞥して、そのことを確認しておきたい。まず、曹魏の事例から。

初め、中領軍高陽の許允、〔李〕豊・〔夏侯〕玄と親善たり。（中略）後に豊らの事覚はれ、允を徙して鎮北将軍と為し、假節・督河北諸軍事とす。未だ発せざるに、官物を放散するを以て、収めて廷尉に付され、楽浪に徙さるるも、道に死す。

初、中領軍高陽許允与豊・玄親善。（中略）後豊等事覚、徙允為鎮北将軍、假節督河北諸軍事。未発、以放散官物、収付廷尉、徙楽浪、道死。（『三国志』巻九、夏侯玄伝）

李豊・夏侯玄らの失脚は嘉平六年（二五四）、許允はその直後に楽浪郡に徙遷されている。裴松之注に引く「魏略」によれば、允は「擅に廚の銭穀を以て諸俳及びその官属に乞えた」罪により逮捕、廷尉による取り調べを経て、死刑を減じて徙辺された。楽浪郡へは妻子を伴うことを許されず、その年の冬に身罷ったという。[41]次は西晋の例である。

〔趙王〕倫の誅せらるるや、斉王冏、〔陸〕機の職 中書に在り、九錫の文及び禅詔 機これに与かるを疑ふを以て、遂に機ら九人を収めて廷尉に付す。成都王穎・呉王晏を頼り並びにこれを救理し、死を減ずるを得て徙辺さるるも、赦に遇ひて止む。

倫之誅也、斉王冏以機職在中書、九錫文及禅詔疑機与焉、遂収機等九人付廷尉。頼成都王穎・呉王晏並救理之、得減死徙辺、遇赦而止。（『晋書』巻五四、陸機伝）

これも減死一等の刑としての「徙遷刑」である。趙王倫が処刑されたのは永寧元年（三〇一）四月のこと、六月には大赦が下されているので、[42]陸機は辺地に赴く間もなく放免されたと思われる。最後に南朝の事例を二つ。

〔沈懐文の〕弟・懐遠、始興王濬の征北長流参軍と為り、深く親待せらる。〔東陽公主養女〕王鸚鵡を納れて妾と為すに坐し、世祖これを広州に徙し、広州刺史の宗慤をして南においてこれを殺さしめんとす。会たま南郡王義宣反し、懐遠頗る文筆を閑へば、慤 起義のとき、檄書を造らしめ、并びに命を銜みて始興に至りて、始興相の沈法系と起義の事を論ぜしむ。事平ぎ、慤 具して陳請を為し、これに由りて原さる。世祖の世を終ふるまで還るを得ず。懐文 親要なりと雖も、屢しば請ふも終に許されず。前廃帝の世に、流徙の者、並びに本に帰るを聴す。官は武康令に至る。

弟懐遠、為始興王濬征北長流参軍、深見親待。坐納王鸚鵡為妾、世祖徙之広州、使広州刺史宗慤於南殺之。会南郡王義宣反、懐遠頗閑文筆、慤起義、使造檄書、幷銜命至始興、與始興相沈法系論起義事。事平、慤具為陳請、由此見原。終世祖世不得還。懐文雖親要、屢請終不許。前廃帝世、流徙者並聴帰本、官至武康令。（『宋書』巻八二、沈懐文伝）

劉宋・文帝の元嘉末年（四五三）に起こった皇太子劉劭（元凶）の乱に連なる事件に連坐して広州に徙された沈懐遠は、おそらくは孝建初年（四五四）に広州刺史宗慤の請願によって罪を許されたものの、郷里への帰還はかなわず、前廃帝の治世（四六四～五）を迎えるまで広州に留められた。この事例から、徙辺された者は、本来の罪が許された後も、皇帝の許しを得ないうちは郷里に帰還できない場合のあることが知られるのである。今ひとつ、梁の武帝時代の事例を挙げる。

〔天監〕三年（五〇四）八月、建康の女子任提女、誘口に坐して死に当てらる。その子景慈、鞫辞に対へて云へらく「母は実にこれを行ふ」と。この時、法官の虞僧虬、啓して称すらく「案ずるに、子の親に事ふるは、隠すこと有るも犯すこと無し。直躬の父を証すを、仲尼は非と為せり。景慈は素より防閑の道無く、死に明目の拠有り、親を極刑に陥れ、和を傷つけ俗を損なふ。凡そ乞鞫して不審なれば、罪一等を降す。豈に五歳の刑を避けて、死母の命を忽せにするを得んや。景慈は宜しく罪辟を加ふべし」と。詔して交州に流す。ここに至りて復た流徒の罪有り。

三年八月、建康女子任提女、坐誘口当死。其子景慈対鞫辞云「母実行此」。是時法官虞僧虬啓称「案子之事親、有隠無犯、直躬証父、仲尼為非。景慈素無防閑之道、死有明目之拠、陥親極刑、傷和損俗。凡乞鞫不審、降罪一等、豈得避五歳之刑、忽死母之命。景慈宜加罪辟」。詔流于交州。至是復有流徒之罪。（『隋書』巻二五、刑法志）

この事例は、母親の犯罪を証言した息子を法官が責め、おそらくは乞鞫（再審理）において証拠として採らず、その結果、任提女は「不審」すなわち嫌疑が明証されなかったため、死罪から一等を減じて五歳刑とされたものである。[43] 儒教倫理に背く行為をした息子には、別途、罪が与えられたと思われる。五歳刑に処された母親が交州に「流された」ことから、南朝においても「徙遷刑」は実際には五歳刑であったことを確認し得る。

なお、劉宋・明帝の時に、劫罪を犯した者が恩赦に会った場合、次のような減刑措置のとられたことが知られている。[44]

〔泰始四年（四六八）〕秋九月戊辰、詔して黥刖の制を定む。有司奏すらく「今より凡そ劫して官仗を窃執し、邏司に拒戦し、亭寺を攻剽し及び吏人を傷害し、幷びに監司将吏自ら劫を為さば、皆な人数を限らず、悉く旧制に依り斬刑とす。若し赦に遇はば、黥して両頬に劫字するに及び、両脚の筋を断去し、徙して交・梁・寧州に付す。五人以下もて止だ相ひ逼奪する者も、亦た黥に依り劫字を作し、両脚の筋を断去して、徙して遠州に付す。若し赦に遇はば、断徒を原すも猶ほ黥面し、旧に依りて冶士に補す。家口の応に坐に及ぶものは、悉く旧に依り結讁す」と。上の崩ずるに及びて、その例乃ち寝む。

秋九月戊辰、詔定黥刖之制。有司奏「自今凡劫窃執官仗、拒戦邏司、攻剽亭寺及傷害吏人、幷監司将吏自為劫、皆不限人数、悉依旧制斬刑。若遇赦、黥及両頰劫字、断去両脚筋、徙付交・梁・寧州。五人以下止相逼奪者、亦依黥作劫字、断去両脚筋、徙付遠州。若遇赦、原断徙猶黥面、依旧補冶士。家口応及坐、悉依旧結讁」。及上崩、其例乃寝。(『南史』巻三、宋本紀・明帝)

対象となる罪が「劫罪」(威力による脅迫・掠奪)に限られてはいるものの、

「斬刑」＞「黥面(両頬に劫字)＋両脚の筋の切断＋遠州(交・梁・寧州)への徙遷」＞「黥面＋冶士」

という段差をつけた刑罰が設定されている点で興味深い。両頬に入れ墨で罪名を記し両脚の筋を切ったのは、逃亡防止のためであろうが[45]、これは徙遷者が枷や鉗を著けていなかったことを暗示している。また、史料には徙遷地での労役の有無について明言されていないけれども、梁の武帝の時に行われた類似の措置[46]から判断して、罪人には何らかの労役が課されたものと推測される。

こうした特徴から想起されるのは、唐律の流刑よりもむしろ、第六章にて取り上げる宋代の配軍刑であろう。正式の刑罰ではなく、また、実施されたのも南朝のごく一時期に過ぎないけれども、死刑と労役刑の中間にこのような刑罰的措置が考案されたことは、刑罰史上注目すべきことである。

# 第三節　流刑の成立

## 一　北魏・北斉の流刑

主刑の一つとして「流刑」の名が登場するのは、北魏からである。

北魏以前の五胡政権では、たとえば前秦において、母の銭を盗んで逃げた者を「四裔に投」ずるよう有司が奏請したというが[47]、これは流刑というよりもむしろ、原初的な「追放」（共同体外への放逐）と見なすべきであろう。流刑が主刑として律に組み込まれたのは、孝文帝時代のことである[48]。

〔太和十六年（四九二）五月癸未、羣臣に詔して皇信堂において律条を更定し、流徒の限制は、帝親ら臨みてこれを決す。

五月癸未、詔羣臣於皇信堂更定律条、流徒限制、帝親臨決之。（『魏書』巻七下、高祖紀）

太和十一年（四八七）に始まった律令の改定作業では、不孝罪に対する罰則強化や「門房之誅」の除去に加えて、死刑と労役刑（徒刑）の間に存する刑罰の落差を解消することが課題とされた[49]。新しい律令は十六年四月に制定されたが、流徒については更に一月後に孝文帝の肝煎りで定められたということであろう[50]。これ以後、流刑は、たとえば、

人を殺さんことを謀りて発覚せし者は流、従たる者は五歳刑。已に傷つけ及び殺さんとして還た蘇る者は死、

従たる者は流。已に殺せし者は斬、従にして功を加へし者は死、加へざる者は流。

謀殺人而発覚者流、従者五歳刑。已傷及殺而還蘇者死、従者流。已殺者斬、従而加功者死、不加者流。（『魏書』巻一一一、刑罰志、永平三年（五〇六）、高陽王雍の議に引く賊律）

のように、死刑と五歳刑の間にあったギャップを埋める主刑となったのである。

北魏の流刑に関するまとまった制度的記述はないが、程樹徳『九朝律考』によれば、その特徴は次の三点にまとめることができる（後魏律考、魏刑名、流刑）。

① 通常、鞭笞が附加された。
② 親の留養に関する規定が存した。[51]
③ 強制移動される距離にもとづく刑罰の等級（「道里の差」）は、設けられていなかった。

ところで北魏では、これ以前から罪人を「徙辺」すなわち辺境に徙すことが行われていた。文成帝の和平末年（四六五年頃）になされた源賀の提案に見える措置は、その一例である。

臣愚以為らく「大逆・赤手殺人の罪に非ざるより、それ坐贓及び盗と過誤の愆の応に死に入るべき者とは、皆な命（しけい）を原して、謫して辺境を守らしむべし。これ則ち已断の体、更めて全生の恩を受け、徭役の家、漸く休息の恵を蒙る。刑措の化、ここに在るに庶幾（ちか）し。虞書に『流もて五刑を宥む』と曰ふは、これその義なり」と。

臣愚以為「自非大逆・赤手殺人之罪、其坐贓及盗与過誤之愆応入死者、皆可原命、謫守辺境。是則已断之体、更受全生之恩、徭役之家、漸蒙休息之恵。刑措之化、庶幾在茲。虞書曰『流宥五刑』、此其義也」。（『魏書』巻四一、源賀伝）[52]

文成帝はこの提案を納れ、以後、「死に入る者は皆な死を恕して徙辺」されるようになったという。この記事から、流刑が主刑となる以前には、「減死一等の刑」として罪人を辺境に送り戍辺させていた（「謫守辺境」）こと、また、こうした「徙辺」の措置は、辺防要員を確保するために始められたことがわかる。

死罪を免じて罪人を戍辺させる案は、これ以前にも、太武帝による華北統一直後の太平真君五年（四四四）、游雅によって出されたことがある。[53]当時、監国として政務を総攬していた皇太子（恭宗、拓跋晃）は中華の文化にも造詣が深く、前漢の徙民実辺策を絡めた游雅の上疏に対して、大いに魅力を感じたに違いない。「大逆犯を死刑とする以外は、家属ごと辺境に送り、終身にわたって労役に従事させる」という提案は、結果として実を結ばなかったけれども、およそ二十年後に「謫守辺境」という形で実現したのである。

さて注目すべきは、源賀が『尚書』舜典の「流宥五刑」を引き合いに出して論を展開していることである。「減死一等の刑」としての「謫守辺境」が経書の義に合致することを示すために、この句が引かれていることは言うまでもない。しかし、「徙辺」が上古の「流刑」に擬されていることは、北魏の刑制に流刑が登場する意味を考える上で、極めて示唆的である。

罪人を辺鎮に送って戍卒に当てることは、孝文帝時代に入っても継続して行われた。

〔延興二年（四七二）九月〕又た詔して、流迸の民を皆な本に還らしめ、違ふ者は辺鎮に配徙す。

又詔流迸之民、皆令還本、違者配徙辺鎮。（『魏書』巻七上、高祖紀）

また、孝文帝の太和八年（四八四）頃のこととして、次のような記述がある。

帝は庶獄を哀矜し、奏讞に至りては、率ね降恕に従ひ、命を全うして徙辺されしもの、歳ごとに千を以て計ふ。京師死獄を決すること、歳竟りて五六に過ぎず、州鎮も亦た簡たり。

帝哀矜庶獄、至於奏讞、率従降恕、全命徙辺、歳以千計。京師決死獄、歳竟不過五六、州鎮亦簡。(『魏書』刑罰志)

皇帝の判断によって死罪を免じて徙辺された罪人は、毎年数千人に上ったという。そして次の史料から、徙辺された罪人は戍辺の卒として服役したことが知られる。

〔太和十二年(四八八)正月〕乙未、詔して曰く「鎮戍流徙の人、年七十に満つるもの、孤単窮独、妻妾有りと雖も子孫無きもの、諸そこれらの如きは、名を解り本に還ることを聴す。諸そ死刑を犯せし者、父母・祖父母 年老い、更に成人の子孫無く、旁らに期親無ければ、具状して以聞せよ」と。

乙未、詔曰「鎮戍流徙之人、年満七十、孤単窮独、雖有妻妾而無子孫、諸如此等、聴解名還本。諸犯死刑者、父母・祖父母年老、更無成人子孫、旁無期親者、具状以聞」。(『魏書』巻七下、高祖紀)

「鎮戍流徙の人」とは、さきの源賀の上書にいう「命を原して讁して辺境を守ら」されたような者を言うのであろう。「減死一等の刑」として、終身にわたり戍辺に従事させられた者は、こうした条件を満たさない限り、帰郷を許されなかったのである。

要するに、流刑登場以前の北魏において行われていた「徙辺」とは、

①「減死一等の刑」として、罪人を辺境に送り、戍辺の役務に従事させた。
②徙辺される罪人は、家属を伴っての移動を強いられた。
③刑期は終身であり、一定の条件に適わない限り、帰郷は許されなかった。

といった特徴をもつものであった。

北魏が国制を整えてゆく過程において、漢・魏晋の法制度を受け容れていったことは、秦漢律の条文が基本的に晋から北魏へと引き継がれていることからも明らかである。[54]しかし、「徙辺」に関しては、漢・魏晋の「徙遷刑」とかなり性格を異にすると言わねばならない。

両者は、「減死一等の刑」として位置づけられていること、罪人を京師から放逐して辺境へ強制移動する刑罰であること、の二点で共通している。これらはともに、経書の影響を受けたものと見なし得るであろう。しかし、「徙遷刑」が有期の労役刑であるのに対し、北魏の流刑は原則として終身にわたり配所で戍辺の役に就く。刑期の面で、両者は大きく異なるのである。刑期の有無の差は無視し難く、流刑成立以前に見られる北魏の「徙辺」が、漢魏南朝の「徙遷刑」を直接に受け継ぐものではないことは、明白であろう。[55]先に示した源賀の上書において、上古の「流刑」が引き合いに出されていたことが示唆するように、徙辺は、のちに主刑として登場する流刑と同様、辺境への強制移動と配所での終身服役を内容とした刑罰だったのである。

北魏の流刑には、強制移動される距離に応じた刑罰の等級が設けられておらず、『魏書』に見える「遠流」の語は、管見の限りすべて「流刑」と同義である。[56]また「流刑」の語は、時に「流徙」と言い換えられている。

諸そ年刑已上を犯さば枷鎖、流徙已上は、増すに杻械を以てす。

諸犯年刑已上枷鎖、流徙已上、増以杻械。[57]（『魏書』刑罰志、永平元年（五〇八）、尚書令高肇らの上奏に引く獄官令）

「流徙」の語が、「年刑」の上位にある主刑、すなわち流刑を指すことは、この上奏の後年に「杻械は以て流刑已上を掌る（杻械以掌流刑已上）」とあることから明白である。次の史料でも、「流徙」は流刑と同義で用いられている。

謹しんで条制を按ずるに、逃吏は赦限に在らず。窃かに惟みるに、聖朝の恩、事は前宥に異なる。諸そ流徙は路に在るも、尚ほ旋反を蒙る。況んや未だ発せざるに仍ほ遣はして辺戍せしむること有るをや。

謹按条制、逃吏不在赦限。窃惟聖朝之恩、事異前宥。諸流徙在路、尚蒙旋反。況有未発而仍遣辺戍。（『魏書』巻四一、源懐伝。景明二年（五〇一）頃になされた上奏）

北魏の流刑は、罪人を辺境に強制移動して戍辺に従事させる刑罰であった。そして流人は、恩赦によって帰還が許されない限り、終身、配所で服役せねばならなかったのである。

北魏の流刑とは、「減死一等の刑」たる「徙辺」を、主刑として刑罰体系に組み込んだものであった。「流刑」の名を採用したのは、それが経書にもとづく由緒ある名称だったからであろう。流刑が登場したのは、あたかも北魏の漢化政策が本格化し始めた孝文帝時代後期においてであった。流刑が主刑に加わったことにより、北魏の刑罰体系は中華王朝にふさわしい儒教的な色彩を帯びるに至ったのである。

河清三年（五六四）に制定された律に定める北斉の流刑は、次のようである。

二に曰く、流刑。謂ふこころ、犯を論じて死たるべきも、情を原ねて降すべきは、鞭・笞各おの一百、これを髡し、辺裔に投じ、以て兵卒と為す。未だ道里の差有らず。そのまさに遠配すべからざる者は、男子は長徙し、女子は配舂すること、並びに六年。

二曰流刑、謂論犯可死、原情可降、鞭笞各一百、髡之、投于辺裔、以為兵卒。未有道里之差。其不合遠配者、男子長徙、女子配舂、並六年。（『隋書』刑法志）

「減死一等の刑」であること、鞭笞が附加されていること、辺境に送られ戍辺の役に当てられること、そして、

「道里の差」が設けられていないこと、いずれも北魏の流刑の特徴を受け継ぐと見てよい。[58] そしてこうした特徴は、後述するように、必ずしも唐律の流刑に受け継がれていない。従来、隋唐律はほぼ全面的に北斉律を引き継ぐものとされてきたが[59]、近年、北周律の与えた影響についても積極的に評価されつつあり[60]、流刑について言えば、北周律の影響が濃厚である。節を改めて検討したい。

## 二　北周・隋の流刑

武帝の保定三年（五六三）に制定された「大律」は、杖・鞭・徒・流・死を「五刑」すなわち主刑と定め、それぞれの刑について五つの等級を設けた。北周の国制は、いわゆる「六官の制」をはじめとして『周礼』に範を採ったとされるが、刑罰体系に関しては、『尚書』の「五刑」が下敷きとなっている。流刑について言えば、配流の距離に基づいて五つの等級が立てられた。流刑における「道里の差」は北魏・北斉の流刑には無く、この点において、隋唐律の流刑は「大律」の流刑を受け継いだものと言い得る。[61]

四に曰く、流刑五。流衛服は、皇畿を去ること二千五百里なる者なり、鞭一百、笞六十。流要服は、皇畿を去ること三千里なる者なり、鞭一百、笞七十。流荒服は、皇畿を去ること三千五百里なる者なり、鞭一百、笞八十。流鎮服は、皇畿を去ること四千里なる者なり、鞭一百、笞九十。流蕃服は、皇畿を去ること四千五百里なる者なり、鞭一百、笞一百。

四曰流刑五。流衛服、去皇畿二千五百里者、鞭一百、笞六十。流要服、去皇畿三千里者、鞭一百、笞七十。流荒服、去皇畿三千五百里者、鞭一百、笞八十。流鎮服、去皇畿四千里者、鞭一百、笞九十。流蕃服、去皇畿四千五百里者、鞭一百、笞一百。（『隋書』刑法志）

『周礼』九服図（宋・聶崇義『新定三礼図』所収）

流刑の等級と「皇畿」すなわち畿内からの距離は、おおむね『周礼』夏官司馬・職方氏の「九服」にもとづいている[62]。赦降などによる刑の軽減に際してこれら五つの等級をどう取り扱うかについては、次のように定められた。

当に減ずべき者は、死罪は流蕃服とし、蕃服已下は倶に徒五年に至る。五年以下は、各おの一等を以て差と為す。

当減者、死罪流蕃服、蕃服已下倶至徒五年。五年以下、各以一等為差。（『隋書』刑法志）

この原則は、唐・名例律の規定[63]にほぼそのままの形で引き継がれた。

北周律の流刑の特徴として今ひとつ指摘すべきは、配所での労役を伴わないことである。北周の流刑は、皇畿から一定距離隔たった場所に罪人を強制的に移動させることを主たる内容とした刑罰なのであり、少なくとも規定上は、配所で労役が課されることはなかった。(64) 北魏・北斉の流刑が労役として戍辺を課したのに対して、北周のそれは、京師から遠く離れた僻遠の地に罪人を放逐することに重きを置いた刑罰であった。帝都からの距離による等差が設けられたのは、その意味で当然のことと言える。

ちなみに唐律では、流刑囚に対して配所での期限付き労役が課されたが、居作の年限が満了した後も流人は配所で編籍され、結果としてその地に住み続けるよう定められていた。たとえ恩赦によって居作が免除された場合でも、流人と同行した彼の家属とが配所を去ることは許されなかったのである。(65) また、配所に到着すべく定められた期日が経過すれば、その後に恩赦があっても流刑が免除されることはなかった。(66) こうした特徴は、唐律の流刑が追放刑としての性格をもつことをよく表している。

隋・開皇律の流刑は、基本的には北周律を承け継ぎつつも、いくつかの点で大きく制度が改められた。

二に曰く、流刑三、一千里・千五百里・二千里有り。応に配すべき者は、一千里ならば居作二年、一千五百里ならば居作二年半、二千里ならば居作三年。応に住(とど)まりて居作すべき者は、三流倶に役すること三年。近流は杖一百を加へ、一等ごとに三十を加ふ。

二曰流刑三、有一千里・千五百里・二千里。応配者、一千里居作二年、一千五百里居作二年半、二千里居作三年。応住居作者、三流倶役三年。近流加杖一百、一等加三十。（『隋書』刑法志）

配流する距離によって等級を設けたのは北周の流刑と同じであるが、その数は「五」から「三」に減ぜられた。また、配流する距離についても、最も軽い等級で、北周の流衛服二千五百里に対し、隋では流一千里と、大幅に縮減された。新たな制度が、『尚書』舜典の「五流有宅、五宅三居」とその孔伝、五刑の流は、各おの居る所有りて、五居の差、三等の居有り。大罪は四裔、次は九州の外、次は千里の外。

五刑之流、各有所居、五居之差、有三等之居。大罪四裔、次九州之外、次千里之外。

にもとづくことは明白である。結果として、隋律の流刑は帝国の版図に適した現実的なものとなった。

流刑に労役刑（二年～三年の居作）の要素が加わったことにも注目すべきであろう。強制移動の距離を刑罰の軽重を表す指標とする傍ら、隋の流刑は、居作の年数にも差をつけた。最高で三年に及ぶ居作は、徒刑の最高刑に等しい。北周の流刑に比べて、配流の距離が短くなり長期の居作が附加されたことは、隋の流刑が「辺境での労役」に若干重心を移した刑罰であることを示している。言い換えれば、隋の流刑は、配流の距離により等級づけられている点で北周の流刑を継承し、辺境での労役が重視されている点で北魏・北斉の流刑の要素を取り入れたと言える。

隋の制度においても、一度配所に到着した流人は、恩赦があっても通常は郷里への帰還が認められなかった。

〔大業五年六月〕戊午、天下に大赦す。開皇已来の流配は、悉く放して郷に還らしむ。晋陽の逆党は、この例に在らず。

戊午、大赦天下。開皇已来流配、悉放還郷。晋陽逆党、不在此例。（『隋書』巻三、煬帝紀）

この恩赦は、煬帝が河西回廊を巡幸した際に下されたものである。おそらく、辺境にまで皇恩の及ぶことを知らしめることを目論んでのことと思われる。開皇初年以来の流人を放還の対象としていることは、帰郷の機会がこれ以前に与えられなかったことを示している[67]。通常の恩赦では、配所到着前に限って帰還が許されるに過ぎず[68]、先に言及した唐律の規定と同じであったことが窺われる。

**表1　隋代の配防**

| 姓名 | 官職 | 時期 | 西暦 | 配防地 | その他の処分 | 理由 | 放還 | その後 | 出典 |
|---|---|---|---|---|---|---|---|---|---|
| 孫万寿 | 滕穆王文学 | 開皇初 | | 江南 | | 坐衣冠不整 | ○ | 後帰郷里、十餘年不得調。仁寿初、徴拜豫章王長史 | 『隋書』76 |
| 李悊 | 儀同 | 開皇初 | | 嶺南 | 除名 | 坐事 | × | 道病卒 | 『隋書』50 |
| 史万歳 | 上大将軍 | 開皇六 | 五八六 | 敦煌 | 除名（為戍卒） | 尒朱勣以謀反伏誅、万歳頗相関渉 | ○ | 上儀同、車騎将軍 | 『隋書』53 |
| 王頍 | 国子博士 | 開皇中 | | 嶺南 | | 坐事解職 | ○ | 数載、授漢王諒府諮議参軍 | 『隋書』76 |
| 薛道衡 | 吏部侍郎 | 開皇中 | | 嶺南 | 除名 | 坐抽擢人物、有言其党蘇威、任人有意故者 | ○ | 直内史省 | 『隋書』57 |
| 貝州の長史 | | 開皇中 | | 嶺南 | | 尺布升粟之贓 | × | 至嶺南、遇瘴癘死者十八九 | 『隋書』74 |
| 房恭懿 | 海州刺史 | 開皇中 | | 嶺南 | | 尉遅迥の党 | ○ | 行至洪州、遇患卒 | 『隋書』73 |
| 来曠 | 大理掌固 | 開皇中 | | 広州 | | 告少卿趙綽濫免徒囚、帝使信臣推験、初無阿曲 | 不明 | 免死 | 『隋書』25 |
| 柳彧 | 持節巡省太原道十九州 | 仁寿二 | 六〇二 | 懐遠鎮 | 除名 | 以内臣交通諸侯 | ○ | 行達高陽、有詔徴還 | 『隋書』62 |
| 薛冑 | 検校相州事 | 仁壽四 | 六〇四 | 嶺南 | 除名 | 朝廷以冑懐貳心、鎖詣大理 | × | 道病卒 | 『隋書』56 |
| 吐万緒 | 将軍 | 大業九 | 六一三 | 建安 | 除名 | 怯懦違詔 | ○ | 還至永嘉、発疾而卒 | 『隋書』65 |
| 柳謇之 | 検校燕郡事 | 大業中 | | 嶺南 | | 坐供頓不給 | × | 卒於涯口 | 『隋書』47 |

開皇十三年（五九三）、徒刑と流刑が「配防」に改められた[69]。徒刑・流刑の居作を辺境での兵役に一本化したのであろうが、制度の詳細はよくわからない。ただ、隋初から配防の事例が見られることから、辺境での戍卒としての役務が、当初より流刑の居作の主要な位置を占めていたと推測される。また、徒刑の居作が辺境での労役に限定されたため、「配流一年」といった表現が見られるのも、この時期の特徴である[70]。正史に見える事例から、官吏が配防された場合にはしばしば除名の処分を伴ったこと、配所には嶺南地方が多かったことなどを指摘し得る。（**表1**参照）。

## 小　結――流刑の理念

唐朝が制定した最初の律である武徳律において、流刑は、

流二千里、流二千五百里、流三千里（いずれも居作一年）

の三等級からなる刑罰として定められた[71]。これを開皇律と比べれば、強制移動の距離がそれぞれ一千里ずつ増えたこと、居作の年限が短縮されたこと、加杖すなわち杖刑の附加が無くなったこと等の点で異なっている。唐律の流刑は、隋のそれに比して追放刑としての性格を強めたと言い得る[72]。唐名例律4条の疏は、『尚書』舜典とその孔伝を引きつつ、流刑の起源について、

蓋し唐虞より始まる。今の三流は、即ちその義なり。

蓋始於唐虞。今之三流、即其義也。

と記す。流刑を三等級としたのは開皇律からであるが、それが『尚書』にもとづくことは、この記事からも明らかであろう。

前節で論じたように、北魏律において死刑に次ぐ重刑として流刑が位置づけられたのは、儒教が経典として奉じる古典に依拠したために他ならない。刑罰体系における主刑のラインナップを北魏から引き継いだ唐律にあっても、それは同じである。太宗の貞観初年に、一時期、死刑を免じて断右趾とされたことがあったが、程なくこれを「時に便ならず」と指摘した議論では、肉刑を正刑とすれば笞・杖・徒・流・死の「五刑」が「六刑」になってしまうとして「刖足」すなわち「断趾の法」を廃止し、「加役流」（流三千里、居作三年）という番外の刑罰を新たに設けることが提案された[73]。太宗はこれを採用したが、これは『尚書』舜典の「五刑有服、五服三就」にこだわった結果と見るべきであろう。正刑は何としても笞・杖・徒・流・死の五刑でなければならず、流刑は三等級でなければならなかった。加役流はあくまでも「番外」の刑罰として位置づける必要があったのである。

但し、このように経書の強い影響下に設けられた流刑という刑罰が、実際に制度の通りに機能したかどうかは、別問題である。これについては第三章にて論ずる。

本章では、唐律の流刑に先行して見られる「強制移動を伴う刑罰」のうち、秦・漢初の遷刑、漢・魏晋南朝の「徙遷刑」、北朝～唐律の流刑について、強制移動がそれぞれの刑罰にとってどのような意味をもったかを中心に検討を加えた。その結果、

①秦・漢初の遷刑は、後世の流刑の如き重刑ではなかった。遷刑における強制移動は、主として罪人を隔離・幽閉するためになされたと考えられる。

②「徙遷刑」における強制移動は、刑徒を服役場所に移送するための措置であり、労役刑の一形態に過ぎなかった。「徙遷刑」は主刑のひとつに数えられたわけではなかったのである。但し、いわゆる「儒教の国教化」が進行する中、経書の影響を受けて、「徙辺」、すなわち罪人を京師から放逐して辺境にて有期の労役に服させる場合について、何らかの法的指針が形成されたと推測される。

③北魏の「徙辺」は、「徙遷刑」と同じく「減死一等の刑」であるけれども、原則として終身刑である点で「徙遷刑」と決定的に異なる。そしてこれが流刑の先蹤となった。換言すれば、北魏の流刑は、実質的には「徙辺」と同じである。主刑としての「流刑」は北魏に始まる。死刑に次ぐ重刑たる地位は、経書により裏づけられたものであった。

④北周律の流刑は、配流される距離により等級を設けた点で、唐律の流刑の直接の淵源と見なしうる。かかる等差の設定もまた、経書に依拠している。

⑤隋・開皇律の流刑は、居作を含む点で北魏・北斉の流れを汲むけれども、「道里の差」を設けた点では北周律を受け継いでいる。

⑥唐律の流刑は、基本的に隋・開皇律の規定を継承したが、強制移動する距離を長くし、配所での居作の期間を大幅に短縮したことで、強制移動刑としての性格を強めた。

⑦北朝以来、主刑となった流刑は、経書の理念を濃厚に反映させた刑罰であったため、実際に運用する段階では、現実との妥協を餘儀なくされた。北魏から北周までは「徙辺」、隋においては「配防」という形をとり、「減死一等の刑」として実効ある刑罰にせざるを得なかった。

の諸点を結論として得ることができた。経書が記す上古の「流刑」は言うに及ばず、遷刑や「徙遷刑」も、唐律の流刑の直接の淵源として議論すれば誤解を生じかねないこと、北魏王朝に起源する刑罰たる流刑を、中華王朝の刑罰体系のなかに位置づけるためには、儒教経典の力を借りねばならなかったことをいま一度確認して、本章を締めくくりたい。

注

(1)『春秋左氏伝』に「放」「逐」等の語で見える刑罰も「強制移動を伴う刑罰」に違いないが、滋賀秀三氏が指摘されるように、これは「害悪を為す者に対して、衆人一致して非難を浴びせ絶交を盟うことによって、これを共同体の外に放逐する」行為であり、後世の流刑が「天下を支配する専制君主が、版図内の人民にして罪を犯した者を、同じく版図内の別地を指定してそこに強制的に送致せしめる」のとは異なるため、本章では考察の対象としない。滋賀秀三「中国上代の刑罰についての一考察」(一九七六年初出。『中国法制史論集　法典と刑罰』創文社、二〇〇三年所収)五三一頁。また、睡虎地秦簡や「二年律令」等に散見する「戍幾歳」「戍辺幾歳」といった刑罰も服役地への移動を伴うが、籾山明氏によれば、これは「期限付き罰労働」、すなわち、黥城旦舂以下の労役刑とは別系統の軽度労役刑であるという。後述する遷刑と同様、これもまた、当時において強制移動が重罰ではなかったことを示唆している。籾山明『中国古代訴訟制度の研究』(京都大学学術出版会、二〇〇六年)二六〇～二六四頁。

(2)近年、陳俊強氏は「試論唐代流刑的成立及其意義」(高明士主編『唐代身分法制研究——以唐律名例律為中心』五南図書出版公司、二〇〇三年所収)を発表し、流刑の淵源についても言及されているが、秦の遷刑・漢の徙遷刑については先行研究の紹介にとどまり、北朝の流刑に関する見解も拙稿「唐代流刑考」(梅原郁編『中国近世の法制と社会』京都大学人文科学研究所、一九九三年所収)で論じた範囲を出ない。魏晋南朝の流徙刑については、それを一つの刑罰として認めつつも「刑罰体系中の正刑となるには至らなかった」と、本章の所論とは異なる見解を示される。

（3）沈家本『歴代刑法考』（中華書局、一九八五年）刑法分考九。
（4）久村因「古代四川に土着せる漢民族の来歴について」（『歴史学研究』二〇四、一九五七年）。
（5）久村因「前漢の遷蜀刑について——古代自由刑の一側面の考察」（『東洋学報』三七—一、一九五四年）。
（6）劉海年「秦律刑罰考析」（『中国法学文集』第一輯、法律出版社、一九八四年）三四〇～三四一頁。
（7）劉俊文『唐律疏議箋解』（中華書局、一九九六年）三六頁。
（8）たとえば、A. F. P. Hulsewé: *Remnants of Ch'in Law*, Sinica Leidensia vol.17, Leiden, 1985.は遷刑に banishment の訳語をあて、松崎つね子『睡虎地秦簡』（明徳出版社、二〇〇〇年）は遷刑を「流刑」と訳している。栗勁『秦律通論』（山東人民出版社、一九八五年）も遷を「流刑」の一項目として扱っている。
（9）工藤元男「秦の遷刑覚書」（『日本秦漢史学会会報』六、二〇〇五年）。
（10）水間大輔『秦漢刑法研究』（知泉書館、二〇〇七年）一七八～一八六頁。
（11）冨谷至編『江陵張家山二四七号墓出土漢律令の研究』〔訳注篇〕（朋友書店、二〇〇六年）六四、七二、八四～八五頁。
（12）本節のここまでの部分は、水間氏のご指摘（『秦漢刑法研究』七三～七六頁）を受けて、旧稿の記述を大幅に書き改めた。
（13）前注（9）工藤論文、八七頁。
（14）前注（9）工藤論文、八一頁。
（15）『睡虎地秦墓竹簡』は、癘所を「ハンセン病患者を隔離しておく所」と注釈している（一二二頁）。
（16）秦の場合、不孝罪に対する刑罰が何であったか不明であるが、漢では「棄市」であった。張家山漢簡「奏讞書」案例二一。
●今廷史申繇（徭）使而後来、非廷尉当、議曰、当非是。律曰、不孝棄市。（後略）（189簡）。
また、程樹徳『九朝律考』（商務印書館、一九二七年）巻一、漢律考、律令雑考、不孝を参照。
（17）冨谷至『秦漢刑罰制度の研究』（同朋舎、一九九八年）二三九頁。
（18）前注（4）久村論文、八頁。
（19）廃位された皇后は雲陽宮・昭臺宮などに徙されたが（『漢書』巻九七下外戚伝の孝元馮昭儀、孝成許皇后など）、これらは隔離・幽閉の色彩が濃厚であって、追放とは見なし難い。
（20）『歴代刑法考』刑法分考十、安置および本書第三章第二節を参照。

(21) 大庭脩「漢の徙遷刑」（一九五七年初出。『秦漢法制史の研究』創文社、一九八二年所収）。

(22) 邢義田「従安土重遷論秦漢時代的徙民与遷徙刑」（一九八六年初出。『秦漢史論稿』東大図書公司、一九八七年所収）。

(23) 前注（22）邢氏論文、四三四頁。『漢書』巻六六、劉屈氂伝。

太子既誅［江］充発兵、宣言帝在甘泉病困、疑有変、姦臣欲作乱。（中略）諸太子賓客、嘗出入宮門、皆坐誅、其随太子発兵、以反法族、吏士劫略者、皆徙敦煌郡。

戻太子の乱は征和二年（前九一）に起こった。

(24) 前注（22）邢氏論文、四三四頁。

(25) 前注（2）拙稿「唐代流刑考」七五～七六頁。

(26) 浜口重国「漢代に於ける強制労働刑その他」（一九三六年初出。『秦漢隋唐史の研究』上巻、東京大学出版会、一九六六年所収）六二〇頁、六三一～六三九頁。

(27) 『漢書』巻七二、鮑宣伝。

宣坐距閉使者、亡人臣礼、大不敬、不道、下廷尉獄。（中略）上遂抵宣罪減死一等、髠鉗。宣既被刑、乃徙之上党。

(28) 後漢・霊帝の時、詔により死刑を免ぜられ家属とともに朔方に徙された蔡邕には、恩赦があっても帰還を許さないという条件が附されていた。彼が配所から皇帝に宛てた有名な上章は、本来、刑期が満了してから出されるべきものであった。『後漢書』列伝五〇下、蔡邕伝。

於是下邕・質於洛陽獄、劾以仇怨奉公、議害大臣、大不敬、弃市。事奏、中常侍呂強愍邕無罪、請之、帝亦更思其章、有詔減死一等、与家属髠鉗徙朔方、不得以赦令除。

『続漢書』律暦志下に附された劉昭注。

蔡邕戊辺上章曰「朔方髠鉗徙臣邕稽首再拝上書皇帝陛下。（中略）既到徙所、乗塞守烽、職在候望、憂怖焦灼、無心復能操筆成草、致章闕庭。（中略）臣初欲須刑竟、乃因県道、具以状聞」。

(29) 前注（17）冨谷著書、九五～一三三頁。

(30) 滋賀秀三「漢唐間の法典についての二三の考証」（一九五八年初出。『中国法制史論集』所収）四一一～四一八頁、四三五頁。

(31)『敦煌懸泉漢簡釈粋』一五～一六頁。

(32)『後漢書』列伝五四、史弼伝。

弼遂受誣、事当弃市。劭与郡人売郡邸、行賂於侯覧、得減死罪一等、論輸左校。

(33)前注(21)大庭論文、一八二頁。

(34)前注(5)久村論文、一一四頁。

(35)陳湯は大不敬と論罪されたが、匈奴征伐の功績により死一等を減ぜられたと思われる。一方、解万年は、本来ならば問われるはずのない赦前の罪で論断され、京師からの追放を言い渡された。

(36)これ以外の表現として、「不宜在中土」がある。『漢書』巻七七、毋将隆伝。

哀帝崩、〔王〕莽秉政、使大司徒孔光奏「隆前為冀州牧治中山馮太后獄冤陥無辜、不宜処位在中土」。(中略)皆免官、徙合浦。

『漢書』巻四五、息夫躬伝。

哀帝崩、有司奏「方陽侯寵及右師譚等、(中略)雖蒙赦令、不宜処爵位在中土」。皆免寵等、徙合浦郡。

(37)肉刑復活をめぐる議論については、重沢俊郎「漢魏に於ける肉刑論」(『東洋の文化と社会』二、一九五二年)、西田太一郎「肉刑論から見た刑罰思想」(『中国刑法史研究』岩波書店、一九七三年所収)を参照。

(38)法律制定に対する儒教の影響は、早くも文帝期の賈誼に見られることが、瞿同祖により指摘されている。瞿同祖「中国法律之儒家化」(一九四八年初出。『中国法律与中国社会』中華書局、一九八一年所収)三三〇～三三四頁。

(39)滋賀秀三「刑罰の歴史」(一九七二年初出。『中国法制史論集』所収)三一九頁。

(40)陳俊強「三国両晋南朝的流徙刑――流刑前史」(『国立政治大学歴史学報』二〇、二〇〇三年)は、三国～南朝時代の「流徙刑」について、一百餘に上る事例をもとに検討を加えた労作である。陳氏は、本人であれ家属であれ、流徙された者は無期限で遠方に放逐され、赦免されなければ郷里への帰還は許されなかったとされる。しかし、陳氏の指摘が当てはまるのは、謀反人の家属など特殊な事例に限られるのではないか。二二頁に引用した、劉宋の沈懐遠の事例を参照。

(41)『三国志』巻九、夏侯玄伝の裴松之注所引「魏略」。

会有司奏「允前擅以厨銭穀乞諸俳及其官属」、故遂収送廷尉、考問竟、故〔衍字〕減死徙辺。允以嘉平六年秋徙、妻子不得自随、行道未到、以其年冬死。

(42)『晋書』巻四、恵帝紀、永寧元年四月癸亥。

於是大赦、改元、孤寡賜穀五斛、大酺五日。誅趙王倫・義陽王威・九門侯質等及倫之党与。（中略）六月戊辰、大赦、増吏位二等。

(43)「乞鞫」「不審」の語については、前注（1）籾山著書、五八〜六〇頁、九九〜一〇八頁を参照。

(44)喬偉主編『中国法制通史　第三巻・魏晋南北朝』（法律出版社、一九九九年）三五七〜三五八頁、四三三〜四三四頁。石岡浩「両晋・南朝の劫罪にみる肉刑と冶士」（池田温編『日中律令制の諸相』東方書店、二〇〇二年所収）七六〜七九頁。

(45)「晋令」には、逃亡した奴婢に入れ墨をする規定があった。『太平御覧』巻六四八、刑法部・黥。

晋令曰「奴婢亡、加銅青若墨黥、黥両眼後、再亡、黥両頰上、三亡、横點〔当作「黥」〕目下、皆長一寸五分・広五分」。

北朝でも同様のことが行われていた。王仲犖『北周六典』（中華書局、一九七九年）四四六〜四四七頁。

(46)『隋書』刑法志、梁。

劫身皆斬、妻子補兵。遇赦降死者、黵面為劫字、髡鉗、補冶鎖士終身。其下又讁運配材官冶士・尚方鎖士、皆以軽重差其年数。其重者或終身。

(47)『太平御覧』巻六四五、刑法部、轘に引く「前秦録」。

有司奏「人有盗其母之銭而逃者、請投之四裔」。太后聞而怒曰「三千之罪、莫大於不孝、当弃之市朝、奈何投之方外乎、方外豈有無父母之郷乎」。於是轘而殺之。

(48)『歴代刑法考』刑法分考十、流を参照。

(49)『魏書』巻一一一、刑罰志。

〔太和十一年〕秋八月詔曰「律文刑限三年、便入極黙、坐無太半之校、罪有死生之殊、可詳案律条、諸有此類、更一刊定」。冬十月、復詔公卿令参議之。

(50)陳俊強「北朝流刑的研究」（『法制史研究（中国法制史学会会刊）』一〇、二〇〇六年）は、太和十六年律において流刑が法定の正刑として規定されたとする。

(51)『魏書』刑罰志、李瑒の駁に引く法例律。

諸犯死罪、若祖父母・父母年七十已上、無成人子孫、旁無期親者、具状上請。流者鞭笞、留養其親、終則従流。不在原赦之例。

(52) この上書に続けて、「高宗納之、已後入死者、皆恕死徙辺」とある。『魏書』刑罰志。

和平末、冀州刺史源賀上言「自非大逆手殺人者、請原其命、謫守辺戍」。詔従之。

(53)『魏書』刑罰志。

時輿駕数親征討及行幸四方、真君五年、命恭宗総百揆監国。少傅游雅上疏曰「(中略)漢武時、始啓河右四郡、議諸疑罪而謫徙之、十数年後、辺郡充実、並修農戍、孝宣因之、以服北方、此近世之事也。帝王之於罪人、非怒而誅之、欲其従善而懲悪、謫徙之苦、其懲亦深。自非大逆正刑、皆可従徙。雖挙家投遠、忻喜赴路、力役終身、不敢言苦、且遠流分離、心或思善。如此、姦邪可息、辺垂足備」。恭宗善其言、然未之行。

(54) 冨谷至「解説」(内田智雄編『訳注 中国歴代刑法志〔補〕』創文社、二〇〇五年所収)二六五頁。

(55) 北魏の徙辺は、華北統一を契機とする軍事体制の変質と密接に関係しているように思われるが、ここでそれについて詳述する餘裕はない。谷川道雄「北魏末の内乱と城民」(一九五八年初出。『増補 隋唐帝国形成史論』筑摩書房、一九九八年所収)一九九〜二一二頁。高敏『魏晋南北朝兵制研究』(大象出版社、一九九八年)三〇五〜三二二頁。

(56)『中国法制通史 第三巻』五一二頁。

(57)「諸犯年刑已上」の部分について、中華書局標点本は「諸犯□年刑已上」と「年」字の上に特に空格を配するが、従わない。標点本が底本とする百衲本(宋蜀大字本)では、「犯」字と「年」字の間隔が他に比して僅かに広くなっているにすぎない。また、『冊府元亀』巻六一一、刑法部、定律令、永平元年七月乙未条もこの上奏を載せるが、この箇所は「諸犯年刑已上」となっている(『宋本冊府元亀』第二冊、一八九三頁)。「年刑」の語は確かに他に用例を見出し難いが、「年」の上に何らかの文字があったとする根拠もまた薄弱である。

(58) 北魏の流刑が「髡」を伴ったかどうかは明らかではない。ただ、労役刑には髡と鞭が加えられた。『九朝律考』後魏律考、魏刑名、徒刑を参照。

(59) 陳寅恪『隋唐制度淵源略論稿』(一九四六年初出。中華書局、一九六三年)一〇〇〜一一五頁。

(60) 内田吟風「北周の律令格式について」(一九四九年初出。『北アジア研究 鮮卑柔然突厥篇』同朋舎、一九七五年所収)は、隋唐の律令に対する北周の影響を指摘した先駆的な研究である。倪正茂『隋律研究』（法律出版社、一九八七年）、一〇一〜一〇九頁。鄧奕琦『北朝法制研究』（中華書局、二〇〇五年）、一六一〜一六七頁。

(61)『唐律疏議箋解』三九頁。また、葉煒「北周《大律》新探」（『文史』二〇〇一―一）は、北周「大律」が隋唐律に大きな影響を与えたことを、篇目・条文内容・刑罰制度などの面から論証している。

(62)『周礼』夏官司馬、職方氏。

乃辨九服之邦国、方千里曰王畿、其外方五百里曰侯服、又其外方五百里曰甸服、又其外方五百里曰男服、又其外方五百里曰采服、又其外方五百里曰衛服、又其外方五百里曰蛮服、又其外方五百里曰夷服、又其外方五百里曰鎮服、又其外方五百里曰藩服。

衛服以下について、蛮服を要服に、夷服を荒服に改めたものが、北周の「五流」である。内田智雄編『訳注続中国歴代刑法志〔補〕』（創文社、二〇〇五年）六九頁。

(63) 唐名例律56条。

諸称加者、就重次。称減者、就軽次。唯二死三流、各同為一減。

その疏に、

議曰、假有犯罪合斬、従者減一等、即至流三千里。或有犯流三千里、合例減一等、即処徒三年。

とある。

(64)『隋書』刑法志は、北周の大律における贖刑（贖罪）の規定を、

其贖杖刑五、金一両至五両。贖鞭刑五、金六両至十両。贖徒刑五、一年金十二両、二年十五両、三年一斤二両、四年一斤五両、五年一斤八両。贖流刑、一斤十二両、倶役六年、不以遠近為差等。贖死罪、金二斤。

と記す。陳俊強氏はこの記事に拠って、北周の流刑は六年間の労役を伴ったと説かれる（前注（50）陳氏論文、五九〜六〇頁）。なるほど、贖徒五年と贖流刑、贖死罪との贖の金額にはそれぞれ四両ずつの間隔があり、贖流刑にのみ「役六年」が附加されるのは不自然である。しかし、その場合、開皇律頒行の詔に、前代の苛酷な刑罰を軽減したことに言及して「流役六年、改為五載、刑徒五歳、変従三祀」と述べるくだりが問題となる（『隋書』刑法志）。「流役」を「流刑囚に課される労役」と解すれば、北周の流刑にも労役が課されたことになるが、開皇律における流刑の居作年限は最高で三年であって、「五年に

改めた」とする詔の内容と合致しない。一方、『六典』（巻六、尚書刑部、刑部郎中員外郎）は、北周・大律の流刑について、

四曰流刑五、流二千五百里者、鞭一百・笞六十、以五百里為差、鞭笞皆加十、至流日〔当作「四」〕千五百里者、鞭笞各一百、以六年為限。

と記し、「六年」を流刑の年限と解する。しかし、この部分の記述は概ね『隋書』刑法志に拠っており、「以六年為限」は先述の贖刑規定を取り違えて記したもののように思われる。『訳注続中国歴代刑法志〔補〕』は、「流役六年」を「北斉の流刑において遠配に処しないとき、また北周の流刑において流を贖に切りかえるときに、いずれも徒役六年とした」と説明するが、続く「改為五年」については、開皇律に五年という徒刑が見えないことから「あるいは記述に省略があるのではないか」と言うに止まる（九一頁）。ここでは取り敢えず、『訳注続中国歴代刑法志』の説を参考にして、「北周・大律で流刑を居作として執行する際に徒役六年としていた（留住法）のを、開皇律では徒役五年に改めた」と解釈しておきたい。なお、管見の限り、『隋書』のどの版本においてもこの箇所について文字の異同はない。

(65) 唐名例律24条。

諸犯流応配者、三流倶役一年〈本条称加役流者、流三千里、役三年。役満及会赦免役者、即於配処従戸口例〉。妻妾従之。父祖子孫欲随者、聴之。移郷人家口、亦準此。若流移人身喪、家口雖経附籍、三年内願還者、放還。

『訳註日本律令』五、一四五～一四六頁。配所到着後三年以内に流人本人が死亡した場合に限り、同行した家属に郷里への帰還が認められた。

(66) 唐名例律25条。

諸流配人在道会赦、計行程過限者、不得以赦原〈謂従上道日総計、行程有違者〉。

(67) 無論、皇帝が流人に対して個別に帰還を許すことはあった。『新唐書』巻一九七、薛大鼎伝。

父粋、為隋介州長史、与漢王諒同反、誅。大鼎貰為官奴、流辰州、用戦功得還。

漢王諒の乱は文帝崩御直後の仁寿四年（六〇四）に起こり、連坐して流された者は数十万家に及んだ。『隋書』巻二三、五行志、聴不聡、鼓妖。

帝崩、漢王諒挙兵反、徙其党数十万家。

なお、大業五年大赦にいう「晋陽逆党」とはこの反乱の関係者を指す。

(68) 一例を示す。『文館詞林』巻六六五、詔、赦宥、隋煬帝営東都成大赦詔一首。
可大赦天下。自大業二年四月廿五日昧爽以前大辟罪以下、已発覚未発覚及繋囚見徒、悉皆原免。其流徙辺方、未達前所、亦宜放還。

(69) 『隋書』刑法志。
（開皇）十三年、改徒及流並為配防。

(70) 『隋書』巻二、高祖紀、開皇十三年二月己丑。
制坐事去官者、配流一年。

『北史』巻一一、隋本紀は「配流」を「配防」に作る。

(71) 『旧唐書』巻一、高祖本紀、武徳七年。
夏四月庚子、大赦天下、頒行新律令。

『六典』巻六、尚書刑部、刑部郎中員外郎。

皇朝武徳中、命裴寂・殷開山等定律令。其篇目、一准隋開皇之律、刑名之制、又亦略同。唯三流皆加一千里、居作三年・二年半・二年皆為一年、以此為異。又除苛細五十三条。

(72) 陳俊強氏は前注（50）論文において、唐代の流刑の特徴として、①道里の差（流二千里〜三千里の三等）、②配所における一年間の労役（加役流は三年）、③妻妾の配所への同行義務、④流人は終身配所に放逐され帰郷できない、の四つの要素を指摘し、前二者を「周隋の旧制を継承したもの」、後二者を「北魏・北斉の制度から来たもの」として、「唐代の流刑の骨格は周隋に淵源を有するが、部分的に魏斉の要素も吸収した」との見解を示されている（七三頁）。しかし、『旧唐書』『唐会要』等の記述を総合すれば、武徳七年律の段階において、流刑を「一千里（居作二年）・一千五百里（居作二年半）・二千里（居作三年）」の三等とする隋の制度を改めて、二千里・二千五百里・三千里の三等、居作はすべて一年」とした以外は、「おおむね開皇律令のままであった」（滋賀秀三「法典編纂の歴史」、『中国法制史論集』所収、七二〜七三頁）と見るのが無理のないところであろう。北周律・開皇律の流刑に年限が無かったことについては、本章第三節にて述べたとおりである。よって、前述の陳氏の見解には同意できない。

(73) 『旧唐書』巻五〇、刑法志。

於是議絞刑之属五十条、免死罪、断其右趾。応死者多蒙全活。（中略）其後蜀王法曹参軍裴弘献又駮律令不便於時者四十餘事、太宗令参掌刪改之。弘献於是与〔房〕玄齢等建議、以為「古者五刑、刖居其一、及肉刑廃、制為死・流・徒・杖・笞凡五等、以備五刑、今復設刖足、是為六刑、減死在於寛弘、加刑又加煩峻」。乃与八座定議奏聞、於是又除断趾法、改為加役流三千里、居作二年。

『通典』巻一六五、刑法・刑制、同じく巻一七〇、刑法・寛恕、『旧唐書』巻五〇、刑法志、『新唐書』巻五六、刑法志も「居作二年」に作る。『唐会要』巻三九、議刑軽重には「改為加役流三千里、作三年」とあり、居作三年とする。唐名例律11条の疏。

議曰、加役流者、旧是死刑、武徳年中改為断趾。国家惟刑是恤、恩弘博愛、以刑者不可復属、死者務欲生之、情軫向隅、恩覃祝網、以貞観六年奉制、改為加役流。

# 第二章　唐律の流刑制度

## はじめに

本章では、唐律の流刑（以下、特に断らないかぎり、「律の流刑」と言えば「唐律の流刑」を指すものとする）の制度的概要について一瞥しておきたい。すでに周知のことに属する事項について改めて言及するのは、近年公開された「明鈔本天聖令」に「獄官令」が含まれていたために他ならない。

もと「官品令」として寧波・天一閣に伝存したこの書物が、北宋・仁宗時代に編纂された「天聖令」三十巻の残巻であることが明らかになったのは、戴建国氏の考証による。[1] 以後、その整理・公開が鶴首されたが、二〇〇六年十一月、范欽生誕五百周年・天一閣建閣四四〇周年を記念して寧波で開かれた「中外蔵書文化国際学術研討会」にて正式に公開され、天一閣博物館と中国社会科学院歴史研究所天聖令整理課題組により整理・研究された成果が『天一閣蔵明鈔本天聖令校証　附唐令復原研究』として公刊されたのである[2]（奥付には二〇〇六年十月とある）。

「明鈔本天聖令」には、「田令　巻第二十一」から「雑令　巻第三十」までの十巻が収められている。本章に直接関係する「獄官令　巻第二十七」は、「右並因旧文、以新制参定」として列挙された条文（宋令）が五十九条、その後に「右令不行」として附された条文（不行唐令）が十二条、それぞれ存する。『天聖令校証』において唐・獄官令の復原研究を担当された雷聞氏は、不行唐令は言うに及ばず、宋令の文言を日本の養老令や『唐令拾遺』『唐令拾遺補』と比較対照することによって、唐・獄官令として計六十八条を復原された(3)。その四分の一にあたる十七条は『唐令拾遺』『唐令拾遺補』に無い条文であり、これ以外にも従来の復原結果を大幅に修正する条文が数条存する。唐令復原研究にとって画期的な新資料の公開を承け、本章では、新たに復原された「獄官令」条文から得られる知見も交えて、律の流刑の特徴について概述を試みたいと思う(4)。

## 第一節　律令に規定された流刑の刑罰内容

前章で述べたように、唐律の流刑は、罪の重さに応じて強制移動の距離が異なり、配所での労役を課されなかった北周律の流刑に直接的な淵源を有する。隋の開皇律では、移動の距離が現実的なものに改められ、配所で労役が課されるようになった。これを承けた唐律の流刑は、おおよそ次のような特徴をもっていた。

**〔刑の等級〕**

流刑三。二千里〈贖銅八十斤〉、二千五百里〈贖銅九十斤〉、三千里〈贖銅一百斤〉。（名例律4条）

武徳律制定時に隋・開皇律の配流の距離を一千里ずつ増して以来、これが定制となった(5)。貞観律以降、加役流

（流三千里、居作三年）が番外的に加わったことは、すでに前章の小結にて述べた。

**〔労役（居作）〕**

一年。加役流は、居作三年（名例律24条）[6]。鉗（鉄製の首枷）または盤枷（木製の首枷）を著けて[7]「当処の官役」や城隍・倉庫の修理、「公廨の雑役」に従事させられた[8]。

**〔家属の同行〕**

流人の妻妾は必ず配所に同行しなければならない。父祖・子孫も希望すれば同行が許される（名例律24条）。

**〔居作終了後の処遇〕**

配所で戸籍に附せられ、その地の住民になる（名例律24条）。

**〔仕官に関する制限〕**

原則として、配所に到着して六載後、つまり六たび歳が改まったのちに、はじめて仕官が許される（天聖獄官令不行唐6条。条文は八五頁に引用）。但し、反逆縁坐による流刑者や、反逆罪を犯して特に死を免ぜられた流刑者は、仕官を許されない[9]。また、本来流刑に処せられるべきではないが、皇帝の特命により流刑に処せられた者には、三載後の仕官が許される。

**〔官人に対する優免措置〕**

流内官品を有する官人が流刑の実刑を受けるのは、五流（加役流・反逆縁坐流・子孫犯過失流・不孝流・会赦猶流）の場合に限られる。その場合、除名により官爵は全て剝奪されるが、居作は免除される[10]。

## 第二節　流刑案件の裁判手続き

### 一　通常の手続き

次に、流刑案件の裁判がどのような手続きを経て最終的な判決に至るのかについて、先学の研究に導かれつつ、一瞥しておきたい[11]。

「明鈔本天聖令」所収の獄官令には、宋2条として、

諸て罪を犯さば、杖罪以下は、県これを決し、徒以上は、州に送り推断せしめよ。若し官人 罪を犯さば、具案録奏して、大理寺に下し検断せしめ、審刑院その罪を詳正し、議定まらば奏聞し、勅を聴きて処分せよ。如し当たらざる者有らば、亦た事に随ひて駁正せよ。それ応に州の断ずべき者は、別勅に従へ。

諸犯罪、杖〔当補「罪」〕以下、県決之、徒以上、送州推断。若官人犯罪、具案録奏、下大理寺検断、審刑院詳正其罪、議定奏聞、聴勅処分。如有不当者、亦随事駁正。其応州断者、従別勅。

とあるが、本条文は宋初の制度を反映しており、唐令とは少し距離を置いていると見なければならないだろう。大理寺の判決を覆審する官庁が刑部から審刑院に変更されたのは、北宋・太宗時代（淳化四年、九九三）のことであり、この条文はこの制度変更を反映していると考えられるからである（附篇第二論文、四六三～四六四頁を参照）。したがって、ここでは復旧獄官令2条（『唐令拾遺』七五七頁。『唐令拾遺補』八一七頁により補訂）に依拠して考察を進めることとする。

諸そ罪を犯せし者は、杖罪以下は県これを決せよ。徒以上は県 断定すれば州に送れ。覆審し訖らば、徒罪及び流の応に杖を決すべき、若しくは応に贖すべき者は、即ち決配徴贖せよ。それ大理寺及び京兆・河南府、徒及び官人の罪を断じ、幷びに後に雪減有らば、並びに省に申せ。省司覆審して失無ければ、速かに即ち下知せよ。如し当らざる者有らば、亦た事に随ひて駁正せよ。若し大理寺及び諸州、流以上と断じ若しくは除免官当ならば、皆な案状を連写して、省に申せ。大理寺及び京兆・河南府は、即ち封案して送れ。若し駕行幸すれば、即ち諸州の例に准れ。案覆して理尽くれば申奏せよ。若し按覆して事尽さざる有らば、在外の者は使を遣はして就覆せよ。在京の者は追つて刑部に就きて覆し、以てこれを定めよ。

〔開七〕〔開二五〕諸犯罪者、杖罪以下県決之。徒以上県断定送州。覆審訖、徒罪及流応決杖[12]、若応贖者、即決配徴贖。其大理寺及京兆・河南府、断徒及官人罪、幷後有雪減、並申省。省司覆審無失、速即下知。如有不当者、亦随事駁正。若大理寺及諸州、断流以上若除免官当者、皆連写案状、申省。大理寺及京兆・河南府、即封案送。若駕行幸、即准諸州例。案覆理尽申奏。若按覆事有不尽、在外者遣使就覆。在京者追就刑部覆、以定之。

この条文によって、流刑案件の裁判手続きを図式的に示せば、以下のようになろう。

**〔地方で発生した案件の場合〕**

① 県で判決を下し、州に送る。（「徒以上、県断定送州」）

② 州で覆審を行い、案状を連写して尚書省に送る。（「〔諸州〕断流以上……者、皆連写案状、申省」）

罪人の身柄は州に留め置かれたまま、一件書類が州から尚書省に送られ、刑部における書面審理に委ねられた。後掲の天聖獄官令不行唐5条に、諸て流移人、州 断じ訖りて、応に配することを申請すべき者は、皆な専使をして省司に送らしむ。

諸流移人、州断訖、応申請配者、皆令専使送省司。

とある通りである。なお、京兆府・河南府の場合は、封案して尚書省に送ることとなっていた。

③ 尚書省（刑部）にて按覆する。

④ a 事理が尽くされていれば、申奏（「案覆理尽申奏」）。

④ b 事理が尽くされていなければ、使者を州に派遣して就覆（「若按覆事有不尽、在外者遣使就覆」）→審理結果を刑部に復命し、刑部が申奏。

刑部が州の判決に問題なしと判断した場合は、申奏を経て流刑の判決が確定した（④a）。刑部が審理不十分と判断した場合は、使者が州に遣わされ、再度覆審が行われた（④b）。この場合、覆審の結果は刑部に復命され、それを承けて刑部が申奏したと思われる(13)。

**〔在京諸司で発生した案件の場合〕**

復旧獄官令1条（『唐令拾遺』七五七頁。『唐令拾遺補』八一七頁により補訂）に、

諸て罪を犯す者有らば、皆な発する所の州県より、推してこれを断ぜよ。在京の諸司ならば、則ち徒以上は大理に送り、杖以下は当司これを断ぜよ。若し金吾糺獲すれば、亦た大理に送れ。

［開七］諸有犯罪者、皆従所発州県、推而断之。在京諸司、則徒以上送大理、杖以下当司断之。若金吾糺獲、亦送大理。

とあるように、在京諸司における徒以上の罪人および金吾衛が逮捕した罪人は、大理寺に送られ、その審判を受けるよう定められていた。流刑以上の案件については、一件書類が封案して尚書省に送られ、刑部の書面審理に

委ねられた。この後の手続きは、州で発生した案件の場合と同じである。

かくして流刑案件は、刑部による申奏を経て、判決の確定へと向かう。まず、刑部が「奏抄」を起案し、これに尚書都省の長官（尚書令のポストはほとんどの時期において空席であったため、次官たる左右僕射が事実上の長官であった）[14]と刑部尚書・刑部侍郎が連署して奏上する。『令集解』巻三六、公式令84任授官位条に引く「穴記」に、

但そ本令奏抄式を案ずるに、刑部覆断し訖らば都省に送り、都省令以下侍郎以上及び刑部尚書以下侍郎以上、倶に署し申奏せよ、とあり。

但案本令奏抄式、刑部覆断訖送都省、都省令以下侍郎以上及刑部尚書以下侍郎以上、倶署申奏。

とある通りである。[15]「奏抄」の書式については、復旧公式令2乙条（『唐令拾遺補』七〇八～七〇九頁）に、

［開七］［開二五］奏抄式

尚書某司謹奏某某事。

左丞相具官封臣名

右丞相具官封臣名

某部尚書具官封臣名

某部侍郎具官封臣名

某部侍郎具官封臣名等言云云。謹以申聞。謹奏。

年月日　　某部郎中具官封臣姓名上、

給事中具官封臣姓名読

黄門侍郎具官封臣姓名省

侍中具官封臣姓名審

聞 御画

と見える。[16] いまの場合に即して言えば、尚書左右丞相（＝僕射）と刑部尚書・侍郎の連署を得て刑部郎中が奏上し、これを門下省にて審査する（給事中が読み、黄門侍郎が省し、侍中が審す）。いわゆる「封駁」である。この手続きを経て、奏抄はようやく皇帝のもとに届けられ、天子自ら「聞」と記入する[17]（御画）。律に「画聞」とあるのは、このことを指すのであり、[18] 流刑判決はこの時点で確定する。なお、判決に記されたのは「流幾千里」もしくは「加役流」といった律に定める刑罰名であって、具体的な配所（配流地）は、後述の如く後に刑部により決定されたと考えられる。

さて、かくして確定した流刑判決は、尚書都省を経て（右司郎中、都事が受理）、刑部（刑部郎中）に送られ、刑部ではこれを受けて「符」が作成される。刑部郎中がこれに署名した後、尚書都省で勾検（チェック）が行われる。符の書式は、復旧公式令10条（『唐令拾遺』五五八～五五九頁。『唐令拾遺補』七一四頁により補訂）に見える通りである。

［開七］符式

尚書省　為某事

某寺主者云云。案主姓名。符到奉行。

主事姓名

吏部郎中具官封名〈都省左右司郎中一人准〉令史姓名
　　　　　　　　　　　　　　　　　書令史姓名
　　　　　　　　　　　　　　年月日下
右尚書省下符式。凡応為解向上者、上官向下皆為符。首判之官署位、准郎中。其出符者、皆須案成、并案送都省撿勾〈若事当計会者、仍別録会目、与符倶送都省〉。其餘公文、及内外諸司応出文書者、皆准此。

傍線を施した部分は、事例にあわせて適宜書き換えられる。この場合であれば、符が下達される州の名〈もしくは京兆・河南府、あるいは大理寺〉が「某寺」のところに記され、「吏部郎中」の箇所には「刑部郎中」と記されたと考えられる。

## 二　「発日勅」による流刑判決

詔勅による流刑判決は、皇帝の判断に基づいて下される特殊なケースであり、通常の裁判手続きとは区別して扱う必要がある。『唐令拾遺補』所掲の「発日勅式」〈次頁を参照〉の末尾に、

右、官人を増減し、州県を廃置し、兵馬を徴発し、官爵を除免し、六品已下の官を授け、流已上の罪を処し、庫物五百段・銭二百千・倉粮五百石・奴婢二十人・馬五十匹・牛五十頭・羊五百口已上を用ひんとすれば、則ちこれを用ふ。

とあることから、流罪以上の罪を裁く場合には「発日勅」が用いられることが知られる[19]。

皇帝の発意によって[20]、罪人を流刑に処する旨を命ずる発日勅が下される場合、まず、中書省で詔勅の文案が作

成される（原則として中書舎人が起草）。文案は皇帝に奏上され、皇帝は「発日」を自ら画す（御画）。次いで、門下省に回されて、侍中以下が審査を行う。

このようにして作成される発日勅の書式は、復旧公式令補2条として次のように復原されている（『唐令拾遺補』七二六～七二七頁）。

〔唐〕発日勅式

勅、云云。

年月御画日

中書令具官封臣姓名　宣
中書侍郎具官封臣姓名　奉
中書舎人具官封臣姓名　行

奉

勅如右。牒到奉行。

年　月　日

侍中具官封名
門下侍郎具官封名
給事中具官封名

右、増減官人、廃置州県、徴発兵馬、除免官爵、授六品已下官、処流已上罪、用庫物五百段・銭二百千・倉粮五百石・奴婢二十人・馬五十匹・牛五十頭・羊五百口已上、則用之。

こうして作成された発日勅は、尚書都省を経て、担当部局である刑部に送られる。この後の手続きは、通常の流刑案件と同様である。すなわち、刑部で符が作成され、刑部郎中がこれに署名した後、尚書都省で勾検が行われ、州もしくは大理寺に下達される。

なお、唐代史料中には発日勅による流刑判決の事例が散見するが、その中には配所が詔勅中に明示されているものが少なくない。(21)「配流嶺南遠処」「長流嶺南」(22)など配所を具体的に示さない詔勅が下された場合は、通常の流刑判決の場合と同様、刑部において配所を決定したものと推測される。また、皇帝の判断に基づき下される刑罰は、時に律の法定刑の枠を越えることがあったが、これについては次章第二節にて言及する。

## 第三節　流刑の執行

次に、流刑の執行過程についてまとめておきたい。従来は、復旧獄官令14条（『唐令拾遺』七七〇頁）に、

諸て流人は、季別に一たび遣はせ。若し符 季末三十日の内に在りて至る者は、後季の人とともに遣はすを聴す。○若し妻子遠きに在らば、預め為に追喚し、至るを待ちて同(とも)に発せよ。西州・伊州に配せらるる者は、涼州に送り、江北の人の嶺南に配せらるる者は、桂・広州に送り、剣南に非らざるの人の姚・嶲州に配せらるる者は、益州に送付し、領を取らば、即ち還れ。それ涼州等は、各おの専使を差して領送せしめよ。

［開七］［開二五］諸流人季別一遣、若符在季末三十日内至者、聴与後季人同遣。○［開七］若妻子在遠、預為追喚、待至同発。配西州伊州者、送涼府、江北人配嶺南者、送桂・広府、非剣南人、配姚・嶲州者、送付益府、取領即還。其涼府等、

各差専使領送。

とあるのに拠って、流人は裁判を受けた州に留置されたまま、中央からの沙汰を待つものと漠然と理解されてきたのであるが、「明抄本天聖令」獄官令には新たな資料が含まれていた。不行唐5条である〈復原獄官令15条も同文〉。

a諸流移人、州断訖、応申請配者、皆令専使送省司。令量配訖、還附専使報州。b符至、季別一遣〈若符在季末至者、聴与後季人同遣〉。具録所随家口・及被符告若発遣日月、便移配処、逓差防援〈其援人皆取壮者充、餘応防援者、皆準此〉。専使部領、送達配所。c若配西州・伊州者、並送涼州都督府。江北人配嶺以南者、送付桂・広二都督府。其非剣南諸州人而配南寧以南及嶲州界者、皆送付益州大都督府、取領即還。其涼州都督府等、各差専使、準式送配所。d付領訖、速報元送処、並申省知〈其使人、差部内散官充、仍申省以為使労。若無散官、兼取勲官強幹者充。又無勲官、則参軍事充。其使並給伝乗〉。e若妻・子在遠、又無路便、豫為追喚、使得同発。其妻・子未至間、囚身合役者、且於随近公役、仍録已役日月下配所、即於限内聴折。

以下、この条文の内容を逐次検討することによって、流刑の確定から執行完了に至るまでの手続きについて考察してゆきたい。

## 一　配流地の確定と州への通知

a諸て流移人、州 断じ訖りて、応に配することを申請すべき者は、皆な専使をして省司に送らしめよ。もし量配し訖らば、還た専使に附して州に報ぜしめよ。

「流移人」とは、「流人科断已定及移郷人」（復旧獄官令12条。条文は七七頁に引用）、すなわち、判決が確定した流人および恩赦により移郷されることとなった者をいう（移郷については本章第五節を参照）。

州で流罪と断じた案件のうち、配流を申請すべき場合について、州は専使を立てて、一件書類を省司（尚書省刑部）に送ることになっていた。[23] 専使は都で判決が確定するのを待った。流刑の判決が、刑部による覆審と皇帝への報告（奏抄）、皇帝による決裁（画聞）、門下省による審査（封駁）といった一連の手続きの後に確定したこと、先に述べたとおりである。

さて、判決が確定すると、刑部は符を作成して州に下付したのであるが、ここで若干の検討を要する問題がある。前述したように、確定した流刑判決には「流幾千里」あるいは「加役流」といった律に定める刑罰名しか記されておらず、具体的な配所は刑部が決定した。『故唐律疏議』巻一、名例律篇目疏[24]に、

今の典憲は、前聖の規模、章程失うこと靡く、鴻纖備さに挙ぐ。而して刑憲の司は執行殊異す。大理その死坐に当り、刑部 処するに流刑を以てし、一州 断ずるに徒年を以てし、一県 将て杖罰を為す。

今之典憲、前聖規模、章程靡失、鴻纖備挙、而刑憲之司執行殊異、大理当其死坐、刑部処以流刑、一州断以徒年、一県将為杖罰。

とあるのは、流刑の執行が刑部の責任において行われると観念されていたことを示すものであるが、流刑執行のためには具体的な配所を決定する必要がある。前掲の獄官令条文にある「量配」とは、刑部が具体的な配所を決定することを指すと見てよかろう。問題は、配所の決定がいずれの段階でなされたかである。

獄官令の条文から判断すれば、州の専使は、刑部から具体的な配所を通知されるまで都で待機していたと考えられる。刑部から州への通知は、「符」によってなされる。とすれば、一連の手続きにおいて刑部が作成する符

は、

(A)確定した流刑判決（流幾千里もしくは加役流）を州に伝える符

(B)確定した配所を州に伝える符

の二通が存したことになるが、これは二度手間であり、効率的でない[25]。しかし、刑部が符を作成する際に、皇帝の裁可を得た奏抄の内容に対して独自に文言（判断）を附加したとも考え難い。配所の決定が刑部によって行われていたことも前述の通りである。つまり、一見したところ不合理に見える二通の符の作成は、文書の処理手続きから言えば、避けがたいことであったように思われる。

こうした推測を裏づける史料として、次の詔勅がある。

唐・宝応元年（七六二）十二月十三日勅節文に准るに「覆し訖りて合に流たるべき者は、省司、便ち流す所の州に配せ」とあり。

准唐宝応元年十二月十三日勅節文「覆訖合流者、省司便配所流州」。（『宋刑統』巻三、名例律、犯流徒罪）

この詔勅は、刑部が覆審の結果やはり流刑であるとした案件について、奏抄の前に配所を決定するよう命じたものである。このように変更すれば、量刑と配所の両方について、一度の奏抄手続きにより皇帝の裁可を得ることができる。刑部も、一通の符で事務処理を済ませることができ、前述のような二度手間をとる必要はなくなる。唐朝はこの勅によって、令に規定された重複した手続きの改善を図ったのであり、この改善された方式が唐後半期における定制となった。なお、この勅節文は開成格に収められたと考えられる[26]。

## 二　流人の護送

ともあれ、刑部から判決と配所を記した符を受け取って、専使はそれを州に持ち帰る。刑部の符を受け取った州では、前掲の獄官令b～eの規定に従って、流人を配所に護送した。

b符至らば、季別に一たび遣はせ〈若し符季末に在りて至らば、後季の人と同に遣はすを聴す〉。随ふ所の家口及び被りたる符告もしくは発遣せし日月を具録し、便ち配処に移し、防援を逓差せよ〈それ援人は皆な壮なる者を取りて充てよ。餘の応に防援すべき者も、皆なこれに準れ〉。専使　部領して、配所に送達せよ。

州からは季ごと、すなわち季末の月に流人を配所に送り出した〈符が季末に到着した場合は、次の季の流人と一緒に護送〉。その際、流人に随行する家属・受領した符告の内容・出発の月日を記した書類を配所宛てに作成した。専使は原則として、配所までの全行程について流人を部領し、防援が州ごとに交替して護衛に当った[27]〈復原獄官令16条。条文は七五頁を参照〉。但し、以下に定める場合については、所定の都督府まで流人を送り届ければよく、そこから先は、各都督府が派遣する専使が流人を護送した[28]。

c西州・伊州に配せらるる者の若きは並びに涼州都督府に送り、江北人の嶺以南に配せらるる者は桂・広二都督府に送付し、それ剣南諸州の人に非らざるに南寧以南及び巂州界に配せらるる者は皆な益州大都督府に送付し、領を取らば即ちに還れ。それ涼州都督府等は、各おの専使を差し、式に準り配所に送れ[29]。

配所に流人を引き渡すと、専使は速やかに送り元の州にその旨を報告し、あわせて尚書省〈刑部〉にもそのことを知らせた。

d付領し訖らば、元送の処に速報し、並びに省に申して知らしめよ〈それ使人は、部内の散官を差して充て、仍りて省に申して以て使労と為せ。若し散官無ければ、兼ねて勲官の強幹なる者を取りて充てよ。又た勲官無ければ、則ち参軍事をば充てよ。それ使には並びに伝乗を給せ〉。

なお、注の「其使人、差部内散官充、仍申省以為使労。（中略）其使並給伝乗」は、州が派遣する専使についての規定である（都督が派遣する専使にも準用）。

最後に、流人の護送に関連して、その妻子についての規定が記される。前述の通り、流人の妻妾は配所に同行しなければならず、父祖・子孫も希望すれば同行が認められた。何らかの理由で、流人の勾留されている州から遠く離れたところに家属が住んでいる場合、あるいは到着するまでに相当の時日を要する場合について、

e若し妻子遠きに在り、又た路便無ければ、豫め為に追喚し、同に発するを得しめよ。それ妻子未だ至らざるの間、囚身まさに役すべき者は、且く随近において公役せしめ、仍りて已に役せし日月を録して配所に下し、即ち限内において聴折す。

のような規定が用意されていた。かくして流人は、妻子と共に配所へと出立したのである。

さて、州を出発した流人には、道中の食糧が支給される決まりであった[30]。護送に際しては、一日当りの移動距離、言い換えれば、行程に必要な日数（程限）が定められていた[31]。所定の程限を遵守できなかった場合は、配所の官司が専使を取り調べ、尚書省に調書を上申した[32]。

以上、『唐令拾遺』『唐令拾遺補』など従来からの史料に加え、「明鈔本天聖令」所収の条文を参照して、唐律

の流刑制度についての概観を試みた。その結果、唐制では、
①地方で流罪の判決を受けた者は、州で勾留され、中央での判決確定を待った。
②州と中央の間の書類のやりとりは、州が派遣した専使に委ねられた。州の専使は、流刑案件の一件書類を都の尚書省に送り届け、判決確定を待って刑部が下す符を受け取り、州に持ち帰った。なお、獄官令の条文から判断すれば、通常の手続きによる場合、「流幾千里」あるいは「加役流」の判決が確定した後に、刑部が具体的な配所を決定したようである。発日勅による場合は、詔勅中に配所が明示されることも少なくなかったが、配所が明示されない時には刑部が配所を決めたと考えられる。
③中央で確定した判決は、刑部の作成した「符」によって州に通知された。文書の処理手続きから判断すると、この刑部符には、確定した流刑判決を州に伝える符と、配所を伝える符の二通が存した。前掲の宝応元年十二月の勅は、こうした二度手間の解消を図ったものであり、唐後半期にはこの改善された方式が定制となった。なお、この勅は開成格に収められたと考えられる。
④刑部符が州に届くと、州は専使を立てて流人を配所まで護送させた。また、州ごと交替する防援が護衛のために附けられた。但し、配所が西州・伊州であるなど特殊な場合については、州の専使は所定の都督府まで流人を護送すればよく、そこから先は、各都督府が派遣する専使が流人を配所まで護送した。そしていずれの場合も、配所に流人を引き渡すと、専使は、送り元の州と尚書省（刑部）にその旨を速やかに報告した。
⑤流人の妻妾も、流人とともに配所に同行した（父祖・子孫も希望すれば同行が許された）。流人の配所への出立に間に合うように、必要に応じて、あらかじめ州まで呼び出されることがあった。
等のことが規定されていたことが明らかとなった。

## 第四節　隋制との比較

さて、前章で述べたように、唐律の流刑は基本的には隋・開皇律の制度に基づいている。しかしながら、流刑の執行について、隋制ではどのように規定されていたかを知る手がかりは乏しい。その意味で、次に示す史料は貴重なものと言えるであろう。

『隋書』巻七三、循吏伝には、王伽なる者が州の使者として斉州（州治を現在の山東省済南市に置いた）から京師（長安）まで流囚七十餘人を護送した際のエピソードが記されている。これについては以前にも取り上げたことがある(33)が、いま一度この史料を読み直し、隋制と唐制の比較を試みたい。長文ではあるが、最初に当該史料を示しておく。

王伽は、河間章武の人なり。開皇の末、斉州行参軍と為るも、初より称するに足る無し。後、州使を被りて流囚の李参ら七十餘人を送りて京師に詣る。時制、流人は並びに枷鎖して伝送せらる。伽、行きゆきて榮陽に次り、その辛苦を哀れみ、悉く呼びてこれに謂ひて曰く「卿輩、既に国刑を犯し、名教を虧損すれば、身をば縲紲に嬰がるるは、此れその職なり。今復た重だ援卒を労はすは、豈に独り心に愧ぢざらんや」と。参ら辞謝す。伽曰く「汝ら憲法を犯すと雖も、枷鎖も亦た大いに辛苦なり。吾れ汝らに脱去するを与さんと欲す。行きて京師に至らば総集せよ。能く期に違はざるやいなや」と。皆な拝謝して曰く「必ず敢て違はざらん」と。伽、是に於いて悉くその枷を脱し、援卒を停め、与に期して曰く「某日、京師に至るに当り、如し前却を致さば、吾れ当に汝が為に死を受くべし」と。これを舎(お)きて去る。流人咸く悦び、期に依りて至り、一も離叛する無し。上聞きてこれに驚異し、召見して与に語り、善を称することこれを久うす。是に於いて悉く流人を召し、幷せて妻子を携負して倶に入らしめ、宴を殿庭に賜ひてこれを赦す。乃ち詔を下して曰く「凡そ有生に在りては、霊を含み性を稟け、咸く好悪を知り、並びに是非を識る。若し臨むに至誠を以てし、明かに勧導を加ふれば、則ち俗は必ず化に従ひ、人は皆な善に遷らん。往(さき)ごろ海内乱離するを以て、徳教廃絶す。官人に慈愛の心無く、兆庶は姦詐の意を懐く。獄訟息(や)まず、澆薄治め難き所以なり。朕は命を上天より受け、万姓を安養するに、聖法に遵ひて、徳を以て人を化さんと思ふ。朝夕孜孜として、意は此に在り。而して伽は深く朕が意を識り、誠心もて宣導す。参ら感悟して、自ら憲司に赴く。明らけし、是れ率土の人教へ難しと為すに非ず、良(まこと)に是れ官人暁示を加へず、罪に陥れ、自新するに由(よし)無からしむるを致す。若し官をして尽く王伽の儔(ともがら)ならしめ、人をして皆な李参の輩ならしむれば、刑厝(お)きて用ひざらん。それ何ぞ遠からんや」と。是に於いて伽を擢(ぬきん)でて雍令と為し、政に能名有り。

王伽、河間章武人也。開皇末、為斉州行参軍、初無足称。後被州使送流囚李参等七十餘人詣京師。時制、流人並枷鎖伝送。伽行次滎陽、哀其辛苦、悉呼而謂之曰「卿輩既犯国刑、虧損名教、身嬰縲紲、此其職也。今復重労援卒、豈独不愧於心哉」。参等辞謝。伽曰「汝等雖犯憲法、枷鎖亦大辛苦。吾欲与汝等脱去、行至京師総集、能不違期不」。皆拜謝曰「必不敢違」。伽於是悉脱其枷、停援卒、与期曰「某日当至京師、如致前却、吾当為汝受死」。舎之而去。流人咸悦、依期而至、一無離叛。上聞而驚異之、召見与語、称善久之。於是悉召流人、幷令携負妻子倶入、賜宴於殿庭而赦之。乃下詔曰「凡在有生、含霊稟性、咸知好悪、並識是非。若臨以至誠、明加勧導、則俗必従化、人皆遷善。往以海内乱離、徳教廃絶。官人無慈愛之心、兆庶懐姦詐之意。所以獄訟不息、澆薄難治。朕受命上天、安養万姓、思遵聖法、以徳化人。朝夕孜孜、意在於此。而伽深識朕意、誠心宣導。参等感悟、自赴憲司。明是率土之人非為難教、良是官人不加暁示、致令陥罪、無由自新。

若使官尽王伽之儔、人皆李参之輩、刑厝不用、其何遠哉」。於是擢伽為雍令、政有能名。

王伽は斉州から流囚七十餘人を率いて都に送り届ける途中、囚人たちが枷に苦しむのを憐れみ、流囚らに京師での再会を約して枷を外した。その温情に感激した流囚は期日通りに都に集まった、という美談であり、王伽はこの美談の故に循吏伝に立伝されたのであろう。

文中に見える「時制、流人並枷鎖伝送」なる一文は、隋・開皇末における「流人」の護送に関する規定を記したものとして重要である。問題となるのは、王伽が何のために李参ら七十餘名の「流囚」を京師に送り届けたのか、ということである。可能性としては、

(a)斉州から京師への流刑が執行された（京師～斉州間の道里は約二千里である。『元和郡県図志』巻一〇、河南道、斉州、八到）。

(b)斉州で服役中の流人が、何らかの理由で京師に移送された。

(c)中央で行われる審理のため、斉州から京師に囚人の身柄が護送された。

の三つを想定し得る。しかし、このうち(a)については、京師が流刑地ということになってしまい、『尚書』舜典以来見られる「流」＝「罪人を遠方に屏ける」という思想に反してしまう。前章で詳述したことと照らし合わせば、これは選択肢から消えるであろう。また(b)についても、北魏以来の流刑の本質が、辺境への強制移動と配所での服役であることを勘案すれば、流囚を臨時的な労働力として軽々しく京師に移送したとは考えがたい（彼らを臨時の労働力を必要としたような大事業も、『隋書』には記されていない）。では(c)についてはどうか。以下、零細ながら残されている手がかりをもとに考察してゆきたい。

①開皇末における流刑の刑罰内容

前章第三節で言及したように、徒刑・流刑の居作は開皇十三年（五九三）に「配防」に改められた。また、正史に見える事例では配防先がほとんど全て嶺南や北辺に限られている（三六頁、表1を参照）。このことから、開皇末における徒刑囚・流刑囚は、辺境の戍卒として服役したと考えてよかろう。その意味で、都の長安から約二千里離れたところに位置するものの、斉州が流人の配所となった可能性はまず無いと考えられる。

②流囚の拘束具について

李参ら流囚は、護送される際に枷と鎖で拘束されていた。唐制では、復旧獄官令18条（『唐令拾遺』七七四頁。『唐令拾遺補』八二一頁により補訂）に、

諸て流・徒罪の居作する者は、皆な鉗を著け、若し鉗無き者は、盤枷を著けよ。

〔開三〕〔開七〕〔開二五〕諸流徒罪居作者、皆著鉗、若無鉗者、著盤枷。（後略）

との規定があり、これによれば、服役中の労役囚には原則として鉗（金属製の首かせ）を著け、鉗が無い場合に限り盤枷（木製の首かせ。円形か）で代用された。未決囚については、復旧獄官令28条（『唐令拾遺』七八一頁）に、

諸て禁囚は、死罪ならば枷杻、婦人及び流罪以下は杻を去り、それ杖罪ならば散禁せよ。年八十及び十歳並びに廃疾・懐孕・侏儒の類は、死罪を犯すと雖も、亦た散禁せよ。

〔開七〕〔開二五〕諸禁囚、死罪枷杻、婦人及流罪以下去杻、其杖罪散禁。年八十及十歳並廃疾・懐孕・侏儒之類、雖犯死罪、亦散禁。

とあり、死罪を犯した者は枷と杻（足かせ）、流罪・徒罪を犯した者と女性の犯罪者は枷によって拘束すると定められていた。鎖に関する記述は、服役囚・未決囚のいずれについても無い。

ところが、唐闘訟律51条の疏には、

人罪を犯し、身囚禁に在る有り、唯だ獄官の為に己を酷げらる者のみ告するを得、自餘の他罪は並びに告発するを得ず。即し流囚道に在り、徒囚役に在り、身枷鎖に嬰がれ、或ひは援人有り、亦た囚禁せらるるの色に同じければ、他事を告挙するを得ず。

議曰、人有犯罪、身在囚禁、唯為獄官酷已者得告、自餘他罪並不得告発。即流囚在道、徒囚在役、身嬰枷鎖、或有援人、亦同被囚禁之色、不得告挙他事。

と記されている。これによれば、配所に護送中の流人と服役中の徒刑囚はともに枷鎖で拘束され、「援人」によって護衛・監視されており、それは「囚禁せらるるの色」即ち未決囚の場合と同じであったという。

前掲の復旧獄官令は、いずれも開元年間制定の令文である。これに対し、『宋刑統』に記された律の疏は、永徽年間に撰定された「律疏」に由来するとされる。(34) 無論、現在伝わっているのは開元年間に刊定されたものであり、(35) 永徽律疏の姿をそのまま留めているとは限らないのであるけれども、先の文言が開元令と内容的に一致しないのであれば、それが開元令に先行する令に由来する可能性も出てくる。

ちなみに北朝では、北魏・獄官令に、

諸て年刑已上を犯さば枷鎖、流徒已上は、増すに杻械を以てす。

諸犯年刑已上枷鎖、流徒已上、増以杻械。(36)（『魏書』巻一一一、刑罰志）

とあり、徒刑以上の未決囚には枷鎖が著けられ、流刑以上の場合はこれに杻械が加えられたという。未決囚が枷鎖で拘束されていたことを示す具体例は、北朝の正史に散見する。一例を挙げよう。東魏の天平四年（五三七）十二月、范陽の盧景裕は兄の仲礼に逼られて反乱に荷担したが、乱は翌年鎮圧され（『北史』巻五、魏本紀、文皇帝）、景裕は逮捕・投獄された。

景裕の敗るるや、晋陽獄に繫がるるも、至心に経を誦ずれば、枷鎖自ら脱る。
景裕之敗也、繫晋陽獄、至心誦経、枷鎖自脱。（『北史』巻三〇、盧同伝、附盧景裕伝）

この記事から、おそらくは死罪人として投獄されていた盧景裕が獄中、「枷鎖」によって拘束されていたことが判明し、さらに、前掲、北魏獄官令の「流徒已上、増以杻械」なる規定が東魏ではすでに変更されていた（もしくは具文化していた）ことを窺い得る。

また北斉では、恩赦の宣布に際し、囚徒を閶闔門（宮城正門）前に集合させ、太鼓を打ち鳴らした後に「枷鎖」を外して彼らを釈き放った。

赦日には則ち武庫令、金雞及び鼓を閶闔門外の右に設け、勅して囚徒を闕前に集め、鼓を撾つこと千声にして、枷鎖を釈く。
河清三年（五六四）、尚書令趙郡王叡等奏上斉律十二篇。（中略）赦日則武庫令設金雞及鼓於閶闔門外之右、勒集囚徒於闕前、撾鼓千声、釈枷鎖焉。（『隋書』巻二五、刑法志）

唐令や天聖令にも同様の条文が見えることから、こうした儀式に大きな変更は加えられなかったものと考えられる。

諸て赦有るの日には、武庫令、金雞及び鼓を宮城門外の右に設け、囚徒を闕前に勒集せしめ、鼓を撾つこと千声、訖らば詔を宣べてこれを釈て。それ赦書は諸州に頒ち、絹を用ひて写し行下せよ。

〔貞〕諸有赦之日、武庫令設金雞及鼓於宮城門外之右、勒集囚徒於闕前、撾鼓千声、訖宣詔而釈之。其赦書頒諸州、用絹写行下。（復旧獄官令43甲条、『唐令拾遺』七九八頁）

諸て赦日には、武庫令、金雞及び鼓を宮城門外の右に設け、勒して囚徒を闕前に集め、鼓を撾つこと千声、訖らば制を宣べて放て。それ赦書は諸州に頒ち、絹を用ひて写し行下せよ。

〔開七〕〔開二五〕諸赦日、武庫令設金雞及鼓於宮城門外之右、勒集囚徒於闕前、撾鼓千声、訖宣制放。其赦書頒諸州、用絹写行下。（復旧獄官令43乙条、『唐令拾遺』七九八頁）

諸て赦日には、主者、金雞及び鼓を宮城門外に設け、勒して囚徒を闕前に集め、鼓を撾つこと千声、訖らば制を宣べて放て。それ赦書は程に依りて頒下せよ。

諸赦日、主者設金雞及鼓於宮城門外、勒集囚徒於闕前、撾鼓千声、訖宣制放。其赦書依程頒下。（天聖獄官令宋47条）

『大唐開元礼』によれば、この時に宮城正門外に集められるのは「京師の見囚」、つまり未決囚であった(37)。北斉もこれと同じであったとすれば、北斉でも未決囚は枷鎖によって拘束されていたということになるであろう。なお、北斉律では、徒刑（刑罪、耐罪）囚は「鎖して左校に輸し、髠せず（鎖輸左校而不髠）」、流刑囚は「これを髠して辺裔に投ず（髠之投于辺裔）」と定めており（『隋書』刑法志）、拘束方法が未決囚とは異なっていた。

上記のことから、東魏以降、北斉・隋から唐初にかけての時期、未決囚は枷鎖によって拘束されていたものと推測し得る。一方、服役中の流刑囚は、開元令では鉗（鉗が無い場合に限って盤枷）によって拘束する定めであったものの、それ以前の制度では枷鎖を用いていた可能性もある。

③「伝送」について

王伽伝に見える「時制」に拠れば、流人は枷鎖で拘束され「伝送」された。「伝送」とはリレー方式で人や物を送ることを謂い、復原獄官令16条に、

諸て囚を逓送する者は、皆な道次の州県をして罪の軽重・強弱を量らしめ、人を遣はして防援せしめ、明かに相ひ付領せしめよ。

諸逓送囚者、皆令道次州県量罪軽重・強弱、遣人防援、明相付領。

とあることから、唐制でも、州県ごとに未決囚を「逓送」即ちリレー方式で護送する決まりであったことが知られる。初唐の人顔師古も、『漢書』の注において、

逮捕とは、事相ひ連及する者、皆なこれを捕ふるを謂ふなり。一に曰く、在道守禁すること相ひ属ぎて絶へず、今の囚を伝送するが若きなるのみ。

逮捕、謂事相連及者皆捕之也。一曰、在道守禁、相属不絶、若今之伝送囚耳。[38]（『漢書』巻一下、高帝紀下「貫高等謀逆発覚、逮捕高等」に附された注）

と、未決囚を逓送する様子を、関係者を次々に芋づる式に捕らえることの譬えとして引き合いに出している。

④援卒について

王伽伝の「卿輩既犯国刑、虧損名教、身嬰縲紲、此其職也、今復重労援卒」という一節は、李参らが罪を犯して逮捕拘禁され、兵卒に護送されていることを指す。「援卒」の語は、前掲の闘訟律51条の疏に言う「援人」、あるいは復原獄官令16条や天聖獄官令不行唐5条、あるいは、

諸て徒流囚、役に在らば、囚一人に両人防援せよ。（後略）

諸徒流囚在役者、囚一人、両人防援。（後略）（復原獄官令22条）

に見える「防援」の語――武装して護衛の任に当ること、もしくはその者（必ずしも兵士を充てるとは限らない）[39]の意――と同義であろう。唐制では、護送中の流人・服役中の徒刑囚・未決囚のいずれもが、枷鎖により拘束され護衛によって監視されたのである。さらに開元令には、死刑囚を刑場に護送する場合にも防援を附けるよう定められていた。

諸て大辟罪を決するは、皆な防援して刑所に至り、囚一人ごとに防援二十人、一囚ごとに五人を加へよ。

〔開七〕〔開二五〕諸決大辟罪、皆防援至刑所、囚一人防援二十人、毎一囚加五人。（後略）（復旧獄官令7条。『唐令拾遺』七六二～七六三頁）

要するに、未決囚であれ既決囚であれ、罪人は等しく防援によって監視された。但し、服役中の流囚を臨時に別の場所に移送することは、唐令では想定されていない。前述の如き流刑の性格を考えれば、これは当然のことであろう。

⑤「令携負妻子倶入」について

この一節から、李参ら流囚の妻子も都に召喚されたことがわかるのだが、これは何を意味するのであろうか。先述の如く、唐制では、流人の妻妾は必ず配所に同行せねばならず、遠くにいる場合は預め呼び寄せ、その到着を待って共に配所に赴くことになっていた（六六頁に引く天聖獄官令不行唐5条e）。王伽伝において李参ら流囚の妻子が登場するのは、都で文帝に殿庭に召し出された時であり、それ以前の場面では全く言及されていない。唐制では、

諸て流人 科断已に定まり、及び移郷の人は、皆な妻妾を棄放して配所に至るを得ず。如し妄りに逗留を作して私かに還り、及び逃亡する者有らば、随即に省に申せ。

〔開七〕〔開二五〕諸流人科断已定及移郷人、皆不得棄放妻妾至配所。如有妄作逗留私還及逃亡者、随即申省。（復旧獄官令12条。『唐令拾遺』七六九頁。『唐令拾遺補』八二〇頁により補訂）

とあるように、妻妾が流囚に同行しなければならなくなるのは、流刑の判決が確定してからのことである。王伽伝の場合もこれと同じと仮定すれば、李参らの妻子は、京師で流囚に対する判決が確定することを前提に、京師に召喚されたと考えられる。

⑥「参等感悟、自赴憲司」について

文帝の詔に見えるこの一節は何を意味するのであろうか。王伽に枷鎖を釈いてもらった流囚は、その慈悲に感動して「自ら憲司に赴いた」という。「憲司」の語は一般に、御史の別称と辞書などで説明されるが、官人の非違検察を職掌とする御史臺に、流囚が赴くとは考え難い。ただ、文脈（「与期曰、某日当至京師、如致前却、吾当為

汝受死。舎之而去。流人咸悦、依期而至、一無離叛」）から考えて、李参ら流囚が王伽と再会を期した場所がこの「憲司」であったことは明白である。ここでは暫く、「憲司」を広く司法関係の官庁、具体的には刑部を指すものと解しておきたい。同じ史料の前半に「憲法を犯し云々」と見え、この「自ら憲司に赴き云々」と呼応関係にあると見れば、この解釈もさほど不自然なものではなかろう(40)。

以上、『隋書』王伽伝の記述について仔細に検討を加えてきたが、結果として、(c)の可能性を完全に否定する史料は一つも無く、逆に、李参らが斉州で流刑判決を受けた未決囚として、京師での再審理、すなわち確定判決を受けるために護送されてきたことを窺わせる記述を複数見出すことができた。つまり、隋では、流罪について都で再審理を行う際、裁判の一件書類のみならず、罪人本人をも都に送っていた可能性があるということである。もしそうであるならば、先に検討した天聖獄官令不行唐5条において、

諸流移人、州断訖、応申請配者、皆令専使送省司。

という、些かまどろっこしい手順を踏んでいるのは、隋制（「時制、流人並枷鎖伝送」）から「流囚の身柄の移送」という手続きを省いたことによる、との推測も可能ではなかろうか。

## 第五節　配流の距離の起点

次に、流幾千里という際の距離がどこを起点とするのかについて一言しておきたい。桑原隲蔵氏は、「支那の

古代法律」と題した講演のなかで、流刑について、「何れも罪人の故郷から、支那里数で計つて、軽い者は二千里、その次に軽い者は二千五百里、その次は三千里の離れた処へ移して了ふこと」と説明されている。[41]また、滋賀秀三氏によれば、流刑の配所は、本人の郷里から二千里、二千五百里、三千里などほぼ所定の里数だけ隔たった地帯のなかの指定された特定の州であり、州のなかでどの県どの郷に配するかは配所の官憲により定められたという。[42]滋賀氏の説はその後ひろく受け入れられ、中国法制史のみならず日本史研究者にも多大の影響を与えている。[43]しかし一方で、これとは別の説、すなわち、配流の距離の起点は京師であるとする説も以前から存在している。[44]ただ不思議なことに、両説ともにその根拠が明示されたことが無かったため、わたくしは以前、後者の説に与する卑見を述べたことがある。[45]これに対する批判を通じて、滋賀氏も自説の根拠について述べられるに至った。[46]本節では、配流の距離の起点を京師とする説の妥当性について、改めて論証したいと思う。

## 一　上代の追放刑と唐律の流刑

滋賀氏はかつて、「中国上代の刑罰についての一考察――誓と盟を手がかりとして――」（一九七六年初出。前掲『中国法制史論集』所収）という論文において、中国上代の追放刑について次のように述べられた。

『書経』などの古典に見える「放」「流」「竄」「殛」「逐」などの文字からして、上代における追放刑の存在が推定せられることは、すでに先学の説かれたところであるが、上に見来ったような絶交的詛盟の機能を念頭においてこれを見なおすならば、「放」「流」等の文字で記される故事もまた、実態は、衆人の絶交的詛盟による国外追放であったのではないか、という推定が成り立つ。たとえば『書経』舜典に見える、「流共工于幽州（中略――引用者）」などの文字を見て、後世の流刑を連想してはならない。後世の流刑は、天下を支配する専制君主が、版図内の人民にして罪を犯した者を、同じく版図内の別地を指定してそこに強制的に送致し移住せしめるものであるが、上代の「放」「流」とは、害悪を為す者に対して、衆人一致して非難をあびせ絶交を盟うことによって、これを共同体の外に放逐することであったと見なければならない。周の厲王のごとく、王者自身が流謫のうき目にあったという事実があることも、衆意の発動によって追放が行われたことを前提としてみるとき無理なく理解されるであろう。（五三二頁）

『国語』に見える周の内史過の言に、古の先王は神を敬い民を教え、制度文物を定め、しかもなお順わない民には刑罰をもって臨む必要があったことを述べて、「猶お散遷解慢すること有り、而して著して刑辟に在り、流して裔土に在り、是に於いてか、蛮夷の国有り、斧鉞刀墨の民有り」（周語上――傍点は省略）とあるのは、刑罰の大宗として肉刑と追放とを挙げたものであり、当時の現実を反映しているものと見ることができる。そしていずれかといえば、古い時代においてほど追放の意義が大きく、時代が下るにしたがって、肉刑が最も主要な刑罰となっていったと見ることができよう。（五三三頁）

古い意味の追放刑は、春秋時代においてすでに遺制的な存在となっており、新たな発展の母胎とはなり得ない。（五四三頁）

滋賀氏の指摘は、上代の追放刑のもった意味、追放刑が上代の刑罰全体の中でどのように位置づけられていたか、そして後世の流刑とどう異なるのかなど多岐にわたり、そのいずれもが非常に重要である。滋賀氏によれば、上代の追放刑は死刑や肉刑と同様、悪人を社会から排除する制裁手段である。害悪を為す者を「共同体の外に放逐する」ことこそが上代の追放刑の本質である。それゆえ、個々の邑が政治経済の単位として閉鎖的な共同体であった時代が終わると――滋賀氏はそれを春秋時代に比定される――、追放刑は本来の意味を失ってゆく。ある共同体（邑、国）を追われても別の共同体に「出奔」することが容易に行われ、追放はもはやなまぬるい効果しかもたなくなったからである。

滋賀氏の説は、上代の刑罰全体の中に追放刑を整合的に位置づけられたものであり、わたくしもただ一点を除いて、異論はない。非常に早い時期から行われていたであろう追放刑が、春秋・戦国時代以降大きく後退してゆく理由も、この考え方で説明することが可能であろう。但し、『尚書』舜典の「流共工於幽州云々」などの記事から「後世の流刑を連想してはならない」とされるのには、違和感を覚える。滋賀氏によれば、後世の流刑とは、専制君主が版図内の罪人を版図内の別の場所に強制移住させる刑罰であり、上代の追放刑が衆意の発動により罪人を共同体外に放逐するのとは異なる。「流刑も強制移住を伴った徒刑に外ならない」との氏のことばは、こうした見解を端的に示すものであろう。(47)

刑罰の原初的な意味が、主として、悪人を社会から排除するにあったということは、刑罰は元来、社会の存立そのものを防衛するという、消極的な機能を負った非日常的な手段であったことを意味するであろう。しかるに時代が降るにつれて、刑罰は、国策遂行のための強制手段という、積極的な機能をもち始める。（中略）当時（孔子の時代――引用者注）すでに、行政命令に附加される罰則という形で刑罰が日常化しつつあった情勢を看取することができる。戦国時代の法家たちはこの現実を大胆に肯定し、極点まで押し進めようとした。かような、刑罰の持つ機能の変遷――その日常化――にともなって、新たな種類の刑罰が必要とされるに至ったと考えられる。（五四三頁）

追放と肉刑という上代の主たる刑罰のうち、追放刑はこの段階においてすでに過去のものとなっており、選択肢たり得ない。必然的に、肉刑が刑罰の日常化に対応し得る有期刑の胚胎となったのであり、後世の労役刑に結実していった。そして、これこそが「時代が降るにつれて」日常化していった刑罰——言い換えれば専制君主が執行の主体となった刑罰である、というのが滋賀氏の考えであろう。

では、後世の流刑はどこから来たのであろうか。流刑が北朝にその淵源を有することは明らかだが、滋賀氏はこれについて「北魏において徒・流という刑名が現れ、（中略）北斉・北周において、隋唐の五刑に通ずるものが生み出されていった」と述べられるにとどまる。(48) しかし、唐名例律4条、すなわち流刑について定めた条の疏には、

書に云ふ「流は五刑を宥む」と。謂ふこころ、刑殺するに忍びず、これを遠きに宥むるなり、と。又た曰く「五流宅有り、五宅三居。大罪はこれを四裔に投じ、或いはこれを海外に流し、次は九州の外、次は中国の外なり」と。蓋し唐虞に始まる。今の三流は、即ちその義なり。

議曰、書云「流宥五刑」。謂不忍刑殺、宥之于遠也。又曰「五流有宅、五宅三居、大罪投之四裔、或流之于海外、次九州之外、次中国之外」。蓋始於唐虞。今之三流、即其義也。

と、『尚書』舜典や孔伝の文言が引用されている。これに限らず、北朝・隋唐時代の人々が流刑について語るとき、その言葉の端に上るのは必ずといってよいほど、こうした経書の文言であり、「流刑」と言えば必ず共工や三苗の放逐の故事が引かれる（たとえば『北堂書鈔』巻四五、流刑の項など）。南朝の刑罰体系が漢代のそれを濃厚に承け継ぐのに対し、北朝の刑罰体系は独自性を帯びている。その典型が北周の刑罰であろう。『周礼』を教科書として作り上げられた北周の国制は、隋代になって現実的に改変されたけれども、その根本は動いていない。

こと流刑について言えば、隋制は北周と北斉の制度が融合したものと言えよう。すなわち、北周律で初めて規定された距離による流刑の等級づけをそのまま取り入れ、北斉律の流刑にあった労役を強制移動に附加したのが、隋の流刑なのである（杖打は双方に共通して附加）。細部において違いがあった可能性はあるにせよ、唐律の流刑が隋の流刑の延長上にあること、言を俟たないであろう（第一章第四節および本章第四節を参照）。そして、北周の流刑は皇畿すなわち都から所定の距離だけ隔たった地点に罪人を放逐する刑罰であった。

滋賀氏の言われる通り、北朝・隋唐の流刑は、上代の追放刑の流れを直接に承け継いだものではない。しかし、当時の人々が流刑を語る時、必ず『尚書』など経書の文言が念頭にあったことも、また事実である。そこには何らかの間接的なつながり、或いは思想的な影響を認めざるを得ないように、わたくしには思われる。先に引いた疏の文言を見ても、流刑が「中心から周縁へ向けての追放刑」であったことは、明らかなように思われるのである。

## 二　流刑と移郷――似て非なるもの

流の里数は罪人の居住地を起点とされる滋賀氏の論拠は、おおよそ次の通りである。

①流刑と移郷との類似性
(a)移郷が被害者眷属から、つまりは郷里からの移動であることは自明である。
(b)移郷と流刑は、「流移」として一括されることが多い。
(c)したがって、流の里数も（移郷の場合と）同様であったと見るのがやはり妥当である。
②日本律が京を起点に近・中・遠流を言うのは、継受に際しての改制と考えて別段の無理はない。

一見して明らかなように、滋賀説の拠りどころは、移郷と流刑を同一の原理にもとづく刑罰であると見なす点にあるのだが、果たしてこの見方は妥当なものであろうか。

滋賀氏も明記される通り、移郷とは、殺人犯が恩赦などで免罪された場合、被害者の復讐を避けるべく、殺人犯をその郷里から一千里隔たった土地に移す処分である。[49]確かに、ある者を別の土地に強制的に移動させる点で、移郷は流刑と共通点をもつ。律文中、両者が「流移」として一括されることが多いのは、このためである。このことをもって、滋賀氏は、強制移動させる距離の起点も両者同じとされるのである。

さて、利光三津夫・堀毅「復讐・移郷考」によれば、

法典上の「移郷」は、唐律に初見するといえども、既に前漢時代には理論化され、後漢以後、南朝を通じて制度化されていったことが跡付けられよう。（利光三津夫編著『法史学の諸問題』慶応通信、一九八七年所収、一〇一頁）

という。移郷が、『周礼』地官司徒、調人の、

凡そ難を和らぐに、父の讎は、これを海外に辟け、兄弟の讎は、これを千里の外に辟け、従父兄弟の讎は、国を同じうせず。

凡和難、父之讎、辟諸海外、兄弟之讎、辟諸千里之外、従父兄弟之讎、不同国。

に来源するものであること、言を俟たないであろう。これが如何なる経緯で制度化されるに至ったかについては、前掲の利光・堀両氏の論考に詳しい。ここでは、唐律の流刑が北朝に由来する刑罰であるのに対して、移郷が漢から南朝にかけて制度化されていった処分である点に注目しておきたい。また、同じ強制移動といっても、流刑

が大罪人を「四裔」つまり中央から遠く隔たった僻地に放逐する刑罰であるのに対し、移郷はあくまでも復讐を未然に防ぐための措置である点で、両者の性格や目的は大きく異なる。律や令の条文が流人と移郷人とをしばしば一括して扱うのは、両者がともに本来の郷里を離れて暮らす者であるために他ならない。周知の如く、唐制では「人民は一般に戸籍に登載された土地に居住することを義務づけられ、正当な理由と官憲の許可に基づかない移住や放浪を禁止されていた[50]」。法の力によっておのれの郷里を追われ、他所で暮らす点で、流人と移郷人とは同じである。流人の場合と同様、移郷人の妻妾が本人に同行して配所への移住を義務づけられる（名例律24条）のも、妻妾は「合に夫に従ふべし（合従夫）」（同前条の疏）という礼の原則に基づくものである（父祖・子孫が希望すれば同行を許されるのも、同じ理由からであろう）。

流人・移郷人の再叙任については、天聖獄官令不行唐6条に次のように規定されている。

> 諸て流移人〈移人とは、本犯 除名なる者を謂ふ[51]〉は、配所に至りて、六載以後、仕ふるを聴す〈それ反逆縁坐流を犯し、及び反逆に因りて死を免じて配流せらるるは、この例に在らず〉。即し本犯 応に流たるべからざるに特に配流せらるる者は、三載以後、仕ふるを聴す。資蔭有る者は、各おの本犯収叙の法に依れ。それ見任を解かれ及び除名して移郷せらるるに非ざる者は、年限・叙法は考解の例に準（よ）れ。
>
> 諸流移人〈移人、謂本犯除名者〉至配所、六載以後聴仕〈其犯反逆縁坐流、及因反逆免死配流、不在此例〉。即本犯不応流而特配流者、三載以後聴仕。有資蔭者、各依本犯収叙法。其解見任及非除名移郷者、年限・叙法準考解例。

注意すべきは、移郷人について「六載」即ち六たび年がかわれば再叙任を認められるのは、「本犯が除名である場合」に限られている点である。それ以外の場合は「年限は考解の例に準れ」と定められている。つまり、移郷人の再叙任の条件が流人と同じになるのは、除名となる罪を犯した場合に限られるのであり、それ以外の場合は、流人より遥かに緩やかな条件である「考解の例」によるのである。では何故、流人の場合は六載の後に再叙任となるのか。言うまでもなくそれは、流人が「除名」されているからに他ならない[52]（名例律21条）。

流人と移郷人の扱いの違いは、恩赦による放還の有無にまで及ぶ。次章で詳述するように、唐代では、恩赦によって配所からの流人の帰還が許されることがしばしばあったが、管見の限り、移郷人が恩赦により放還された事例は見当らない。また、九世紀になると、流人は六載で配所から帰還できるようになり、開成格にもその規定が明記されるに至るが、移郷人はその埒外に置かれたままであった[53]。

流人と移郷人は、刑罰もしくは懲罰的処分によって郷里を遠く離れた土地への移動を強いられる点や、妻妾の同行を義務づけられている点では共通している。しかし、強制移動の距離や再叙任の条件、恩赦による放還、配所での年限の有無などについては、無視できない相違がある。「居住地を起点とすることを積極的に立証することが容易ではない」からと言って、流刑と移郷とを同じ論理でとらえる——この場合、移動させる距離の起点をともに本人の郷里とする——のは、些か安易に過ぎるように思われるのである。

## 三　量移と流刑

あるいは次のような反駁もあろう、流刑の実際は、流人を彼の郷里から他所へ強制移住させる刑罰であり、それゆえ、配流の距離も彼の郷里から測られねばならない、と。なるほど、すべての人間が都に居住しているわけでもなし、流刑の実際は、流人を郷里から他所へ強制的に移動させることである。

しかし唐制において、京師からの距離の遠近が刑罰の軽重を意味していたことは、次の史料から明白に見て取ることができよう。

〔長慶〕四年（八二四）四月、刑部奏すらく「その年三月三日の起請に准るに『制に准るに、流貶の量移は軽重相ひ懸たるを以て、貶は則ち秩を降さるるのみ、流は擯死の刑と為る』とあり。部寺論理し、条件して聞奏すらく『今謹しんで赦文を詳ぶるに、流は減死為り、貶は乃ち降資なり、量移は却て年数を限り、流放は便ち帰還を議す』と。今年三月の赦文に准るに『放還人、その中贓死を犯し及び諸色の死を免じて配流せらるる者有らば、如し上都を去ること五千里外ならば、校近の処に量移し、如し上都を去ること五千里以下の者は、則ち一千里内を約して近処に量移するを与せ。如し一度両度の移を経て六年未満の者は、更に量移を与し、亦た一千里を以て限と為せ』とあり。如し三度両度の量移を経て、如し本罪これ減死ならざる者は、請ふらくは制に准りて放還せしめられよ。如し左降官の未だ復資せざるに、恩に遇ひて五考に満つる者は、請ふらくは元和十二年九月の勅に准りて、量移を与されよ。又た今年正月の徳音に准るに『諸色流人に一年を減ずることを与し、贓限を除くの外、五年に満つれば即ち放還収叙せしめよ。それ配流、徳音以後に在る者は、減限に在らず』とあり、又た天徳五城の流人は、長慶元年正月三日の制に准るに『十年を以て限と為せ』とあり、又た三月十二日の勅に准るに『縦ひ恩赦に遭ふとも放帰の限に在らず』とあり。今請ふらくは、十年満つるを待ちて、即ちに放帰せしめ、仍ほ配流の日を取りて年数を計ふるを任し、徳音を援引して減年するの限に在らざらんことを」と。制してこれを可とす。

四年四月、刑部奏「准其年三月三日起請『准制、以流貶量移、軽重相懸、貶則降秩而已、流為擯死之刑』。部寺論理、条件聞奏『今謹詳赦文、流為減死、貶乃降資、量移者却限年数、流放者便議帰還』。准今年三月赦文『放還人、其中有犯贓死及諸色免死配流者、如去上都五千里外、量移校近処、如去上都五千里以下者、則約一千里内与量移近処。如経一度両度移六年未満者、更与量移、亦以一千里為限』。如経三度両度量移、如本罪不是減死者、請准制放還。如左降官未復資、遇恩満五考者、請准元和十二年九月勅、与量移。又准今年正月徳音『諸色流人与減一年、除贓限外、満五年即放還収叙。其配流在徳音以後者、不在減限』、又天徳五城流人、准長慶元年正月三日制『以十年為限』、又限〔衍字〕准三月十二日勅『縦遭恩赦、不在放帰限』。今請待十年満、即放帰、仍任取配流日計年数、不在援引徳音減年之限」。制可之。(『唐会要』巻四一、左降官及流人)

上都とは京師長安を指す。恩赦に伴い、配所から都により近い土地に移動させる処分を「量移」というが、この量移の際にも、都から配所までの距離が重要な意味をもっている。都を中心とする千里ごとの区画が念頭に置かれて、量移の規定が定められているのである。この場合も、流人が最終的に戻ってゆくのはもとの郷里に他ならない。しかし距離の起点となっているのは、京師なのである。

罪人の郷里を起点とするという滋賀氏の説は、右に検討した限りにおいて、論拠が薄弱と言わざるを得ない。先に見たように、律や律疏の制定にあたった人々の念頭には、流刑と上代の追放刑とが重なり合っていたように思われる。恩赦などで量移される流人に対する措置が、都から配流地までの距離を基準に決められていたのも、流刑が皇帝の居所である京師から罪人を追放する刑罰と考えられていたことの裏返しであると考えられるのである。

それにしても、配流の距離の起点について律や律疏に明記されていないのは、何故なのであろうか。理由として一つ考えられるのは、刑罰運用の実際において、それがさして重要ではなかったからではないか――つまり実際には、唐律の流刑は、距離の規定とは無関係に、辺境への追放刑として実施されていたからではないか、ということである。この点については、次章にて詳しく論じたい。

## 第六節　配所における流人の扱い

最後に、配所における流人の扱いと待遇について、一瞥しておきたい。

流人は、自らの妻妾を（場合によっては父祖や子孫も）伴って配所に送られ、そこで所定の年限（一年。加役流は三年）のあいだ労役に服した。服役する流囚には、「防援」による監視がついた（前掲、復原獄官令22条）。流人の労役については、徒刑囚の労役に関する規定が準用され、配所となった州で「官役」に服することになっていた（復旧獄官令17条）[54]。また、流囚は徒刑囚と同様、鉗（無い場合に限り盤枷）を著けて労役に従事し、巾帯（頭巾と帯）の着用は許されなかった。休假は十日ごとに一日、臘日と寒食の時に二日を与えられたが、労役に服している区域から外に出ることは許されなかった。病気のため休暇を取った場合は、その分だけ後日に服役する[55]（復旧獄官令18条）[56]。所定の年限の居作を終えた流人は、家属とともに配所の住民として編籍されることになっていた（名例律24条）[57]。但し実際には、恩赦によって流人が量移され、最終的にはもとの郷里に放還される事例が頻見する。これについては、次章にて詳述する。

## 小　結

本章では、まず、『唐令拾遺』『唐令拾遺補』など従来からの史料に加えて、近年公開された「明鈔本天聖令」

所収の条文も参照して、唐律の流刑制度についての概観を試みた。その梗概についてはすでに六六〜六七頁に記したので、ここでは繰り返さない。

次いで、唐制について得られた新たな知見をもとに、以前に検討したことのある隋代の流刑制度について再考した。『隋書』王伽伝の記述を仔細に分析した結果、隋では流罪について都で再審理を行う際、裁判の一見書類のみならず、罪人本人をも都に護送していた可能性のあったことについて指摘した。

また、滋賀秀三氏との間で見解に相違がある、唐律の流刑における「配流の距離の起点」について再度検討を加え、配流の距離の起点は京師であることを改めて確認した。

最後に、配所における配流人の扱いについて一瞥し、後述する宋代の配流刑・配軍刑との制度的比較を行うための備えとした。

唐律の流刑において、配流の距離の起点が京師であることは、流刑の本質と密接に関わってくる。流刑には「礼教の刑罰」としての要素が濃厚であり、それゆえ、刑罰運用の実務から言えば、不合理な点も多い。たとえば、辺境へ罪人を放逐することの懲罰的意義は、早くも唐代から疑問視されており、結果として、律に規定されていない刑罰が流刑においても登場するようになる。こうした「律外の流刑」も含めて、次章では、流刑執行の現実が律の理念から乖離してゆくさまについて考察してゆきたいと思う。

注

（1）　戴建国「天一閣蔵明抄本《官品令》考」（一九九九年初出。『宋代法制初探』黒竜江人民出版社、二〇〇〇年所収）。

（2）　わたくしも寧波で開催されたこのシンポジウムに参加し、天一閣博物館のご厚意により、幸いにも「明鈔本天聖令」を実見する機会に恵まれた。その時の記憶によれば、表紙の次に白紙が一葉あったはずであるが（裏面に「第三」と逆書されていたので、反故紙の再利用か）、『天聖令校証』上冊所収の天聖令鈔本の写真版にはそれが無い。大津透「北宋天聖令の公刊とその意義——日唐律令比較研究の新段階——」（『東方学』一一四、二〇〇七年）一五頁、注（6）も参照。なお、「明鈔本天聖令」の正式公開は本文に記した通り二〇〇六年十一月であったが、『天聖令校証』の奥付は同年十月となっている。

（3）雷聞「唐開元獄官令復原研究」（『天聖令校証』下冊所収）。

（4）天聖令を利用した唐代流刑研究として、陳俊強「従《天聖・獄官令》看唐宋流刑」（『唐研究』一四、二〇〇八年。以下、陳「唐宋流刑」と略称）がある。参照した史料は本章と重複するものもあるが、その解釈や評価については異なる点が少なくない。以下、必要に応じて指摘してゆきたい。

（5）第一章注（72）を参照。陳氏は、里数の変更を貞観律における改制とされるが（陳「唐宋流刑」三一一頁）、従い難い。

（6）唐名例律24条。

諸犯流応配者、三流俱役一年〈本条称加役流者、流三千里、役三年。役満及会赦免役者、即於配処従戸口例〉。妻妾従之。父祖子孫欲随者、聴之。移郷人家口、亦準此。若流移人身喪、家口雖経附籍、三年内願還者、放還。即造畜蠱毒家口、不在聴還之例〈下条準此〉。

（7）復旧獄官令18条（『唐令拾遺』七七四頁。『唐令拾遺補』八二一頁により補訂）。

〔開三〕〔開七〕〔開二五〕諸流徒罪居作者、皆著鉗。若無鉗者、著盤枷。病及有保者聴脱。不得著巾帯。毎旬給假一日。臘・寒食各給二日。不得出所役之院。患假者陪日。役満、逓送本属。

（8）復旧獄官令17条（『唐令拾遺』七七三頁。『唐令拾遺補』八二一頁の補訂は採らない）。

〔開七〕〔開二五〕諸犯徒応配居作者、在京送将作監、婦人送少府監縫作、在外州者、供当処官役、当処無官作者、聴留当州、修理城隍倉庫、及公廨雑使。犯流応住居作者、亦准此。婦人亦留当州、縫作及配舂。

（9）貞観十五年（六四一）四月の勅による措置である。『唐会要』巻四一、左降官及流人。

〔貞観〕十五年四月、勅「犯反逆免死配流人、六歳之後、仍不聴仕」。

（10）名例律11条。

諸応議・請・減及九品以上之官、若官品得減者之祖父母・父母・妻・子孫、犯流罪以下、聴贖。若応以官当者、自従官当法。其加役流・反逆縁坐流・子孫犯過失流・不孝流・及会赦猶流者、各不得減贖、除名・配流如法〈除名者、免居作。即本罪不応流配而特配者、雖無官品、亦免居作〉。

陳氏が、流刑の居作を「一般百姓」にのみ課されたと解説されている（前注（4）陳「唐宋流刑」三一五頁）のは、正しくない。

（11）奥村郁三「唐代裁判手続法」（『法制史研究』一〇、一九六〇年）。

（12）復原獄官令2条は、「流応決杖」を「流応決杖笞」に作る。唐断獄律17条の疏に引く獄官令に拠る字句の修正であるが、従い難い。「流応決杖」とは、具体的には加杖法（唐名例律27条。徒刑の代わりに、一百を超える重い杖刑を執行）や留住法（唐名例律28条。杖と三年の徒役との併科をもって流刑の代替とする）が適用される場合を指すことから、むしろ「笞」を衍字と見なすべきではないか。

（13）天聖獄官令不行唐1条（復原獄官令4条も同じ）には、覆囚使に関する規定が次のように記されている。

諸州断罪応申覆者、刑部毎年正月共吏部相知、量取歴任清勤・明識法理者充使、将過中書門下、定訖奏聞、令分道巡覆。若応勾会官物者、量加判官及典。刑部録囚姓名、略注犯状、牒使知〈嶺南使人以九月上旬、馳駅発遣〉。見囚事尽未断者、催断即覆、覆訖、使牒与州案同封、申牒刑部〈若州司枉断、使人推覆無罪、州司款伏、灼然合免者、任使判放、仍録状申。其降入流徒者、自従流徒。若使人与州執見有別者、各以状申。其理状已尽、可断決而使人不断、妄生節目盤退者、州司以状録申、附使人考〉。其徒罪、州断得伏弁及贓状露験者、即役、不須待使、以外待使。其使人仍総按覆、覆訖、同州見者、仍牒州配役。其州司枉断、使判無罪、州司款伏、及州・使各執異見者、準上文。

覆囚使とは、各道に派遣され管下の州の司法行政を監督する使者である。この史料に見えるとおり、覆囚使は州の判決に対して覆審を行うが、その結果については刑部に上申することになっていた。州で下された流以上の判決について随時覆審を行う使者についても、覆囚使と同様、審理の結果を刑部に上申し、それを承けて刑部が申奏したものと思われる。

（14）尚書令は、武徳年間に秦王・李世民（のちの太宗）が就任して後、唐代を通じてほとんどの時期、空席となっていた。『通典』巻二二、職官、尚書、尚書令。

武徳初、太宗為秦王時、嘗居之、其後人臣莫敢当。

内藤乾吉「唐の三省」（一九三〇年初出。『中国法制史考証』有斐閣、一九六三年所収）七頁を参照。

(15) 「本令」とは唐令のこと。文中に「都省令」すなわち尚書令の語が見えることから、この逸文は永徽令文と考えられている。『唐令拾遺補』七〇八頁を参照。なお、復旧公式令2条では、「刑部」を「部」に作る（『唐令拾遺』五四六頁。『唐令拾遺補』七〇七～七〇八頁）。長谷山彰「律令裁判における太政官の覆審制」（一九九五年初出。『日本古代の法と裁判』創文社、二〇〇四年所収）三九～四〇頁を参照。

(16) 『唐令拾遺補』七〇九頁の注記によれば　貞観令・永徽令の奏抄式においては、左丞相（僕射）の前に「尚書令具官封臣名」とあった可能性が大きいという。

(17) 流刑以上の案件処理に際してなされるこうした手続きは、祭祀・国庫収支・六品以下流内官の任命・流内官の犯罪による免官等に際して、諸官司が行う手続きと同じである。池田温「律令官制の形成」（岩波講座『世界歴史』五、岩波書店、一九七〇年所収）三一三頁。

(18) 唐職制律22条の問答。

問曰、条云被制書施行而違者徒二年、未知勅及奏抄得罪同否。答曰、上条稽緩制書、注云、謄制勅符移之類皆是。即明制勅之義、軽重不殊。其奏抄御親画聞、制則承旨宣用、御画不軽承旨、理与制書義同。

『訳註日本律令』六、一四五頁も参照。

(19) 発日勅の詳細については、中村裕一『唐代制勅研究』（汲古書院、一九九一年）三八五～四〇五頁を参照。

(20) 発日勅の起草について、中村氏は「発日勅書は皇帝の発意によって起草するのを原則とする。「原則」といったのは、皇帝自らが起草することも稀には存したであろうが、実際上は、臣下の意見具申のうち、採用するに値するもの、または宰相会議の決定事項を皇帝に具申し、発日勅書の範囲に入るものは発日勅書として、皇帝の名において公布すると考えられる」と説明されている。前注（19）中村著書、三九七頁。

(21) 一例を挙げる。『唐大詔令集』巻五七、大臣、宰相、貶降、第五琦長流夷州制〈乾元三年二月〉。

君之使臣、斯叶心以輔政、臣之事主、当尽忠以明職。苟或冒官罔上、黷利崇姦、靡懲折鼎之凶、載履覆車之敗（ママ）、自貽厚責、難捨刑章。正議大夫・行忠州長史員外置同正員外〔衍字〕・上柱国・扶風県男第五琦、（中略）由是抑従寛典、特屈厳誅、宜寛殊死之命、俾就投荒之謫。可除名、長流夷州、馳駅発遣、仍差綱領送至彼所、勿許東西。（後略）

(22) 『冊府元亀』巻六一六、刑法部、議讞。

唐臨、高宗永徽初、為御史大夫。華州刺史蕭齢之坐前任広州都督受贓。（中略）乃下詔曰「華州刺史蕭齢之、（中略）宜免腰領之誅、投身瘴癘之地。可除名、配流嶺南遠処。庶存鑒誡〔当作「誡」〕、頒示天下」。

『唐会要』巻四一、酷吏。

至〔開元〕十三年三月十一日、勅「周酷吏来子珣等、身在者宜長流嶺南、身没、子孫亦不許仕。陳嘉言・魚承燁・皇甫文備・傅遊藝、宜配嶺南、身没、子孫亦不許仕」。

(23) 移郷の場合は当然、赦書が州に届いてから手続きが開始され、専使が都に送られたのであろう。

(24) 名例律篇目疏が永徽律疏のできた当初から存在していたことについては、内藤乾吉「滂喜斎本唐律疏議の刊行年代」（一九五八年初出。『中国法制史考証』有斐閣、一九六三年所収）一五七〜一六一頁を参照。

(25) 養老令では、太政官が配所を決定することになっており、唐令と異なる。養老獄令13流移人条。

凡流移人、太政官量配。符至、季別一遣〈若符在季末至者、聴与後季人同遣〉。具録応随家口及発遣日月、便下配処、遞差防援。専使部領、送達配所。付領訖、速報元送処、幷申太政官知。若妻子在遠、又非路便、預為追喚、使得同発。其妻子未至間、囚身合役者、且於随近公役、仍録已役日月、下配所聴折。

但し『延喜式』では、「省（＝刑部省）配所を定め、官（＝太政官）に申せ」と規定されている。『延喜式』巻二九、刑部省、遠近条。

凡流移人者、省定配所申官、具録犯状、下符所在幷配所〈良人請内印、賤隷請外印〉。其路程者、従京為計。（後略）

(26) 『宋刑統』に収められた唐代の勅について、滋賀秀三氏は次のような見解を提示されている。

『宋刑統』に収める唐代の勅五〇餘条は張戣の大中刑律統類を通じて伝わったと見る仁井田・牧野（上）一三七頁の見解は大筋において間違いないであろう。そして張戣はそのすべてを勅の原文書の集積から闇雲に探して採ったとは考え難い。すでに数次の格後勅と開成格という整理がなされていたのであるから、開成格以前の日付の勅四〇餘条は最も手近かな開成格から採ったと見るのがむしろ自然であろう。（「法典編纂の歴史」、『中国法制史論集　法典と刑罰』創文社、二〇〇三年所収、一〇八頁）

開成格（開成詳定格）は開成三年（八三八）に完成しその翌年に施行されているので、この宝応元年勅節文も開成格から『宋刑統』に採録されたことになる。

（27）「令集解逸文」軍防令64蕃使出入条（国史大系本『令集解』第四、令集解逸文四頁）に、

古記云、防援謂守役人也。

とある。大津透「唐津令国家の豫算について――儀鳳三年度支奏抄・四年金部旨符試釈――」（『日唐律令制の財政構造』岩波書店、二〇〇六年所収）六一頁。

（28）陳氏は「専使による流人護送は、本州から配所まではなく、流放地区の都督府までである」とされるが（陳「唐宋流刑」三一三頁）、従い難い。不行唐5条cの文言は、bに対する但し書きであり、専使は配所まで流人を部領して護送するのが原則であったと見るべきである。

（29）南寧州の沿革。『新唐書』巻四三下、地理志、剣南道・諸蛮。

南寧州。漢夜郎地。武徳元年、開南中、因故同楽県置、治味。四年、置総管府。五年、僑治益州。八年、復治味、更名郎州。貞観元年、罷都督。開元五年、復故名。天宝末没于蛮、因廃。唐末復置州于清渓鎮。去黔州二十九日行。

（30）復原獄官令17条。

諸流移人在路、皆逓給程糧。毎請糧、停留不得過二日。其伝馬給不、臨時処分。

（31）復旧公式令44条（『唐令拾遺』六〇二～六〇三頁）。

［開七］［開二五］諸行程馬日七十里、歩及驢五十里、車卅里。其水程、重船遡流、河日卅里、江四十里、餘水四十五里、空船河四十里、江五十里、餘水六十里、重船空船順流、江日一百五十里、江一百里、餘水七十里。其三硤砥柱之類、不拘此限。若遇風水浅不得行者、即於随近官司申牒験記、聴折半功。

（32）復原獄官令18条。

諸流移人至配所、付領訖、仍勘本所発遣日月及到日、準計行程。若領送使人在路稽留、不依程限、領処官司随事推断、仍以状申省。

（33）拙稿「唐代流刑考」（梅原郁編『中国近世の法制と社会』京都大学人文科学研究所、一九九三年所収）八三頁。同じく「流刑とは何か――唐律の流刑再考――」（『滋賀医科大学基礎学研究』一〇、一九九九年）一七～二一頁。前者に対する批判として奥村郁三氏による書評（『東洋史研究』五二―四、一九九四年、一五二～一五三頁）が、後者に対する批判として滋賀秀三氏による書評（『法制史研究』五〇、二〇〇一年、三二三～三二六頁）がある。本節は、両氏のご批判を受けて、上記旧稿

を大幅に書き改めたものである。

(34) 楊廷福「『唐律疏議』製作年代考」(一九七八年初出。『唐律初探』天津人民出版社、一九八二年所収)。岡野誠氏による訳注がある(「唐律疏議の製作年代について」『法律論叢』(明治大学)』五二―四、一九八〇年)。

(35) 前注、楊氏「唐律疏議の製作年代について」の岡野氏による附記(一七九頁)を参照。

(36) 第一章注(57)を参照。

(37) 『大唐開元礼』巻一二九、嘉礼、宣赦書。

奉礼設文武羣官版位於順天門外、東西当朝堂之南、文東武西、重行北面、相対為首。設中書令位於羣官西北、東向。刑部侍郎帥其属、先取〔当作「陳」〕金雞於東〔当作「西」〕朝堂之東、南向。置鼓板〔当作「杖」〕於金鶏之南、遂撃鼓、毎一鼓投一板〔当作「杖」〕、刑部侍郎録京師見囚、集於羣官之南、北面西上、囚集訖、鼓止。(中略)中書令称有詔書、羣官皆再拝、宣訖、羣官又再拝舞踏、又再拝。刑部釈囚。刑部尚書前受詔書、退復位。(〔　〕内は『通典』巻一三〇に拠る補正。)

(38) 『漢書』巻二三、刑法志「即位十三年、斉太倉令淳于公有罪当刑、詔獄逮繫長安」の顔師古注にも、

逮、及也。辞之所及、則追捕之、故謂之逮。一曰逮者、在道将送、防禦不絶、若今之伝送囚也。

とある。

(39) 雷聞氏はこの後の条文を「在京者、取衛士充、在外者、取当処兵士、分番防守」と復原するが、この復原案には疑問がある。附篇第二論文、四八三頁及び四九二頁の注(32)を参照。天聖獄官令不行唐5条の注「其援人皆取壮者充、餘応防援者、皆準此」から、唐制における防援は兵士に限られていなかったことが知られる。養老獄令20徒流囚条に、

凡徒流囚在役者、囚一人両人防援。在京者、取物部及衛士充〈一分物部、三分衛士〉、在外者、取当処兵士、分番防守。

とあるのは、日本における改変と見なすべきであろう。復原獄官令16条に相当する養老獄令14逓送条には、

凡逓送死囚者、皆令道次軍団大毅、親自部領。及餘逓送囚徒、応禁固者、皆少毅部領、幷差防援、明相付領。

とあり、唐令に大幅な改変を加えたものが獄令の条文となっている。ちなみに、復原唐令のもとになった天聖獄官令宋12条では、

諸逓送囚者、皆令道次州県量罪軽重・強弱、遣人援送、明相付領。其臨時有旨、遣官部送者、従別勅。

となっている。

(40) 六三頁に引用した唐名例律篇目疏にも、司法関係の官庁を総称して「刑憲之司」と表現したくだりがある。

(41) 桑原隲蔵「支那の古代法律」(一九二九年初出。『桑原隲蔵全集』第三巻、岩波書店、一九六八年所収)一五六頁。

(42) 『訳註日本律令』五、一四五頁。滋賀秀三「刑罰の歴史」(一九七二年初出。『中国法制史論集』所収)三一九頁においてすでにこの見解が示されている。

(43) たとえば、新日本古典文学大系『続日本紀』校注本の第二冊(岩波書店、一九九〇年)補注九―六八(五〇八～五〇九頁)では、

唐の流刑が遠・中・近を本人の居住地から流三千里・流二千五百里・流二千里と区分しているのにくらべて、日本では律の適用が都を中心としていたことがわかる。

と、滋賀氏の説を引いて日唐の差異にまで言及されている。また、『改訂新版 世界大百科事典』(平凡社、二〇〇七年)の「流罪」の項目(小林宏氏執筆)では、

流罪は律では五刑の一つで、近流、中流、遠流の三等がある。本人の現住地から遠隔地への強制移住と配所での徒一年の服役とを合わせた刑罰。唐律では流刑を配所までの距離によって流二〇〇〇里、二五〇〇里、三〇〇〇里の三等に分かつが、日本律の近、中、遠の基準は明らかでない。ただし七二四年(神亀一)の式では、都からの上記三等の国名が定められた。

と説明されており、『続日本紀』の解説と異なる。いずれも滋賀説の影響を受けていると思われる。

(44) たとえば、利光三津夫「流罪考」(『律令制の研究』慶応通信、一九八一年所収)一〇五頁。

(45) 前注(33)拙稿「唐代流刑考」八三～八五頁。

(46) 滋賀秀三「梅原郁編『中国近世の法制と社会』書評」(『東洋史研究』五二―四、一九九四年)六九七頁。その後、前注(33)拙稿「流刑とは何か」を発表して論証の不備を一部修正したところ、これに対する書評を奥村郁三氏よりいただいた(前注(50)参照)。本節は、奥村氏のご批判をふまえて、その第二章以下を書き改めたものである。

(47) 前注(42)滋賀「刑罰の歴史」三二一頁。

(48) 前注(42)滋賀「刑罰の歴史」三一九頁。

(49) 唐賊盗律18条。
諸殺人応死会赦免者、移郷千里外。其工・楽・雑戸及官戸・奴、并太常音声人、雖移郷、各従本色〈部曲及奴、出売及転配事千里外人〉。

『訳註日本律令』七、一三八〜一三九頁も参照。
(50) 『訳註日本律令』五、一四六頁。
(51) 復旧獄官令16条（『唐令拾遺』七七一頁）にはこの注記が無い。復旧資料として用いた『六典』『故唐律疏議』等に従った結果であるが、養老獄令17六載条には同文の注記が存する。
(52) 本章第一節で述べたように、官人が流刑の実刑を受けるのは、「五流」（加役流・反逆縁坐流・子孫犯過失流・不孝流・会赦猶流）の場合に限られるが、その場合、除名される（居作は免除）。前注（10）を参照。
(53) 『条法事類』巻七五、刑獄門、移郷、断獄令に、
諸移郷人遇赦者、州具元犯、申提点刑獄司詳定、情理軽者十年、稍重及重者逓加五年放逐便、訖、申尚書刑部。
なる条文が見える。この規定のもとになったと思われる詔勅が、『長編』巻三三六、元豊六年（一〇八三）閏六月丁酉条の、
詔刑部「応移郷人、情理軽者十年、稍重者二十年、遇赦検挙、放令逐便、令刑部著為令」。
である。移郷人の恩赦による帰還が制度化されるのは、流人に比して遥かに遅いこと、明白であろう。
(54) 前注（8）に引く条文を参照。
(55) 日本思想大系『律令』四六〇頁、獄令19流徒罪条の頭注。
(56) 前注（7）に引く条文を参照。
(57) 前注（6）に引く条文を参照。

# 第三章　流刑の理念と現実

## はじめに

前章で見たように、唐律の流刑は、都から遠く隔たった土地への罪人の放逐（追放）と、そこでの期限付きの強制労働（居作）とから成る刑罰である。即ち、律令の規定に拠れば、京師を起点としてそれぞれ二千里・二千五百里・三千里を隔てた地に罪人を強制的に移動させ、そこで通常は一年、加役流の場合は三年間、労役に服させる。流人の妻妾は必ず本人とともに配所に同行し、父祖・子孫も希望すれば共に配所に送られ、所定の居作を終えれば、そこで家属ともども編籍される。官人が配流されるのは特別な場合に限られ、官爵は全て剝奪（除名）されるが、居作は免除される。

また、規定によれば、流刑の執行は、流人が配所に到着したことをもって完了したとされる。[1] 恩赦の効力は、配所での居作には及ぶが、いったん配所に送られた以上、赦によって流人が放免されることは、唐律の法理から言えば、本来はあり得ない。

しかし、配流の距離に関する規定については、唐初からその通りに運用されていたかどうか疑わしい点がある。また、唐代前期より、「律外の流刑」、即ち、律の規定から外れた流刑が登場する。さらに、同じ頃から、恩赦によって流人に郷里なり京師なりへの帰還を許す事例がまま見受けられ、詔勅にも流人の放還に言及するものが散見されようになる。まさに、「律令が整然と整ったときすでにそれが前提とする社会の現状は変化しつつ」あったのである。(2)

本章ではまず、律の流刑が、実際には「理念」から乖離した形で運用されていたことを指摘し、そうした齟齬が発生した背景について言及する。そして、理念から乖離した流刑が唐代においてどのような展開を見せていったかについて一瞥する。結論として、唐代後半には、律の流刑が死刑に次ぐ重刑としての重みを失っていったことを指摘したい。

## 第一節　律の理念と現実との乖離

唐律の骨格は、貞観十一年（六三七）に制定された「貞観律」において定まったとされるが、(3)流刑に関して言えば、同十四年（六四〇）正月に下された制勅によって、配所が特定の州に限定され、律に定める里数の規定は事実上ないがしろにされてしまった。

制すらく「流罪三等は、限るに里数を以てせず、辺要の州に量配せよ」と。

貞観十四年正月二十三日、制「流罪三等、不限以里数、量配辺要之州」。（『唐会要』巻四一、左降官及流人）

「辺要之州」(4)とは、唐捕亡律14条の疏に引く「戸部式」に、

霊・勝等五十九州を辺州と為す。

霊・勝等五十九州為辺州。

と見える「辺州」と実質的には同義であろう。その内訳は、開元十八年（七三〇）十一月に下された次の詔勅、

勅すらく「霊・勝・涼・伊・代・黔・巂・豊・洮・朔・蔚・嬀・檀・安東・畳・廓・蘭・鄯・甘・粛・瓜・沙・嵐・塩・翼・戎・慎・威・西・営・当・郎・茂・驩・安北・北庭・単于・会・河・岷・扶・柘・安西・静・悉・姚・雅・播・容・燕・順・忻・平・雲・臨・薊等五十九州を辺州と為し、揚・益・幽・潞・荊・秦・夏・汴・澧・広・桂・安十二州を要州と為す。都督・刺史は、並びに朝集の例に在らず」と。

〔開元〕十八年十一月、勅「霊・勝・涼・相〔当作「伊」〕・代・黔・巂・豊・洮・朔・蔚・嬀・檀・安東・畳・廓・蘭・鄯・甘・粛・瓜・沙・嵐・塩・翼・戎・慎・威・西・牢〔当作「営」〕・当・郎・茂・驩・安北・北〔原無「北」字、拠『六典』補〕庭・単于・会・河・岷・扶・拓〔当作「柘」〕・安西・静・悉・姚・雅・播・容・燕・順・忻・平・霊〔当作「雲」〕・臨・薊等五十九州為辺州、揚・益・幽・潞・荊・秦・夏・汴・澧・広・桂・安十二州為要州。都督・刺史、並不在朝集之例」。（『唐会要』巻二四、諸侯入朝(5)。〔　〕内は『六典』に拠る補正。）

から知ることができる（巻末附図「唐代の辺州と宋代の遠悪州軍」を参照）。この勅に列挙された州名の冒頭部分および州の総数が前掲の戸部式と一致することから、この勅の内容が開元二十五年（七三七）に制定された「戸部式」

に取り入れられたと見なし得る。

辺州のひとつ、西州は、貞観十四年（六四〇）の麴氏高昌国平定に伴い、唐の版図に組み込まれた地で、やや特殊な事例に属するが、唐朝は貞観十六年、在京・諸州の死刑囚をこの地に徙して附籍する一方で、流人の中で未だ配所に到着していない者をこの地に徙し戍卒に充て、罪名の軽重によって年限を定めた[6]。こうした罪人の遷徙のため、当時の西州は、「高昌の旧民と鎮兵及び謫徙者と、西州に雑居す」[7]というありさまであったという。

なお、復旧獄官令13条では、

諸て流人の応に配すべき者は、各おの配する所の里数に依れ。要重の城鎮無きの処は、仍ほ要を逐ひてこれに配し、惟だ遠きに就くを得、近くに就くを得ず。

〔開二五〕諸流人応配者、各依所配里数。無要重城鎮之処、仍逐要配之、惟得就遠、不得就近。（『唐令拾遺』七七〇頁。『唐令拾遺補』八二〇頁により補訂）

と、前掲の貞観年間の制勅を採らず、律に規定する里数に基づき流人を配流するよう定めている。しかしながら、次節で述べるように、開元年間における流刑のあり方は多様化しており、流刑の執行がこの獄官令の通りに行われたとは考え難い。同じ時期に改訂された律との形式的な調和をとるために配された条文であると見るべきであろう。無論、法や刑について議論をする際には、流刑は三等級からなる刑罰として観念された。

その年〔建中三年（七八二）四月、御史臺奏すらく「天下の断獄、一切、請ふらくは讞報を待ち、以て刑名を正されんことを。唯だ殺人の当に罪すべきを除き、徒より以上の結竟せし者は、並びに辺州に徙置されよ」と。京兆尹厳郢、駁奏して曰く「臣伏して以へらく、辺州に徙置すとは、流の異名なり[8]、流罪なる者に三等有り、一例に移配すれば、或ひは恐らくは未だ当らざらん。それ死罪は、殺人を除くの外、十悪の重罪、刻印を造偽し、幷びに主典偽りて印を用ひ、及び強盗光火等有り。若し一切罪を免じて徙辺すれば、法において太だ軽く、懲戒するに足らざらん。(中略)又た辺州及び近辺にて、死罪及び徙流を犯す者、復た何を以て処せんや。伏して請ふらくは刪定使に下して詳覆せしめ、然る後に施行されんことを」と。これに従ふ。

其年四月、御史臺奏「天下断獄、一切請待讞報、以正刑名。唯除殺人当罪、自徒以上結竟者、並徙置辺州」。京兆尹厳郢駁奏曰「臣伏以、徙置辺州者、流之異名、流罪者有三等、一例移配、或恐未当。其死罪、除殺人之外、有十悪重罪、造偽刻印、幷主典偽用印、及強盗光火等。若一切免罪徙辺、於法太軽、不足懲戒。(中略)又辺州及近辺、犯死罪及徙流者、復何以処。伏請下刪定使詳覆、然後施行」。従之。(『唐会要』巻四一、左降官及流人)

この議論において、厳郢は、辺州への徙置を「流の異名」としながらも、罪人を一律に徙辺せよという御史臺の提案には、「流刑に三等級あるのに、一律に辺州に移配するのは不当である」として反対している。流刑は辺州への徙置として執行されていたにもかかわらず、法や刑を議論する官人には、律令の理念(規定)が明確に意識されていたということであろう。

要するに、唐律の流刑は、その運用段階においては、罪人を天子の居所から所定の距離だけ強制移動させるという原則から離れてしまい、専ら流人を辺境に送り込むことが重視されていた。これは、第一章で考察した北魏・北斉の「流刑」、すなわち「徙辺」と同じ発想に立つものであろう。儒教経典に依拠して流刑を刑罰体系の中に組み込んだ北周においても、正史中に流刑の実例を検出し得ず、見つかるのは専ら蜀など辺境への徙遷の事例ばかりである。(9) 恩赦における流人関連の文言についても、北魏・北斉と北周とで比べた場合、北周における「大律」制定の前後で比較した場合、のいずれにおいても、ほとんど変わるところが無い。(10) このことは、従来の

「徙辺」とほぼ同じ形で流刑が運用されていたことを示唆している。

唐律の流刑が死刑に次ぐ重刑として位置づけられたのは、儒教経典に依拠したものであったが（第一章小結を参照）、それゆえ、刑罰運用の実務においては、理念を現実にすり合わせるための妥協を餘儀なくされた。その結果、律の理念とは裏腹に、唐の流刑は、北魏・北斉で定められた流刑と、一見したところ大差無い形で実施されたのである。かつて漢代の「徙遷刑」が唐律の流刑との類似性で論じられた一因も、ここにあると言えよう。

## 第二節　律外の流刑——配流刑

伝統的中国法において、皇帝は、常に法の上にあって、それにとらわれぬ裁定を行う権能を有していた[11]。そのため、律に基づく処罰では不当であると皇帝が判断した場合、詔勅や特旨という形で最終的な処罰が下された。『六典』には、皇帝が独自に下し得た処罰が、以下のように列挙されている。

凡そ律法の外に、殊旨別勅有り、則ち死・流・徒・杖・除免の差有り。〈謂ふこころ、「殊旨別勅有り」とは、宜殺却、宜処尽、宜処死、宜配遠流、宜流却、配流若干里及某処、宜配流却遣、宜徒、宜配徒若干年、至到与一頓、与重杖一頓、与一頓痛杖、決杖若干、宜処流、依法配流、依法配流若干里、宜処徒、依法配徒、与徒罪、依法処徒若干年、与杖罪、与除名罪、与免官罪、与免所居官罪なり。皆な刑部奉じてこれを行ふ。〉

凡律法之外、有殊旨別勅、則有死流徒杖除免之差。〈謂殊旨別勅、宜殺却、宜処尽、宜処死、宜配遠流、宜流却、配流若干里及某処、宜配流却遣、宜徒、宜配徒若干年、至到与一頓、与重杖一頓、与一頓痛杖、決杖若干、宜処流、依法配流、依法配流若干里、宜処徒、依法配徒、与徒罪、依法処徒若干年、与杖罪、与除名罪、与免官罪、与免所居官罪。皆刑部奉而行之。〉(『六典』巻六、尚書刑部、刑部郎中員外郎)

「殊旨別勅」とは、皇帝の勅裁による処罰に他ならない。勅による刑罰が、死・流・徒・杖という律の主刑の要素から構成されているのは当然のことかも知れないが、結果として、勅裁により「減死一等の刑」として行われる刑罰もまた、流刑の形式を取ることとなった。

配流刑は、刑罰執行上の見かけは、律の流刑と共通する点もかなりあり(手続きについては、前章第二節を参照)、特旨による配流も一般の流刑と執行形態に区別は無いけれども、両者は次のいくつかの点で大きく異なっていた。違いのひとつは、通常ならばまず流刑の実刑を受けることのない官人[12]に対しても、配流刑は行われることがあったということである。官人が配流される場合、律の規定に基づいて除名され、身に帯びた全ての官爵を剝奪されたが、配所での居作は免除された[13]。配流後、再び仕官しようとする場合でも、通常の流刑ならば六載後、つまり六たび年が改まるまで待たねばならなかったのに対し、配流された官人の場合、三載後の仕官が可能であった(天聖獄官令の不行唐6条。条文は一一五頁を参照)。

もう一つの違いは、配流の執行に先立って、時として杖刑が併科されたことである[14]。唐律の規定によればあり得ないことなのであるが、およそ武則天の時代から登場する「決杖配流」は、当初、相当の重罪もしくは皇帝の強い叱責が加えられたために行われた、律外の刑罰であった。北宋・神宗朝の宰相として名高い王安石が、

〔唐の〕太宗、加役流を用ひて斬趾に代ふと雖も、然れども流は終に独り行ふべからず、故に唐に已に決杖配流の法有り。蓋し、当時自ら別勅もて施行すること有り、専ら律を用ひず、若し専ら律を用ふれば、則ち死罪の外は即ち流法を用ふ。以て姦を禁ずること無ければ、決して行ふべからざるなり。

〔王〕安石曰「太宗雖用加役流代斬趾、然流終亦不可独行、故唐已有決杖配流之法。蓋当時自有別勅施行、不専用律、若専用律、則死罪外即用流法。無以禁姦、決不可行也」。(『長編』巻二一四、熙寧三年(一〇七〇)八月戊寅条)

と指摘する通りである。なお、唐代の配流刑は、律の流刑と同様、刺面(額への入れ墨)を伴わない(第六章で述べるように、宋代の配流刑には、不刺面配流と刺面配流の二種類が存在した)。

さて、皇帝により下される数多の詔勅のうち、将来にわたって法規となすに足るものは、「格」としてまとめられた。格は、「効力において基本法典たる律に勝り、律令を動かさないままで現実の法を変えてゆく」機能を有した。[15] 唐代の格はすべて散逸してしまい、完全な形で伝存するものは未だ見つかっていないけれども、中宗の神龍二年(七〇六)に尚書左僕射唐休璟・尚書右丞蘇瓌らによって編纂された「散頒格」は、幸いにも、全七巻のうち「刑部格」の残巻が敦煌より発見されており、その内容の一部を知ることができる。武則天の垂拱元年(六八五)に編纂された垂拱格以後、神龍二年正月二十五日以前の制勅を删定して上呈し、天下に頒行したという「神龍散頒格」の条文には、さまざまな「律外の流刑」の例が見られる[16](順不同、以下も同じ)。

一、官文書印を偽造し、若しくは転じて将て行用し、幷びに官文書印を盗用し、及び亡印をば行用し、幷びに前代の官文書印を偽造し、若しくは将(もつ)て行用して、因りて官と成るを得、假(いつは)りて人に官を与ふれば、情もて假(にせいん)を受くると同じく、各おの先に杖一百を決し、頭首は嶺南遠悪処に配流し、従は縁辺の軍府有るの小州に配せ。並びに会赦の限りに在らず。その情を同じくして偽文書を受用するの人もまたこれに准(よ)れ。

一、偽造官文書印、若転将用行〔当作「行用」〕、幷盗用官文書印、及亡印而行用、幷偽造前代官文書印、若将行用、因得成官、假与人官、〔同〕[17]情受假、各先決杖一百、頭首配流嶺南遠悪処、従配縁辺有軍府小州、並不在会赦之限。其同情受用偽文書之人、亦准此。

一、官奴婢を詃誘し及び蔵隠し幷びに替換する者は、並びに嶺南に配流せよ。官蔭無き者は、配所において役すること三年。官蔭有る者も当・贖するを得ず。官奴婢の犯す者は、遠州に配して苦使せよ。

一、詃誘官奴碑及蔵隠幷替換者、並配流嶺南。無官蔭者、於配所役三年。有官蔭者、不得当贖。官奴婢犯者、配遠州苦使。

一、官の駞馬一疋以上を盗み及び煞す者は、先に杖一百を決し、嶺南に配流し、官当・贖するを得ざれ。その情を知りて博換売買し、及び過致人・居停主人の情を知りたる者は、並びにこれに准れ。

一、盗及煞官駞馬一疋以上者、先決杖一百、配流嶺南、不得官当贖。其知情博換売買、及過致人・居停主人知情者、並准此。(後略)

この散頒格の処罰規定は、律のそれよりもおおむね重くなっている[18]。たとえば、最後に挙げた官馬の窃盗・殺害は、唐律であれば徒二年ですむ罪[19]であるが、散頒格では「先決杖一百、配流嶺南」である。また、唐律の流刑に比較すると、①流刑に杖刑が附加されている、②「配流嶺南」「配流嶺南遠悪処」の如く、配所を最初から特定地方に限定している、の二点で大きく異なる。特に②は、京師からの距離により三等級に分けるのみで配流する地方を特定しない律の流刑とは大きく異なっている。

「嶺南遠悪処」とは、嶺南道の中でも特に瘴癘の地として忌み嫌われた州をいう。唐代、具体的にどの州が「遠悪処」に指定されていたかは詳らかでない。ただ、高宗の時のこととして、貪暴をもって知られた滕王元嬰・蔣王惲・虢王鳳の王府の官に就くことを嫌って、これを「嶺南の悪処」になぞらえ、「寧ろ儋・崖・振・白に向かふとも、江・滕・蔣・虢には事へず」と言ったという逸話が伝えられていることから[20]、これらの諸州が「嶺南遠悪処」に含まれていたことがわかる。また、『条法事類』巻七五、刑獄門・編配流役に引く名例勅には、諸て遠悪州と称するは、南恩・新・循・梅・高・雷・化・賓・容・瓊州、万安・昌化・吉陽軍を謂ふ。

諸称遠悪州者、謂南恩・新・循・梅・高・雷・化・賓・容・瓊州、万安・昌化・吉陽軍。

と規定されている。これは宋代の規定だが、先に挙げた唐代の「嶺南悪処」と重なり合う部分が多い[21]（巻末附図「唐代の辺州と宋代の遠悪州軍」を参照）。

また、散頒格には次のような条文もある。

一、官人 任に在り、贓賄に縁りて罪を計るに殿以上と成り、贓賄に非ずと雖も、罪 除免に至りて、恩に会ひ及び別勅もて免かるれば、並びに即ち（ただ）に録奏し、犯す所の贓状を量り、嶺南遠悪処及び辺遠の官を貶授せよ。

一、官人在任、縁贓賄計罪成殿已上、雖非贓賄、罪至除免、会恩及別勅免、並即録奏、量所犯贓状、貶授嶺南悪処及辺遠官。

一、流外行署・州県雑任、監主において贓一疋以上を犯さば、先に杖六十を決し、満ちて五疋以上とならば、先に杖一百を決し、並びに配して軍に入れよ。如し当州に府無ければ、側近の州に配せ。断後一月内に、即ちに綱を差して配する所の府に領送し、報じ訖らば、所司に申せ。贓疋に満たざれば、即ち解却せよ。恩に会ふと雖も、並びに免軍及び解免の限りに在らず。東都及び京に在りて犯す者は、尚書省の門において衆に対して決し、在外の州県は、長官、衆を集めて対して決せよ。贓多き者は、仰せて本法に依れ。

一、流外行署州県雑任、於監主犯贓一疋以上、先決杖六十、満五疋以上、先決一百、並配入軍。如当州無府、配側近州。断後一月内、即差綱領送所配府、取領、報訖申所司。贓不満疋者、即解却。雖会恩、並不在免軍及解免之限。在東都及京犯者、於尚書省門対衆決。在外州県者、長官集衆対決。贓多者、仰依本法。

一、光火劫賊は、必ず主人に藉り、兼ねて郷豪に倚りて、助成影援す。その獲る所の賊は、各おの州県の長官に委ねて理を尽くして評覆せしめ、応合に死たるべき者は奏聞せよ。それ居停せし主人は先に杖一百を決し、仍ほ賊と同罪。隣保・里正・坊正・村正は、各おの杖六十を決し、並びに辺州に移貫せよ。（中略）如し賊発するの州県の専知官及び長官、隠蔽して言はず、及び勾官糾挙する能はざること有らば、並びに解却せよ。若し賊を捉へて獲ざれば、遠悪官を貶授す。限内に捕獲して、半ば以上を過ぐれば、即ち貶責を免ず。

一、光火劫賊、必藉主人、兼倚郷豪、助成影援。其所獲賊、各委州県長官、尽理評覆、応合死者奏聞。其居停主人、先決杖一百、仍与賊同罪。隣保・里正・坊正・村正、各決杖六十、並移貫辺州。（中略）如有賊発州県専知官及長官隠蔽不言、及勾官不能糾挙者、並解却。若捉賊不獲、貶授遠悪官。限内捕獲過半以上、即免貶責。（後略）

嶺南遠悪処や辺遠州県に貶せられた官は、おそくとも開元年間には「左降官」と呼ばれており、官人に対する懲罰の一つとして、かかる処分が確立していたものと思われる。[22] 流内官人は五流を除いて流の実刑を受けない決まりであったことは先に述べたが、ここではすでに、実刑の対象とならない罪を犯した官人を地方官として辺境に放逐する方式が見られる。『唐会要』巻四一、左降官及流人の項に集められた詔勅によって、左降官は赴任・在職期間の計算等で、一般の遷官に比して不利な立場に置かれていたことがわかる。

垂拱四年（六八八）十一月一日、勅すらく「罪を犯すの色は、授くるに文武の遠官を以てす。年考未だ満たざるに、方便に解退する者は、宜しく旧に依りて重任せしめ、前に続けて考満せしめよ」と。

垂拱四年十一月一日、勅「犯罪之色、授以文武遠官。年考未満、方便解退者、宜令依旧重任、続前考満」。

長寿三年（六九四）五月三日、勅すらく「貶降官は、並びに朝堂において謝し、仍ほ三五日に装束すべし。任に至るの日は、別に餘の州県官を摂するを得ざれ。亦た前後の労考を通計するを得ざれ」と。

長寿三年五月三日、勅「貶降官並令于朝堂謝、仍容三五日装束。至任日、不得別摂餘州県官、亦不得通計前後労考」。

開元七年（七一九）三月十六日、勅すらく「左降人、考未だ満たざるの間、重ねて犯す有り、応に解免し及び田里に放帰すべき者は、並びに申奏し、更めて状の軽重に拠りて量貶す。若し是れ五流及び餘犯ならば、自ら常法に依れ」と。

開元七年三月十六日、勅「左降人考未満間、重有犯、応解免及放帰田里者、並申奏、更拠状軽重量貶。若是五流及餘犯、自依常法」。

折衝府への配軍や辺州への移貫といった処罰については、貞観年間の西州の例を先に掲げたが、開元年間に下された詔勅中にも散見する。まず、赦文に見える例を挙げる。

先天より以来、雑犯の近処に移すを経たる流人、幷びに磧西・瓜州に配隷せられたる者有り、朕その旧悪を捨て、咸く惟新を与へんとす。並びに宜しく放還すべし。それ反逆縁坐の長流及び戍奴は、近処に量移し、編附して百姓と為せ。（開元十七年十一月戊申、大赦）

自先天以来有雑犯経移近処流人幷配隷磧西・瓜州者、朕捨其旧悪、咸与惟新。並宜放還。其反逆縁坐長流及城（当作「戍」）奴、量移近処、編附為百姓。（『冊府元亀』巻八五、帝王部、赦宥。『唐大詔令集』巻七七、典礼、陵寝、親謁、謁五陵赦に拠り補正）

それ左降官及び流移・配隷・安置・罰鎮効力の類は、并びに宜しく近処に量移すべし。(中略)それ流人・配隷并びに一房家口、犯す所の人情劫害に非ずして、身已に亡歿すれば、その家口は放還せよ。流人及び左降官、考満ち載満ち、丁憂の服満つれば、亦た例に准りてやや量移を与す。(開元十八年正月丁巳、大赦)

其左降官及流移・配隷・安置・罰鎮効力之類、并宜量移近処。(中略)其流人配隷并一房家口者、所犯人情非劫害、身已亡歿、其家口放還。流人及左降官考満載満・丁憂服満者、亦準例稍与量移。(『冊府元亀』巻八五、帝王部、赦宥)

これによれば、当時、罪を犯して辺境に送られていた者として、流人の他に、移人・配隷人・安置人・罰鎮効力・戍奴等があった。戍奴とは、賤民が辺州の戍卒に充てられていたもので、前掲「散頒格」に見える「官奴婢の犯す者は、遠州に配して苦使す」等がこれに相当する。唐律では、賤民が実際に配流されることはなかったが、[23]この史料から、おそくとも開元年間にはこの原則が破られていたことがわかる。また、律における強制移動を伴う処罰は、流刑と移郷に限られていたが、前掲の史料には、配隷者・安置人・罰鎮効力といった新たな種類の「流人」が登場している。「散頒格」によれば、「光火劫賊」を隠匿した者の隣保・里正・坊正・村正も「辺州に移貫」されるから、[24]移人は「殺人移郷」に係る移郷人のみに限らない。安置とは、胡三省が「荒遠の州郡に投竄す、これを安置と謂う」と説明するように、[25]辺地に身柄を強制的に移して拘束する刑罰的措置である。史書に見える安置の実例は、高宗の永徽年間に滁州に安置された李元嬰(滕王)をはじめ二十例餘りあるが、その多くが宗室や功臣である(**表3-1**を参照)。安置の制は宋代にもあって、沈家本はこれを「その官爵を削りて安置する者有り、(中略)その官を貶して安置する者有り」と並列的に説明するが、[26]唐代の安置はその「官爵を削りて安置」する場合に近いものであったようである。

**表3-1　恩赦による流人放還**

出典略称：旧書＝『旧唐書』、新書＝『新唐書』、通鑑＝『資治通鑑』、英華＝『文苑英華』。

| 姓名 | 配流時期（西暦） | 配所 | 会恩時期（西暦） | 会恩後の処遇 | 備考 | 出典 |
|---|---|---|---|---|---|---|
| 崔仁師 | 貞観二二年（六四八） | 龔州（嶺南道） | | 簡州刺史（永徽初） | | 旧書三、新書六一・九九、通鑑一九八 |
| 羅道琮 | 貞観末 | 嶺表 | 貞観末 | | | 旧書一八九上、新書一九八 |
| 魏元同 | 麟徳元年（六六四） | 嶺外 | 上元初 | 岐州長史 | | 旧書八七、新書一一七 |
| 薛元超 | 麟徳中 | 巂州（剣南道） | 上元初 | 正諫大夫 | | 旧書七三、新書九八、英華一九六（行状） |
| 元万頃 | 乾封二年（六六七） | 嶺外 | | 著作郎 | | 旧書一九〇中、新書二〇一、通鑑二〇一 |
| 李　善 | 咸亨二年（六七一） | 姚州（剣南道） | | | | 旧書一八九上、新書二〇二 |
| 薛仁貴 | 上元中 | 象州（嶺南道） | | 瓜州長史（開耀元年） | | 旧書八三、新書一一一 |
| 郎餘慶 | 高宗時 | 瓊州（嶺南道） | | 会赦当遷、徙春州 | | 新書一九九 |
| 李　哲 | 垂拱元年（六八五） | 房州（山南東道） | 聖暦元年（六九八） | | 中宗 | 旧書六 |
| 裴伷先 | 垂拱元年？（六八五） | 北庭 | 神龍初 | 太子詹事丞 | | 新書一一七、通鑑二一〇 |
| 崔元綜 | 延載元年（六九四） | 振州（嶺南道） | | 監察御史 | | 旧書九〇、新書六一・一一四、通鑑二〇五 |
| 厳善思 | 景雲元年（七一〇） | 静州（剣南道） | | | | 旧書一〇一・一九一、新書一一八・二〇四、通鑑二一〇 |
| 李　白 | 至徳二載（七五七） | 溱州（黔中道） | | 還潯陽、坐事下獄 | 長流 | 旧書一九〇下、新書二〇七 |
| 高力士 | 上元中 | 巫州（黔中道） | 宝応元年（七六二） | | 長流 | 旧書一〇・一八四、新書二〇七、通鑑二二一 |
| 李元平 | 貞元中 | 珍州（黔中道） | | 流賀州 | | 旧書一三〇、新書一五一 |
| 李仲言 | 宝暦元年（八二五） | 象州（嶺南道） | | 以母喪居東都 | | 旧書一七上・一六七・一六九、新書一七四・一七九、通鑑二四五 |

# 第三節　恩赦による流人の放還

## 一　沈家本説の検討

律の規定からすれば、恩赦等により流人が配所からの帰還を許されることなどあり得ないはずであったが、史料中にはそうした事例がしばしば見られる（**表3-2**参照）。このことに関して、沈家本は次の二点について考察を加えている(27)。

(a)貞観令における流人放還規定存在の可能性

沈氏は、『新唐書』の、

〔流移人、〕反逆縁坐に非ざれば、六歳にしてこれを縦つ。特に流す者は三歳にしてこれを縦つ。官有る者は復た仕ふるを得。

非反逆縁坐、六歳縦之。特流者三歳縦之。有官者得復仕。（『新唐書』巻五六、刑法志）

という記事に着目して、貞観令には流人の放還規定が存在し、永徽令でそれが改められた可能性があると指摘している。榎本淳一氏によれば、この刑法志の文は貞観令の取意文であるという。即ち、

**表3-2　唐代の安置**

出典略称：旧書＝『旧唐書』、新書＝『新唐書』、通鑑＝『資治通鑑』。

| 姓名 | 時期（西暦） | 安置先 | 付随処分 | 処分前の肩書 | 安置後の処遇 | 出典 | 備考 |
|---|---|---|---|---|---|---|---|
| 李元嬰 | 永徽中 | 滁州 | 削邑戸及親事帳内之半 | 滕王、洪州都督 | 寿州刺史 | 旧書六九、新書七九 | |
| 李上金 | 上元二（六七五） | 澧州 | 削封邑 | 杞王寿州刺史 | 沔州刺史（不預朝集） | 旧書五・八六、新書八一、通鑑二〇二 | |
| 李素節 | 上元三（六七六） | 袁州 | 降封鄱陽郡王、削戸三分之二 | 郇王、申州刺史 | 禁錮終身、岳州安置 | 旧書五・八六、新書八一 | |
| 李明 | 永隆元（六八〇） | 黔州 | 降封零陵王 | 曹王、蘇州刺史 | 自殺（被殺とも） | 旧書五・七六、新書八〇、通鑑二〇二 | |
| 李煒 | 永隆元（六八〇） | 道州 | 除名 | 嗣蔣王、沂州刺史 | | 通鑑二〇二 | |
| 太平公主 | 景雲二（七一一） | 蒲州 | | | 召還京師 | 通鑑二一〇 | |
| 李欽福 | 天宝初 | 錦州 | 率更令同正員 | 削官 | 南郡（荊州）長史同正 | 旧書七六 | |
| 李巨 | 天宝六（七四七） | 南賓郡（忠州） | 免官 | 義陽郡（申州）司馬 | 夷陵（峡州）太守 | 旧書一〇五・一一二、新書七九、通鑑二一五 | |
| 李琄 | 天宝七（七四八） | 夜郎郡（溱州） | | 嗣薛王、夷陵郡員外別駕長任 | 移南浦郡 | 旧書九五・一〇五 | |
| 李泌 | 天宝中 | 蘄州 | | 待詔翰林、供奉東宮 | 帰隠、居潁陽 | 旧書一三〇、新書一三九、通鑑二一八 | |
| 如仙媛 | 上元元（七六一） | 帰州 | | | | 新書二〇八 | |
| 李珍 | 上元二（七六二） | 溱州 | 廃為庶人 | 嗣岐王 | | 旧書一〇、通鑑二二二 | |
| 程元振 | 広徳二（七六四） | 江陵府 | | 長流溱州 | | | |
| 蕭復 | 貞元三（七八七） | 饒州 | 検校左庶子 | 守太子左庶子 | 死去 | 旧書一二・一二五 | |
| 鄧惟恭 | 貞元一二（七九六） | 汀州 | （免死） | 宣武軍都虞候 | | 通鑑二三五 | 旧書一四五・新書一五一は配流とする |
| 于季友 | 元和一二（八一七） | 忠州 | 削官爵、笞四十 | 駙馬都尉 | | 旧書一五 | |
| 裴氏（李師古妻） | 元和一四（八一九） | 鄧州 | | | | 旧書一五・一五九 | 娘・李宜娘も同じ |
| 李佐 | 長慶三（八二三） | 崖州 | | 嗣鄧王 | 潁王府長史分司東都 | 旧書一六 | |
| 崔氏（李同捷の妻） | 太和三（八二九） | 湖南 | | | | 旧書一四三、新書二一三 | 妻崔氏・子元達も同じ |
| 韋元素 | 太和九（八三五） | 象州 | （錮身逓送） | 左神策中尉 | 被殺 | 旧書一七下、新書二〇八、通鑑二四五 | 宦官 |
| 王践言 | 太和九（八三五） | 思州 | （錮身逓送） | 枢密使 | 賜死 | 旧書一七下、通鑑二四五 | 宦官 |
| 楊承和 | 太和九（八三五） | 驩州 | （錮身逓送） | 枢密使 | 賜死 | 旧一七下、通鑑二四五 | 宦官。新書二〇八は配流とする |

（『新唐書』刑法志が——引用者補）『六典』にさえも見えない唐令取意文をこのように幅広く収載していることを考えるならば、やはり『新唐書』の編纂者たちには、直接唐令を参照して記事を書く傾向があったと考えてよいと思う。刑法志の記事中には滋賀氏らが述べられたように『六典』に拠ったと思われる記事も確かに見られるが、本稿で取り扱っている貞観の刑獄に関わる唐令取意文は基本的には唐令を直接参照して書かれたものと考える。このことは、後述の令の年代の検討により更に補強できることと思う。（中略）多少問題となりそうなのは、28（前掲の刑法志引用文を指す——引用者注）の規定で、貞観十五年（六四一）四月にほぼ同内容の勅が出されており、貞観令以後の記事ではないかという危惧もあるが、貞観十五年の勅を貞観令の申明の勅と考えれば、これもまた貞観令であったことの補強材料となるだろう。(28)

貞観十五年の勅とは、

勅すらく「反逆を犯し死を免れて配流せらるる人は、六歳の後も仍ほ仕ふるを聴さず」と。〔貞観〕十五年四月、勅「犯反逆免死配流人、六歳之後仍不聴仕」。（『唐会要』巻四一、左降官及流人）

を指すのであろうが、天聖獄官令の不行唐6条には、

諸て流移人〈移人とは本犯の除名なる者を謂ふ〉、配所に至りて、六載以後仕ふるを聴す〈それ反逆縁坐流を犯し、及び反逆に因り死を免れて配流せらるるは、この例に在らず〉。即し本犯応に流たるべからざるに特に配流せらるる者は、三載以後仕ふるを聴す。資蔭有る者は、各おの本犯の収叙の法に依れ。それ見任を解かれ、及び除名して移郷せらるるに非ざる者は、年限・叙法は、皆な考解の例に準れ。

諸流移人〈移人、謂本犯除名者〉、至配所、六載以後聴仕〈其犯反逆縁坐流、及因反逆免死配流、不在此例〉。即本犯不応

流而特配流者、三載以後聴仕。有資蔭者、各依本犯収叙法。其解見任及非除名移郷者、年限・叙法皆準考解例。

とあり、前掲の勅文が令の条文に注として組み込まれた形になっている。貞観十五年勅が貞観令の一部を特に取り出して申明したとも考えがたい。貞観令の文言を貞観十五年勅の文言を附加したものが「不行唐令」の令文に受け継がれたと見なすのが妥当であり、前掲『新唐書』刑法志の記事は令の取意文と思われる。永徽令に拠ったとされる[29]養老獄令17六載条には、

諸流移人〈移人、謂本犯除名者〉、至配所、六載以後聴仕〈其犯反逆縁坐流、及因反逆免死配流、不在此例〉。即本犯不応流而特配流者、三載以後聴仕。有蔭者、各依本犯収叙法。其解見任及非除名移郷者、年限准考解例。

とあることから、前掲の不行唐令（開元二十五年令[30]）条文は、永徽令とほぼ同文であったと推測される。とすれば、『新唐書』刑法志に引く令の取意文の主眼は、流人の放還にではなく、再叙任に置かれていたと見なければならない。すなわち、「非反逆縁坐、六歳縦之。特流者三歳縦之」の部分は本来、流移人の再叙任を許すという意味の文言であったに相違なく、貞観令の内容は、注記の部分を除けば、開元令と大差無かったと考えられるのである。

(b)唐後半期における唐律不遵守の可能性

沈氏は、唐代後半には恩赦により流人が放還されていたことや、流人の放還規定が存在していたことから、「唐律が唐代全般を通して一律に遵守されていたわけではない」とされる。滋賀秀三氏は『故唐律疏議』名例律の訳注において、これを唐代後半に生じた流刑の実務上の変化ととらえ、流刑はこの時点で「六年間配所に住む

ことを義務づけるところの有期追放刑」というべき性質の刑罰になったと指摘されている。[31]

本章第一節で述べたように、唐律の流刑は、実際には、唐初の貞観年間からすでに、儒教の理念に基づく配流の規定を事実上ないがしろにするような形で運用されていた。律と格との関係（後者が前者に優先する）を考えれば、沈氏の指摘は失当であるということになろうが、流刑が有期追放刑となった時期を唐代後半とする滋賀氏の説も、史書に見える事例からすれば正確とは言い難い。この点について、項を改めて検討したい。

## 二　恩赦による流人の放還

管見の限り、恩赦によって流人が放還された最も早い事例は、隋の煬帝時代のものである。[32]

天下に大赦す。開皇已来の流配は、悉く放ちて還郷せしむ。晋陽の逆党は、この例に在らず。

大赦天下。開皇已来流配、悉放還郷。晋陽逆党、不在此例。（『隋書』巻三、煬帝紀、大業五年（六〇九）六月戊午）

ただ、このときの措置は、文言の内容から判断すれば、隋王朝創始以来初めてのことと見るのが妥当であろう。また、隋を含む北朝時代に下された恩赦において、流人がどのような恩典を受けていたかと言えば、通例、配所到着前に限って放還を許されていたに過ぎない。[33] したがって、先の事例は煬帝による特別措置（漢王諒の乱を平定したことに伴う恩赦）と見なすべきかと思う。

唐代に入ると、恩赦による流人放還の例は、しばしば見られるようになる。最も早く現れるのは「責情流人」、すなわち情状により特に配流した者を放還する恩赦の例である。

高祖、位を皇太子に伝ふ。太宗、東宮の顕徳殿にて即位し、司空・魏国公裴寂を遣はして南郊に柴告せしむ。

天下に大赦す。武徳元年以来の責情して流配する者は、並びに放還せしむ。

高祖伝位於皇太子。太宗即位於東宮顕徳殿、遣司空・魏国公裴寂柴告于南郊。大赦天下。武徳元年以来責情流配者、並放還。（『旧唐書』巻二、太宗紀、武徳九年（六二九）八月癸亥条）

詔して曰く「（中略）永淳二年を改めて弘道元年と為すべし。大赦す。前後責情の流人は、並びに放還せしめよ」と。

詔曰「（中略）可改永淳二年為弘道元年。大赦。前後責情流人、並放還。（後略）」。（『冊府元亀』巻八四、帝王部、赦宥、弘道元年（六八三）十二月丁巳）

次いで、一般の流人も恩赦により放還を許されるようになる。

乙卯、詔して武氏を立てて皇后と為す。（中略）丁巳、天下に大赦す。流人、前所に達するものは、放還せしむ。王・柳・蕭等家〈臣欽若ら曰く「王皇后ら幷びに舅家柳氏及び蕭淑妃の家なり」と。〉に縁りて配流せらるる者は、この限りに在らず。

乙卯、詔立武氏為皇后。（中略）丁巳、大赦天下。流人達前所、放還。縁王・柳・蕭等家〈臣欽若等曰、王皇后等幷舅家柳氏及蕭淑妃家也〉配流者、不在此限。（『冊府元亀』巻八四、帝王部、赦宥、永徽六年（六五五）十月）

太廟に親謁し、尊号を受くるの意を告ぐ。礼畢りて、天下に大赦す。前後の流人、反逆縁坐に非ざる者は、並びに放還せしむ。

親謁太廟、告受尊号之意。礼畢、大赦天下。前後流人、非反逆縁坐者、並放還。（『冊府元亀』巻八四、帝王部、赦宥、神

龍元年（七〇五）十一月壬午）

天下に大赦すべし。繫囚・見徒及び十悪は、咸くこれを赦除す。雑犯の流人は、並びに放還せしむ。

可大赦天下。繫囚見徒及十悪、咸赦除之。雑犯流人、並放還。（『唐大詔令集』巻六八、典礼、南郊、景龍三年南郊赦、景龍三年（七〇九）十一月二十三日）

天下に大赦す。繫囚・見徒、流移せられて未だ前所に達せず、及び已に流所に到する者は、皆なこれを赦す。

大赦天下。繫囚見徒、流移未達前所及已到流所者、皆赦之。（『冊府元亀』巻八四、帝王部、赦宥、景雲二年（七一一）四月壬寅）

通常の恩赦では帰還が許されない流人は「長流人」として区別されていたが[34]、彼らを放還する恩赦の例も、七世紀半ば以降に見られるようになる。

祖宗の謚号を追尊し、咸亨五年を改めて上元元年と為す。天下に大赦し、長流人は幷びに放還せしむ。

追尊祖宗謚号、改咸亨五年為上元元年。大赦天下。長流人幷放還。（『冊府元亀』巻八四、帝王部、赦宥、上元元年（六七四）八月壬辰）

天下に大赦し、改元して唐隆と為す。見繫・囚徒、常赦の免さざる所の者も咸くこれを赦除す。長流は田里に放帰するを任し、負犯痕瑕は咸く洗滌に従へ。

大赦天下、改元為唐隆。見繫囚徒、常赦所不免者、咸赦除之。長流任放帰田里、負犯痕瑕咸従洗滌。（『旧唐書』巻七、中

宗紀、唐隆元年（七一〇）六月甲申）

もちろん、律の規定通りの文言を含む恩赦もあり、[35] 更には、律の規定では当然赦免の対象となるはずの、配所到着前の流人に恩赦の効力が及ばない旨を明言した赦書も稀にはあるけれども、[36] 全般的な傾向として、恩赦によって流人が放還されることが普通になってゆくと言い得る。もはや唐律の規定は貫徹して行われていないかのようである。

## 三　流人放還文書

では、流人の放還はどのように行われていたのであろうか。新疆ウイグル自治区のトルファン・アスターナ墓群より出土した唐代官文書の中に、関係する文書が二点存する（破線は朱印を表す）。

〔A〕（朱印四顆。印文「西州都督府之印」）

（一）

（前残）

1 　解幷目上尚書省都省

2 　放還流人貫属具状上事

3 　九月四日

（後残）

（64TAM19:48）

（二）

（前残）

1 勘放還流人貫属具状上事

2 上元三年九月四日録事

3 参軍判録

（後残）

（64TAM19:38）

（『吐魯番出土文書〔参〕』、二六九～二七〇頁。『吐魯番出土文書』第六冊、五二九～五三〇頁）

〔B〕（朱印三顆。印文「高昌県之印」。紙縫背面に朱印一顆と「仁」の簽書あり）

（前残）

1 白尉洛

2 一人流人准　詔放還

（紙縫）

（中缺）

3 文明元年

4 録　事　唐智宗

（後残）

（72TAM230:59(a)(b),60(a)）

（『吐魯番出土文書〔肆〕』、六九頁。『吐魯番出土文書』第八冊、一四四頁）

Aは、西州から尚書都省へ送られた、放還すべき流人の本貫地（郷里）を記した書類の送り状かと思われる。

A（二）

64TAM19:38

A（一）

64TAM19:48

（『吐魯番出土文書〔参〕』より転載）

B（紙背）

72TAM230:59(b)

B

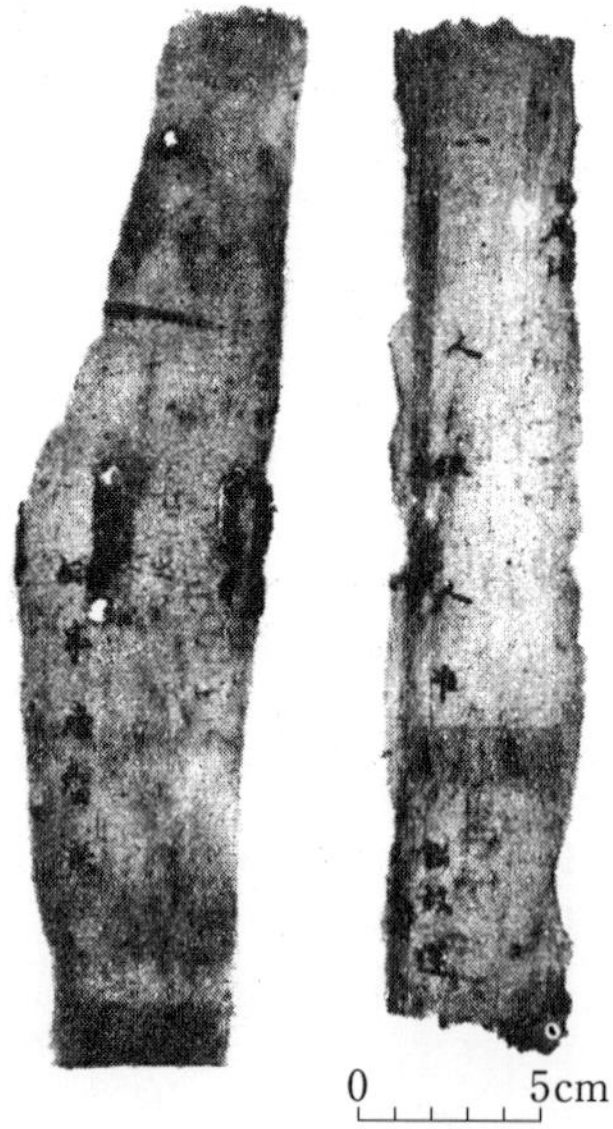


72TAM230:59(a),60(a)

（『吐魯番出土文書〔肆〕』より転載）

高宗の上元三年（六七六）の紀年がある。Bは西州に属する高昌県から、放還する流人に関して州に提出された書類と推定され、睿宗の文明元年（六八四）の紀年がある。

これら二点の文書は、いずれも零細な残片であるため、文書全体の内容を窺い知ることはできないが、次の詔から流人放還までの手続きを推測することは可能である。

又た詔して曰く「左降収叙官及び流人等、今月三日已に処分有るも、若し例に准りて更に本処の文解を待たば、必ず恐らくは歳年を動し、恩 時に及ばず、殊に先意に乖かん。（中略）諸色流人等、所司名暦を簡勘し、所由の州県軍鎮等に牒して放還せしめよ。（後略）」と。

又詔曰「左降収叙官及流人等、今月三日已有処分、若准例更待本処文解、必恐動歳年、恩不及時、殊乖先意。（中略）諸色流人等、所司簡勘名〔崇禎本作「明」、拠明抄本改〕暦、牒所由州県軍鎮等放還。（後略）」。（『冊府元亀』巻八七、帝王部、赦宥、元年（七六二）建辰月己未〔当作「丁未」〕）[37]

これによれば、恩赦が下されてそれが州から県に到達すると、県は放還の対象となる流人を州にリストアップし、州から尚書刑部にその名簿が送られ、放還される流人が決定される、ということになるであろう。流人の放還は、恩赦に伴う事務作業としてすでに定式化されていたのである。

注意すべきは、県が恩赦の発布に対応して、流人の名簿を中央に提出していることである[38]。流人は配所にて編籍され、田地の班給、課役の負担等すべてにおいて一般民と同等の扱いを受けることになっていたとはいえ、やはり区別して監視すべき存在であったと思われる。

流人の放還は、最初、律の原則と相反する「特例」として、恩赦の文言に盛り込まれた。しかしそれが常態化する中で、恩赦があればただちに流人放還の手続きがとれるように、配所の官吏は、流人を一般民と区別して監視する必要に迫られた。流人は、放還が許されるまでのあいだ一時的に配所に留まる者となったのである。

律は罪人の配所到着をもって流刑の執行完了と定めているけれども、恩赦によって流人が放還されていたことは、実際には律の規定とはかなり異なる形で流刑執行の実務が行われていたことを示唆している。一般に、恩赦の効力は、すでに執行を終わった刑罰に対しては及ばないとされる(39)。したがって、恩赦によって流人が放還されていたことは、罪人の配所到着後も事実上は流刑の執行が継続していたことを意味する。すなわち、配所に送られることに加えて、恩赦により放還されるまでのあいだ罪人が配所に留まっていることも、実際には、流刑を構成する要素となっていたのである。流刑の執行完了について、律の理念と刑罰運用の現実とのあいだには、相当の乖離が存したと言わざるを得ない。

## 第四節　流人の放還規定――流刑の有期刑化が意味するもの

### 一　律令規定における流人放還の可能性

流刑は、唐代後半には制度的にも有期の追放刑へと変化する。本節では、律令じたいが内包していた要因と、律が対応すべき当時の現実との両面から、この問題について考えてみたいと思う。

官人が配流される場合、律令の規定により、除名、すなわち一切の官爵を剝奪される（第二章第一節を参照）。但し、流人となった彼らに対しては、再叙任が認められていたことは、前掲の天聖獄官令（不行唐6条）の外、諸て除名の者は、官爵悉く除き、課役は本色に従へ。六載の後に叙するを聴す。

諸除名者、官爵悉除、課役従本色。六載之後聴叙。（名例律21条）

諸て流を犯して応に配すべき者、三流倶に役すること一年〈本条に加役流と称する者は、流三千里、役すること三年。役満ち及び赦に会ひて役を免ぜらるる者は、即ち配処において戸口の例に従ふ〉。

議に曰く、役すること一年及び三年に満ち、或ひは未だ満たざるに赦に会はば、即ち配所において戸口の例に従ひ、課役は百姓に同じ。選に応ずる者は、六年を満るを須つ。

諸犯流応配者、三流倶役一年〈本条称加役流者、流三千里、役三年。役満及会赦免者、即於配処従戸口例〉。

議曰、役満一年及三年、或未満会赦、即於配所従戸口例、課役同百姓。応選者、須満六年。（後略）（名例律24条および疏。疏は原注に対するもの。）

とある通りである。官人に関して言えば、たとえ配流されても、所定の年限が過ぎれば配所を離れて再叙任のために都に舞い戻ることが可能であったことを、この規定は意味している。つまり、唐律の流刑は、官人にとっては当初から有期（原則として六載）の追放刑だったのである。

律じたいが内包していた要因とは、こうした流人の再叙任に関する規定の存在に他ならない。これについては、青木和夫氏がつとに言及されている。

名例24・25両条の流刑に対する赦の規定に明らかなように、唐および日本の律における流刑とは、配流すなわち本籍の強制的移転と一年または三年の服役との二つの刑を組合せたもので、配流と服役とによって流刑は完了するから、その後は赦に会っても故郷に戻ることは許されないのが本来であった（滋賀秀三説）。しかし流人は移郷人と同様に、除名を付加されても六載の後、免官ならば三載の後には出仕しうるという規定（名例21・獄令17）もあるし、唐でも日本でも流人の服役を管理する地方官（獄令18・56）としては、いつまで彼らを流人として監視すべきか、当初から疑問を持ったと思われる。従って大赦に会えば、服役の完了した流人は故郷に還すこともあったらしく、唐代の後半からはこれを配流後満六年で放還と規定するようになったが、日本でもすでに天武朝で赦にさいして「唯既配流、不レ在二赦例一」（天武紀五年八月壬子条）とわざわざ断っており、平安初期には「配流人者、上道以後六載以前而負二流名一者也」（獄令33義解）と、流人の解釈を公定するに至った[40]。

青木氏の指摘でとりわけ注目されるのが、養老獄令33告密条義解の記述である。告密とは、重大犯罪（謀叛以上）を告言することを言う。条文の関連部分を引用しておこう。

それ告密と称すと雖も、示語するに確と導ふを肯んぜず、仍りて事面奏するを須むと云ふ者有らば、告を受くるの官司は、更めて分明に虚ならば無密反坐の罪を得ることを示語せよ。又た事状を導ふを肯んぜざる者は、禁身して馳駅奏聞せよ。若し直だこれ謀叛以上と称して、事状を吐かざる者は、駅を給し使を差し、部領して京に送れ〈若し勘問するに事状を導はずして、因りて事機を失ふ者は、知りて告せざると同じ〉。それ死罪を犯せし囚及び配流人の蜜を告する者は、並びに送限に在らず。応に須く検校し及び奏聞すべき者は、前例に准れ。

其有雖称告密、示語確不肯導、仍云事須面奏者、受告官司、更分明示語虚得無密反坐之罪。又不肯導事状者、禁身馳駅奏聞。若直称是謀叛以上、不吐事状者、給駅差使、部領送京〈若勘問不導事状、因失事機者、与知而不告同〉。其犯死罪囚及配流人告蜜者、並不在送限。応須検校及奏聞者、准前例。

義解が注釈を付した「配流人」の語は、告密者を京師に移送しなければならない場合について「死罪を犯せし囚及び配流人」は例外とするという文脈で用いられている。天聖獄官令宋30条では、この部分は、

それ死罪を犯せし囚及び縁辺諸州の鎮防人若しくは配流人の密を告する者は、並びに送限に在らず。

其犯死罪囚、及縁辺諸州鎮防人、若配流人告密者、並不在送限。

となっており、復旧獄官令24条もほぼ同文であることから[41]、配流人は「縁辺諸州の鎮防人」と同じく、配所からの移動を許されない者として、ここに挙げられたのであろう。律の規定によれば、配所に送られた流人は「役満ち及び赦に会ひて役を免ぜらるる者は、即ち配処において戸口の例に従ふ」（名例律24条）ゆえに、服役後も配所に留まり、自由な移動は許されない。したがって、義解が「配流人」の語に「上道以後六載以前にして流名を負ふ者」という注釈を加えたのは、一見すると、律の規定と相矛盾するかのようである。

しかし、官人以外の者にとっても、流刑は必ずしも、配所から「永久にもとの郷里に戻ることができない[42]」刑罰ではなかったのではないか。

滋賀氏が説明されるように、流刑の背景には、「唐の制度において、人民は一般に戸籍に登載された土地に居住することを義務づけられ、正当な理由と官憲の許可に基づかない移住や放浪を禁止されていたという事情」があった。しかし、唐律においても、商用で旅行をする場合と留学・仕官を目的とする場合は、他所への移動が特別に認められていた（捕亡律12条）。理屈から言えば、一般庶民であっても、理由をつけて現住地から他所へ移動することは可能であったということになろう。

流人とて、一般民として附籍されたからには、少なくとも律令の規定上は、配所からの移動は不可能ではなかった――唐代後半になって流人の放還規定が登場する前提として、唐律が内包していたこのような「抜け道」

的な要素が存在したように思われるのである。

## 二　流人の放還規定

唐代後半、具体的には九世紀の初めには、一定の年限を過ぎれば流人を配所から放還することを定めた法令が登場する。それまでは、恩赦が下された場合や仕官など特別な場合を除き、流人は配所を離れることができなかったが、この規定によって、期限が来れば郷里への帰還が許されるようになったのである。

その萌芽は、前掲（一一一頁）の開元十八年正月の恩赦のうちに看取し得る。

[a]それ左降官及び流移・配隷・安置・罰鎮効力の類は、並びに宜しく近処に量移すべし。（中略）それ流人・配隷幷びに一房の家口は、犯すところの人情劫害に非ず、身已に亡歿すれば、その家口は放還せしめよ。[b]流人及び左降官、考満・載満・丁憂服満の者も、亦た例に准りて稍や量移するを与す。

量移とは、従来の配所もしくは左遷地からより京師に近い場所に流人や左遷官を移動させる措置である。[43] この恩赦では、流人の量移について二箇所で言及している（傍線部a・b）。aの方はこの赦に伴う量移であり、次に示す開元三年（七一五）十二月の制勅の事例を嚆矢として、[44] 唐代史料中に頻見されるものである。

制すらく「有司の所奏に、さきごろ鳳泉に幸せしに、過ぐる所の県、流以上の囚をば奏して進止を聴く、とあり。（中略）それ斯刑を犯す者は、宜しく杖一百を決し、遠悪州に配流すべし。それ杖配流を犯す者は、宜しく杖を免じ、前に依りて配流すべし。已に決し及び流三千里の者は、節級して稍や近処に移せ。二千五百里以下は、並びに宜しく徒に配して以て殿せしむべし。〈臣欽若ら曰く「殿とは遠きより近づくるを謂ふなり」

と。〉

十二月、制〔崇禎本無、拠明鈔本補〕「有司所奏、往幸鳳泉、所過之県、流以上囚奏聴進止者。（中略）其犯斯刑者、宜決一百、配流遠悪処。其犯杖配流者、宜免杖、依前配流。已決及流三千里者、節級稍移近処。二千五百里以下、並宜配徒以殿」。〈臣欽若等曰「殿謂自遠而近也」。〉（『冊府元亀』巻八五、帝王部、赦宥、開元三年十二月）

bの方は、この恩赦が下された時点で「載満」すなわち六載の年限を満たしていた流人について、量移を許したものである。この措置は、この時一度きりのものであったと思われるけれども、流人放還規定の先駆をなすものとして注目すべきであろう。またこの史料から、開元三年の時点では、六載の後も（恩赦により放還されなければ）流人が配所に留められていたことが知られる。

さて、流人の放還は、元和八年（八一三）、憲宗によって定制化された。

刑部侍郎王播奏すらく「天徳軍五城及び諸辺城の配流人等。臣窃かに見るに、諸処の配流人、恩赦に逢ふごとに、悉く放還するを得るに、唯だ前件の流人のみ、皆な本道の重奏を被りて、防辺に要（もち）ふと称され、遂に没身せられ、終に帰るの日無し。臣又た見るに、比年辺城の流を犯せし者、多くは是れ胥徒小吏、或ひは是れ闘打の軽刑なれば、罪に拠れば原すべく、辺に在りても益無し。伏して請ふらくは、今より以後、流人及び先の流人等、格例に准り[45]、六年に満つるの後、並びに放還を許されんことを。冀はくば、法に抵（ふ）る者以て悛懲するに足り、歳に満つる者その愁怨を絶たんことを」と。これに従ふ。

〔元和〕八年正月、刑部侍郎王播奏「天徳軍五城及諸辺城配流人等。臣窃見、諸処配流人、毎逢恩赦、悉得放還、唯前件流人、皆被本道重奏、称要防辺、遂令没身、終無帰日。臣又見、比年辺城犯流者、多是胥徒小吏、或是闘打軽刑、拠罪可原、在辺無益。伏請自今以後、流人及先流人等、准格例、満六年後、並許放還。冀抵法者足以悛懲、満歳者絶其愁怨」。

従之。（『唐会要』巻四一、左降官及流人）

恩赦によって流人が郷里に帰還するのはこの頃すでに当然のこととなっていたが、王播は、それに加えて、配流後六年を過ぎれば流人を放還するよう求め、憲宗はそれを認めたのである。[46] 次の史料は、この措置から間もない穆宗の長慶元年（八二一）に下された詔勅であるが、これは、郷里に戻ってきた流人の田地が、留守中に他人に占用されているので、州がそれをもとの地主、つまり流人に返還させるよう命じたものである。

制すらく「応て亡官失爵及び放還の流人、如し先に荘田有るも、没官を経ずして、人に侵射され主と作られしもの、如し本主及び子孫已に帰らば、並びに州府に委して卻還し、務めて業に安んぜしめよ」と。

長慶元年正月三日制「応亡官失爵及放還流人、如先有荘田、不経没官、被人侵射作主、如本主及子孫已帰、並委州府卻還、務令安業」。（『唐会要』巻四一、左降官及流人、長慶元年正月）

流人がいずれ故地に戻ってくることを前提としてとられた施策として、注目すべきであろう。

元和八年に詔勅として出された流人の放還規定が、文宗の開成四年（八三九）に制定された開成詳定格に収められていたことは、次の史料から明らかであろう。

後唐の清泰三年（九三六）二月、尚書刑部郎中李元亀奏すらく「開成格に准るに、応て天下の徒流人を断じて流処に到らば、本管　時を画して御史臺に申し、年月満つるの日を候ちて申奏し、方めて本貫に放還せしむるを得、とあり。近年、凡て徒流人、所管奏すと雖も、御史臺に申さず大理寺に報じ、所以に放還の年月を知らず。望むらくは格律に依りて処分せられよ」と。これに従ふ。

後唐・清泰三年二月、尚書刑部郎中李元亀奏「准開成格、応断天下徒流人到流処、本管画時申御史臺、候年月満日申奏、方得放還本貫。近年、凡徒流人、所管雖奏、不申御史臺、報大理寺、所以不知放還年月。望依格律処分」。従之。（『五代会要』巻九、徒流人）

その詳細は、『宋刑統』巻三、名例律、犯流徒罪に、

唐・開成四年十月五日勅の節文に准るに「今より以後、応是ゆる流人は六載満つるの日に放帰せしめよ」とあり。

准唐開成四年十月五日勅節文「従今以後、応是流人六載満日放帰」。

唐・開成四年十月五日勅の節文に准るに「今より以後、応是ゆる流人、□名有る者は、六載以後に叙するを聴す」とあり。

准唐開成四年十月五日勅節文「従今以後、応是流人〔有〕□名者、六載以後聴叙」。（〔　〕内は明鈔本マイクロフィルムによる補字。）

とあり、『唐会要』巻四一、左降官及流人、開成四年十月十五日勅節文に、

今後、流人は、宜しく名例律及び獄官令に准りて、身名有る者は、六年以後に叙するを聴し、官爵無き者は、六年満つるの日に放帰せしめよ。

今後流人、宜准名例律及獄官令、有身名者、六年以後聴赦〔当作「叙」〕、無官爵者、六年満日放帰。

とある通り、流人は配所に送られて六載を過ぎれば郷里への帰還を許され、かつて官人であった者には、同じく

六載後の再叙任を認めるというものであった。『唐会要』の記事からも窺えるように、再叙任の規定は、従来の律令、すなわち名例律24条と天聖獄官令不行唐6条にあったものであり、新味があるのは、一般の流人（官人であった者以外の流人）を放還させる規定のほうである。内容的には元和八年の措置と変わりないが、格に盛り込まれたことの意味は大きい。流人放還規定が唐朝の法典のなかに正式に組み込まれたことで、流刑は名実ともに有期の追放刑となったからである。

これを法典整備の立場から見れば、ともすれば社会の現実と乖離しがちな律令を、格を制定することによって、どうにかそれに対応させた、ということになろう。当時の法体系において格のもった意味については、池田温氏が、

形式的完成をとげた律・令は基本法として一定程度の固定性を賦与され、その改訂はむしろ憚られる傾向を生ずる。かくて律令と現実の乖離は拡大せざるをえない。ここにおいて随時に皇帝の命令として出される詔勅およびそれらの中から永代の準則として法典化された格が、現実に対応する重要な役割をはたすようになる。(47)

と指摘しておられるが、ここでも同様のことを確認できたと思う。

では、この場合、法が対応すべき現実とは何だったのであろうか。その一つとして、一般庶民の移動の自由に対する制限があまり徹底されなくなっていたことを挙げ得る。律の流刑は、「人民が一般に戸籍に登載された土地に居住することを義務づけられ」、正当な理由と官憲の許可に基づかない移住や放浪は許さないことを大前提としていた。(48)ところが、よく知られているように、八世紀頃から社会が流動化し、人々の移動が国家の規制を越えて行われるようになると、たとえ辺境地方に罪人を配流したところで、その刑罰には死刑に準ずるまでの重み

は感じられなくなり、また、地方官庁でも、送られてきた流人をしっかりと監視するのが重荷となったのではないかと思われる。

〔元和〕十二年（八一七）四月、勅すらく「応て左降官・流人は、職に補し、及び宴会に留連するを得ず。如し擅（ほしいまま）に州県を離るれば、名を具して聞奏せよ」と。（中略）その年十月、勅すらく「今より以後、流人は事に因りて差使し本処を離るるを得ず」と。

十二年四月、勅「応左降官・流人、不得補職及留連宴会。如擅離州県、具名聞奏」。（中略）其年十月、勅「自今以後、流人不得因事差使離本処」。（『唐会要』巻四一、左降官及流人）

この史料は、流人が何かにつけて配所を勝手に離れることが問題化していたことを示している。このような状況のもとで、曲がりなりにも流刑の執行を継続しようとすれば、流人を配所に縛り付ける年限の上限を設けようと考えるのは、ごく自然な発想のように思われる。六年という期間設定は、除名された官人が再叙任を許されるまでの期間と同じである。それと同じ期間を、配所において流人を監視する期限として設定し、それ以前に恩赦があれば直ちに放還する――藩鎮を通して辛うじて全国統治を維持している当時の中央政府には、おそらくこれが精一杯の流人管理だったのではあるまいか。

## 小　結

以上に述べてきたことをまとめれば、次のようになろう。

①唐律の流刑は、経書の記述に裏打ちされた理念に基づき、京師を起点として一定距離隔たった場所に罪人を追放する刑罰として律に規定されていた。しかし実際には、唐初の貞観年間から、辺境の特定州への強制移動刑として行われていた。その背景には、北魏以来の流刑の運用実態がある（第一章第三節を参照）。

②律の流刑が理念から乖離して運用される一方で、新たに「律外の流刑」が登場した。配所を指定した配流や決杖配流が詔勅により定められ、やがて「格」の条文として定着した。配流の外に、官人に対する処罰として辺遠州県への貶官が規定されたのも、特徴的である。

③恩赦による流人の放還が行われていたことも、律の流刑が理念から乖離して行われていたことを示すものである。かかる事例も唐初から見られ、後にはほぼ制度化するに至った。その背景には、律令の規定じたいが内包していた要素、すなわち、除名に関する官人の再叙任規定と、一般民に郷里を離れることを認める特例規定の存在がある。配所においても、恩赦による流人の放還をあらかじめ見込んだ対応をしていたようである。

④流刑の有期刑化は、この延長線上にある。配流後六年で流人を郷里に帰還させることが、九世紀初めの元和年間に認められ、開成格に条文として収められた。人々の自由な移動を認めない律令の原則が、流動性の高まっていた社会の現実を後追いしているさまを看取することができるであろう。同時にこれは、流刑という刑罰が死刑に次ぐ重刑の地位を、律令の規定のままでは保てないことを示している。

唐の諸制度は、唐末五代の混乱期を経て、現実には機能しなくなったものが少なくない。律の刑罰について見ても、徒刑や流刑のように執行完了までに長い時間を要するものは実際には行い難くなり、杖打刑や死刑が好んで用いられるようになってゆく。

しかし、宋代に入ると、そうした傾向に若干の変化が現れる。後篇では、宋代の刑罰制度について、新たな形で展開する追放刑と労役刑を中心に検討してゆきたいと思う。

## 注

（1）名例律25条。
諸流配人在道会赦、計行程過限者、不得以赦原〈謂従上道日総計、行程有違者〉。有故者、不用此律。若程内至配所者、亦従赦原。逃亡者、雖在程内、亦不在免限。即逃者身死、所随家口、仍準上法聴還。

（2）滋賀秀三「刑罰の歴史」（一九七二年初出。『中国法制史論集　法典と刑罰』創文社、二〇〇三年所収）三二一頁。但し、滋賀氏は安史の乱以後の変化を重視されている。

（3）滋賀秀三「法典編纂の歴史」（『中国法制史論集』所収）七五～七六頁。

（4）「辺要之州」の語について。『新唐書』巻五六、刑法志には、
〔貞観〕十四年、詔「流罪、無遠近、皆徙辺要州」。
とあり『唐会要』と同じ文意であるが、『旧唐書』巻五〇、刑法志は、
〔貞観〕十四年、又制「流罪三等、不限以里数、量配辺悪之州」。
と、「辺悪之州」に作る（『冊府元亀』巻六一二、刑法部、定律令も同じ）。「辺要」は当時の制度史料に頻見する語で、たとえば唐捕亡律14条に、
諸在官無故亡者、一日笞五十、三日加一等、過杖一百、五日加一等。辺要之官、加一等。
と見え、その疏は、
辺要之官、戸部式、靈・勝等五十九州為辺州、此乃居辺為要、亡者加罪一等。
と釈している。律疏が「辺要」を「辺に居れば要と為す」と解しているのは、職制律5条、

諸官人無故不上及当番不到〈雖無官品、但分番上下、亦同。下条準此〉、若因假而違者、一日笞二十、三日加一等、過杖一百、十日加一等、罪止徒一年半。辺要之官、加一等。

の疏、「辺要の官とは、縁辺要重の所に在るを謂ふ（辺要之官、謂在縁辺要重之所）」に対応するものに他ならない。復旧獄官令13条（一〇二頁に引用）において、配流地を指して「要重の城鎮」と言い、「要を逐ひてこれを配」すと言明しているのも、配所が「縁辺要重の所」と認識されていたことの証左となろう。一方、「辺悪」の語は、前掲の史料を除けば、当時の制度用語としての用例が見当らず、「悪」は「要」を誤ったもののように思われる。仮に「辺悪の州」で誤り無いとしても、それは「悪地である辺州」というほどの意味であろう。すなわち、「辺要」が辺州の重要性を強調した表現であるのに対して、「辺悪」の方は、それが誰もが忌み嫌う僻遠の地に位置する点を強調した言い方と理解され、両者ともに「辺境に置かれた州」を意味する点に変わりは無い。要するに、「辺要之州」であれ「辺悪之州」であれ、実質的にはそれが「辺州」を意味することに違いはないのである。開元十八年勅（『唐会要』巻二四）に「辺州」と「要州」が列挙されているにもかかわらず、律疏が戸部格の「辺州」のくだりのみを引用しているのも、このように考えれば無理なく理解できよう。

（5）　前掲の開元十八年勅以外に、唐代の「辺州」について記した史料として、『六典』巻三、尚書戸部、戸部郎中員外郎条がある。

安東・平・営・檀・嬀・蔚・朔・忻・安北・単于・代・嵐・雲・勝・豊・塩・霊・会・涼・粛・甘・瓜・沙・伊・西・北庭・安西・河・蘭・鄯・廓・畳・洮・岷・扶・柘・維・静・悉・翼・松・当・戎・茂・巂・姚・播・黔・驩・容為辺州。

『六典』所掲の辺州は、開元勅とは数も内容も少しく異なっている（『六典』所引の唐令が「開元七年令」であることから、本条は「開元七年式」の佚文と推測される）。両者を対比して排列したものを、巻末附図の傍らに**附表**「唐代の辺州」として示す。『六典』の辺州は、東北の端に位置する安北都護府から始まって、おおむね反時計回りに並べられている（前後するところもあるが、「道」ごとに区分して整然と排列されており、文字にも誤りが無い。本文及び巻末の附表では、『六典』に依拠して『唐会要』に引く開元勅の文字を補正した）。これに対して開元勅の州の排列順には規則性が全く見出せない。つまり、辺州を列挙するのに「霊州・勝州」から始める必然性は無いということになるが、このことは、律疏所引の「戸部式」がこの勅に基づくことの証左でもある。

(6)『旧唐書』巻三、太宗紀、貞観十六年正月辛未。

詔「在京及諸州死罪囚徒、配西州為戸。流人未達前所者、徙防西州」。

『冊府元亀』巻六一二、刑法門、定律令、貞観十六年正月。

制「徙死罪以実西州。其犯流徒則充戍、各以罪名軽重為年限焉」。

(7)『通鑑』巻一九六、貞観十六年九月癸酉条。

以涼州都督郭孝恪行安西都護・西州刺史。高昌旧民与鎮兵及謫徙者雑居西州。孝恪推誠撫御、咸得其歓心。

(8)戴建国氏は「唐代流刑的演変」(中国法律史学会編『法史学刊』一、社会科学文献出版社、二〇〇六年所収)において、この句を引き、前掲の貞観十四年勅により「流罪の三つの等級に基づき、相異なる辺地を配流地と定めた」ことの証しとされる(一二一頁)が、同意し難い。引用した史料において、厳郢が辺州への徙置を流刑と認識していることは確かであるが、その直後に、流罪の三等級を無視して一律に移配することの非を論じていることに注意すべきである。後述するように、当時の官人の脳裏において流刑の理念と運用に際しての現実とが峻別されていたことを示す事例と理解したい。

(9)『北史』巻五二、斉宗室諸王伝、文宣諸子・范陽王紹義。

紹義聞范陽城陥、素服挙哀、回軍入突厥。周人購之於他鉢、又使賀若誼往説之。他鉢猶不忍、遂偽与紹義猟於南境、使誼執之、流于蜀。

『隋書』巻五〇、元孝矩伝。

及閔帝受禅、〔宇文〕護総百揆、孝矩之寵益隆。及護誅、坐徙蜀。数載、徴還京師、拝益州総管司馬、転司憲大夫。

(10)『文館詞林』巻六六六、詔、赦宥、後魏孝荘帝誕皇子大赦詔一首(永安三年(五三〇)十月)。

自昧爽以前、謀反大逆已発覚、赤手煞人繫囚見徒、流配未至前所者、一以原免。

同じく巻六六六、詔、赦宥、北斉後主幸大明宮大赦詔一首(天統三年(五六七)十一月)。

流徙辺方未至前所者、亦宜聴還。

同じく巻六六八、詔、赦宥、後周明帝即位改元大赦詔一首(武成元年(五五九)八月)。

其流徙辺方、未至所在者、亦皆原免。

同じく巻六六九、詔、赦宥、後周武帝誅宇文護大赦詔一首(建徳元年(五七二)三月)。

其流徙辺方、未達前〔所、宜悉放還〕。（『文館詞林校証』に従い補字）

(11)『訳註日本律令』五、一一四～一一五頁および一七九頁。

(12) 本書第二章第一節および『訳註日本律令』五、八一頁を参照。

(13) 名例律11条。

諸応議・請・減及九品以上之官、若官品得減者之祖父母・父母・妻・子孫、犯流罪以下、聴贖。（中略）其加役流・反逆縁坐流・子孫犯過失流・不孝流・及会赦猶流者、各不得減贖、除名・配流如法〈除名者、免居作。即本罪不応流配而特配者、雖無官品、亦免居作〉。

注に記すように、「本犯応に流たるべからざるに特に配流せらるる者」については、官品を有さなくとも配所での労役は免除された。

(14) 主刑に先立つ杖刑の執行については、川村康「唐五代杖殺考」（『東洋文化研究所紀要』一一七、一九九二年）を参照。

(15) 滋賀「法典編纂の歴史」七七頁。

(16) P・三〇七八、S・四六七三。釈文はおおむね、Tatsuro YAMAMOTO, On IKEDA and Makoto OKANO co-edited, *Tun-huang and Turfan Documents Concerning Social and Economic History I Legal Texts*, Tokyo, The Toyo Bunko, 1978. に拠ったが、劉俊文『敦煌吐魯番唐代法制文書考釈』（中華書局、一九八九年）を適宜参照した。また、大英図書館およびフランス国立図書館にて原文書を実査し、文字を確認した。なお、句読については適宜改めた箇所がある。

(17)「情受假」の一句、董康氏によれば、「情」字の上に「同」字が缺落しているという。仁井田陞「唐令の復旧について　附―董康氏の敦煌発見散頒格研究」（『法学協会雑誌』五二―二、一九三四年）、三一一頁。これに従い、「同」字を補って釈読する。

(18) 前注（16）所引劉氏著書、二五八～二六六頁。

(19) 賊盗律32条。

諸盗官私馬牛而殺者、徒二年半。

(20)『旧唐書』巻六四、江王元祥伝。

高宗時、又歴金・鄜・鄭三州刺史。性貪鄙、多聚金宝、営求無厭、為人吏所患。時滕王元嬰・蔣王惲・虢王鳳亦称貪暴、有授得其府官者、以比嶺南悪処、為之語曰「寧向儋・崖・振・白、不事江・滕・蒋・虢」。

(21) 「嶺南悪処」と目されたこれらの州は、一〇一頁に引いた開元十八年勅に列挙された「辺州」（後に開元二十五年「戸部式」として規定）とは全く重ならず、また逆に、これら「辺州」には、嶺南道に属する州が僅かに驩・容の二州しか含まれていない。「嶺南悪処」として列挙された儋・崖・振・白四州のうち、前三者は海南島に設置された州である。前掲の散頒格にも頭首を「嶺南遠悪処」へ、従犯を「縁辺有軍府小州」に配流するよう定めた条文が存したが、州の分布からも、辺州より一等重い配流地として「嶺南悪処（遠悪処）」が位置づけられていたことが看取される。

(22) 詳細は、附篇第一論文を参照。

(23) 名例律28条。

諸工・楽・雑戸及太常音声人、犯流者、二千里決杖一百、一等加三十、留住、倶役三年〈犯加役流者、役四年〉。

(24) 『唐大詔令集』巻四、帝王、改元、改元載初赦（『文苑英華』巻四六三、翰林制詔、詔勅、改革、改正朔制も参照）に、

長流人、並別勅流人・移貫人・降授官人、及後〔『文苑英華』作「役」。衍字か〕縁逆人用當及造罪過特処分者、雖未至前所、並不在赦限。

と見えるのは、その一例であろう。「移貫」の措置を「流」と言い換えた例もある。『冊府元亀』巻一五二、帝王部、明罰。

〔開元〕十年閏五月乙酉、上封人蔣寵、言事渉邪、杖四十、流于藤州。勅曰「（中略）人而無礼、法所宜誅、朕志在好生、情求進善、恐来者未悟、儻黙而不言、思存大猷、務設寛典。宜決杖一頓、移貫藤州為百姓。（後略）」

(25) 『通鑑』巻二三五、貞元十二年十一月己未条に附された胡三省注。

(26) 沈家本『歴代刑法考』（中華書局、一九八五年）、刑法分考十、安置。但し、沈氏は、唐代の安置は流刑の異名であり宋代の安置とは別物であるとする。

(27) 『歴代刑法考』刑法分考十、流。

《唐書・高祖紀》〔武徳元年八月〕諸遭隋枉殺而子孫被流者、皆還之。《太宗紀》武徳九年八月甲子、即皇帝位。大赦、武徳流人還之。《刑法志》貞観五年、増損隋律。流移人在道疾病、婦人免乳、祖父母・父母喪、男女奴婢死、皆給假、授程糧。非反逆縁坐、六歳縦之、特流者三歳縦之、有官者得復仕。《旧唐書・宣宗紀》大中四年正月、大赦天下。徒流比在天徳者、以十年為限、既遇鴻恩、例減三載。但使循環添換、辺不闕人、次第放帰、人無怨苦。其秦・原・威・武諸州・諸

関、先準格、徒流人亦量与立限、止於七年、如要住者、亦聴。十一月、勅「収復成・維・扶等三州、建立已定、条令制置、一切合同。其已配到流人、宜準秦・原・威・武等州流例、七年放還」。

按、《唐律》流人在配、役満即於配処従戸口例、不得還帰本貫。然観於貞観五年六歳・三歳縦之之例、是其初不如是也、疑為永徽中更定、当再詳之。若武徳・大中之放還、乃遇恩赦、亦与流犯在道会赦之律不同。武徳時此律未定、大中時則特恩也。

《通考一百六十八》憲宗元和八年、刑部侍郎王播奏「天徳軍五城及諸辺城配流人等、臣切見諸処。（後略）」。

(28) 榎本淳一「律令賤民制の構造と特質　附『新唐書』刑法志中の貞観の刑獄記事について」（池田温編『中国礼法と日本律令制』東方書店、一九九二年）二九七～二九八頁。

(29) 井上光貞「日本律令の成立とその注釈書」（日本思想大系『律令』所収）、七六四～七六八頁。

(30) 天聖令の不行唐令が開元二十五年令に依拠することについては、本書序論の注（4）に引く諸論考を参照。

(31) 『訳註日本律令』五、一四九頁。

(32) 放還の対象が縁坐による配流人に限定されているものの、これより早い時期の例として、次の『北史』巻八、斉紀、後主紀の記事を挙げ得る。

〔天統四年（五六八）十二月〕庚寅、詔、天保七年已來諸家縁坐配流者、所在令還。

(33) 北朝の恩赦における流人の一般的な扱い。『文館詞林』巻六六五、詔、赦宥、隋煬帝営東都成大赦詔一首。

可大赦天下。自大業二年四月廿五日昧爽以前、大辟罪以下、已発覚未発覚及繫囚見徒、悉皆原免。其流徙辺方、未達前所、亦宜放還。

(34) 『旧唐書』巻八二、李義府伝。

乃下制曰「（中略）可除名、長流巂州」。（中略）乾封元年、大赦、長流人不許還、〔李〕義府憂憤発疾、卒、年五十餘。

(35) 律の規定通りの文言を含む赦書の例。

『文苑英華』巻四六三、翰林制詔、詔勅、改革、滅大理丞廃刑部獄制〈一作改元光宅赦〉。

可大赦天下。改文明元年為光宅元年。自九月五日昧爽已前、大辟罪以下、罪無軽重、已発覚未発覚、已結正未結正、見繫囚徒、皆赦除之。流人未達前所者、放還。

『唐大詔令集』巻六六、典礼、封禅、開元十三年東封赦書。

可大赦天下。（中略）流人未達前所、放還。

(36) 配所到着前の流人にも恩赦の効力が及ばないことを明言した赦書の例として、前注(24)に引く「改元載初赦」の外に『文館詞林』巻六六九、詔、赦宥、武徳年中平輔公祏及新定律令大赦詔一首〈武徳七年〉、

可大赦天下。自武徳七年四月一日昧爽以前、大辟罪已下、已発露・未発露、繋囚見徒、悉従原免。其十悪・劫賊・官人枉法受賕主守自盗、及常赦所不免、幷流配以上道者、並不在赦例。

等がある。

(37) 平岡武夫編『唐代の暦』（京都大学人文科学研究所、一九五四年）に拠り補正した。

(38) 尤も、前掲の元年建辰月詔では、地方での手続きに時間がかかり過ぎるとの理由から、中央で作成したリストを州県・軍鎮に送付して流人を放還させるよう命じている。

(39) 『訳註日本律令』五、一一七頁を参照。

(40) 日本思想大系『律令』四八六頁、名例律補注（青木和夫氏執筆）。引用箇所のうち、養老獄令18犯徒応配居役者条を、配所における流人の居作規定と見なしているとすれば、それは正しくない。本条は、「留住法」を適用される流犯（「其犯流応住居作者」）についての居作規定である。

(41) 復旧獄官令24条（『唐令拾遺』七七八頁）。

［開七］諸告密人、皆経当処長官告。長官有事、経佐官告、長官佐官俱有密者、経比界論告。若須有掩捕、応与餘州相知者、所在準状収捕、事当謀叛已上、馳駅奏聞。且称告謀叛已上、不肯言事意者、給駅部領送京。其犯死罪囚、及縁辺諸州鎮防人等、若犯流人告密、並不在送限。

「犯流人」は、養老獄令に拠って「配流人」と改むべきであった。

(42) 『訳註日本律令』五、一四六頁。

(43) 唐代の量移については、島善高「唐代量移考」（『東洋法史の探究――島田正郎博士頌寿記念論集』汲古書院、一九八七年所収）を参照。また、陳俊強「唐代「量移」試探」（『唐代文化学術研討会論文集』麗文文化事業、二〇〇一年所収）は「唐代左降官量移表」を掲載する。

(44) 左降官の量移について言えば、トルファン出土文書中にこれより早い時期の事例が存する。新疆ウイグル自治区トルファン・アスターナ第三四一号墓から出土した「景龍三年（七〇九）十一月南郊赦文」残片（『吐魯番出土文書〔肆〕』所収）である。詳細は、拙稿「吐魯番アスターナ出土「景龍三年十一月南郊赦文」残片小考」（『敦煌写本研究年報』二、二〇〇八年）を参照。

(45) 「准格例」は、『冊府元亀』巻六一六、刑法部、請讞、王播条では「准長流格例」に作る。

(46) 陳俊強「唐代的流刑——法律虚与実的一個考察」（『興大歴史学報』一八、二〇〇七年）は、「唐・憲宗が流刑の刑期を定めたことは、唐代流刑の一大変革と言わねばならず、流刑は終身の遠逐から六年を刑期とする刑罰に一変した」（八〇頁）と指摘した上で、北周律の流刑を六年の有期刑、開皇律の流刑を五年の有期刑とする立場から、この改制を「或いは周隋の故智に倣ったものかも知れぬ」とされるが、同意し難い。陳氏は、唐律の流刑に年限が無いのは北魏・北斉の要素を吸収したためと主張されるが、その根拠は明示されていない。北周律・開皇律の流刑に年限が無かったことについては、第一章第三節を参照。

(47) 池田温「律令官制の形成」（岩波講座『世界歴史』五、岩波書店、一九七〇年）二八四〜二八五頁。

(48) 『訳註日本律令』五、一四六頁。

# 後篇　宋代編配考

# 第四章　北宋時代の「配隷」

## はじめに

唐末から五代にかけての時期、強盗や窃盗、専売法違反などに対する罰則の強化に伴って死刑が簡単に科されるようになり、それと表裏をなして、唐律の徒刑や流刑は刑罰執行の場面から大幅に後退していった。宋朝はこうした峻法を徐々に緩和してゆく傍ら、死刑に該当する多数の罪人の大部分について死一等を減ずるための措置を講じた。本章で取り上げる「配隷」は、かかる過程の中で誕生した新しい刑罰のひとつとして，これまで理解されてきた[1]。

論を始めるにあたり、これまで宋代の法制を論ずる場合にほとんど同義の語として使われてきた観のある「配隷」「配流」「配軍」の三つの用語について、若干の説明をしておきたい。

そもそもこれらの語は、その原義を異にする。配隷とは、もともと「隷属」を意味することばである[2]。たとえ

ば唐名例律28条の疏は、太常音声人を説明して、

倶にこれ配隷の色にして、州県に属さず、唯だ太常に属するのみ。

太常音声人、謂在太常作楽者、元与工楽不殊、倶是配隷之色、不属州県、唯属太常。

と言う。「倶に」とあるのは、その前で述べられている工戸・楽戸・雑戸も含めて「配隷之色」に属するために他ならない。つまり唐律では、州県に属さずに国家の機関に隷属する人・戸を指してこの語を用いているのである。そこから「国家の機関に隷属する」というかなり広い意味をもつ言葉になったのであろう。

一方、「配流」は「流」、つまり追放刑（律の流刑はもとより、皇帝の判断によって行われる「配流刑」をも含む。配流刑については、第三章第二節を参照）の執行を意味する言葉である。また、「配軍」の語は、文字通り、軍隊への編入を原義とする。五代の中頃から顕著に推し進められた禁軍強化策によって、地方の州兵（廂軍）は劣弱化の傾向にあった。この趨勢を承けて、宋朝は肥大化した軍隊組織の整理を行い、おもに軍務に従事する「禁軍」と雑役に従事する「廂軍」とに兵士を分別した。宋代の配軍とは、刑罰としてこの雑役部隊に編入されることを意味する。特に「牢城営」（あるいは牢城指揮、牢城軍ともいう。本書では「牢城部隊」と呼称する）とよばれる部隊は、第六章にて詳説するように、北宋の半ば頃からおもに犯罪者を送り込む部隊として特殊な位置づけがなされていった。このように、三つの語は本来の意味が異なるのである。

ところが従来の諸研究では、「配隷」の語をしばしば「配流」「配軍」と混用したために、それが宋代の労役刑や追放刑を理解する上で無用の混乱を招いてきた憾みがある。わたくしは、配流・配軍の語が「配隷」として一括りして扱われてきた一因として、基本資料の一つである『宋史』刑法志（以下、「刑法志」と略称）の叙述のしかたがあると考えている。馬端臨『文献通考』刑考（以下、「刑考」と略称）と並んで宋代法制史を通観する際に

まず参照さるべきこの文献については、つとに梅原郁氏を編者とする訳注が刊行されている(3)。幸いにもわたくしはその作業に参加し、その過程において「刑法志」全般を精読する機会をもつことができた。本章は、「刑法志」の配隷記事(4)と、ほぼ同時代に成立した「刑考」とを比較することから始め、その叙述の特徴について考察した上で、「刑法志」に記された北宋時代の配隷の諸相について整理を試みるものである。

## 第一節　『宋史』刑法志の配隷記事――『文献通考』刑考との比較

はじめに、宋代の配隷が具体的にどのような内容をもつ刑罰なのかについて確認しておきたい。『宋会要』刑法門に設けられた「配隷」の項には、冒頭で宋代の配隷について次のような記事が掲げられている（行論の便宜上、①～⑥の番号を附した）。

①国朝、凡そ罪を犯さば、流罪は決し訖らば配役すること旧条の如し。②杖以上の情重き者は、刺面と不刺面と有り、本州の牢城に配す。③仍ほ各おの地里の近遠を分かち、五百里、千里以上、及び広南・福建・荊湖の別あり。④京城には、窯務・忠靖六軍等に配する有り、亦た南より河北の屯田に配する者有り。⑤死を免ずる者の如きは、沙門島・瓊・崖・儋・万安州に配し、又た赦に遇ふも還らざる者有り。⑥国初、沙門島に配する者有り、婦女も亦た執鍼に配する者有り。後、皆なこれを罷む。

国朝、凡犯罪、流罪決訖配役如旧条。杖以上情重者、有刺面・不刺面、配本州牢城。仍各分地里近遠、五百里・千里以上及広南・福建・荊湖之別。京城有配窯務・忠靖六軍等、亦有自南配河北屯田者。如免死者、配沙門島・瓊・崖・儋・万

〔当補「安」〕州、又有遇赦不還者。国初有配沙門島者、婦女亦有配執鍼者。後皆罷之。（『宋会要』刑法四—一）

①は、宋初に施行された折杖法によって、流刑が「決杖（脊杖）＋配役（一年。加役流は三年）」と読み替えて執行されたことを指している。折杖法においては、これが唯一残された労役刑の部分である（本書では、これを「配役」と呼称する）。原則として、罪人は現住地の州にて労役に服することになっていたのであるが、(5) ④に記されるように、その執行は必ずしも原則通りに行われておらず、たとえば京師では将作監で服役すべきところを、作坊（官営の武器工房）や窰務、あるいは忠靖・六軍などの労役部隊に編入して使役していたこともあった（これについては、第五章にて詳述する）。

②は、いわゆる配軍刑のことを述べたものである。最初は罪人を「本州」つまり現住地の州の牢城部隊に編入することになっていたのが、のちには③に記されるように、距離の遠近によって刑罰の軽重を示すようになっていった。配軍人には刺面（額への入れ墨）を行うのが原則であった。

⑤と⑥とは、時間が相前後する。⑥の前半部分は、配流刑に関する記述である。五代の峻法・濫刑を是正すべく、宋初には皇帝の判断により死刑を減じて配流とする措置がしばしば講ぜられた。減死（免死）配流の特別措置は唐代でも行われており（第三章第二節を参照）、この場合、配流後の扱いは流刑を受けた者とほぼ同じであった。(6) ⑥の後半は、婦人が配流された場合に「留住法」の適用を受けて、現住地で労役（針仕事）に従事することを指すと考えられる。(7) 建国当初における主な配流地は登州の沙門島であったが、配流人の数が増え、またその生存率も低かったことが理由となって、真宗～仁宗朝にかけての時期、沙門島への配流が廃止の方向に向かったことがあった。すなわち、まずその一部が牢城への配軍に代替され、最終的には広南遠悪地牢城への配軍に変更する旨の詔勅が下されたのである。しかし実際には、罪人を沙門島へ送り込むことは止むことはなく、以後も継

続して行われた。⑤において、死刑を免ぜられた罪人の送られる場所として、瓊州・崖州等の州と沙門島とが並列的に書かれているのはそのためである（これらについては、第六章にて述べる）。

このように、宋代の配隷は一種類の刑罰を表すものではなく、複雑な過程を経て成立した複数の刑罰を包括した呼称に他ならない。おそらく、服役に際して罪人が何らかの国家機関（官庁、軍隊など）に隷属していたことから、このように総称されたのであろう。先に示したとおり、『宋会要』では配役・配流・配軍の三種が「配隷」の範疇に入るものとして扱われているが、これは「刑法志」でも同じである。従来の諸研究において、これら三種の刑罰が特に区別して分析されることなく、すべて「配隷」としてひとまとめに扱われてきたのは、かかる伝統的な見方を踏襲したものと言えよう。

**表4-1**は、「刑法志」の記事を記載順に並べてその年次と出典を示し、「刑考」との対比を試みたものである。「刑法志」と「刑考」の記事を比較すると、太祖・太宗朝の部分についてはほぼ共通しており、すべて配役と配流とに関するものである。しかし真宗・仁宗朝となると、同じ内容の記事はむしろ稀れである。この時期の「刑考」の記事は、「刑法志」に較べてかなり少ないのであるが、これについてはのちに言及する。神宗朝以降は再び共通部分が増えるが、この時代になると、「刑考」の記述は「刑法志」よりもはるかに豊富なものとなる。

全体について言えば、「刑法志」は、ただ時間軸に沿って配隷に関係する記事を包括的・羅列的に述べているにすぎない。これに対応する「刑考」の記事は、巻一六八に含まれるものが多い。「徒流」と題された「刑考」の記事は、さしづめ上古から宋代に至る労役刑・追放刑の通史とも言うべきもので、書かれている内容のまとまりの点で「刑法志」とは好対照をなしている。因みに、かかる題目は、唐代に編まれた杜佑『通典』の刑法典には無く、馬端臨の独創に係るようである。

表4-1　『宋史』刑法志の配隷記事

| 年次（西暦） | 記事 | 『通考』 | 内容 | 出典 | 備考 |
|---|---|---|---|---|---|
| | 凡応配役者傅軍籍…… | | C | | |
| 開宝五（九七二） | 初、徒罪非有官当贖銅者…… | 一六八 | A | 長編八、会刑四―一 | |
| 太平興国二（九七七） | 太宗以国初諸方割拠…… | 一六八 | B | 長編一八、会刑四―二 | |
| 太平興国五（九八〇） | 先是、犯死罪獲貸者…… | 一六八 | B | 長編二一 | |
| 端拱二（九八九） | 端拱二年詔…… | 一六八 | B | 会刑四―三 | 会刑は淳化三年に繫年 |
| 淳化四（九九三） | 初、婦人有罪至流…… | 一六八 | A | 会刑四―三 | |
| 咸平元（九九八） | 始令雑犯至死貸命者…… | | B・C | 会刑四―三 | |
| 咸平六（一〇〇三） | 旧制、僮僕有犯…… | 一六六 | C | 長編五四 | |
| 景徳二（一〇〇五） | | 一六六 | C | 長編六〇 | |
| 大中祥符六（一〇一三） | 帝欲寛配隷之刑…… | | C | 長編八〇、会刑四―六 | |
| 乾興元（一〇二二） | 乾興以前、州軍長吏…… | | C | 長編九九、会刑四―一〇 | |
| 天聖元（一〇二三） | 初、京師裁造院募女工…… | | A | 長編一〇一、会刑四―一一 | |
| 天聖元（一〇二三） | 時又詔曰、聞配徒者…… | | C | 長編一〇一、会刑四―一一 | |
| 天聖三（一〇二五） | 未幾、又詔応配者…… | | C | 長編一〇三 | |
| 天聖四（一〇二六） | 知益州薛田言…… | | C | 長編一〇四、会刑四―一三 | |
| 天聖九（一〇三一） | 後復詔罪状獷悪者勿許。 | | C | 会刑四―一七 | |
| 明道二（一〇三三） | 初、令配隷罪人皆奏待報…… | | C | 長編一一二 | |
| | 凡命官犯重罪当配隷…… | | C | 長編八、会刑四―一 | 長編・会刑は乾徳五年 |
| 天聖元（一〇二三） | 天聖初、吏同時以贓敗者…… | | C | 長編一〇一 | |
| 天聖三（一〇二五） | 有平羌県尉鄭宗諤者…… | | C | 長編一〇三 | |
| 景祐三（一〇三六） | 罪人貸死者、旧多配沙門島…… | 一六八 | B・C | 長編一一九、会刑四―一九 | |
| 慶暦三（一〇四三） | 慶暦三年、既疏理天下繫囚…… | | A | 長編一四一 | |
| 慶暦六（一〇四六） | 六年、又詔曰、如聞…… | | C | 長編一五九、会刑四―一二 | |

| | | | | |
|---|---|---|---|---|
| 皇祐二（一〇五〇） | 皇祐中、既赦、命知制誥…… | | C | 長編一六九、会刑四―一二 |
| 皇祐三（一〇五一） | 公亮請著為故事…… | | C | 会刑四―一三 |
| | 配隷重者沙門島砦…… | | C | |
| 熙寧四（一〇七一） | 呉充建請、流人冬寒被創…… | 一六八 | C | 長編二二七 |
| 熙寧二（一〇六九） | 熙寧二年、比部郎中…… | 一六七 | B | |
| 熙寧六（一〇七三） | 六年、審刑院言…… | 一六八 | C | 長編二四五、会刑四―二六 |
| ？ | 広南転運司言…… | | C | |
| 熙寧六（一〇七三） | 既而諸配隷、除凶盗外…… | | C | 長編二四六 |
| 元豊六（一〇八三） | 初、神宗以流人去郷邑…… | 一六八 | C | 長編三三四 |
| 元豊八（一〇八五） | | 一六八 | C | 長編三五九 |
| 元豊八（一〇八五） | 凡犯盗、刺環於耳後…… | 一六八 | C | 長編三六二 |
| 元祐六（一〇九一） | 元祐六年、刑部言…… | 一六八 | C | 長編四六八、会刑四―三一 |
| 紹聖三（一〇九六） | 後又定令、沙門島已溢額…… | 一六八 | C | |
| 紹聖三（一〇九六） | 紹聖三年、刑部侍郎邢恕等言…… | | B・C | |
| 元豊中 | 或患加役流太重…… | 一六八 | A | 石林燕語二 |
| 崇寧三（一一〇四） | 崇寧中、始従蔡京之請…… | 一六八 | A | 会刑四―一二 |
| [淳熙一四]（一一八七） | 南渡後、諸配隷…… | 一六八 | C | 両朝聖政六三 |
| 淳熙一一（一一八四） | 淳熙十一年、校書郎羅点言…… | 一六八 | C | 両朝聖政六一 |
| 淳熙一四（一一八七） | 至十四年、未有定論…… | 一六八 | C | 両朝聖政六三 |
| 嘉泰四（一二〇四） | 嘉泰四年、臣僚言…… | 一六八 | C | 会刑四―六四 |

凡例：表中の「内容」欄の記号は、A＝配役、B＝配流、C＝配軍に関する記事であることを示す。
出典略称：長編＝『続資治通鑑長編』、会刑＝『宋会要』刑法、両朝聖政＝『皇朝中興両朝聖政』。数字は巻数を示す。

# 第二節　配役・配流・配軍——『宋史』刑法志に見える北宋の「配隷」

つまるところ、「刑法志」と「刑考」（巻一六八）の内容の違いは、宋代の配隷をどのように捉えるかによると言い得る。即ち「刑考」は、「徒流」つまり前代までの労役刑と追放刑の流れの上にそれを位置づけようとする。もちろん、宋初に制定された折杖法が律の徒刑・流刑を変質させたことを、「刑考」が無視しているわけではない。むしろそれを踏まえた上で、その後も存続した追放刑・労役刑の歴史をたどろうとしているのである。宋代についての記述が、

宋・太祖皇帝、開宝の時、刑制を定む。凡そ流刑四、徒刑五。〈刑制門に詳見す。〉流配、旧制は止だ遠徙するのみにて、刺せず。しかるに晋の天福中、始めて刺面の法を創り、遂に戢姦の重典と為る。宋、その法に因る。

宋・太祖皇帝、開宝時、定刑制。凡流刑四、徒刑五。〈詳見刑制門。〉流配、旧制止於遠徙、不刺。而晋天福中、始創刺面之法、遂為戢姦重典。宋因其法。（『文献通考』巻一六八、刑考、徒流）

と、折杖法と刺配のことから始められているのは、その証しとなろう。ただ叙述の重心は、折杖法により流刑を読み替えて課される配役にではなく、「遠徙」、つまり、折杖法施行後も皇帝の判断に基づいて行われた配流刑のほうに置かれている。その背景として、配役は現住地の州の官庁での労役として執行する、という原則が早くも

北宋前半に崩れ、現実には労役部隊に編入して役使していたという事情があった。後述する開宝五年（九七二）の御史臺の上奏は、その一面を指摘したものに他ならない。

これに対して、「刑法志」の見方は上述の如く甚だ曖昧である。強いて言えば、その冒頭に、

凡そ応に配役すべき者は軍籍に傅け、重典を用ふる者はその面に黥す。

凡応配役者傅軍籍、用重典者黥其面。

と記すことから、配軍の歴史を時間軸に沿って説明しようと試みたものと言えなくもないが、それにしては話題が様々に飛躍しており、散漫な印象を受ける。とりわけ、配軍が法定刑としての地位を徐々に確立してゆく真宗～仁宗朝にかけての叙述は、「刑考」のそれに較べて甚だまとまりを欠く。配軍に関する資料をあれこれ寄せ集めて記述したことが仇となって、配役・配流・配軍といった刑罰がそれぞれどのような展開を見せたかが、極めてわかりにくくなっているのである。

そこで本節では、「刑法志」の多岐にわたる記述をわたくしなりに整理して、配役・配流・配軍がとくに北宋時代においてどのように変容していったかを見通しておきたいと思う。

## 一　配役

宋朝建国直後の建隆四年（九六三）に折杖法が施行されると、律の流刑は追放刑的な性格を喪失し、脊杖を受けた後に現住地で有期の労役刑に服するように変化した。ところが、次の「刑法志」の記事からも窺われるように、脊杖を受けたのち労役に服すべく配属された部署には、必ずしも行うべき仕事があるとは限らなかった。

初め、徒罪の官当・贖銅有るに非ざる者は、京師に在れば則ち将作監に隷して役し、兼ねてこれを宮中に役し、或ひは左校・右校に輸作して役す。開宝五年（九七二）、御史臺言へらく「かくの若き者は、その名有りと雖も、復た役使すること無し。祠祭に遇ふも、水火を供するは、則ち本司より官を供すること有り。望むらくは大理をして格に依りて断遣せしめられんことを」と。ここに於いて、並びに作坊に送りこれを役せしむ。

初、徒罪非有官当・贖銅者、在京師則隷将作監役、兼役之宮中、或輸作左校・右校役。開宝五年、御史臺言「若此者、雖有其名、無復役使。遇祠祭、供水火、則有本司供官。望令大理依格断遣」。於是並送作坊役之。

「刑法志」のこの記事はやや舌足らずなので、『長編』等で適宜意味を補って説明しておく。(8) 宋朝建国当初、在京の者が罪を犯し、大理寺が「徒」と断じた者のうち、官当・贖銅の対象とならない者は、将作監に送って服役させることになっていた。「徒」とあるのは、律の徒刑を意味するのではなく、折杖法により読み替えられた流刑の労役部分を指すと考えられる。なぜなら、折杖法によって律の徒刑は脊杖に読み替えられ、労役刑ではなくなったからである。(9) 折杖法においても官当・贖銅等の対象とならぬ者のみが実刑を受けたことは、折杖法の基本方針を定めた詔に、

詔に準るに、徒流笞杖の刑名、応て除免当贖上請に合該するの外は、法書の軽重等第に拠り、常行杖を用ひて施行せよ、（中略）とあり。

吏部尚書張昭等上言「準詔、徒流笞杖刑名、応合該除免当贖上請外、拠法書軽重等第、用常刑〔当作「杖」〕杖施行、令臣等詳定可否聞奏者。（後略）」（『長編』巻四、乾徳元年三月癸酉条）

とある通りである。唐制において、大理寺は、州から上がってきた流罪以上の案件と在京諸司の管轄下で発覚した徒罪以上の案件を審理した。[10] 宋朝建国直後にあっても事情は同じであったと思われる。[11] 流刑の判決が確定した者は、現住地にて脊杖を受けた後、一年間の労役に服することになっていた。在京の者が将作監で労役に服するという決まりは、唐の獄官令の規定と同じである。[12] 唐の将作監は宮中の営繕をつかさどる官署であったが、宋朝では、土木・工作一般および都城の修繕のことは三司修造案がこれを掌り、将作監はわずかに祭祀の際に必要な備品を準備するにすぎなかった。[13] 御史臺の上奏はかかる実状を踏まえたうえで、祭祀の準備にも担当官庁が必要に応じて官を派遣している現状を指摘し、大理寺が判決を下した後は罪人を作坊（兵器・旗幟など武器を製作する工房。軍器監に属する）に送ってそこで服役させるよう求めたものであり、太祖はこれを裁可している。[14]

次に「刑法志」が取り上げる配役関係の記事は、淳化四年（九九三）になされた女性に対する配役免除についてのものである。唐律では、流罪とされた女性は、留住法によって本来配流さるべき距離に応じて杖打され、流刑に代えて現住地での三年間（加役流は四年間）の徒役を課された。[15] また、徒罪となった女性が少府監で裁縫を中心とする労役に服することは、獄官令に明記されている通りである。[16] 折杖法には女性に対する特別の規定は無いので、国初には女性も男性と同様、流罪と断ぜられれば、杖打の後、所定の期間だけ労役に服していたと見なしてよかろう。なお、女性に対する配役免除は、建隆三年（九六二）の竊盗法で先駆的に定められており、[17] 淳化四年のこの措置はこれを推し進めたものと言える。

これを承けて、真宗朝以降には、これまでなら労役に服さねばならない程度の罪を犯した女性を決杖のみで釈放し、労役を課さない例が散見されるようになる。[18]「刑法志」が仁宗朝初めのこととして引用する次の記事も、その一例である。

初め、京師の裁造院の募りし女工と軍士の妻罪有るものとは、皆な南北作坊に配隷す。天聖の初め、特に詔してこれを釈して、自便を聴し、婦人応に配すべくんば、則ち以て窰務或ひは軍営・致遠務の卒の家無き者に妻らしめ、著して法と為す。[19]

初、京師裁造院募女工而軍士妻有罪、皆配隷南北作坊。天聖初、特詔釈之、聴自便、婦人応配、則以妻窰務或軍営致遠務卒無家者、著為法。

罪を犯した女性は、その社会的地位が低い場合は特に、このように未婚の下級軍士に「軍妻」として娶られた。このようなことが刑罰としていつ頃から行われるようになったのかは明らかでないが、『宋刑統』には見られぬことから早くとも宋初以降のことと思われる。[20]

慶暦三年（一〇四三）、未決囚の審理（疏決）と時を同じくしてなされた「諸路配役人」の釈放は、当時にあってもなお、折杖法によって流刑を労役刑に読み替えて執行していたことを示している。「刑法志」は慶暦三年のことのみを記すので、何かこれが特別な措置であったかの如き印象を受けるけれども、実際には、配役人（徒役人）の釈放は、恩赦や徳音の中に必ずといっていいほど盛り込まれる事項であった。[21] 疏決の際に配役人を釈放した例がこれ以前に見られぬことから、おそらく「刑法志」は、この慶暦三年の措置を疏決に伴なう配役人釈放の最初の例という意味で特筆したのではないか。

「刑法志」が配役について記しているのは、おおよそ以上に尽きると思う。北宋末に行われた所謂「圜土」（刑務所）の制度については、見るべき成果が挙がらなかったと考えられていることもあり、ここでは敢えて言及しない。[22]

## 二　配流と配軍

宋代の配流に関する「刑法志」の最初の記事は、次のものである。

> 太宗、国初諸方割拠するを以て、五代の制に沿ひ、罪人は率ね西北辺に配隷するも、多くは塞外に亡投し、羌を誘いて寇を為す。乃ち詔すらく「当に徙（うつ）すべき者は、復た秦州・霊武・通遠軍及び縁辺の諸郡に隷すること勿かれ」と。時に江広已に平らげられ、乃ち皆な南方に流す。
>
> 太宗、以国初諸方割拠、沿五代之制、罪人率配隷西北辺、多亡投塞外、誘羌為寇、乃詔、当徒〔当作「徙」〕者、勿復隷秦州・霊武・通遠軍及縁辺諸郡。時江広已平、乃皆流南方。（〔　〕内は『長編』巻一八、太平興国二年（九七七）正月己丑条および『宋会要』刑法四—二、同年正月二八日条による補正）

但し実例から言えば、西北辺境への配流が多いというのは五代半ばまでの傾向であり、それ以降は沙門島への配流が目立って増加する（第六章の附表6-1を参照）。沙門島は、通州の海島（海門島）と並んで、死刑を免れた罪人が多く配流される地であったことは、「刑法志」がこの後に続けて記す通りである。通州海島の配流人が海塩の精製に従事していたことから、一般に配流人は配所にて労役に服していたものと思われる(23)。端拱二年（九八九）に下された次の詔は、嶺南に送られた配流人に対する特別措置と考えるべきであろう。

> 端拱二年、詔して、嶺南の流配に荷校して執役するを免ず。
>
> 端拱二年、詔、免嶺南流配荷校執役。（『宋史』巻二〇一、刑法志）

真宗〜仁宗朝の時期は、慶暦編勅の編纂にも携わった張方平が、臣、嘗て祥符編勅を検会したるに、刺配の罪四十六条あり。天聖編勅は五十四条、今 慶暦編勅は九十九条あり。

臣嘗検会祥符編勅、刺配之罪四十六条、天聖編勅五十四条、今慶暦編勅九十九条。（「請減刺配刑名」『楽全集』巻二四）

と記すように、配軍が法定刑として定着してゆく過渡期と位置づけられるであろう。注目されるのは、この時期についての叙述が、「刑法志」と「刑考」（巻一六八、徒流）とで著しく異なっていることである。

「刑考」の引く真宗朝の記事は、咸平四年（一〇〇一）の詔のみである。

これより先、江浙・荊湖・広南は遠地なれば、応て強盗及び持仗の死たらざる者、幷びにその属を部して京師に至らしむるも、多く道路に殞ぬ。乃ち詔すらく「今より止だ決杖・黥面して、所在より五百里外の牢城に配せ」と。

真宗咸平三〔当作「四」〕年。先是、江浙・荊湖・広南遠地、応強盗及持仗不死者、幷部其属至京師、多殞於道路。乃詔、自今止決杖黥面、配所在五百里外牢城。（〔　〕内は、『長編』巻四九及び『宋会要』刑法四―三による補正）

奏裁制度によるさまざまな弊害については第六章第二節にて取り上げるが、最も問題とされたのは、護送の途中で罪人が死亡する割合の高さであった。この詔は、かかる弊害を取り除くべく、荊湖・広南など都から遠く隔たった地方の罪人については赴闕を免除し、代わりに現住地から五百里以上離れた牢城部隊に編入することを定めたものである。(24)

次いで「刑考」は、仁宗・景祐三年（一〇三六）の詔を引用している。

仁宗の景祐中、罪人の死を貸さるる者、旧と沙門島に配さるる者多きも、登州の海中に在れば、至る者多くは死するを以て、乃ち詔すらく「当に沙門島に配すべき者は、広南遠悪地の牢城に第配せよ。広南の罪人は乃ち嶺北に配せ」と。然れどもその後亦た沙門島に配さるる者有り。

仁宗景祐中、以罪人貸死者旧多配沙門島、在登州海中、至者多死、乃詔「当配沙門島者、第配広南遠悪地牢城。広南罪人乃配嶺北」。然其後亦有配沙門島者。

この詔によって、これまで劣悪な待遇や高い死亡率などいろいろと問題のあった沙門島への配流は、「広南遠悪地の牢城」への配軍に代替されることとなったのである。ただ先にも述べたように、罪人を沙門島に送ること自体は、のち再び行われるようになり、「刑考」もそれに関する記事をいくつか載せている。馬端臨は、おそらく実態面での類似から、これらの記事を「徒流」の項に併記したものと思われる。

一方、「刑法志」の記述は、「刑考」を分量の面で凌いでいる。最初は、咸平元年（九九八）に下された次の詔である。

始めて、雑犯の死に至りて貸命せらるる者をして、沙門島に流すこと勿からしめ、止だ諸州の牢城に隷す。

始令雑犯至死貸命者、勿流沙門島、止隷諸州牢城。

ここで言う「雑犯死罪人」とは、通常の恩赦で赦免の対象とならない特定の犯罪（十悪、故殺人、反逆縁坐、監守内の姦・盗・略人、受財枉法など）以外の、死罪に該当する罪を指すと考えられる。従来これらの罪人は、奏裁を経て死刑を減ぜられて配流となる場合がほとんどであったが、当時最も一般的な配流地であった沙門島は山東半島の北岸、登州の沖合いに浮かぶ小島であり（第六章第一節を参照）、その収容能力には自ずと限界があった[25]。この詔のねらいは、配流人のうち元の罪が比較的軽い者を諸州の牢城部隊に編入し、そこに終身所属させることで、沙門島への配流人の数を削減することにあったと考えられる。この記事は配流と配軍との関係を考える上で重要であり、その意味で「刑法志」が取り上げたのにも首肯される。[26]

しかし、この後の記述は、配軍に関するものでありながら、前の記事を直接に承けたものではないため、唐突との印象を禁じ得ない。

旧制、僮僕犯有れば、私にその面を黥するを得たり。帝謂へらく、僮使は傭を受くるも、本は良民なり、と。詔すらく「主の財を盗む者は、脊を杖し黥面して牢城に配し、私にこれを黥すること勿かれ。十貫以上は五百里外に配し、二十貫以上は奏裁せよ」と。

旧制、僮僕有犯、得私黥其面。帝謂、僮使受傭、本良民也。詔「盗主財者、杖脊黥面配牢城、勿私黥之、十貫以上配五百里外、二十貫以上奏裁」。

盗みをはたらいた僮僕（使用人）に対する主人の私黥（勝手に入れ墨を行うこと）が禁じられ、法による処罰が定められたのであるが、じつはこの部分、次の二つの資料を混同しているため、事実に反する説明となっている。

旧制、士庶の家僮犯有れば、或いは私にその面を黥す。上、今の僮使はもと良民を傭雇するを以て、癸酉、詔すらく「主の財を盗む者有らば、五貫以上は脊を杖し黥面して牢城に配し、十貫以上は奏裁し、私にこれを黥涅するを得る勿かれ」と。

旧制、士庶家僮有犯、或私黥其面。上以今之僮使本傭雇良民、癸酉、詔「有盗主財者、五貫以上杖脊黥面配牢城、十貫以上奏裁、而勿得私黥涅之」。（『長編』巻五四、咸平六年四月癸酉条）

詔すらく「今より僮僕、主の財を盗まば、五貫ならば本州の牢城に配し、十貫ならば五百里外に配し、二十貫なれば奏裁せよ」と。咸平六年の制を改め、その淹繫を慮るなり。

詔「自今僮僕盗主財、五貫配本州牢城、十貫配五百里外、二十貫奏裁」。改咸平六年之制、慮其淹繫也。（『長編』巻六〇、景徳二年六月辛壬寅条）

さらにこの後、「刑法志」は大中祥符六年（一〇一三）、刑罰緩和の方向で「配隷之刑」が整理されたことを記す。総じて言えば、真宗朝について書かれた部分は、いずれも配軍に関係するものでありながら、前後の脈絡にあまり留意せずに書かれているために、散漫な印象を免れない。そしてこれらは、次節で述べる仁宗朝の記事にひとつとして接続してゆかないのである。配軍がいかなる過程を経て宋代を代表する刑罰の一つとして定着してゆくかが、「刑法志」の叙述だけではわかりにくく感じる一因は、このあたりにあると思う。

## 三　配軍をめぐる諸問題

雑役部隊への編入を意味する配軍が、「減死一等の刑」即ち死刑を免ぜられた罪人に対する刑罰として位置づけられてゆく過程については、第六章にて詳論するが、総じて言えば、それは、死刑減免のために行われる奏裁に伴って生ずる弊害を取り除くべく、新たに登場した刑罰であった。「刑法志」の叙述ではかかるプロセスが不明瞭なのであるが、その反面、「徒流」という主題に即して資料を取捨選択した「刑考」ではほとんど全く触れられていない重要な問題について、雑多な形ではあるが言及している。

まず、配軍刑執行の際の手続きについてである。「刑法志」によれば、まず仁宗即位直後の乾興元年（一〇二二）に、「擅配」つまり地方（州・軍）の長官による罪人の勝手な配軍が禁止され、情状の極めて重い者については勅裁を仰ぐよう定められた(27)。翌天聖元年（一〇二三）、罪人を配軍する場合には、州・軍はその者の刑名と配所とを記して刑部に報告してその再審理を受けることとなり、さらに同三年、配軍に際して州・軍の長官以下が集まって再審査（集問）せねばならぬこととなった。このように、地方長官の独自の判断による配軍刑の執行を防ぐために、仁宗朝初期に矢継ぎ早に制度改革が行われたのである。しかし、新制度の前には、現実の壁、すなわち実務面での困難が立ちはだかっていた。まず、刑部への報告が、事務煩瑣との理由で承進司への略式の報告に変更され、集問に至っては実施の翌年に廃止された(28)。そして配軍刑の執行に先立って奏請し許可が下りるのを待つという最初の原則も、罪人の繋獄期間の長期化や奏請件数の増大が理由となって、明道二年（一〇三三）に関係官庁に命じて元の罪の軽重を参酌させることとし、以後これが定法となった。仁宗即位後になされた一連の改革は、配軍刑の執行許可の権限を地方から中央へ吸収する点に主眼がおかれていたのだが、結果的にこれらは全て不成功に終わった。結局、配軍刑は地方長官により執行されることに落ち着いたのである。

「刑法志」に見える第二の問題点は、重罪、おもに贓罪を犯した官僚に対する処罰についてである。これについて、「刑法志」はまず次のような原則を掲げている。

凡そ命官、重罪を犯して当に配隷すべくんば、則ち外州において編管し、或いは牙校に隷す。それ死に坐して特に貸（ゆる）す者は、多く杖・黥して遠州の牢城に配し、恩を経て量移し、始めて軍籍を免ず(29)。

凡命官犯重罪当配隷、則於外州編管、或隷牙校。其坐死特貸者、多杖黥配遠州牢城、経恩量移、始免軍籍。

北宋において官僚に対する刑罰が一般の人民とこのように区別されていたとすれば、それは注目すべき事象である。ただ、この後の関係記事は、すべて受財枉法の罪を犯した官僚を牢城への配軍に処した例を述べているに過ぎず(30)、官僚に対する特別な刑罰が具体的にいつ頃からどのような形で行われるようになったのかについての説明も、ほとんど見当たらない。その中で唯一、神宗・熙寧二年（一〇六九）の記事は示唆的である。これも受財枉法の罪を犯した官僚の処分について記したものであるが、注目すべきは処分決定までの経緯である。律に照らせば絞罪となるこの罪吏に対する刑罰は、過去の判例に拠って、一度は死刑を減じて「杖脊、黥配海島」と決められた。これに対して、知審刑院蘇頌が異議を唱え、神宗との間に次のようなやりとりがなされた。

　頌、奏して曰く「〔李〕希輔・仲宣は均しく枉法を為すも、情に軽重有り。希輔は台〔州〕を知して、賕を受くること数百千、額外に僧を度せり。仲宣は、所部の金坑、檄を巡検に発して体究せしむに、その利甚だ微かなり、士人、興作を憚かり、金八両を以て仲宣に属し、官を差して比校せざらしめんとす。止だ違令に係れば、恐喝の条に比すべし。希輔に視ぶるに間有らん」と。神宗曰く「杖を免じてこれを黥すれば可なるか」と。頌曰く「古は刑は大夫に上さず。仲宣が官は五品なり。今、死を貸してこれを黥し、徒隷と伍を為さしむれば、その人矜むべきこと無しと雖も、重んずる所は衣冠を汚辱するのみ」と。遂ひに杖と黥とを免じ、海外に流し、遂に定法と為す。

　頌奏曰「〔李〕希輔・仲宣均為枉法、情有軽重。希輔知台、受賕数百千、額外度僧。仲宣所部金坑、発檄巡検体究、其利甚微、士人憚興作、以金八両属仲宣不差官比校。止係違令、可比恐喝条。視希輔有間矣」。神宗曰「免杖而黥之、可乎」。頌曰「古者刑不上大夫。仲宣官五品、今貸死而黥之、使与徒隷為伍、雖其人無可矜、所重者、汚辱衣冠耳」。遂免杖黥、流海外、遂為定法。（『宋史』巻三四〇、蘇頌伝）

蘇頌の主張は、適用する条文が不適切であること、士人に対する刑罰として配軍は相応しくないこと、の二点である。神宗はこれに対して杖打および入れ墨の免除で応え、結局、賀州に「流」すことで決着した(31)。注目すべきは、これに続けて「これより命官、杖・黥の法無し」（「刑法志」）と記されている点である。従来、配軍の場合は、刑の執行に先立って杖打が科され、原則として入れ墨を施すことになっていた。配流の場合にも、杖打を併科する事例が見られた。それが、熙寧初めのこの措置によって、官僚に対しては通常、杖打も入れ墨も行わないことが、法に規定されたのである。張仲宣に対して科された罰は賀州への「流」であったが、『宋刑統』の規定によれば、五品官たる彼は配所での労役を免除されるはずなので、彼が受けた処罰は、実際には「編管」に近いものであったように思われる（編管については第七章にて詳述する）。(32)

配軍刑に処された者（配軍人）を恩赦の際にどう扱うかも、検討を要する重要問題であった。宋朝建国直後に下された恩赦の中には、配軍人に対する文言は見られない。(33)「刑法志」では、仁宗朝のところでこの問題についての言及がある。

最初は、天聖四年（一〇二六）になされた知益州薛田の上奏である。「刑法志」の叙述では、この記事が恩赦に関するものであることはわからないのだが、『宋会要』刑法四―一三、天聖四年正月二二日の条に、

〔知〕益州薛田言へらく「先に詔に準りて、西川の罪を犯して牢城に配せらるる人、如し赦に遇ひ、委に老病にて征役に任へざる者は、放停して配せらるる所の州軍に居住するを許し、放ちて帰郷せしめず。今、卭州の状を得たるに、牛を宰して配軍せらるるの人に係る有り、即ち老疾に非らざれば、未だ敢へて放停せず、とあり。奏して旨を取らん」と。

益州薛田言「先準詔、西川犯罪配牢城人、如遇赦、委是老病不任征役者、放停許於所配州軍居住、不放帰郷。今得卭州状、有係宰牛配軍之人、即非老疾、未敢放停、奏取旨」。

とあり、この上奏が恩赦における配軍人の取り扱いに関するものであることは明白である。この上言の結果、「その情を察して矜れむべき者」には放還が許されるようになったが、のち、特に罪状の凶悪な者には許可しな

いようになった[34]。一般の配軍人については、恩赦に遇えば放免する原則が遅くとも仁宗朝初期には確立していたことが、『宋会要』刑法四―一九、景祐元年（一〇三四）五月二日条に、

中書門下言へらく「編勅を検会したるに、応て配軍は、恩に該らば放ちて逐便せしめよ、とあり。（後略）」

中書門下言「検会編勅、応配軍、該恩放逐便。（後略）」

と見えることから知られる。「編勅」とは、天聖四年（一〇二六）に編纂が命ぜられ、同七年に上進された「天聖編勅」を指す。

もう一箇所、「刑法志」が恩赦と配軍人との関係について触れているのは、皇祐年間の記事においてである。まず皇祐二年（一〇五〇）、仁宗は恩赦を下した後、知制誥曾公亮らに「所配の罪状」を査閲して報告するよう命じた。「所配」は、『長編』巻一六九や『宋会要』刑法四―二二では「諸州軍編配罪人」と記されていることから、各地に配軍・編管されている罪人を指すと見てよい。さらに翌年になされた曾公亮の上言によって、恩赦のたびに編管人・配軍人を審査し、情状次第で量移もしくは釈放することが定例化した[35]。

これらの記述から、仁宗朝の前半と後半とでは、恩赦における「編配人」の扱いに大きな違いがあったことが知られる。すなわち、天聖年間に問題として取り上げられたのは配軍人のみであり、原則として恩赦があれば釈放されることになっていた。また、編管人について言及されることはなかった。それが皇祐年間になると、両者が「編配罪人」として一括して扱われ、しかも個々の罪人の情状を審査した上で処遇を決めることが定例となったのである。

この他にも、たとえば神宗朝以後の配軍について「刑法志」は、前述した罪吏に対する処罰の問題に加えて、沙門島の罪人収容に関する問題に言及している。沙門島への配流を罷めて広南遠悪地の牢城への配軍に変更する

旨の詔が景祐三年に出されたことは先に述べたが、「刑法志」や「刑考」が「然れどもこの後、又た沙門島に配せらるる者有り」と記す通り、この後も沙門島は最も苛酷な配流地として利用され続けた（第六章第二章を参照）。

## 小結

本章では、『宋史』刑法志の配隷記事を中心に、北宋時代の「配隷」について、わたくしなりの整理を試みた。正直なところ、とかく散漫に流れがちな「刑法志」の叙述を腑分けするのに終始した感が否めないけれども、これまで特に区別されてこなかった配流・配軍・配役の変遷過程については、ひとわたり概観できたと思う。「配隷」の諸相については、章を改めて個別に検討を加えてゆくこととしたい。

注

（1）滋賀秀三「刑罰の歴史」（一九七二年初出。『中国法制史論集　法典と刑罰』創文社、二〇〇三年所収）三二一～三二三頁。なお、「配隷」等の語義について、本章のもととなった拙稿「北宋「配隷」芻議」（『滋賀医科大学基礎学研究』五、一九九四年）等での指摘を受けて、滋賀氏は旧来の説を改められた。前掲書、三三八～三三九頁注（34）の〔補訂〕を参照。

（2）たとえば羅竹鳳主編『漢語大詞典』第九巻（漢語大詞典出版社、一九九二年）には、「配隷、猶隷属」とある。

（3）梅原郁編『中国近世刑法志（上）』（創文社、二〇〇二年）。

（4）中華書局標点本『宋史』ならば、巻二〇一、五〇一五頁一二行目から五〇二一頁三行目までを指す。

（5）『律音義』名例、流。

旧制、犯徒者依年配役、犯流者流至配所居作、皆不決杖。皇朝建隆四年制、犯徒者加杖免役、犯流者加杖留住、三流倶
役一年、加役流者役三年。

（6）但し、配所に到着後、仕官が許されるまでの年限が、「本犯不応流而特配流者」の場合は通常の流人の半分（三載）、「免死配流」の場合は仕官が認められないなど、律による流人と待遇が異なる点もあった。八五頁に引用した天聖獄官令不行唐6条を参照。

（7）ここで言う「労役」とは、折杖法により流刑を読み替えて執行される「配役」を指すのではなく、天聖獄官令宋15条、

諸犯徒応配居作者、在京分送東西八作司、在外州者、供当処官役。当処無官作者、留当州修理城隍・倉庫及公廨雑使。
犯流応住居作者、亦準此。若婦人待配者、為鍼工。

の「若婦人待配者、為鍼工」の箇所のことであり、⑥の「婦女亦有配執鍼者」がこれに相当する。附篇第二論文第一節及び第五章の注（58）を併せ参照されたい。

（8）『長編』巻八、乾徳五年（九六七）二月癸酉条（第五章第五節に引用）及び『宋会要』刑法四―一、乾徳五年二月十四日条を参照。この記事の繋年について、『長編』『宋会要』は乾徳五年とするが、「刑法志」は『文献通考』巻一六八と同じく開宝五年とする。

（9）『文献通考』巻一六六、刑考、刑制、建隆三年条。定折杖法、（中略）徒罪決而不役。

（10）奥村郁三「唐代裁判手続法」（『法制史研究』一〇、一九五九年）六五～七七頁。

（11）『宋刑統』巻三〇、断獄律、断罪引律令格式の疏に引く獄官令。

杖罪以下、県決之。徒以上、県断定送州、覆審訖、徒罪及流応決杖笞、若応贖者、即決配徴贖。其大理寺及開封河南府
断徒、及官人罪、幷後有雪減、並申省、省司覆審無失、速即下知、如有不当者、亦随事駁正。若大理寺及諸州断流以上、
若除免官当者、皆連写案状申省、大理寺及開封河南府即封案送、若駕行幸、即准諸州例案覆、理尽申奏。

なお、天聖獄官令の規定（宋2条）は若干異なっている。五四頁を参照。

（12）『宋刑統』巻三、名例律、犯流徒罪に引く獄官令。

諸犯徒応配居作者、在京送将作監、婦人送少府監縫作。在外者、供当処官役。当処無官作者、聴留当州修理城隍・倉庫
及公廨雑使。配〔当作「犯」〕流応住居作者亦准此。婦人亦留当州□□□配舂。

闕字部分、『六典』巻六、尚書刑部、刑部郎中員外郎条は「繕作及」に作る（『唐令拾遺』七七三頁）。〔 〕内は『六典』に拠る補正。

(13) 『宋史』巻一六五、職官志、将作監。

旧制、判監事一人、以朝官以上充。凡土木工匠之政、京都繕修、隷三司修造案、本監但掌祠祀供省牲牌・鎮石・炷香・盥手・焚版幣之事。

(14) 「刑法志」は、御史臺の上奏文を「……断遣」までとし、「送作坊役之」を地の文のように書いているためわかりづらい。

(15) 唐名例律28条。

其婦人犯流者、亦留住、流二千里決杖六十、一等加二十、倶役三年。疏議曰、（中略）若加役流、亦決杖一百、即是役四年。

(16) 前注（12）に引く獄官令を参照。

『訳註日本律令』五、一六七～一六八頁を参照。

(17) 『宋刑統』巻一九、賊盗律、窃盗。

准建隆三年二月十一日勅節文「起今後犯窃盗、贓満五貫文足陌、処死。不満五貫文、決脊杖二十、配役三年。（中略）応配役人、並配逐処重役、不刺面、満日疏放。其女口与免配役。（後略）」

(18) たとえば、『宋会要』刑法四―八、天禧二年（一〇一八）三月十七日。

詔「諸班殿直・諸軍妻坐姦者、決訖即放、不須隷作坊鍼工、其見役百五十七人、皆釈之」。

(19) 冒頭部分、「刑法志」ではやや意味が取りづらい。『長編』巻一〇一、天聖元年閏九月甲午条および『宋会要』刑法四―一一、同年九月二一日条が参考になる。

(20) しかし、天聖獄官令にかかる内容の条文は見当らない。編勅もしくは附令勅で対応した可能性もあるが未詳。

(21) 『宋会要』刑法四―一、建隆二年五月一日。

詔「（中略）応配流人、除刺面及曾任職官人別行指揮外、其餘不刺面及配役婦人、並放逐便」。其後赦書・徳音、約此著条。

(22) 徳永洋介「宋代監獄制度試論」（辻 正博編『唐宋変革期における刑罰制度の総合的研究』科学研究費研究成果報告書、二〇〇三年所収）を参照。

(23)『宋史』巻二〇一、刑法志。

先是、犯死罪獲貸者、多配隷登州沙門島及通州海島、皆有屯兵使者領護。而通州島中凡両処官煮塩、豪強難制者隷崇明鎮、懦弱者隷東州市。太平興国五年、始令分隷塩亭役之、而沙門如故。

(24)「刑法志」はこの記事を、巻一九九（標点本四九六九頁。繫獄・尋問による弊害を述べた箇所）に配している。

(25)『宋会要』刑法四―三、咸平元年十二月二十日条に、

詔「雑犯至死貸命者、不須配沙門島、幷永配諸軍牢城。兇悪情重者、審刑院奏裁」。

とあることに拠る。

(26)ただ、中華書局標点本の校勘記が指摘するように（五〇二九頁）、「始めて」の前には、少なくとも「咸平元年」など時間を示す語句が脱落していると考えるべきであろう。

(27)「刑法志」のこの記事に相当する『長編』の記述は、次の如くである。『長編』巻九九、乾興元年（一〇二二）七月丙申条。

先是、諸州軍長吏往往擅刺配罪人、丙申、下詔禁之、若情渉巨蠹者、須奏待報。

「刑法志」で「配罪人」「情非巨蠹」となっているところを、『長編』ではそれぞれ「刺配罪人」「情渉巨蠹」に作る。特に後者は『長編』に拠り改むべきである。前注（3）『訳注中国近世刑法志（上）』二〇九頁、注（1）を参照。

(28)『長編』巻一〇三、天聖三年十一月辛巳条の原注。

罷集問、乃四年五月事、今依本志附此。

(29)この記事は、『長編』や『宋会要』刑法四では乾徳五年（九六七）二月の御史臺の上奏に続けて記されている。ただ、御史臺の上奏は、先に引用した如く配役に関するものであり、内容的に直接結びつくものではない。また、『文献通考』（巻一六八）では御史臺の上奏は開宝五年（九七二）に繫年して単独で引かれている。したがって、ここでは命官に対する処罰の記事と御史臺の上奏とを切り離して考えたい。

(30)前注（3）『訳注中国近世刑法志（上）』二一一頁、注（18）（19）を参照。

(31)蘇頌伝では「流海外」とするが、ここでは「刑法志」や『文献通考』巻一六七の「流賀州」に従っておく。

(32)『宋刑統』巻二、名例律、請減贖。

諸応議請減及九品以上之官、若官品得減者之祖父母・父母・妻・子孫、犯流罪以下聴贖、若応以官当者、自従官当法。其加役流・反逆縁坐流・子孫犯過失流・不孝流及会赦猶流者、各不得減贖、除名配流如法。〈除名者、免居作。即本罪不応流配而特配者、雖無官品、亦免居作。〉

(33) たとえば、前注(21)に引用した建隆二年(九六一)五月一日の詔(『宋会要』刑法四―一)には、配流人のうちで刺面された者について「別に指揮を行ふ」旨が明記されているけれども、配軍人については全く言及が無い。

(34)『宋会要』刑法四―一六、天聖九年二月二二日条。

詔曰「(中略)其年老病患者、看験委寔不堪医治充役、即給公憑放停、通帰本貫州県、知在係帳編管。元奉宣勅永不放停、及情理巨蠹・累行悪跡攪擾州県・豪彊欺圧良善、恐嚇銭物、幷借詞論訴不忓己事・偽造符印或持杖〔当作「仗」〕驚劫・傷殺人命、及不受尊長教訓父母陳首人等、不得移配、亦不得以老患為名放停」。

この史料から、かかる措置が全国レベルでとられるようになったことがわかるが、こと益州路に関しては、天聖十年七月三日に同様のことが行われている。『宋会要』刑法四―一八。

益州路鈐轄司言「西川決配充軍之人、奉乞停者、自今望下本路、閲元犯保委聞奏、免縦凶悪還郷、復為掻擾」。従之。

(35)『宋会要』刑法四―二三、皇祐三年十月十三日。

翰林学士曾公亮言「昨奉勅以明堂赦後、看詳諸道編管配軍人罪犯軽重、逐時具状、貼黄奏訖。伏思、自前南郊赦令、雖与今一体、及其奏到、罪人犯状、久不蒙移放、不惟赦令失信、其間甚有州軍妄行編配、遂至一二十年、羈囚至死、傷害和気、衆所共聞。欲乞特降恩旨、今後依此、永為著例。兼詳益・梓・利・夔四路、地里至遠、凡取索干証文字、経年未得斉足、況此四路各有鈐轄司。欲乞今後益・梓・利・夔四路編管配軍人、如経大赦、只就本路転運・鈐轄司同共看詳、擗犯状軽重、量移釈放」。詔「依奏。其益・梓・利・夔路編配人内、情理重及干礙条貫者、奏裁」。

# 第五章　宋代の流刑と配役

## はじめに——問題の所在

唐律の刑罰体系、すなわち、笞・杖・徒・流・死のいわゆる五刑は、七世紀前半にその枠組みが定まり、その骨格はのちの明清律にまで継承された。その意味において、前近代中国の刑制の骨格は、唐律において一応の完成を見たと言ってよい。しかしこのことは、後代の刑罰が唐律の規定そのままに執行されていたことを意味するわけではない。むしろ五刑の実態は、時代や社会の推移とともに変化してきた。否、唐律が行用されていた時代においてさえ、律の刑制と現実の刑罰執行とのあいだには、看過し難い乖離があった。

唐律をはじめとする唐朝の諸制度は、南北朝から唐初にかけての社会を前提として形成された(1)。しかし、社会の現状は、律がその形を整えた時点においてすでに変わりつつあった。そして、唐後半期から宋代にかけての時期、律の刑制は、唐代に完成したその他の政治制度と同様に、激変する社会への対応を餘儀なくされたのである。

なかでも著しい変貌を遂げたのは、徒刑と流刑とであった。これらの刑罰が律の刑罰体系の主要部分を構成したことを考えれば、それはむしろ当然とも言える。[2] 流刑に関して言えば、第三章で論じた如く、唐代においてすでに、律の規定と刑罰運用の実際とのあいだには相当の懸隔があり、本来の追放刑的な性格はこの時からすでに変化しつつあったと言ってよい。

新たな統一王朝たらんとして登場した宋朝が建国直後の建隆四年（九六三）七月に制定した『宋刑統』は、周知の如く、唐律の枠組みをほぼそのまま継承したものであったが、そこに規定された刑罰の執行形態は大きく異なっていた。なぜなら、同じく建隆四年三月に制定された「折杖法」が『刑統』に採用されていたからである。

折杖法の規定によれば、律の五刑のうち、笞刑・杖刑は臀杖（臀打ちの刑）に、徒刑は脊杖（背中を打つ刑）にそれぞれ換算して行われ、流刑は脊杖と一年間の「配役」つまり強制労働（加役流の場合は三年）に読み替えて執行される。[3] これによって、徒刑は労役刑としての本質を完全に失い、流刑もその性質を大きく変えることとなったわけである。

折杖法は、北宋末に二度にわたる改正を経たものの、その変更は笞刑・杖刑・徒刑に限られ、しかも臀杖から小杖に変更された笞刑を除き、杖打数の減少に止まったから、[4] 法の大枠は宋代を通して維持されたと言えよう。その限りにおいて、折杖法は宋代を通じての「定制」であったと言い得る。[5]

無論、宋代には、皇帝の下した勅を取捨選択して編まれた「編勅」や「勅令格式」という、『刑統』とは別系統の法典が存在した。律と勅とは基本法と特別法の関係にあり、勅に規定がないときに、律が補充的に効力をもつ。[6] しかしながら、勅の定める刑罰の多くは、律つまり『刑統』の五刑に即したものであり、それらの刑罰を執行する際には折杖法が適用される。折杖法は、宋代において「律勅双方の法定刑に関する読み替え規定」として行用されたのである。[7]

かかる理解の上に立てば、宋代における執行刑としてまず念頭に置くべきは、臀杖・脊杖（および小杖）と有期労役刑たる配役、そして折杖法の埒外にあった死刑ということになるであろう。ところが、従来、宋代における主要な刑罰として論じられてきたのは、必ずしもこの通りではなかった。たとえば、仁井田陞氏は、宋代の刑罰について言及した際、折杖法について概略した後で、次のように述べておられる。

> したがって従前の五刑の流徒はほとんど有名無実となり、宋初すでに後退し杖刑が進出したかの観を呈している。しかし実は宋代では死刑に次ぐ重刑として配隷なる自由刑——入れ墨して配するを刺配という——が行われていたことは見のがせない。（中略）宋代の刑罰体系では、この配隷と杖（折杖法）とが最も大きな問題をもった部分であった。[8]

宋初における徒流刑の後退・杖打刑の進出と「配隷（刺配）」の登場——かかる仁井田氏の説は、滋賀秀三氏によってさらに緻密なものに練り上げられた。

> 宋朝の支配が確立して平和が恢復すると、死刑に該当する無闇に多数の犯人のうち、大部分について死一等を減ずるための手段として、既述の五刑の上に新たな刑種が発生した。配軍（注記は省略）、編管、羈管なる刑名がこれであり、総称して編配という。（中略）宋代において、臀杖・脊杖とこの編配とが最も普通の刑罰であった。確かに、唐代以来の居作という方式の強制労働が、流刑の読替えとして建前の上では残っていた。その執行方法を定めた宋代独自の条文も見出される。それは概ね唐令の規定を踏襲してはいるが、婦人には居作を課さないこととしている点などは唐令と異る。しかし他面に、宋の勅——それは部分的にしか伝存していないが——を見ると、しかじかの罪が律に照らして流に当るならば、これを編配に処する旨を定め

ている箇条が少なくない。そして、流犯が編配に処される場合には居作を免除するという一箇条がある。かような勅の規定によって、流の折杖法による読替えがそのまま適用されることは殆んどなくなっていたのではないかと考えられる[9]。

後章にて詳述するように、「配軍」とは、刑罰として廂軍すなわち雑役部隊に編入することであり、「編管」とは、罪人を簿籍に附して監督・管理する刑罰である。滋賀氏は、臀杖・脊杖と編配を宋代の「最も普通の刑罰」とされる一方、仁井田氏が言及されなかった「配役」（居作）に対しては、「流の折杖法による読替えがそのまま適用されることは殆んどなくなっていたのではないか」と極めて消極的な評価しか与えられなかった[10]。これは、当時の社会経済の変化に対する、氏の次のような見解に基づいている。

唐から宋にかけての間に、居作という方式の強制労働が廃れたのは、時勢の然らしめるところであったと考えられる。この間に社会一般に、自給自足経済から貨幣経済への大きな進展が見られた。均田・租庸調制から、土地の所有・譲渡の自由を前提とする両税法への切替えも、この時勢を反映したものに外ならない。これに伴って、各官庁の営む公共事業や官庁自体の日常的自己運営の方式も、徭役その他の無報酬労働を駆使しての自家施工・自家生産方式から、税として納めた貨幣の支出による請負施工・物品調達の方式に切替わっていった。官庁の雑役については、衙役なる独自の職能身分が生じて、奴婢や一般人のこの方面への徴用を不要ならしめた。こうして一般官庁においては、居作者を受入れてその労働力を経済的に消化する余地がなくなっていったのであろう。ただ、軍隊という名の雑役に駆使せられる集団が、罪人や社会からのあぶれ者を吸収する機能を、一手に受持つこととなった。そして、配軍と並んで生じた編管という名の、居作を伴わない流謫の新方式は、後の明清時代の流刑の先蹤をなすものと見ることができるであろう[11]。

滋賀氏によれば、折杖法による読み替えをそのまま適用して流犯を居作労働に従事させたとしても、官庁の雑役はすでに衙役により担われるようになっていたため、居作者を受け入れる餘地はもはや無くなっていたという。先に滋賀氏は、律に照らして流罪に当る罪について宋勅がしばしば「これを編配に処する旨を定め」、かつ、「流犯が編配に処される場合には居作を免除する」規定が存することを強調されたが、それは、「居作方式による強制労働」を「軍隊という名の雑役に駆使せられる集団」に担わせるための方策と理解されたからかも知れない。氏が、罪人を雑役部隊に編入する「配軍」と居作を伴わない「編管」とを、宋代の「最も普通の刑罰」の一つに挙げられたのも、唐から宋にかけて生じた社会経済の大きな変動を念頭に置いてのことと推測される。

こうした滋賀氏の見解は、宋代の刑罰制度を概述したものとして、明晰さの点で研究史を画するものであり[12]、「通説」として近年の研究にも大きな影響を与えてきた。たとえば川村康氏は、滋賀説に依拠して「流刑に代替されるべき配役は、実は編配との関係上必ずしも実行されていたとは考えられない」と述べ、さらに、『長編』や『宋会要』などの史料において「脊杖二十配役三年が科せられるべき場合にもおおむね杖の執行後には編配が科されており、現実に配役が行なわれた事例は未だ見出せない」とされた[13]。

しかし、わたくしにはいくつか腑に落ちぬ点がある。滋賀氏は、宋勅では「しかじかの罪が律に照らして流に当るならば、これを編配に処する旨を定めている箇条」が少なからず存し、また「流犯が編配に処される場合には居作を免除するという一箇条がある」ことから、「流の折杖法による読替えがそのまま適用されることは殆んどなくなっていた」と主張されるけれども、宋初における配軍の位置づけやその成立過程を考えると、にわかには同意しがたい。なぜなら、折杖法が施行されはじめた時期と配軍が死刑に次ぐ重刑として宋朝の刑罰体系の中に組み込まれてゆく時期との間には、次章で述べるように、若干の時間のずれが存するからである。

また、宋代においても笞・杖・徒・流・死の唐律的な「五刑」は、法定刑の根幹の地位を依然として占めていたのであり、折杖法はこれら五刑を現実的な執行刑に読み替える機能を果たしていた。言い換えれば、五刑的な刑名が確定したのちに、刑罰執行のために折杖法による刑罰の読み替えが行われたのである。とすれば、流刑に関しても折杖法をそのまま適用して「脊杖＋配役」に読み替えて執行されたと考えたほうが、むしろ自然なのではなかろうか。

さらに、宋代の一般官庁では「居作者を受入れてその労働力を経済的に消化する餘地がなくなっていったのであろう」との滋賀氏の推測にも疑問がある。氏は「流の折杖法による読替え」について、それが「そのまま適用されることは殆んどなくなっていた」とされる。言い換えれば、假に滋賀説の立場をとった場合においても、僅かながら居作者は存在した、ということである。一般官庁において居作者を受け入れる餘地が無い中で、居作者は一体、どのような形で服役していたのであろうか。

本章では、滋賀説の依拠する資料を検討することから始めて、宋代、折杖法のもとで流刑がどのように執行されていたのか、とりわけ脊杖後の労役刑がどのように執行されたのかについて考察してゆきたいと思う。

## 第一節　滋賀説に対する検討

滋賀氏によれば、「唐代以来の居作という方式の強制労働が、流刑の読替えとして建前の上では残っていた」ものの、「流の折杖法による読替えがそのまま適用されることは殆んどなくなっていたのではないか」いう。かかる見解のよりどころとなったのは、

(1)宋代の勅には律の流刑を編配に読み替えることを定めた箇条が少なくないこと

(2)流犯が編配に処される場合には居作を免除すると規定した条文が存在すること
(3)宋代人士の言に居作のことを昔のことと言いなす口吻が見られること
の三点である。しかし、これらは果たして本当に滋賀説の支えとなるのであろうか。

編配（配軍・編管・羈管）は、対象となる罪人を何らかのかたちで国家が管理・監督することから、「配隷」という範疇で一括して言及されることがある。[14]「配隷」と題された『宋会要』刑法門四に、本来は別個の刑罰である配軍や編管などに関係する資料が混在しているのも、その一例である。資料はおおむね年代順に配列されているが、その冒頭には、次のような総論めいた文章が配されている。

国朝、凡そ罪を犯さば、流罪は決し訖らば配役すること旧条の如し。杖以上の情重き者は、刺面と不刺面と有り、本州の牢城に配し、仍ほ各おの地里の近遠を分かち、五百里・千里以上、及び広南・福建・荊湖の別あり。

国朝、凡犯罪、流罪決訖配役如旧条。杖以上情重者、有刺面・不刺面、配本州牢城、仍各分地里近遠、五百里・千里以上及広南・福建・荊湖之別。（『宋会要』刑法四―一）

この刑法門四は、『永楽大典』巻一五一六八、配からの抄録であり、もとの会要が宋代に編まれたいずれのものに該当するのかは未詳であるが、最も早く成立した「新修国朝会要」一五〇巻が進上されたのが仁宗の慶暦四年（一〇四四）であるから、[15]ここに記されているのは、少なくとも建国からしばらく時間を経た時期の状況ということになろう。とすれば、注目さるべきは書き出しの部分である。これによれば、流罪を犯した者は、「旧条」の通り、杖刑（おそらくは脊杖）を執行されたのち労役に服することになっていた。[16]旧条とは、『刑統』にも取り入れられた建隆四年の折杖法を指すと考えられる。このように、折杖法に基づいて流刑を「脊杖＋配役」と読み替えて執行することは、少なくとも宋代のある時期までは、刑罰執行上の根本原則のひとつとなっていたように思われる。孫奭『律音義』の記述は、これを傍証するものであろう。この書は、仁宗の天聖七年（一〇二九）に刊行された律の公式注解書と言うべきものであるが[17]、その名例・流の条に、

皇朝の建隆四年に制めて、徒を犯す者は杖を加へて役を免じ、流を犯す者は杖を加へて留住せしめ、三流倶に役すること一年、加役流は役すること三年とす。

皇朝建隆四年制、犯徒者加杖免役、犯流者加杖留住、三流倶役一年、加役流者役三年。

とあるのは、当時、流罪人を現地に留めて労役に服させる決まりとなっていたことを示すものである。折杖法の本文規定には無い、このような施行規則に相当するようなことが仁宗朝に編まれた律の注解書に記されているということは、折杖法の読み替え規定が流刑についても当時そのまま行われていたことを示唆するものである。

『宋会要』は次に、いわゆる配軍刑が科される場合について述べている。即ち、律（『刑統』）或いは勅（編勅など）によって量刑すれば杖以上に該当するけれども、情状を勘案すれば『刑統』に基づく刑を科すのでは軽きに失すると判断される場合、牢城営なる雑役部隊に送り込むというのである[18]。どの地方の牢城営に編入されるかは、時代と罪状とによって異なるが、大雑把に言えば、最初は「本州」つまり現住の州の部隊に編入することになっていたのが、のちには距離の遠近によって刑罰の軽重を示すようになっていった（第六章第三節を参照）。配軍人には刺面を行うのが原則であった。

要するに、『宋会要』の記事に拠れば、配軍刑が適用されるのは杖罪以上の「情重き者」、つまり法により導き出された刑罰がその罪状に比して不当に軽すぎる者に対してであって、それ以外の者には、流罪であれば折杖法により「脊杖＋配役」を科すというのが、当時の原則であったように思われるのである。宋代の勅が、流犯を編

配に処するよう個別に定めるのは、むしろ編配を特別なものとして扱っていたために他ならない。

さて滋賀氏は、流犯が編配に処される場合には居作を免除すると規定した条文の存在が、流刑の折杖法による読み替えがほとんど適用されなかったことの根拠の一つとされる。問題の条文は次の通りである。

諸て流を犯し応に配すべき、及び婦人の流を犯す者は、並びに脊杖二十を決し、居作を免じ、餘は本法に依れ。

諸犯流応配及婦人犯流者、並決脊杖二十、免居作、餘依本法。（『条法事類』巻七五、刑獄門、編配流役、名例勅）

この条文は、流刑に配軍刑が併科される場合[19]、および女子が流罪を犯した場合には、脊杖二十を執行した後、居作つまり配役を免除することを定めたものである[20]。

配軍刑とは本来「減死一等の刑」、つまり皇帝の実質的判断によって特に死一等を減じて科された刑罰のひとつであった。それが配軍が宋代の刑罰体系に法定刑として組み込まれたのは、太宗の時代からである（第六章第三節を参照）。のち、個々の犯罪について配軍に処する場合が勅によって定められ、真宗朝から仁宗朝を境に、律の五刑を柱として形を整えるに至った[21]。配軍刑が併科される場合には、『条法事類』所収の条文に頻見されるように、その旨が逐一明記される[22]。配役を免除して編配に処するのが通例となっていたのならば、そのつど規定する必要などないであろう。配軍される場合に居作が免除されるのは、むしろ、勅によって配軍刑が併科されると特に定められた場合に限られると言うべきであろう。一方、女子に対する配役免除は、太宗・淳化四年（九九三）の詔に基づくものであり[23]、以前は男子と同じく労役に服していた。要するに、前掲の名例勅に見える労役の免除規定の存在をもって、配役が実際には執行されなかったことの証しとはできないのである。

加えて、勅により制定された法には、五刑のみで法定刑が規定され、配軍刑を併科する規定の無いものが存する。仁宗の景祐元年（一〇三四）に定められた次の法は、その一例である。

〔景祐元年〕四月五日、詔すらく「諸色、私塩を犯し興販して禁地に入りたれば、旧条は、一両ならば杖八十、十斤ならば杖一百、二十斤ならば徒一年、二百斤ならば加役流なり。茶禁と比ぶるに、一両より二十斤に至らば笞四十、十斤ごとに一等を加へ、百斤ならば徒一年、四百斤ならば加役流。今、一両を以て杖八十とし、二十斤ならば杖一百、四十斤ならば徒一年、四十斤毎に一等を加へ、四百斤ならば加役流とせよ」と。〈法を犯す者衆きを以て、稍やその禁を寛（ゆる）む。〉

四月五日、詔「諸色犯私塩興販入禁地、旧条一両杖八十、十斤杖一百、二十斤徒一年、二百斤加役流。比茶禁、一両至二十斤笞四十、十斤加一等、百斤徒一年、四百斤加役流。今以一両杖八十、二十斤杖一百、四十斤徒一年、毎四十斤加一等、四百斤加役流」。〈以犯法者衆、稍寛其禁。〉（『宋会要』食貨二三―三七）

景祐元年に改定された私塩に関する新法においても、またそれ以前に施行されていた「旧条」においても、法定刑は「杖刑」～「加役流」として定められ、折杖法により「臀杖」～「脊杖＋配役三年」として執行された（**表5-1**参照）。このような「ある犯罪類型に対する法定刑として流刑を規定しながら、併科される編配を規定しない勅」は、『条法事類』所載の南宋の慶元勅にも見られる。[24] 一方、「配役が編配によって代替されずに執行される」場合を含む条文は、慶元勅に散見するほか、紹興勅にも存する[25]（**表5-2**参照）。[26] 流刑囚が配役（居作）を免除されるのは、配軍刑の併科が勅により特に定められた場合に限られ、そうでない場合には折杖法の規定通りに配役が執行されるものとして条文には規定されていたのである。

次に、宋代人士の言に居作を昔のことと言いなす口吻が見られるとされる点についてであるが、滋賀氏の依拠された史料は二つある。ひとつは、神宗の熙寧三年（一〇七〇）に中書門下が「刑名未安者」として列挙した問

**表5－1　景祐元年（1034）塩法（犯私塩興販入禁地）と旧条、茶法との比較**

<table>
<tr><th colspan="2">旧　　条</th><th colspan="2">景祐元年法</th><th colspan="2">茶　　法</th></tr>
<tr><th>贓　額</th><th>法定刑</th><th>贓　額</th><th>法定刑</th><th>贓　額</th><th>法定刑</th></tr>
<tr><td>一両以上</td><td>杖八十</td><td rowspan="2">一両以上</td><td rowspan="2">杖八十</td><td rowspan="2">一両以上<br>二十斤未満</td><td rowspan="2">笞四十</td></tr>
<tr><td>一十斤以上</td><td>杖一百</td></tr>
<tr><td>二十斤以上</td><td>徒一年</td><td>二十斤以上</td><td>杖一百</td><td>二十斤以上</td><td>笞五十</td></tr>
<tr><td rowspan="13">二百斤以上</td><td rowspan="13">加役流</td><td rowspan="2">四十斤以上</td><td rowspan="2">徒一年</td><td>三十斤以上</td><td>杖六十</td></tr>
<tr><td>四十斤以上</td><td>杖七十</td></tr>
<tr><td rowspan="4">八十斤以上</td><td rowspan="4">徒一年半</td><td>五十斤以上</td><td>杖八十</td></tr>
<tr><td>六十斤以上</td><td>杖九十</td></tr>
<tr><td>七十斤以上</td><td>杖一百</td></tr>
<tr><td>一百斤以上</td><td>徒一年</td></tr>
<tr><td>一百二十斤以上</td><td>徒二年</td><td rowspan="7">四百斤以上</td><td rowspan="7">加役流</td></tr>
<tr><td>一百六十斤以上</td><td>徒二年半</td></tr>
<tr><td>一百八十斤以上</td><td>徒三年</td></tr>
<tr><td>二百二十斤以上</td><td>流二千里</td></tr>
<tr><td>二百六十斤以上</td><td>流二千五百里</td></tr>
<tr><td>三百斤以上</td><td>流三千里</td></tr>
<tr><td>四百斤以上</td><td>加役流</td></tr>
</table>

**表5－2　紹興勅における塩法**

| | 法定刑 | | 執行刑 | | |
|---|---|---|---|---|---|
| 私塩量 | 五刑 | 編配 | 杖打 | 配役 | 編配 |
| 一両以上 | 笞四十 | — | 小杖八下 | — | — |
| 二斤一両以上 | 笞五十 | | 小杖十下 | | |
| 四斤一両以上 | 杖六十 | | 臀杖十二 | | |
| 六斤一両以上 | 杖七十 | | 臀杖十三 | | |
| 八斤一両以上 | 杖八十 | | 臀杖十五 | | |
| 十斤一両以上 | 杖九十 | | 臀杖十七 | | |
| 十二斤一両以上 | 杖一百 | | 臀杖二十 | | |
| 二十斤以上 | 徒一年 | | 脊杖十二 | | |
| 四十斤以上 | 徒一年半 | | 脊杖十三 | | |
| 六十斤以上 | 徒二年 | | 脊杖十五 | | |
| 八十斤以上 | 徒二年半 | | 脊杖十七 | | |
| 一百斤以上 | 徒三年 | | 脊杖二十 | | |
| 一百二十斤以上 | 流二千里 | — | 脊杖十七 | 配役一年 | — |
| 一百四十斤以上 | 流二千五百里 | | 脊杖十八 | | |
| 一百六十斤以上 | 流三千里 | | 脊杖二十 | | |
| 三百斤以上 | | 配本城 | 脊杖二十 | — | 配本城 |

題点のうち「徒流折杖之法」について述べた部分である。(27)

二、徒流折杖の法、禁網密を加え、良民偶たま抵冒するもの有らば、便ち脊を杖たるるを致し、衆の醜棄する所となり、終身の辱めと為る。愚頑の民、この刑に坐すると雖も、その創累旬を過ぎずして平らげば、則ち已にその痛楚を忘れ、又た且つ愧恥の心無きは、是れ以てその悪を懲らすに足らざるなり。若し徒流罪の情理巨蠹に非ざる者をして、古の居作の法を復せしめ、如し赦降に遇ひ、止だ月日を第減すべくんば、良民をして則ち肌膚を毀傷するを免れしめ、但だこれを苦使して、歳満つれば則ち全人と為るを得、以て回心して自新すべし。頑民は則ちこれを徒官に囚へ、年歳を経歴せしむれば、善良を侵擾すること能はず。かくの如くんば則ち俗に恥格の期有り、官に給使の利有らん。

中書上刑名未安者五条。（中略）二、徒流折杖之法、禁網加密、良民偶有抵冒、便致杖脊、衆所醜棄、為終身之辱。愚頑之民、雖坐此刑、其創不過累旬而平、則已忘其痛楚、又且無愧恥之心、是不足以懲其悪。若令徒流罪情理非巨蠹者、復古居作之法、如遇赦降、止可第減月日、使良民則免毀傷肌膚、但苦使之、歳満則為全人、可以回心自新。頑民則囚之徒官、経歴年歳、不能侵擾善良。如此則俗有恥格之期、官有給使之利。（中略）詔付編勅所、詳議立法。（『長編』巻二一四、熙寧三年八月戊寅条）

「徒流折杖之法」とは言うものの、述べられているのは、折杖法施行により徒刑が労役刑でなくなったことが惹起した社会問題についてであり、論者は徒刑を本来の労役刑の姿に戻すよう提言しているのである。(28)「昔のこと」として言われているのは、律の徒刑（労役刑）に他ならず、折杖法の居作部分のみに限らない。

いま一つ滋賀氏が依拠されるのは、南宋・淳熙十一年（一一八四）の刑部・大理寺の上奏文中の次のくだりである。

我が藝祖に逮び、五代の苛を一洗し、猶ほ隋制を以て重きと為す。是に於いて悉く易ふるに決を以て流徒杖笞の法と為し、名は存するも実は改めらる。加役流より流二千里に至るまで、その刑四あり、並びに脊杖を決し配役すること差有り。謂ふところの配役とは今の所謂配に非ず、古の所謂徒役これなり。徒三年より徒一年に至るまでその刑五あり、並びに脊杖を決すること差有り。而して尽くその徒役の年を免かる。

淳熙十一年、校書郎羅点言「（中略）」。既而刑部大理寺奏言「（中略）逮我藝祖、一洗五代之苛、猶以隋制為重、於是悉易以決為流徒杖笞之法、名存実改。自加役流至流二千里、其刑四、並決脊杖配役有差。所謂配役非今之所謂配、古所謂徒役是也。自徒三年至徒一年、其刑五、並決脊杖有差、而尽免徒役之年。（後略）」。（『文献通考』巻一六八、刑考、徒流）

滋賀氏は、折杖法の配役を「今の所謂配に非ず、古の所謂徒役これなり」と説明した部分に、宋人が配役（居作）を昔のことと言いなす口吻を読み取られる。しかしここは、折杖法により流刑を読み替えて科される配役が、配軍ではなく、律にいう徒役（居作）、即ち有期の労役刑であったことを説明しているに過ぎない。したがって、この資料を、折杖法による流刑の読み替えがそのままは適用されなかったことの根拠とすることはできないのである。

同様のことは、次の史料からも言えるであろう。

〔淳熙八年（一一八一）五月〕この月十九日に又た札子あり、「已に降せし指揮を勘会し、刑獄を疏決せよ。刑部見に擬断すれば、両浙州軍幷びに大理寺・臨安府は獄案を待報せよ。それ降に闘殺の情軽き幷びに雑犯死罪の人有るは、尊しんで上件の指揮を稟け、幷びに一等を降して断放せよ。闘殺の情理軽きに縁るは、死罪は降して流に至らしめ、法に依りて断じ訖らば、本処にて居作せしむること一年、満つるの日に放て。及び彊盗は、死罪は降して流に至らしめ、法に依り尚ほ刺配の類有り。兼ねて命官贓罪を犯さば、まさに減降

の指揮を照応して施行すべし」と。（後略）

是月十九日又札子、「勘会已降指揮、疏決刑獄、刑部見擬断、両浙州軍幷大理寺・臨安府、侍〔当作「待」〕報獄案。其降有闘殺情軽幷雑犯死罪之人、尊稟上件指揮、幷降一等断放。縁闘殺情理軽、死罪降至流、依法断訖、本処居作一年、満日放。及彊盗、死罪降至流、依法尚有刺配之類。兼命官犯贓罪、合照応減降指揮施行」。（『宋会要』瑞異三―一三）

この札子は、「陰雨未だ已まざる」事態を打開すべく三日前に下された「降」、すなわち刑罰の減刑措置[29]を受けて発せられたものである。「闘殺の情理軽きに縁るは、死罪は降して流に至らしめ、法に依りて断じ訖はらば、本処にて居作せしむること一年、満つるの日に放て」とは、死刑から罪一等を軽減されて流刑（流三千里）となった罪人について、折杖法の読み替え規定に基づき、脊杖二十を決した後、その州にて一年間の「居作」に服役させ、刑期を満了すれば放免せよ、という意味である。文中の「居作」が折杖法の労役部分を指していることは、明白である。

以上に述べたことから、滋賀氏の拠られる資料が「流の折杖法による読み替えがそのまま適用されることは殆どなくなっていた」という推測の根拠とはなり得ないことは明らかであろう。折杖法の適用において、ひとり流刑のみを例外視せねばならぬ必然性はもはや無くなったのである。

## 第二節　配役に関する令の条文

とすれば、配役に関する宋代独自の条文が『条法事類』に収められているのも、むしろごく当然のことと言え

る。まず服役の場所について定めた断獄令の条文には、

諸て流罪を犯し、住家の所に帰り居作せんと願ふ者は、決し訖らば部送せよ。若し応に編管すべき者は、編管の所のおいて役せ。〈羈管人は、此に准れ。〉

諸犯流罪、願帰住家之所居作者、決訖部送。若応編管者、役於編管之所。〈羈管人、准此。〉（『条法事類』巻七五、刑獄門、編配流役、断獄令）

とある。居作人つまり配役人は、通常は判決を受けた州（裁判地）において労役に服することになっており、「住家の所」つまり罪人が居住していた州（現住地）での服役を願い出た場合はそれが許された[30]。先に引いた『律音義』の注釈は「流を犯す者は杖を加へて留住せしめ云々」と記すのみで「どこに留住させるのか」について特に明記していないが、このことは、裁判地と現住地とが一致していることが当時は一般的であったことを示唆している[31]。

配役の実際については、同じく断獄令に次のように規定されている。

諸て流囚は、決し訖らば、髪を髠し、巾帯を去り、口食を給し、二十日外に居作し[32]、量りて兵級或ひは将校を以て防轄せしめよ。假日に所居の院を出づるを得ず。病を以て假に在る者は陪日を免ず[33]。役満ち或ひは恩あれば則ち放て。

諸流囚、決訖、髠髪、去巾帯、給口食、貳拾日外居作、量以兵級或将校防轄。假日不得出所居之院。以病在假者、免陪日。役満或恩則放。

すなわち、流罪と決まった罪人は、折杖法の規定に従って、まず所定の数だけ脊杖を受けた後、頭髪を剃り、巾

帯を取り去って、本人分の食糧を支給されて服役する。食糧の支給額は、給賜格によれば、一日一人当り「米二升」であった。[34]配役人を監視するために、兵士もしくは将校が適宜つけられた。[35]休日にも服役する場所から外に出てはならなかった。病気のために取った休暇は、刑期に算入される。服役すべき日数を満たした場合もしくは恩赦があった場合、罪人は釈放された。なお、天聖獄官令の宋令にも、類似の条文が見える。

諸て流配の罪人の居作する者は、巾帯を着くるを得ず。毎旬、假を給すること一日、臘・寒食には、各おの假を給すること二日、所居の院を出づるを得ず。患假の者は、陪日せしめず。役満つれば則ち放て。

諸流配罪人居作者、不得着巾帯。毎旬給假一日、臘・寒食、各給假二日、不得出所居之院。患假者、不令陪日。役満則放。（宋16条）

諸て配流の囚は、決し訖らば、二十日外に居作し、量りて配所の兵校を以て防轄せしめよ。

諸配流囚、決訖、二十日外居作、量以配所兵校防轄。（宋17条）

天聖令所収の「宋令」の成り立ちについては附篇第二論文にて詳論するが、これら二条は、対応する唐令条文と多少異なっており、唐末五代～宋初にかけての間になされた制度変更が反映されているものと推測される。慶元断獄令は、両条に対して若干の改変を行いつつ一条に撚り合わせたものと見なすことができよう。

配役人と編配人とを区別して扱うよう定めた条文も存在する。たとえば、逃亡を試みて捕獲された場合、配役人と配軍人とでは受ける刑罰が全く異なる。すなわち、逃亡した配役人が捕獲された場合の刑が最高でも杖一百（臀杖二十）であるのに対し、[36]配軍人は元の配軍先に応じて刑罰が細かく規定されており、いずれも配役人の場合に比べて重い刑罰を科される。[37]また、偽って他人に罰を受けさせた場合の罰則規定でも、編配と配役（居作）と

では、はっきりと区別されている。(38)

## 第三節　流刑に対する折杖法の適用事例

### 一　判決原案に見える事例

更に、折杖法によって流刑が「脊杖＋配役」に読み替えられた事例もいくつか見出し得る。南宋の事例ではあるが、大理寺の下した判決原案で折杖法による流刑の読み替えがなされている例を、まず挙げる。

〔紹興二年（一一三二）十月〕庚寅、富順監の男子李勃を都市に斬す。勃は偽りて徐王と称し、大理に下さる。ここに至りて獄成り、殿中侍御史黄亀年・徽猷閣待制枢密都承旨趙子画・皇兄右監門衛大将軍忠州防禦使安時に詔して審問せしむ。法寺言へらく「勃は俸券を受け金銀を饋遺せられて、共に贓を計るに絹四千餘匹、当に杖脊して流二千里、居役一年たるべし」と。勃に詔して軍法に依らしむ。（後略）

庚寅、斬富順監男子李勃于都市。勃偽称徐王、下大理。至是獄成、詔殿中侍御史黄亀年・徽猷閣待制枢密都承旨趙子画・皇兄右監門衛大将軍忠州防禦使安時審問。法寺言「勃受俸券饋遺金銀、共計贓絹四千餘匹、当杖脊流二千里居役一年」。詔勃依軍法。（『繫年要録』巻五九）

自ら「徐王」と名乗って蜀の地から出て来た李勃は、偽者であることが判明すると即座に逮捕され、まず大理寺で裁かれた。大理寺は、彼が皇族と偽って手にした贓額を絹四千餘匹と算定した上で、「脊杖、流二千里、居役一年」との判決を下した。贓額と量刑の関係から推測して、適用条文は、諸て監臨の官、監臨する所の財物を受くる者は、一尺ならば笞四十、一疋ごとに一等を加へ、八疋ならば徒一年、八疋ごとに一等を加へ、五十疋ならば流二千里。（中略）乞取する者は一等を加ふ。強乞取する者は、枉法に准じて論ず。

諸監臨之官受所監臨財物者、一尺笞四十、一疋加一等、八疋徒一年、八疋加一等、五十疋流二千里。（中略）乞取者加一等。強乞取者、准枉法論。（『宋刑統』巻一一、職制律、受所監臨贓）

であると考えられる。(39)注目すべきは、大理寺の下した判決において、「流二千里」を「脊杖＋居役一年」と敷衍している点である。最終的に李勃は、「詔」すなわち皇帝の判断に基づき「軍法」により裁かれ斬刑となったけけれども、大理寺の判決は、折杖法による流刑の読み替えが実際に機能していたことを物語っている。

もう一つ、南宋の事例を挙げよう。紹興十一年（一一四一）十二月、岳飛に連坐した僧沢一は、刑部・大理寺によって「流三千里私罪」に断ぜられ、「まさに脊杖二十を決し、本処にて居作せしむること一年たるべし。役満つるの日に放ち、仍おまさに本処に下して、『僧、私罪流を犯さば還俗せしむ』の条に照らして施行すべし。情重ければ奏裁す(40)」との判決を受けた。この判決原案は、聖旨、つまり高宗の最終的判断により「決脊杖二十、刺面、配二千里外州軍牢城小分収管」と変更されたのであるが、これは原案に「情重奏裁」の文言があったために他ならない。通常であれば、流罪の判決を受けた者に対して「脊杖＋配役」が執行されたであろうことを、この史料から推測し得るのである。

## 二　配役の執行事例

次に挙げる事例は、流刑が「脊杖＋配役」として実際に執行されていたことを示すものである。太平興国七年

(九八二)八月、四川地方の通貨政策(鉄銭の銅銭への切り替え)にまつわる汚職が摘発され、剣南東川転運使宋覃・同副使聶詠・同転運判官范祥らが御史臺の獄に下り、覃・詠は「杖脊、配役将作監」なる判決を受けた(41)。宋覃らは、任地で月俸の銅銭を鉄銭と交換した際、法定レートよりも割高な交換比率を用いたため、罪に問われることとなったのであるが、これは『宋刑統』巻一一、職制律にいう「監臨官受所監臨財物」の乞取(もしくは強乞取)贓に相当すると思われる(前頁所掲の条文を参照)。乞取に対する最高刑は流二千五百里、強乞取は流三千里である。詠らの犯した罪は受所監臨贓の乞取(もしくは強乞取)に相当すると考えられ、贓額もかなり大きかったはずであり、御史臺はおそらく彼らを流罪にあてたものと思われる。そして折杖法により、流刑は「脊杖+将作監での配役」に読み替えて執行されたのであろう(42)。

至道二年(九九六)八月、許州舞陽県尉劉蒙が県の役夫を決殺して「杖脊、配役少府監三年」に処せられたのも、折杖法により流刑を「脊杖+配役」に読み替えて執行した事例と見なし得る。

許州舞陽県尉劉蒙、脊を杖し、少府監に配役すること三年。本県の役夫を決殺するに坐するが故なり。

許州舞陽県尉劉蒙、杖脊、配役少府監三年。坐決殺本県役夫故也。(『太宗実録』巻七八、至道二年八月辛丑)

宋代の県尉は専ら捕盗の任に当っていたことから、劉蒙の罪は、『宋刑統』巻三〇、断獄律、監臨官捶迫人致死に、

諸て監臨の官、公事に因りて自ら杖を以て人を捶(むちう)ち死を致し、及び人を恐迫して死を致す者は、各おの過失殺人法に従ふ。(中略)是れ監臨主司と雖も、法に於いてまさに行罰すべからず、及び前人まさに捶拷すべからざるに捶拷する者は、闘殺傷を以て論じ、死に至る者は加役流。

諸監臨之官、因公事自以杖捶人致死、及恐迫人致死者、各従過失殺人法。（中略）雖是監臨主司、於法不合行罰、及前人不合捶拷而捶拷者、以闘殺傷論、至死者加役流。

とあるうちの「前人不合捶拷而捶拷者、以闘殺傷論、至死者加役流」に該当すると考えられる。折杖法では、加役流は「脊杖二十＋配役三年」として執行される。本来の規定から言えば、劉蒙は将作監にて労役に服すべきであったが、第五節で詳述するように、宋初の将作監は官営工房としての機能を喪失していた。これに対して当時の少府監は、多くの工房を擁する文思院の所轄官庁であった。[43]「少府監に配役」されることとなった劉蒙は、おそらくは少府監が管轄する工房で労役に服したと推測される。後掲の史料（一九四頁に引く『宋会要』）において、少府監が「本監の配役人、前太常丞郭晃ら九人云々」と上言しているのも、かかる推測を助けるものであろう。

## 第四節　配役人が存在したことを示す事例

### 一　恩赦に見える徒役人・配役人

恩赦（赦・降・徳音）においても、「徒役人」や「配役人」に対して言及するものが散見される。

徳音。荊南潭・朗州の死罪囚を減じ、流以下はこれを釈し、配役人は放還せよ。（太祖・乾徳元年（九六三）四月甲申）

徳音。減荊南潭・朗州死罪囚、流以下釈之、配役人放還。（『長編』巻四）

天下に赦す。死罪を降して流に従ひ、流以下はこれを釈し、配役者は居作を免ず。（乾徳三年（九六五）五月戊子）

赦天下。死罪降徒〔当作「従」〕流、流以下釈之、配役者免居作。（『長編』巻六）

徳音。死罪囚を降し、流以下はこれを釈し、男子・婦人の配役者は自便を聴す。（開宝九年（九七六）正月壬申）

徳音。降死罪囚、流以下釈之、男子・婦人配役者、聴自便。（『長編』巻一七）

配流・徒役人等は、並びに元の罪犯を具して以聞し、別に進止を聴け。（太宗・太平興国八年（九八三）八月壬辰）

制曰「（中略）配流徒役人等、並具元罪犯以聞、別聴進止」。（『太宗実録』巻二六）

配流・徒役人及び先に配充せられし奴婢等は、並びに免じて庶人と為せ。（至道二年（九九六）正月辛亥）

可大赦天下。（中略）配流徒役人及先配充奴婢等、並免為庶人。（『太宗実録』巻七六）

両京・諸路の繋囚は、十悪の罪死に至る・官典の枉法贓を犯す・劫殺・謀殺・故殺・已殺人は降さざるを除くの外、死罪は降して流に従ひ、流罪は降して徒に従ひ、徒罪は杖に従ひ、杖已下は並びにこれを釈す。徒役人は並びに放ちて便に従へ。内、黥面人は所犯を具して奏裁せよ。（真宗・咸平二年（九九九）閏三月丁丑）[44]

両京・諸路繋囚、除十悪罪至死・官典犯枉法贓・劫殺・謀殺・故殺・已殺人不降外、死罪降従流、流罪降従徒、徒罪従杖、

諸路繋囚制）

〔当補「杖」〕已下並釈之。徒役人並放従便。内黥面人具所犯奏裁。（『宋大詔令集』巻一五一、政事、儆災、以旱減降両京

応て流罪を犯して配役さるる人は、並びに放ちて逐便せしめよ。応て刺面・不刺面の配軍・編管人等は、謀叛以上の縁坐人・強盗・已殺人を除くの外、並びに特に三年を減ずるを与し、理へて検放の年限と為せ。（宣和七年（一一二五）十一月十九日）

南郊、制「応犯流罪配役人、並放逐便。応刺面・不刺面配軍・編管人等、除謀叛以上縁坐入〔当作「人」〕・強盗・已殺人外、並特与減三年、理為検放年限」。（『宋会要』刑法四―四〇）

応て流罪を犯して配役さるる人は、並びに放ちて逐便せしめよ。（建炎二年（一一二八）十一月二十二日）

赦、応犯流罪配役人、並放逐便。（『宋会要』刑法四―四一）

このうち、宋初の例に限って言えば、赦文中の「配役人」「徒役人」の中に、折杖法による配役人以外の者が含まれていた可能性がある。なぜなら、当時、強盗・窃盗や専売法違反などの罪を犯した者を「脊杖＋配役」に処するよう定めた法律があったからである[45]。しかし、こうした犯罪に対する処罰もおおむね北宋前半のうちに改められたから[46]、これ以降の「配役人」は、専ら折杖法により流刑を読み替えて服役している者と見なしてよかろう。

恩赦により配役人が放免されることが多いのは、唐代において律の規定にもかかわらず、流人が恩赦によって帰還を許されていた[47]ことを承けるものであろう。『条法事類』に引く獄官令には、恩赦があれば配役人を放免すると規定されている[48]。

### 二　恩赦による配役人放免の事例

恩赦によって居作を免除されている例としては、

少府監言へらく「本監の配役人、前太常丞郭晃ら九人、赦に会ふを以て上請す」と。特に詔してその居作を免ずるも終身歯せず。晃ら皆な贓吏なるを以てなり。

少府監言「本監配役人前太常丞郭晃等九人、以会赦上請」。特詔免其居作、而終身不歯。以晃等皆贓吏也。（『宋会要』職官七六―三、端拱元年（九八八）三月二十九日）

を挙げ得る。この場合、上請の手続きを踏んでいるのは、郭晃らが収賄罪を犯して特に厳罰に処せられた官吏であったからに他ならず、通常の場合は、もっと簡単に放免されたと考えられる。

以上に挙げたことがらから、宋代の流刑は、折杖法により「脊杖＋配役」と読み替えて執行されていたことは明らかである。そこで次に問題となるのが、その配役が具体的にどのような形態をとって行われていたのかである。次節では、宋代における配役の実態とその変容の過程を見てゆくこととする。

## 第五節　配役の実態とその変容

滋賀氏は「唐から宋にかけての間に、居作という方式の強制労働が廃れたのは、時勢の然らしめるところであった」とし、労役刑後退の原因として、自給自足経済から貨幣経済への進展に言及されている(49)。確かにこの時期は、政治制度・社会・経済の様々な方面において大きな変動が進行していたときであり、労役刑のみを例外として扱うのはいかにも不自然である。しかし第三節で検討したように、宋代の基本法典たる『刑統』に定められた折杖法は、流刑においてもその規定の通りに執行され、配役は実際に行われていた。ではそれは、どのような点で唐制と異なっていたのであろうか。

唐の獄官令によれば、徒罪を犯して労役に服すべき罪人は、在京の男子であれば将作監、女子の場合は少府監に配属されることになっていた。地方の場合は、現住所を管轄する州に送られ、そこでかせを著けて官役に服するよう定められていた。(50) 宋初に制定された折杖法によって、流刑は追放刑たる本質を失い、脊杖と有期の配役として執行されることとなった。配役人は裁判を受けた州（多くの場合、現住地の州であったろう）にて服役する決まりになっていたことから、配役は唐の徒刑とほとんど同じと見るのが普通であろう。『宋刑統』の引く獄官令では、在京の男子は将作監に配属されて服役することになっていた。(51)

ところが宋初の将作監は、唐制とは大きく異なっていたのである。唐の将作監は、管下に左校署・右校署・中校署・甄官署等の部局を擁し、長官たる監がこれらを統轄して、将作監は少府監と並んで「土木工匠之政」つまり官営工業の中心的存在であった。ところが宋代になると、こうした土木事業・工作は将作監の手を離れて、三司修造案が管轄することとなった。その結果、将作監は、判監事が「但だ祠祀・供省の牲牌・鎮石・炷香・盥手・焚版幣の事を掌るのみ」という全くの閑職となってしまい、(52) 本来の長官である将作監以下のポストは、一切実職を伴わない寄禄官と化してしまったのである。

## 一　作　坊

配役人の受け皿となる将作監にかかる変化が生じていた以上、折杖法に伴う配役を唐制の規定通りに行おうとしても、それがきわめて困難であったであろうことは、想像に難くない。制度と現実とがうまく噛み合っていなかったことは、早くも乾徳五年（九六七）二月癸酉になされた御史臺の上言に指摘されている。

御史臺上言すらく「伏して見たるに、大理寺の徒に断じたる罪人、官当・贖銅に非ざるの外、将作監に送りて役する者あり。それ将作監は旧と兼ねて内作使に充てられ、又た左校・右校・中校署有り、比来の工役は、並びにこの司に在れば、今その名有りと雖も、復た役使すること無し。或ひは祠祭に遇ひて水火を供すれば、則ち本司官を供する有り。欲し望むらくは、大理寺をして格式に依り徒罪人を断遣するの後、並びに作坊に送付して役に応ぜしめよ」と。これに従ふ。

御史臺上言「伏見大理寺断徒罪人、非官当・贖銅之外、送将作監役者。其将作監旧兼充内作使、又有左校・右校・中校署、比来工役、並在此司、今雖有其名、無復役使。或遇祠祭供水火、則有本司供官。欲望、令大理寺依格式断遣徒罪人後、並送付作坊応役」。従之。（『長編』巻八）

折杖法では徒刑は脊杖に読み替えて執行され労役を伴わないため、ここで言う「徒」とは、流刑の代替刑たる配役を指すと理解される。宋朝の建国間もない時点においてすでに、配役人を将作監に送ってもそこで服すべき労役は無かった。そのため服役場所を作坊（兵器製造工房）に変更せざる得なかったのである。

第三節で紹介した宋覃らの事例も、これと同様に考えてよかろう。「杖脊、配役将作監」（『長編』巻二三）という史料の記述は、大理寺が「格式に依り徒罪人を断遣」した判決に基づくのであろうが、実際の服役は、「作坊に送付して役に応ぜ」しめたものと思われる。

## 二　廂　軍

さて、配役人が服役するに際して実際に配属される部署はなにも作坊のみに限らなかった。たとえば、大中祥符三年（一〇一〇）二月甲辰に下された詔には、

詔すらく「聞くならく、両京・諸路の忠靖に隷せらるる徒役人、刺配の者は即ち衣糧を給せられ、不刺配の者は止だ囚人の日食を給せらるるのみ、と。各おの家属有れば、或ひは匱乏に至らん。宜しく今より例に依りてこれに給すべし」と。

詔「聞両京・諸路隷忠靖徒役人、刺配者即給衣糧、不刺配者止給囚人日食。各有家属、或至匱乏、宜令自今依例給之」。（『長編』巻七三）

とある。忠靖指揮とは、開封府にいくつか設置された廂軍の一部隊である。[53] 同じ労役部隊の中に、額に入れ墨をされた者（刺配者）とそうでない者（不刺配者）とが混在しており、両者の間に待遇の違いがあったことには注目すべきであろう。前者は廂軍兵士、後者は配役人である。同じ内容の労働をしているにもかかわらず、廂軍に属する兵士には給与として食糧と衣服が給与せられ、[54] 配役人には前掲の給賜格に定められたような食糧しか与えられなかったわけである。両者が同じ労役部隊に配属され雑役に従事していたことは、次の記事からも窺われる。

詔すらく「忠靖・六軍の人員・十将は、今後輒（みだ）りに本指揮兵士及び諸色配役人等の銭物を取受すること有るを得ず、その執役の処には並びに仰せて簿を置き、次第して均匀に差遣せしめ、仍ほ各おの用心部轄し、常に斉整を須（もち）ひ、別に過犯を作すを致すこと無かれ。如し違はば、人の陳告するを許し、勘逐して虚犯ならざれば、当に決配を行ふべし。銭物を取受されし人は罪を免ず。陳告の人、若し忠靖・六軍に係らば、常に優

を与へて軽処にて執役せしめよ。如しこれ銭物を取受せられし人、並びに陳告せず、別に彰露有るを致さば、亦た当に重断すべし。仍ほ各おの板榜を置きて抄録し、本営において宣念し張掛せよ」と。〈これより先、忠靖・六軍の軍校、凡そその賄賂を受くる者は則ち優してこれを假(やす)ましめ、賂するところ無き者は則ちこれに重役を委ね、頗る均済に非らざるを以ての故にこれを条約す。〉

詔「忠翊〔当作「靖」〕・六軍人員・十将、今後不得輒有取受本指揮兵士及諸色配役人等銭物、其執役処並仰置簿、次第均匀差遣、仍各用心部轄、常須斉整、無致別作過犯。如違、許人陳告、勘逐不虚犯、当行決配。被取受却銭物人、免罪。陳告人、若係忠靖・六軍、常与優軽処執役。如是被取受却銭物人、並不陳告、致別有彰露、亦当重断。仍令各置板榜抄録、宣念於本営張掛」。〈先是、以忠靖・六軍所〔衍字か〕軍校、凡受其賄賂者則優假之、無所賂者則委之重役、頗非均済、故条約之。〉（『宋会要』刑法七―七、大中祥符八年六月）

六軍指揮も忠靖指揮と同じく、国都開封府に置かれた廂軍の一部隊である[55]。これらの部隊では、廂軍兵士と配役人とが一緒になって雑役に従事していたのであるが、均等に労働を負担させるとの建て前とは裏腹に、上役に袖の下を使えば軽作業に、さもなくば重労働につかされるのが現実であった。

## 三　八作司

仁宗の天聖元年（一〇二三）頃には、事情は更に複雑になり、本来、忠靖指揮に配属されているはずの配役人が、必要に応じて別の部隊に赴いて労役に服するという事例が現われる。

侍衛歩軍司言へらく「開封府の勘断したる不刺面にて忠靖に配せし徒役人、本司は只だ是れ本指揮をして収管し、日々口食を支し、節級を差して監して八作司に赴きて徒役せしめ、夜に至らば帰営せしむるのみ。欲し乞ふらくは、今後、直ちに八作司に送り、轄下の司、分ちて収管せよ」と。これに従ふ。

> 侍衛歩軍司〔当補「言」〕「開封府勘断不刺面配忠靖徒役人、本司只是令本指揮収管、日支口食、差節級監赴八作司徒役、至夜帰営。欲乞、今後直送八作司、轄下司分収管」。従之。（『宋会要』刑法四―一〇、天聖元年七月）

忠靖指揮は廂軍の歩兵部隊であるから、侍衛歩軍司の麾下に属する。(56)食糧や宿舎のことについて、侍衛司が管轄しているのはそのためである。但しこの時、彼らの労役場所は八作司に変わっていた。八作司とは、宋初に設置された、京城内外の修繕を掌る官署であり、労働力としていくつかの廂軍の部隊（指揮）を有していた。(57)忠靖指揮に属していた刑徒は、侍衛歩軍司の管轄下に置かれた八作司所属の部隊ではないため、毎日、軍営から八作司まで通っていたらしい。天聖元年の措置は、刑徒を八作司に移して、八作司が刑徒を管理するよう改めたものである。天聖獄官令宋15条に(58)「諸犯徒応配居作者、在京分送東西八作司」とあるのは、この時の制度変更を条文に反映させたものと考えられる（附篇第二論文第一節を参照）。

このように宋代の配役の実態は、唐制とは大きく異なり、極めて便宜的に様々な官署・雑役部隊において行われていた。先に引いた『宋会要』刑法四―一の続きに、

京城、窰務・忠靖・六軍等に配する有り、亦た南より河北の屯田に配する者有り。

> 京城有配窰務・忠靖・六軍等、亦有自南配河北屯田者。

とあるのは、かかるヴァリエーションのごく一端を記したに過ぎない。

ただ注意せねばならないのは、かかる配役人と廂軍兵士との間には決して越えられない一線が画されていたことである。『宋会要』刑法四―一四に載せる汀州の上言に「兵帳見管の雑犯配軍三百五十九人、云々」(59)とあるよ

うに、一般兵士は勿論のこと、配軍人も軍籍に著けられていた。もちろん配軍人に対しては、一般兵士にはない厳しい管理が行われたが、彼らとて歴とした廂軍の兵士であり、任務として雑役に従事していたにすぎない。したがって、配軍人の労役は恩赦等に伴う放免の措置が取られない限り継続され[60]、明確な刑期が無い。配役はこの点で決定的に異なっていた。配役はあくまでも有期の労役刑であり、恩赦がなくとも所定の年限さえ服役すればそれで釈放される。たとえ同じ場所で労役に服していても、両者の立場はまったく違っていたのである。

## 小　結

宋代の配役は、唐代の居作の流れを汲むかに見えて、たとえば都では将作監が官営工房としての機能を喪失していたために、実際の労役は作坊などそれ以外の工房で行われたばかりか、のちには配役人でありながら雑役部隊たる廂軍に送り込まれて労役に服するという、極めて便宜的に現実に対応した形をとって執行されてきた。彼らとともに雑役に当っていた廂軍兵士もまた、その多くが犯罪によって軍兵に身を落とした者であったけれども、両者は異なる待遇を受け、それが問題として取り上げられることもあった。しかしその最大の相違点は、前述の刑期のことを除けば、刺面の有無であろう。廂軍兵士の額に入れ墨が施されたのは、配軍という刑罰の成立事情に由来する。州において論刑された罪人のうち、奏裁のため赴闕、つまり都に護送される者は刺面された。本来かかる死刑囚には、皇帝の判断により死一等を減じて配流刑が科されていたのだが、赴闕の途上で逃亡・落命する者が多く、なによりも奏裁件数が膨大な数にのぼったために、廂軍への編入つまり配軍が新たな「減死一等の刑」として刑罰体系の中に組み込まれることとなったのである（次章第三節を参照）。刺面は赴闕の際の逃亡防止のために行われた。言い換えれば、刺面と配軍刑とは元来別個のものなのである。ただ、のちには一種の恩恵的措置として配軍人への刺面を免除する場合も現われ[61]、そのせいか、刺面も配軍刑の構成要素の一部と見なされるに至った。

労役刑の系統に属する宋代の執行刑には、折杖法による流刑の代替刑たる配役と配軍刑とが並存していた。律（『刑統』）による流罪人には脊杖ののち配役が課され、奏裁の対象となるような重罪人は脊杖・刺面の上、配軍されるのが通例であった[62]。編配の事例のほうに目がゆきがちなのは、それが重大事案として特筆されたがゆえに現存の史料中に頻見するためであり、それに較べれば軽微な流刑の執行刑たる配役の実例があまり見当らないのは、当然のことかも知れない。通説が執行刑としての配役の存在を等閑視してきた原因も実はこのあたりにあるのではないか。加えて、配軍刑は北宋中頃から南宋にかけてかなり複雑な変化を遂げる。はじめ、罪人の現住地の廂軍に編入される刑罰であった配軍刑は、死刑囚の削減という大前提のもと、配流刑の抱える問題解決と相俟って、強制移動の要素を含むようになっていった（次章第三節を参照）。北宋半ば以降は、勅による刑罰が本刑を唐律的五刑によって規定し、特別な場合について編配を科すという体裁をとるようになる。ただ、その場合でも根幹となっているのは律の五刑であり、折杖法なのである。配軍刑が、律の五刑とは系統を異にし、宋代になって死刑と流刑のギャップを埋めるべく新たに設けられた刑罰であることを確認して、本章を閉じたいと思う。

## 注

（1）滋賀秀三「刑罰の歴史」（一九七二年初出。『中国法制史論集　法典と刑罰』創文社、二〇〇三年所収）三二一頁。

（2）仁井田陞「中国における刑罰体系の変遷——とくに「自由刑」の発達——」（一九三九年初出。『補訂中国法制史研究　刑法』東京大学出版会、一九八〇年に補訂して再録）五一頁、および滋賀「刑罰の歴史」三一一頁。
（3）川村康「宋代折杖法初考」（『早稲田法学』六五―四、一九九〇年。以下、川村「折杖法初考」と略称）八一～八四頁。
（4）川村康「政和八年折杖法考」（杉山晴康編『裁判と法の歴史的展開』敬文堂、一九九二年所収）を参照。
（5）前注（1）滋賀「刑罰の歴史」三一二頁。
（6）前注（1）滋賀「刑罰の歴史」三一一～三一二頁。
（7）前注（3）川村「折杖法初考」一〇〇頁。
（8）前注（2）仁井田陞「中国における刑罰体系の変遷」一一四頁。
（9）前注（1）滋賀「刑罰の歴史」三一二～三一三頁。
（10）滋賀氏は「刑罰の歴史」を前掲『中国法制史論集』に収録する際、次のように補訂されている。「私も勿論、流刑に断ぜられた者は折杖法により杖と配役を執行されたと見ている。ただし律に照らして流に当たる罪のかなり多くが勅によって編配とされ、編配となれば配役を執行されない。さような事情もあって配役執行の数は極小であったろう、というのがここの私見である」（三三九頁）。
（11）前注（1）滋賀「刑罰の歴史」三一四頁。
（12）欧米圏におけるこの分野に関するほとんど唯一の専論、McKnight, Brain E. *Law and order in Sung China.* Cambridge, MA: Cambridge University Press, 1992. の宋代刑罰体系に関する理解は、前注（2）仁井田「中国における刑罰体系の変遷」や宮崎市定「宋元時代の法制と裁判機構――元典章成立の時代的・社会的背景――」（一九五四年初出。『宮崎市定全集』第一一巻、岩波書店、一九九二年所収）に依拠しており、前注（1）滋賀「刑罰の歴史」は参照していない。中国におけるこの分野の研究は枚挙に遑がないが、独自に議論を展開したものが多く、仁井田・宮崎・滋賀各氏の研究を参照している著作は稀である。たとえば王雲海主編『宋代司法制度』（河南大学出版社、一九九二年）は、「宋朝の法律刑名は、伝統的な笞・杖・徒・流・死の五刑の制を踏襲したが、実際の司法の活動において徒刑・流刑が名のみで実を伴わず、刺配や編管などの新しい刑罰に徐々に取って代わられた」（三七二頁）との見地から、折杖法について言及しながら執行刑としての「配役」には全く触れるところが無い（三六七～三七三頁）。郭東旭『宋代法制研究（第二版）』（河北大学出版社、二〇〇一年）は、宋代の流刑を「杖・黥・徒と結合して刺配刑を形成した」（二〇七頁）と理解している。唯一の例外と言うべきは、戴建国『宋代法制初探』（黒龍江人民出版社、二〇〇〇年）であり、仁井田・宮崎氏ら先学の研究成果が参照され、流刑についても本章のもとになった旧稿「宋代の流刑と配役」（『史林』七八―五、一九九五年）に拠って「配役」と「配隷」とを明確に区別している（一四二～一四三頁）。

(13) 前注（3）川村「折杖法初考」八三頁、九〇頁注（32）。なお川村氏は、旧稿「宋代の流刑と配役」の指摘を受け、旧稿に対する書評（『法制史研究』四六、一九九七年）を契機に滋賀氏の説に依拠したこれまでの見解を改め、「配役執行説」の立場から旧稿の不備を補う論考を発表された。川村康「宋代配役考」（『法と政治』五一―一、二〇〇〇年）。なお、川村論文に対する中村正人氏の書評（「書評 川村康「宋代配役考」」『金沢法学』四七―一、二〇〇四年）は、法学者の視点から問題の所在を鋭く指摘したものであり、本章の記述においても多大の益を受けた。

(14) 配隷とは、もともと「隷属」を意味することばであった。それが唐律では「州県に属さずに、国家の諸機関・部局に隷属する人や戸」の意で用いられた。更にのちには、対象となる罪人を国家が何らかの方法で管理・監督する形式をとる刑罰、すなわち配役・配流・配軍・編管・羈管などを広く指して使われるようになった。第四章第一節を参照。

(15) 宋朝の会要編纂については、湯中『宋会要研究』（商務印書館、一九三二年）等を参照。

(16) この場合の「決」が杖刑の執行を意味することは、『訳註日本律令』五、一四四頁注2を参照。

(17) 『玉海』巻六六、詔令、天聖律文音義。

〔天聖〕七年四月、判国子監孫奭言「准詔校定律文及疏、律疏与刑統不同本、疏依律生文、刑統参用後勅、雖尽引疏義、頗有増損。（中略）又旧本多用俗字、改従正体、作律文音義一巻、文義不同、即加訓解」。

なお、『律音義』のテキストについては、岡野誠「北京図書館蔵宋刻律十二巻音義一巻簡介」（『中嶋敏先生古稀記念論集（上巻）』中嶋敏先生古稀記念事業会、一九八〇年）及び「近刊の景宋刊本律附音義について」（『法律論叢（明治大学）』五三―一・二、一九八〇年）を参照。

(18) 旧稿では、勅による刑罰規定に頻見する配軍刑について、これを五刑を読み替えて科される刑罰と理解していたが、川村氏によるご指摘（『法制史研究』四六、二七七頁）を受けて見解を改めた。

(19) 『条法事類』巻七五、刑獄門、編配流役、名例勅に、

諸称配者、刺面、不指定軍名者、配牢城。

とあり、この場合の「配」が配軍の意味で用いられていることは明らかである。

(20) この部分、旧稿では「折杖法による刑の読み替えのうち脊杖二十のみが執行され、居作つまり配役は免除される」と記していたが、川村氏のご指摘（前注（13）「宋代配役考」二七七頁）により見解を改めた。

(21) 前注（3）川村「折杖法初考」九四頁。

(22) たとえば『条法事類』巻二九、権禁門、銅銭金銀出界、衛禁勅。

諸以銅銭出中国界者、徒三年。五百文、流二千里。五百文加一等。徒罪配三千里、従者配二千里、流罪配広南、従者配三千里。三貫配遠悪州、従者配広南。五貫絞、従者配遠悪州。

(23) 『宋会要』刑法四―三、淳化四年七月六日。

詔「凡婦人有罪至流者、免配役」。

(24) 前注（13）川村「宋代配役考」二八七～二八八頁。

(25) 前注（13）川村「宋代配役考」二七九～二八七頁。

(26) 『宋会要』食貨二六―一八、紹興三年十月十一日。

有旨、令戸部・刑部、限三日勘、当申尚書省刑部検具勅条下項。一、紹興勅、諸私有塩一両笞四十、二斤加一等、二十斤徒一年、二十斤加一等、三百斤配本城（注省略）。以通商界塩入禁地者減一等、三百斤流三千里。（後略）

(27) 滋賀氏は前注（2）仁井田「中国における刑罰体系の変遷」の引く『宋史』巻二〇一に拠るが、文章に省略があるため、ここでは『長編』巻二一四、熙寧三年八月戊寅条に拠った。

(28) 刑制をめぐる議論に限らず、「天聖令」など条文の撰定においても、唐制を念頭に置いた言い回しがしばしば用いられることについては、附篇第二論文、四六八頁を参照。

(29) 『宋会要』瑞異三―一三、淳熙八年五月十六日。

都省言「陰雨未已、窃慮刑獄淹延、大理寺委卿少、三衙委主帥、在外州軍委知通、県委令佐決囚、尚慮未尽」。詔「如大情已正。内闘殺情理軽幷雑犯死罪至徒罪以上、幷降一等断放。杖罪以下及干繫人、幷日下釈放。其州郡所委官、如到刑獄官司、限当日決遣了畢、仍具断放過名件人数聞奏。応申奏案状、督責疾速、依条施行。内命官先次召保責出、一面申奏、毋致違戻」。

（30）「流刑受刑者」の護送の詳細については、前注（13）川村「宋代配役考」二九二〜二九五頁にて言及されている。

（31）この部分、川村氏のご指摘（前注（13）「宋代配役考」二九一〜二九二頁）を受けて、記述を改めた。

（32）原文の「貳拾日外居作」について、川村氏は、「外」は「升」の誤り、「日」と「貳」が転倒して「拾」が誤入されたと解し、「日貳升居作」と改変して解釈を試みられた（前注（13）「宋代配役考」三〇八頁注（35））が、近年公開された天聖獄官令宋17条（条文は後掲）に全く同じ句があり、かつ、当該条文では川村説のように改変しても意味が通らないことから、この解釈は成り立ち難いものとなった。なお、天聖獄官令の「二十日外居作」について、戴建国氏は「二十日を過ぎてはじめて服役する」と解釈される（『宋代刑法史研究』上海人民出版社、二〇〇八年、二九七頁）。陳俊強氏も同じ見解をとられるが（「従《天聖・獄官令》看唐宋的流刑」、『唐研究』一四、北京大学出版社、二〇〇八年、三三二頁）、両氏とも解釈の根拠を示されていない。『唐会要』巻八二、休假に、

太極元年四月、勅「遊客・官人子弟、勒還本貫。十日外、杖一百。居停、同罪。須覲問即陳牒、給假発遣」。

『冊府元亀』巻六八九、牧守部、革弊に、

王播為京兆尹、奏以「諸県皆有鎮軍、並随逐水草牧放羊馬。賊徒因茲假託、挟帯軍器、晨夜混雑、善悪不分。伏請従今日已後、牧放之徒、不得輒将弓箭〔崇禎本作「躬帯」、拠宋本改〕・刀剣・器仗等放牧。仍請詔下後十日外、有犯者、百姓所在集衆、決重杖二十。（中略）所冀、邦畿之内、盗賊屏息、居人行客、晨夕獲安」。詔「可。其北軍按習、不同私家、任随便近」。

等の用例があり、「幾日外」は「幾日を経過すれば」の意に解し得る。また「幾年外」の用例としては、復旧選挙令17条（『唐令拾遺』二九四頁。『唐令拾遺補』五七三頁により補訂）に、

諸官人、身及同居大功已上親、自執工商、家専其業、不得仕。其旧経職任、因此解黜、後能修改、必有事業者、三年以後聴仕。其三年外仍不修改者、追毀告身、即依庶人例。

『条法事類』巻一六、文書門・赦降、辞訟令に、

諸赦降許訴雪及降落過犯、並自降赦降日一年外投状者、不得受理。

等があり、同様に「幾年を経過すれば」の意味に解釈できる。よって、わたくしも戴氏の説に従いたい。

（33）この箇所の読みについて、旧稿では「免じて陪日せしむ」としていたが、後掲の天聖獄官令宋16条の条文を勘案して、解

釈を改めた。

(34)『条法事類』巻七五、刑獄門、編配流役、給賜格。

流囚居作者、決訖、日給毎人米二升。

(35)『条法事類』巻一一、職制門、給假に引く假寧格によれば、流囚の休暇は毎旬一日、元日・寒食・冬至は三日であった。

(36)『条法事類』巻七五、刑獄門、部送罪人、旁照法、捕亡勅。

諸犯流已決未役、已役未満、而亡捕獲者、各杖一百。首身者減三等〈雖会恩、仍補満役日〉。主守不覚亡者、一名杖六十、毎名加一等、罪止杖一百。

(37)『条法事類』巻七五、刑獄門、部送罪人、旁照法、捕亡勅。

諸配軍逃亡捕獲者、元配沙門島及元犯持仗強盗・謀殺人、各罪至死、貸命若会降、及因親属或得相隠者、首告減等、依上禁軍法〈逃亡後雖有罪犯、而情理不至凶悪、罪至死者、奏裁〉。不持仗強盗罪至死、貸命若会降、及因親属或得相隠者、首告減等、并其餘元配二千里以上、或広南及遠悪州者、依下禁軍法。元配千里以下及指定州或路分配者、依廂軍法。以上、揀入別軍而本軍法重者、依本軍法。即逃後曾帰本州県捕獲者、元配本州即配鄰州、鄰州配五百里、五百里配千里、千里配二千里、二千里・二千五百里並配三千里、三千里及広南配遠悪州。其指定州或路分配軍無元配地里者、配重役処〈不在按問自首免配之例〉。以上、応行而未至配所、或已量移而逃亡者、各准元配遞加〈未至配所者、仍不赦降原減〉。

(後略)

(38)『条法事類』巻七三、刑獄門、出入罪、詐偽勅。

諸詐令人代受杖及代之者、各杖一百。(中略)令人代編配・移郷・居作〈已居作而権令代役者、非〉及代之者、各依比徒流法。(中略)以上、未決、各減二等〈代配未刺面、編管・移郷不刺面人未至所隷処、居作未入役、与未決同〉。

(39)なお、『宋刑統』には次の勅条が附されている。

准周顕徳五年七月七日勅条、起今後受所監臨贓及乞取贓過一百匹者、奏取勅裁。

(40)『建炎以来朝野雑記』乙集巻一二、雑事、岳少保誣証断案。

其僧沢一、合流三千里私罪断、合決脊杖二十、本処居作一年、役満日放、仍合下本処、照僧犯私罪流還俗条、施行。情重奏裁。

『繋年要録』巻一四三、紹興十一年十二月癸巳条夾注もほぼ同文。

(41)『長編』巻二三、太平興国七年八月己卯条。

先是、諸州官権酒酤、官物不足以充用、多賦於民、益為煩擾、〔知益州辛〕仲甫幷請罷之、仍許民自醸。〔使臣呉〕承勳復命。己卯、詔「剣南東西・峡路諸州、民輸租及権利、勿復徴銅銭。罷官酤酒、仍造麴与民、前所増麴銭三十万並除之。禁諸州不得擅増物価」。召〔転運副使〕聶詠・〔転運判官〕范祥及東川転運使宋覃・同転運卜倫皆下御史獄。詠・覃杖脊、配役将作監、祥・倫免為庶人。覃・倫亦以月俸銅銭市与民、厚取其直故也。

太宗朝における四川地方の通貨政策については、宮崎市定『五代宋初の通貨問題』(一九四三年初出。『宮崎市定全集』第九巻、岩波書店、一九九二年所収)一二九~一四一頁を参照のこと。

(42) 実は、この事件は背後で「権臣」が糸を引いていたらしく(前注に引く『長編』注)、御史臺の判決も決して公正とは言い難いものであると当時から思われていた。『長編』巻四七、咸平三年(一〇〇〇)五月己亥条。

詔「御史臺獄流・死罪、令給諫以上録問、開封府死罪、選朝官録問」。初、宋覃・聶詠等坐私以銅銭易鉄銭、下御史獄、並決杖配役。已而太宗知其冤、詔問覃、覃泣称「臺司不容辯説、必令如所訊招罪」。太宗憫之、乃詔「自今御史臺毎奏獄具、差官詣臺録問」。其後廃不挙、至是復行焉。

この史料では、宋覃らに対する執行刑を「決杖配役」と記している。規定上、在京の配役人は将作監で服役することになっていたが、次節で述べるように、現実には必ずしもその通りに行われていたわけではなかった。

(43)『宋会要』職官二九—一。

文思院。太平興国三年(九七八)置。掌金銀犀玉工巧之物、金綵絵素装鈿之飾、以供輿輦冊宝法物、及凡器服之用〈隷少府監〉。(中略)領作三十二、打作・稜作・(中略)・雕木作・打魚作。

(44)『全宋文』巻二二四(第五冊、七〇三頁。巴蜀書社、一九八九年)の校勘記は、丁丑を丁亥の誤りとする。

(45)『宋刑統』巻一九、賊盗律、強盗窃盗など。なお、前注(3)川村「折杖法初考」八四~八五頁及び九三頁を参照のこと。

(46) 前注(3)川村「折杖法初考」九二~九五頁、本書第六章第三節などを参照。

(47) 本書第三章第三節を参照。

(48) 一八六頁に引く断獄令を参照。また『宋会要』刑法四—四五、紹興元年(一一三一)九月十五日に、

明堂赦「勘会、流配役人、依条会恩則放。訪聞、州軍不遵条令、遇赦則尚行拘留、情寔可矜。仰限赦到日、須管日下放令逐便、仍仰提刑司覚察、如違奏劾」。

とある。

(49) 前注（1）滋賀「刑罰の歴史」三二四頁。

(50) 復旧獄官令17条（『唐令拾遺』七七三頁）。
〔開七〕〔開二五〕諸犯徒応配居作者、在京送将作監、婦人送少府監縫作、在外州者、供当処官役、当処無官作者、聴留当州、修理城隍倉庫、及公廨雑役。犯流応居作者亦准此。婦人亦留当州、縫作及配舂。

復旧獄官令18条（『唐令拾遺』七七四頁。『唐令拾遺補』八二一頁に拠り補訂）。

〔開三〕〔開七〕〔開二五〕諸流徒罪居作者、皆著鉗、若無鉗者著盤枷、病及有保者聴脱、不得著巾帯。毎旬給暇一日、臘・寒食各二日、不得出所役之院。患假者陪日。役満逓送本属。

(51) 『宋刑統』巻三、名例律、犯流徒罪。内容は前注を参照。

(52) 『宋史』巻一六五、職官志、将作監。
旧制、判監事一人、以朝官以上充。凡土木工匠之政・京都繕修隷三司修造案、本監但掌祠祀・供省牲牌・鎮石・炷香・盥手・焚版幣之事。

(53) 『宋史』巻一八九、兵志、廂兵、建隆以来之制、歩軍の条。

(54) 兵士の給与については、王曾瑜『宋朝兵制初探』（中華書局、一九八三年）二一五〜二三五頁を参照。

(55) 『宋史』巻一八九、兵志、廂兵、建隆以来之制、歩軍の条。

(56) 『宋史』巻一八九、兵志、廂兵。
廂兵者、諸州之鎮兵也、内総于侍衛司。

(57) 『宋会要』職官三〇—七。
東西八作司。旧分両使止一司、太平興国二年（九七七）、分両司。景徳四年（一〇〇七）、併一司、監官通掌。天聖元年（一〇二三）、始分置官局、東司在安仁坊、西司在安定坊、勾当官各三人、以諸司使副及内侍充。其八作曰、泥作、赤白作、桐油作、石作、瓦作、竹作、塼作、井作。又有広備指揮、主城之事、総二十一作、曰、大木作、鋸匠作、小木作、皮作、大爐作、小爐作、麻作、石作、塼作、泥作、井作、赤白作、桶作、瓦作、竹作、猛火油作、釘鉸作、火薬作、金火作、青窰作、窟子作。二坊領雑役広備四指揮・工匠三指揮。

(58) 「徒」字について、明鈔本では「罪」に作るが、『天聖令校証』校録本は、『刑統』巻三に引く「獄官令」に拠って「徒」に改めている（下冊、三二九頁）。この箇所は文字を改めずとも意味を取ることができ、それ故、開元二十五年令たる『刑統』所引の令を以て「宋令」の文言を改変したことに対して異論が出されても不思議ではない（前注（32）陳「従《天聖・獄官令》看唐宋流刑」、三二一～三二二頁）。しかし、天聖令の編纂方針を考えた場合（附篇第二論文、四八〇頁を参照）、折杖法との関係に鑑みて本条文の冒頭部分を、わざわざ唐令の「諸犯徒応配居作者」から「諸犯罪応配居作者」と書き換えたとも考え難い。また、本条文後半に見える「犯流応住居作者」なる文言が、冒頭部分の文言に対応していることは明白である。ここでは敢えて、校録本の修正案に従っておきたい。

(59) 『宋会要』刑法四―一四、天聖五年（一〇二七）九月八日。

汀州言「兵帳見管雑犯配軍三百五十九人、並是景跡賊盗之輩、人数稍多、望権住配」。奏可。

(60) 第四章第二節「三　配軍をめぐる諸問題」を参照。

(61) たとえば、神宗の熙寧年間に、官員（命官）への刺面が免除された。一六三頁に引く『宋史』巻三四〇、蘇頌伝を参照。

(62) これ以外に、配流や編管などに処されることも珍しくない。

# 第六章　宋代の配流刑と配軍刑

## はじめに

宋朝の建国直後に制定された『刑統』は、唐律をほぼそのまま継承したかに見えて、当時大きく変貌しつつあった社会に対応すべく、いくつかの重要な点に手が加えられていた。笞・杖・徒・流・死の五刑のうち、死刑を除く四つの刑罰を独自の規定により読み替えて執行するよう定めたことも、そのひとつに数えられよう。「折杖法」と呼ばれるこの読み替え規定によって、唐律において刑罰の主要部分を構成していた徒刑と流刑は、大きく性格を変えることとなった。

もちろん、かかる変更は突然になされたわけではない。唐末の宣宗朝には、五刑のうち笞刑と杖刑をそれぞれ臀杖と脊杖とに読み替えて執行するよう定めた詔勅が下されている。また、五代になって詔勅で定められた盗罪や専売法違反などに対する罰則規定から、律の五刑に擬して杖刑・徒刑と定めた刑罰が、実際にはそれぞれ臀杖・脊杖に読み替えて執行されていたことがわかっている[1]。折杖法は、こうした流れのもとに登場したのである。これによって、笞刑から徒刑までは臀杖・脊杖といった杖打刑に読み替えられ、流刑は脊杖に有期の労役刑を加えて執行されることとなった。徒刑はもはや労役刑ではなくなり、流刑も追放刑の要素を失ったのである。

では、唐末五代から宋初にかけて「杖刑か然からざれば死刑かという体制[2]」が実現しつつあったのであろうか。わたくしは、必ずしもそうとは言い切れないと考えている。確かに、折杖法によって刑の執行段階では杖刑と死刑の占める割合が非常に大きくなったけれども、そのことは逆に、死刑と流刑以下の刑罰とのあいだに大きな懸隔を生ずる結果をもたらした。宋朝はこのギャップを埋めるために、新たな策を講ずる必要に迫られたのである。『刑統』において大幅に後退した労役刑や追放刑が、「配流刑」や「配軍刑」として律の五刑の外側に登場するのは、かかる事情による。「宋初の配流という刑は、唐律の流刑ではなくして、死刑の代刑で、しかも天子の特恩によるものであった[3]」という宮崎市定氏の指摘は、まさに正鵠を射たものと言うべきであろう。ただ、氏は「配流」の語を「配軍」をも含むかなり広い意味に用いておられる。確かにそれは宋代の用語法を踏まえたものであるし、従来の諸研究でも「配隷」として配流や配軍を一様に捉えることのほうがむしろ普通であったけれども、本書では敢えて両者を次のように区別したい。すなわち、「配流刑」とは、皇帝の判断により執行される追放刑のことをいう。『刑統』に定める流刑の執行はこの中に含まれない。上述の如く、流刑は折杖法によって追放刑の要素を失ったからである。また「配軍刑」とは、刑罰として罪人を廂軍とよばれる雑役部隊に編入することである。このような定義めいたことを記すのは、用語上の混乱を避けるためだけではない。両者は、「減死一等の刑」という点で接点を有するけれども、その成立事情や刑罰の内容など重要な部分での相違も多く、両者を区別して扱わなければ、宋代の追放刑・労役刑についての、細かいけれども重要な問題を十分に解明することはできないと考えるからである。たとえば、唐の配流人に対しては決して行われることのなかった刺面が宋代ではしばしば行われたが、それはいかなる経緯によるのか。また、元来、淵源を異にする配流刑と配軍刑が、最終的には同一のスケール上に位置づけられるのは、いかなる理由によるものなのか。従来の諸研究は、こうした問題に対してあまり注意を払ってこなかったけれども、[4]わたくしには、それが宋朝の刑罰体系全体を考える際にかなり本質的なところに結びつく重要な問題であるように思われる。

本章の目的は、こうした疑問を足がかりに、宋代に配流刑と配軍刑がいかにして「配法」として一個の体系を形成するに至るかを解明することにある。まず最初に、配流刑に関する諸問題、具体的には、宋初における不刺面配流の問題と、刺面配流刑が登場するまでの経緯とを取り上げる。次いで、配軍刑が宋朝の刑罰体系の中に組み込まれてゆくプロセスを解明する。そして最後に、宋朝が刑罰体系を整備してゆく中で、配流刑と配軍刑がどのように整合され序列化されてゆくのかを明らかにする。[5]宋代において追放刑と労役刑がいかなる展開を遂げたかという難問が、本章での考察を通じて些かでも解明されれば幸いである。

## 第一節　唐代的残滓——刺面を伴わない配流刑

第三章第二節にて詳述したように、唐代の配流刑は、皇帝の勅裁による処罰のひとつとして行われた。刑罰執行上の見かけは、律の流刑と共通する点がかなりあり、特旨による配流も一般の流刑と執行形態に区別は無いけれども、両者は次の二つの点で大きく異なっていた。第一に、官員に対する実刑の有無である。通常、官員が律の流刑の実刑を受けることはまず無かったのに対し、配流刑の場合はそれが珍しくなかった。第二に、配流刑の場合、その執行に先立って時に杖刑が併科されたことである。これは、律の流刑ではあり得ないことであった。

表6-1　五代の配流地

| 王朝／地方 | 後梁 | 後唐 | 後晋 | 後漢 | 後周 | 合計 |
|---|---|---|---|---|---|---|
| 嶺南 | 1 | 2 | | | | 3 |
| 剣南 | | 2 | | | | 2 |
| 河北 | | 4 | | | | 4 |
| 河東 | | 7 | 1 | | | 8 |
| 関内 | | 6 | 5 | | 1 | 12 |
| 山南 | | 3 | 3 | 1 | 3 | 10 |
| 河南 | | 3 | | 2 | 8 | 13 |
| その他 | | 1 | | | | 1 |
| 合計 | 1 | 28 | 9 | 3 | 12 | 53 |

さて唐代の場合、配流人が送られる先は瘴癘の地、嶺南道とおおむね決まっていた[6]。ところが五代になってこの地方が華北王朝の版図からはずれると、配流地も変更を餘儀なくされた。**表6-1**は、『旧五代史』『新五代史』『資治通鑑』『冊府元亀』に記録された五代の配流件数を、王朝別・配流地方別に示したものである[7]（地方区分は便宜上、唐代の道に従った）。おおまかに言って、後晋までは華北（特に沿辺地方）に、後漢からは河南道（ほとんどが沙門島）や山南道（商州・房州）に配流された例が多い。

宋初においても、主な配流地は五代後期とほとんど変わらない。一般には「国初は各地に諸勢力が割拠していたため、五代の制度にならい、罪人をおおむね西北方の辺境地帯に配流していた[8]」と言われ、恩赦により死刑を免ぜられた罪人が西北辺境に配流されたこともあった（たとえば、後掲、建隆二年（九六一）六月の降[9]）けれども、実態から言えば、かかる傾向は後晋までに特に顕著なのであり、後漢以降の傾向は北宋を通して変わらなかった。太宗朝になって南方への配流が始められてからも、沙門島は、一貫して最も苛酷な配流地であり続けたのである。

沙門島は、山東半島北岸、登州の沖合いに点在する群島（現在の廟島列島）を構成する一島嶼である（次頁の地図を参照）。この島は、五代後半から北宋末年に至るまで、一貫して最も苛酷な配流地として用いられ、法的にも他の配流（配軍）地とは一線が画されていた[10]（本章第二節を参照）。

さて、律の流刑と同様、唐代の配流刑が刺面を伴わなかったことは、馬端臨が「流配、旧制は遠徙に止め、刺

廟島列島（著者撮影）
写真手前が北、奥に見えるのが山東半島

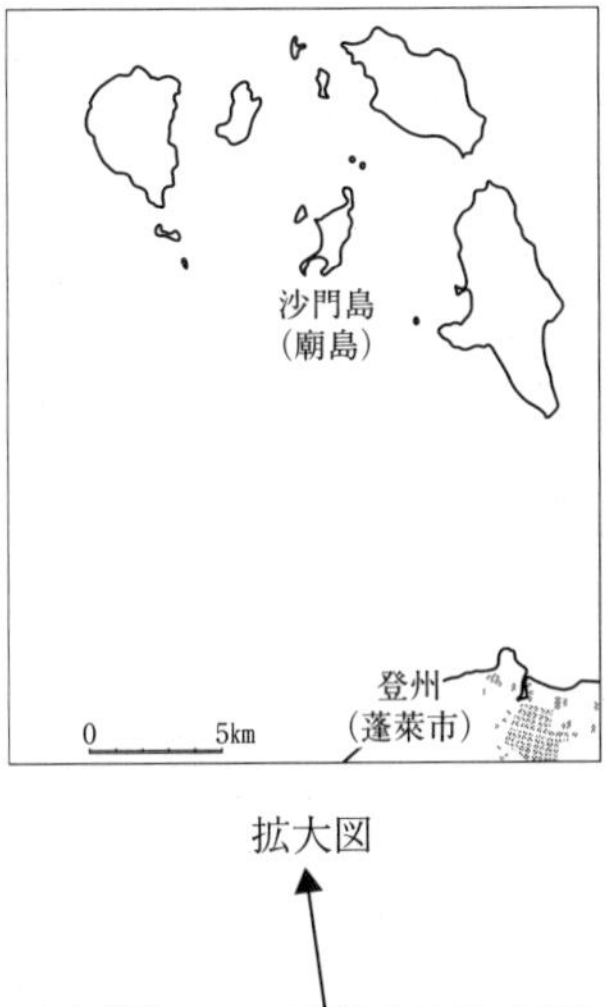


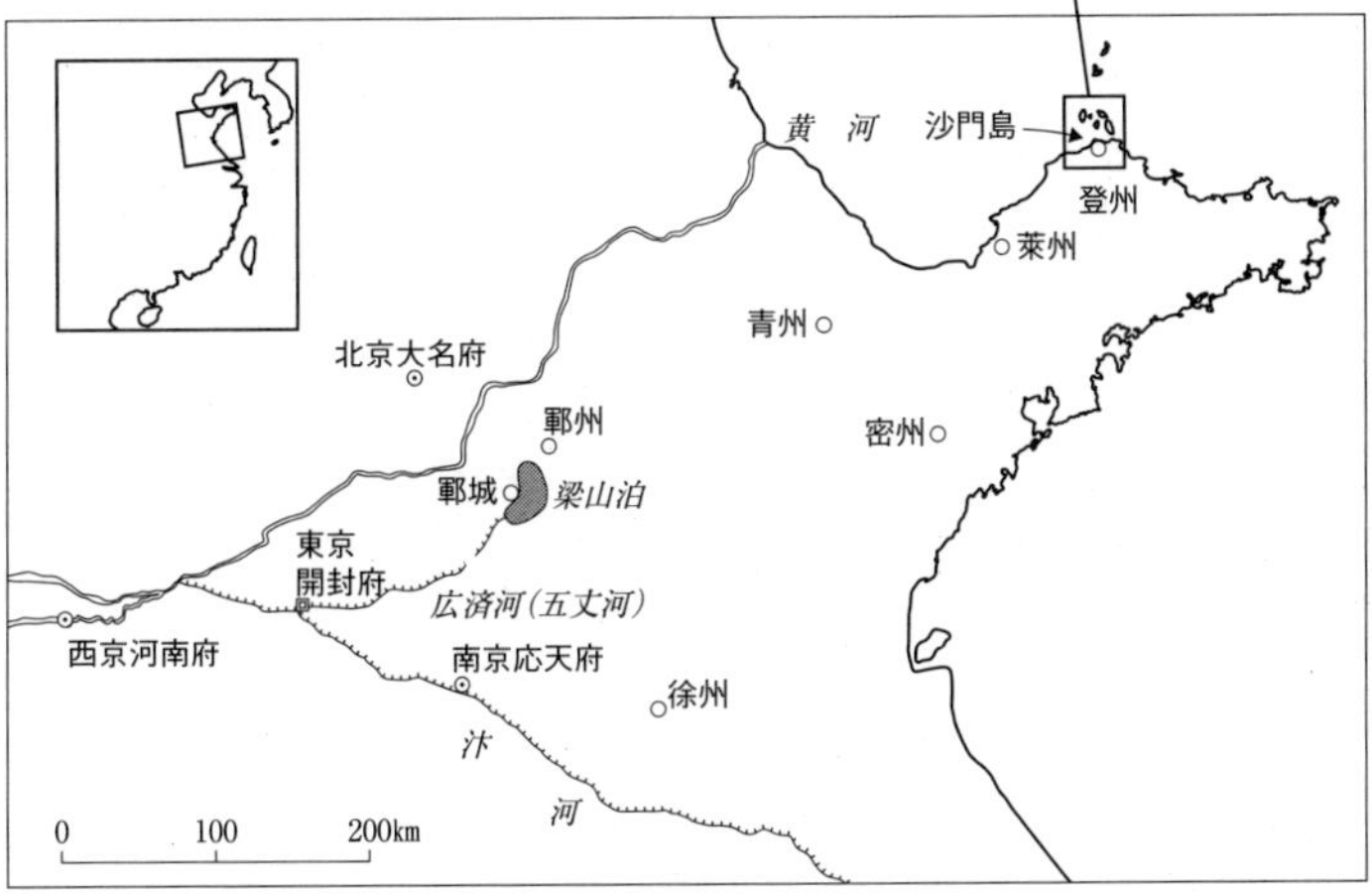


沙門島の位置

せず（流配、旧制止於遠徙、不刺）」と記すとおりである。馬氏はこれに続けて、

しかして晋の天福中、始めて刺面の法を創り、遂に戢姦の重典と為す。宋、その法に因る。

而晋天福中、始創刺面之法、遂為戢姦重典。宋因其法。（『文献通考』巻一六八、刑考、徒流）

と記すが、ここに引用されている後晋・天福年間の事例は、具体的には「刺面して華州発運務に配し収管」するというものである。[11] 本章の分類から言えば、これはむしろ配軍刑に近い。

ただ、宋初の配流刑に刺面を伴う場合のあったことも確かである。たとえば乾徳二年（九六四）に文思使の常岑は、監守自盗の罪により決杖・黥面の上、沙門島に配流されている。[12] では、宋初の配流刑の中で刺面を伴うものが一般的であったかというと、必ずしもそうとは言えない。『長編』や『宋会要』に記録された配流の実例からいえば、配流刑には刺面を伴うもの（刺面配流）とそうでないもの（不刺面配流）とが併存していると言わざるを得ないのである。

宋初の配流の事例のうち、明らかに不刺面配流とわかるものは、いずれも官員に対して行われている。宋初に行われた「唐代的な」配流刑は、死刑に相当する大罪を犯した官員に対し、特旨により罪一等を減じて科された刑罰と言い換えてもよかろう。[13] それゆえ彼らの配所での暮らしぶりも、刺面配流人のそれとは随分と違うものであった。五代の例ではあるが、後周の斉蔵珍は、黄河の治水を任されたものの職務怠慢により堤防の決壊を招き、その責めを負って、除名の上、沙門島に送られた。[14] ところが、彼は配所である沙門島に「屋数間を有し」ており、おそらく恩赦によってであろう、都に戻ってからも、「もう一度沙門島に行っても構わない」と嘯いていたという。[15] 刺面配流人にとって沙門島が「送り込まれれば必ず死ぬ」恐怖の島であったのに較べると、かなりの格差がある。[16] もちろん、配所での労役が規定により免除されているとはいえ、沙門島に流されて程なく世を去った者

も少なからずおり、したがってこの島での暮らしが楽なものであったとは決して思えない。しかし、彼らの配所での扱いは「律」すなわち『刑統』の定めるところに従っていたはずであり、また恩赦があれば放還された(17)。その待遇は、刺面配流に比べれば相当程度ましであったと思われるのである(18)。

# 第二節　罪人の赴闕と刺面配流刑

## 一　峻法の緩和と死刑案件の奏裁

ところで配流刑は、特旨による以外に、たとえば赦降によって死一等を減じた罪人に対しても行われることもあった。建隆二年（九六一）の恩赦（降）に、

東京管内の見禁の罪人は、悪逆・不孝・劫賊・故殺・放火・官典受枉法贓は赦さざるを除くの外、その餘の雑犯死罪は、同情の共犯は頭首をば処死するを除き、餘は並びに一等を減じて霊武に配し、流罪以下は三等を減じ、杖罪已下は並びに放て。

以旱、詔「東京管内見禁罪人、除悪逆・不孝・劫賊・故殺・放火・官典受枉法贓不放〔当作「赦」〕外、其餘雑犯死罪、除同情共犯頭首処死、餘並減一等配霊武、流罪以下減三等、杖罪已下並放。（後略）」（『宋会要』刑法五―一五、建隆二年六月九日）

とあるのは、その一例である。しかし、宋代の恩赦でも唐代と同様、死刑を減じて流刑とするよう措置されることが多く、「減死一等の刑」たる流刑は、折杖法によって、杖打ののち現地で有期の労役に服する刑罰として執

行された。

折杖法の登場により、かつて死刑に次ぐ重刑であった流刑は、その内容が著しく軽減された。しかしその一方で、唐末五代以来の峻法が依然として存在した。これにより死刑の判決を受ける罪人は、膨大な数にのぼった。折杖法の施行は、死刑と流刑との間に大きなギャップを生んだのである。

無闇に増加した死刑囚の数を減らしこの溝を埋める役割を果たしたのが、奏裁である。[19] 唐代でも、刑名疑慮などの場合には、州の長官たる刺史が皇帝の勅裁を仰いでいた（唐律では「上請」という）。

ところで、宋代における死刑案件の奏裁に関して、宮崎氏は次のように説明されている。

故に折杖法の恩恵に浴しない死刑囚が天下に充満していたわけで、流石に此等全部に死刑を実施することもできない。そこで死刑囚だけを国都に呼びよせて天子自ら再審し、多くは死刑を免じて配流するという方法を採った。後には死刑囚を遠路都へ送るのは無駄な労力なので、書類だけを都に送って、天子に奏裁を請うこととした。故に宋初の配流という刑は、唐律の流刑ではなくして、死刑の代刑で、しかも天子の特恩によるものであった。[20]

氏によれば、死刑囚は当初、都へ護送（赴闕）され、そこで多くは奏裁により死一等を減ぜられることになっていたという。では、すべての死刑囚が再審、つまり奏裁のために京師へ護送されていたのであろうか。

まず、唐代の上請制度では、対象となった罪人を京師まで護送するようには定められていなかった。県で執行できぬことになっている徒罪以上の罪人は州に送られ、徒刑囚は州にて服役、流罪以上の罪人については州が書類を刑部に送り、原判決のままでよいならば皇帝に申奏し、不十分であれば使者を派遣し再審を行うことになっていた。[21] したがって、罪人が都へ送られることは原則として無く、死刑の場合も皇帝への三度の覆奏を経て、州にて執行される決まりであった。

しかし、五代になって中央政府の威令が地方に十分及ばなくなると、州からの覆奏も行われなくなり、結果として、死刑は州の最終判断により執行されるようになった[22]。宋初における死刑奏裁制度は、このような五代の現実を踏まえて、唐制からの大幅な変更を餘儀なくされたのである。建隆三年（九六二）、州における死刑執行に関する制度は、次のように定められた。

上、宰臣に謂ひて曰く「五代、諸侯跋扈し、法を枉げて人を殺すもの多きも、朝廷、置きて問はず、刑部の職、廃せらるるに幾し。且つ人命は至つて重し。藩鎮に姑息すること、当にかくの如くすべけんや」と。乃ち諸州に令して、今より、大辟を決し訖らば、録案聞奏し、刑部に委ねてこれを詳覆せしむ。

上謂宰臣曰「五代諸侯跋扈、多枉法殺人、朝廷置而不問、刑部之職幾廢。且人命至重、姑息藩鎮、当如此耶」。乃令諸州、自今決大辟訖、録案聞奏、委刑部詳覆之。（『長編』巻三、建隆三年三月丁卯条）

建国直後の宋朝は、諸州が執行した死刑案件について中央に報告を提出させ、それを刑部が再審査するよう定めることによって、中央政府の威令が地方に及ばなかった五代の遺風を些かでも改めようとしたかのようである[23]。天聖獄官令宋5条には、

諸て大辟罪を決するは、在京の者は、行決の司一たび覆奏し、旨を得れば乃ち決せ。在外の者は、決し訖りて六十日のうちに録案して奏し、刑部に下して詳覆せしめ、当らざる者有らば、事に随ひて挙駮するを得。

諸決大辟罪、在京者、行決之司一覆奏、得旨乃決。在外者、決訖六十日録案奏、下刑部詳覆、有不当者、得随事挙駮。

とあり、「決し訖りて六十日」以内という期限を設けた上で、建国直後の制度が天聖令に規定されていたことが

知られる。

このように地方の死刑案件は、唐制では書類のみが京師に送られて中央での覆審を受け、宋初の制度では州の判断によって死刑が執行された（事後に刑部が詳覆を行った）。地方の死刑囚が奏裁のために京師に送られることは、決して一般的ではなかったのである。

ところが、次の史料などは、奏裁の対象となった罪人すべてが京師に護送されたことを示すかに見える。

江南地方が平定されると、太宗は張斉賢を江南西路転運使に任命し、民間の不便な事を明らかにして逐一条奏させた。これまで諸州の罪人は、多くが枷を著けて都へ護送されていたが、その道中で非業の死を遂げる者がいつも半数以上いた。斉賢は蘄州に到着した時に、南剣州の胥吏が罪人を護送するのを見かけたので、州の帳簿を探し出してこれを調査した。うち二人はたまたま私塩を売っていて、背負った塩籠から塩二斤が見つかったために、また六人は塩を売るのを見ていながら告発しなかったかどで、皆な棒で叩かれ額に入れ墨をされて、州から州へと護送され、五人が途中ですでに死亡していた。江州司理院では正月から二月までに、寄禁の罪人計三百二十四人が通り過ぎていったが、このうち建州の民二人は、もと富農の客戸で、嘗て主家のため池でもりを使って魚一斤半を捕ったために、脊杖・黥面されて都へ送られるところだった。斉賢は「どうか彼らが京師に到着したら、官を択んで再審査し、もし明らかに冤罪であれば、本州の官吏に相応の懲罰を加えられますように。今後は本人だけを送り出されますように」と上言した。虔州では三人の囚人を送っていたが、これは嘗て牛肉を買ったことから、家属ともども十二人が皆な都へ送られることとなったが、牛を殺した犯人は捕まっていなかったため、斉賢はこれを憫れみ、ただちにその妻子を帰郷させた。これの後、江南から送られる罪人は随分と少なくなった。これらは皆な以前からの慣例として行われていたものであり、斉賢の改革はかくの如く民に利益をもたらしたのである。

江左初平、太宗選張斉賢為江南西路転運使、諭以民間不便事、令一一条奏。先是諸州罪人多錮送闕下、緣路非理而死者、常十五六。斉賢至蘄州、見南剣州吏送罪人者、索得州帖視之。二人皆逢販私塩者、為荷塩籠得塩二斤、又六人皆嘗見販塩而不告者、並黥決伝送、而五人已死於路。江州司理院自正月至二月、経過寄禁罪人、計三百二十四人。建州民二人、本田家客戸、嘗於主家塘内、以錐刺得魚一斤半、並杖脊・黥面、送闕下。斉賢上言「乞俟至京、択官慮問、如顕有負屈者、本州官吏量加懲罰、自今只令発遣正身」。及虔州、送三囚、嘗市得牛肉、幷家属十二人悉詣闕、而殺牛賊不獲、斉賢憫之、即遣其妻子還。自是江南送罪人者滅大半。是皆相循習所致也、斉賢改為、其利民如此。斉賢以太平興国二年方登科、六年為使者、八年還朝、由密学拝執政、可謂迅用也。（『容斎四筆』巻一三、国初救弊）

注意すべきは、ここに登場する囚人たちの犯した罪は、塩の密売・窃盗など[24]いずれも唐末五代に厳重な取り締まりの対象となり、勅に基づく処断が行われた罪であり、したがって律の埒外にあった犯罪だということである[25]。

そもそも宋朝が国初に採用した法制には、唐律以外のものが数多くあった。唐末から五代にかけての刑罰強化は、律の改正という形をとらず、勅の発布を積み重ねて行われた。『刑統』のなかで律・疏に引き続いて引用される数多の勅は、その一端にすぎない。乱世に出されたこれらの厳法では、わずかな罪でも重刑に処された。新しき統一王朝たらんとする宋朝では、国初よりこうした酷法を緩和していった。たとえば窃盗の場合、唐律では盗贓五十匹以上で加役流となるのが最高刑であったが、建中三年（七八二）の勅で贓三匹以上で公開処刑と著しく刑罰が強化され、以後、これが基本となっていた。宋朝はそれを、まず太祖の建隆三年（九六二）に贓五匹以上で処死と改め、ついで開宝二年（九六九）には、窃盗犯で死罪に至る者は奏裁するよう改正したのである（後述）。この外にも強盗や専売法違反に対する法律が、宋代になって徐々に緩和されてゆく[26]。奏裁のために罪人を赴闕させることは、この過程で生じたのである。

## 二　京師に送られる罪人

### (a) 専売法違反者

唐代後半以降、塩をはじめとする専売が行われるようになると、専売品の密造・ヤミ流通を取り締まる法令が繰り返し出された。その内容はかなり煩瑣にわたるが、ここでは塩法を中心に、先学の諸研究[27]を参考にしつつ、宋初の処罰規定が唐・五代の規定とどう異なるのかを中心に述べることとする。

建隆二年（九六二）に、

詔すらく「私に塩を煉する者は、三斤ならば死。擅に官塩を貨り禁法地分に入る者は、十斤ならば死。蚕塩を以て貿易し及び城市に入る者は、二十斤已上ならば、杖脊二十配役一年、三十斤已上ならば、上請せよ」と。

詔「私錬〔当作「煉」〕塩者、三斤死。擅貨官塩入禁法地分者、十斤死。以蚕塩貿易及入城市者、二十斤已上、杖脊二十配役一年、三十斤已上、上請」。（『宋会要』食貨二三—一八、建隆二年四月）

なる法が定められた。これは、厳しかった五代の私塩取り締まりをかなり緩めたものであったが、翌三年、乾徳四年（九六六）と、塩法は更に緩和されていった[28]。これらの規定にも「上請」や「奏裁」の文言は見えるが、いずれも「罪人を赴闕させよ」とは記されていない。ところが太宗の太平興国二年（九七七）の塩法になると、内容に若干の変化が現われる。いま要点のみをまとめれば、次表のようになる（表6-2）[29]。

注目すべきは、従来の法規にあった死刑の文言に代わり、「脊杖二十・刺面・赴闕」なる処分が登場したこと

**表6－2　太平興国二年(977)の塩法**

| 私塩の密造 | | 行塩地越界・私塩売買 | | 蚕塩売買・城内持込 | |
|---|---|---|---|---|---|
| 贓　額 | 刑　罰 | 贓　額 | 刑　罰 | 贓　額 | 刑　罰 |
| 一両～ | 臀杖十五 | 一両～ | 臀杖十五 | 一斤～ | 臀杖十三 |
| 一斤～ | 臀杖二十 | 一斤～ | 臀杖二十 | 一十斤～ | 臀杖十五 |
| 二十斤～ | 脊杖十三 | 一十斤～ | 脊杖十三 | 五十斤～ | 臀杖二十 |
| 二十五斤～ | 脊杖十五、配役一年 | 二十斤～ | 脊杖十五、配役一年 | 一百斤～ | 脊杖十三 |
| 三十斤～ | 脊杖十七、配役一年半 | 三十斤～ | 脊杖十七、配役一年半 | 一百五十斤～ | 脊杖十五、配役一年 |
| 四十斤～ | 脊杖十八、配役二年 | 五十斤～ | 脊杖十八、配役二年 | 二百斤～ | 脊杖十七、配役一年半 |
| 五十斤～ | 脊杖二十、配役三年 | 一百斤～ | 脊杖二十、配役三年 | 三百斤～ | 脊杖二十、配役三年 |
| 一百斤～ | 脊杖二十、刺面赴闕 | 二百斤～ | 脊杖二十、刺面赴闕 | 五百斤～ | 脊杖二十、刺面赴闕 |

である。これは単に上請や奏裁を言い換えた表現ではなく、重罪人を都へ護送して皇帝じきじきの恩典により死一等を減ずるための措置に他ならない。その結果、罪人はおおむね「減死一等の刑」である配流刑に処せられることになった。

同じようなことは、私茶の取り締まり規定にも見られる[30]。すなわち、乾徳二年（九六四）法における最高刑は死刑であった（主吏の官茶横流し及び武装して私茶を販売した場合[31]）が、太平興国二年法では最も重い処罰でさえ「黥面して闕下に送る」というものであった[32]。塩法と同様、茶法においても、罪人は都に護送され最終的な処罰を受けることとなったのである[33]。

ところで、奏裁のために罪人を都へ護送する場合、上述のいずれの規定においても、決杖（脊杖）と黥面を出発前に行うことになっていた。これは、刺面配流あるいは刺面配軍の際に行われる手続きと共通のものである点に注意しておきたい。

（b）窃盗犯

唐末から五代にかけての窃盗罪に対する刑罰は、律の規定[34]よりもはるかに峻酷であった[35]。唐・建中三年（七八二）の「贓満三匹以上者、幷集衆決殺[36]」が一応の基本線ではあったが、後漢の一時期には、贓額の多寡にかかわらず、取り調べの結果盗みが事実とされれば処死、とする法が行われたこともあった[37]。

宋朝は、このような厳法を緩和する方向で、法の改正を行った。建隆二年（九六一）の改正では、絹三匹を銭三千（八十陌[38]）としたにとどまるが[39]、翌三年には、次のような新法が制定された。

今より後、窃盗を犯し、贓五貫文足陌に満つれば、処死。五貫文に満たざれば、脊杖二十を決し、配役三年。三貫文に満たざれば、脊杖二十を決し、配役二年。二貫文に満たざれば、脊杖十八を決し、配役一年。一貫文以下は、罪を量りて科決す。（中略）応て配役人は、並びに逐処の重役に配し、刺面せず、満つるの日、疏放せよ。それ女口は配役を免ずるを与す。

准建隆三年二月十一日勅節文「起今後犯窃盗、贓満五貫文足陌、処死。不満五貫文、決脊杖二十、配役三年。不満三貫文、決脊杖二十、配役二年。不満二貫文、決脊杖十八、配役一年。一貫文以下、量罪科決。（中略）応配役人、並配逐処重役、不刺面、満日疏放。其女口与免配役。（後略）」。（『宋刑統』巻一九、賊盗律、強盗窃盗）

杖刑の併科を伴う労役刑が組み込まれている点は、以前の法には見られぬ特徴である。配役人は原則として現住地で「重役」に服したが、黥面はされなかった。女子に対する労役の免除も目新しい。

開宝二年（九六九）には、窃盗犯のうち死罪に該当する者について、奏裁つまり皇帝に上請してその実質的判断を仰ぐことが定められた。

令して、窃盗の死に至る者は奏裁せしむ。〈刑法志に「闕下に部送す」と云ふは、乃ち明年の事なり。今、実録に従ふ。〉

令、窃盗至死者奏裁。〈刑法志云「部送闕下」、乃明年事。今従実録。〉（『長編』巻一〇、開宝二年九月庚戌条）

李燾の注に引く「刑法志」の文言は、

西川に詔すらく「窃盗の死に至りまさに奏裁すべき者は、並びに部送して赴闕せしめよ」と。

詔西川、窃盗至死合奏裁者、並部送赴闕。（『長編』巻一一、開宝三年七月丙辰条）

という翌開宝三年の記事に言及したものである。前述したように、建国直後の建隆三年以来、死刑の執行は原則として州で行われるようになっていたため、奏裁の対象となった場合でも、死刑囚は身柄を州に留置され、関係書類のみ都に送られるのが普通であった。但し、四川のように死刑囚を京師まで護送する場合には、出発前に現地の州にて脊杖二十と刺面とが行われたものと推測される。その根拠として、

① 当時の窃盗法（前掲の建隆三年法）において、死刑に次ぐ刑罰は「決脊杖二十・配役三年」であったこと

② 前述の塩法においても、罪人の赴闕に先立って脊杖二十と刺面が行われる決まりであり、「脊杖二十」は「赴闕」に次ぐ刑罰である「配役三年」にも共通して科されていること

の二点を挙げ得るが、さらに、開宝八年（九七五）に広南路に限定して行われた次の措置は、この推測を助けるものである。

広州言へらく「窃盗、贓五貫に満ち死に至る者は、詔に準じて当に奏裁すべきも、嶺南は遐遠にして、覆按稽滞す。請ふらくは、報を候たずしてこれを決せんことを」と。上、惻然として曰く「海隅の俗、習性貪冒

なれば、穿窬攘窃は、乃ちその常なり」と。〔開宝八年四月〕庚午、詔すらく「広南の民、窃盗を犯して贓五貫に満つる者は、止だ杖を決し黥面して配役せしめ、十貫の者は棄市せよ」と。

広州言「窃盗贓満五貫至死者、準詔当奏裁、嶺南遐遠、覆按稽滞、請不候報決之」。上惻然曰「海隅之俗、習性貪冒、穿窬攘窃、乃其常也」。庚午、詔「広南民犯窃盗贓満五貫者、止決杖黥面配役、十貫者棄市」。（『長編』巻一六）

「覆按」すなわち奏裁の結果が判明するまでに時間がかかりすぎる弊害が広州より上言され、その結果、広南路については盗贓五貫以上を「決杖、黥面、配役」、十貫以上を棄市に処するよう定められた。広州の上奏も引くように「窃盗贓満五貫至死者、準詔当奏裁」が当時の原則であったが、特例として広南路では奏裁を行わず、州で労役に服させるか死刑を執行するかのいずれかとしたのである。配役に先立って決杖されるのは、①と同じ理由である。先述の太平興国二年（九七七）の塩法・茶法において、都に護送される罪人には入れ墨が施されることになっていた点から類推して、死罪に該当する罪人には、護送前に黥面がなされたと思われる。広南路の場合、僻遠の地ゆえ都への護送は免除されたが、他との均衡を保つためにも黥面は不可欠であった。

(c)　強盗犯

強盗に対する刑罰は、「持仗」つまり凶器所持か否かで、刑罰に若干の差がある。律の規定では、「不持仗」の場合、盗贓十匹以上もしくは人を傷つければ絞刑、人を殺せば斬刑、「持仗」の場合は、贓五匹以上で絞刑、人を傷つければ斬刑であった(40)。唐末以降、強盗に対する刑罰も苛烈を極めたが、宋朝は建国直後の建隆三年に、不持仗ならば贓銭三貫文足陌で処死、とやや刑を緩和し、これがその後の基本となった。

今後、応ゆる強盗、贓を計りて銭三貫文足陌に満つれば、皆な処死。三貫文に満たざれば、脊杖二十を決し、配役三年。二貫文に満たざれば、脊杖二十を決し、配役二年。一貫文に満たざれば、脊杖二十を決し、配役一年。それ贓銭は並びに足陌。財を得ざる者は、脊杖二十を決し放て。
准建隆三年十二月五日勅節文「今後応強盗、計贓銭満三貫文足陌、皆処死。不満三貫文、決脊杖二十、配役三年。不満二貫文、決脊杖二十、配役二年。不満一貫文、決脊杖二十、配役一年。其贓銭並足陌。不得財者、決脊杖二十放」。(『宋刑統』巻一九、賊盗律、強盗窃盗)

強盗犯のうち「持仗行劫」つまり凶器を所持して強盗をはたらいた者(劫盗犯)に対する罰則は特に厳しく、建国当初は、後周の顕徳五年(九五八)勅による法規をそのまま用い、犯人は贓額の有無にかかわらず死刑(重杖処死)[41]となった[42]。さすがにこれでは厳しすぎるというので、乾徳五年(九六七)には棍棒を持って押し入った場合に限り、人に傷を負わせていなければ贓を計って論罪するという規定が設けられた[43]。さらに咸平元年(九九八)には、持仗の場合でも財物を得ていなければ死罪としないこととなった[44]。

さて強盗の場合、窃盗のように「罪、死に至らば奏裁」と定めた明文の規定は見当らない。ただ太平興国四年(九七九)には、「強盗でも再犯でなければ、死罪を免じて闕下に護送せよ」という朝旨が下されていること[45]、同六年には「強盗・放火犯のうち、律に準りて死罪に至らぬ者は、妻子を伴って京師に護送しないこと」を命じた詔が出されていることなどから判断して、強盗犯(特定の条件に合致し、奏裁の対象となる者に限られる)は家属とともに闕下に送るというのが、宋初以来の原則であったと考えられる[46]。

## 三　刺面配流刑

(a) 赴闕した罪人に対する処分の決定

さて、京師に護送されてきた罪人は、軍頭司に率いられて便坐（延和殿）[47]にて皇帝の謁見を受けた。皇帝の臨御は形式的なものであったかも知れないが、罪人に対する処分はそこで下されたのである。軍頭司（軍頭引見司）とは禁軍の一組織である。その職掌は、各部隊の簿籍の管理、異動の記録や皇帝引見の際の取り次ぎ等である[48]。『長編』は、真宗の景徳二年（一〇〇五）の記事として、

これより先、諸路、罪人を部送して闕下に至る者は、軍頭司 便坐に引対して、皆な即ちに決遣するも、刑名に疑互あるも、詳準するところ無し。庚子、詔すらく「今より本司に委ねて法官一人を召し審定して以聞せしめよ」と。

先是、諸路部送罪人至闕下者、軍頭司引対便坐、皆即決遣、或刑名疑互、無所詳準。庚子、詔「自今委本司召法官一人審定以聞」。（『長編』巻五九、景徳二年四月庚子条）

と記している。この措置は、皇帝による処断に備えて、専門の法官を派遣するようにしたものである[49]。逆にこのことから、これ以前は、皇帝自らが死刑囚の減刑処分に関与していたと推測される。

翌景徳三年になると、「赴闕した罪人を皆な軍頭司が率いて皇帝の謁見を受けるのは煩瑣」なので、枢密院が半ば機械的に減刑の処分を決定するよう改めてほしい旨の上言がなされた。これに対し、真宗は、

銀臺司をして、これより諸処の送到せし罪人は並びに審状を取らしめ、枢密院に送り、進擬して軍頭司に付して施行せしめよ。それ情屈抑に渉る者は、取状を須ひず、即ちに引見せしめよ。

枢密院言「諸路部送罪人赴闕者、皆令軍頭司引対、頗為煩細、望止令本司依例降配」。帝曰「朕慮其間或有枉濫及情理可矜者。令銀臺司、自今諸処送到罪人、並先取審状、送枢密院進擬、付軍頭司施行。其情渉屈抑者、不須取状、即令引見」。

（『宋会要』刑法四―四、景徳三年七月十七日）

として、原則として枢密院の提案を認めた。すなわち、まず銀臺司[50]に調書を取らせ、それを枢密院に送って処分を決定し、それを軍頭司に付して執行するように改めたのである。但し、冤枉を訴えている者については、皇帝が直接に引見する餘地を残した。

枢密院は、言わずと知れた軍政の統轄官庁である。この手続き変更によって、原則として、枢密院が赴闕した罪人の処分を決めるようになったのであり、それを受けて、軍頭司は配流刑の執行に当ったのである。

では、なぜ赴闕の罪人の処分を決める過程に、枢密院あるいは軍頭司が絡んでくるのであろうか。そこで想起されるのが、宋初、軍の規律に服従しない「不逞軍士」たちもまた、配流人が送られるのと同じ場所（沙門島など）に隔離されていたことである。建隆二年（九六一）に「内外諸軍不逞の者を捜索し、悉く登州沙門島に配隷」する旨の詔が出されたのは、禁軍の逃亡兵が侍衛司の印を偽刻した事件がきっかけであったが[51]、その後も、殿前諸軍の亡頼数十人を選び出して「黥面して通州義豊監に配」した例が見られる[52]。そして、彼ら軍士の異動を掌る官署こそが軍頭司であり、その全てを統括するのが枢密院に他ならない。刺面配流される罪人は、もともと兵籍に附されていなかったが、配流の後は帳簿の上で枢密院の管理下に置かれ、恩赦による量移の際には軍頭司が深く関わることとなった。

(b) 配所への護送

こうして配流の判決を受けた罪人たちは、護送経路にあたる州の官吏や兵士による監視[53]の下、配所までリレー方式で護送された[54]。

御史臺に詔すらく「今より、応て流配の罪人は、止だ逐州をして転遞せしめよ。如しまさに使臣・官吏を差して押送すべき者は、即ち逐州の閑慢に勾当せし并びに巡歴に因るの使臣及び公吏の内より抽差し、押送前去し、逐州に交割せしめよ」と。

詔御史臺「自今応流配罪人、止令逐州転遞。如合差使臣官吏押送者、即於逐州閑慢勾当并因巡歴使臣及公吏内抽差、押送前去、逐州交割」。（『宋会要』刑法四―三、景徳元年二月）

配流人の家属は配所に同行することができ、配流人が死亡すれば郷里に帰ることも認められていた。

諸て配流・編管・羈管及び諸軍移降の者は、家属の随行するを聴す〈沙門島に配する者は、許さず〉。家の佗所に在る者は、移文して発遣せしめよ。若し罪人已に死して家属の還らんと願ふ者も、亦た聴す〈外界人及び本条に還るを許さざる者に非ざるを謂ふ〉。それ随ひて佗所に在るを願ひ、或ひは還るを願ひて自ら致すこと能はざる者、若しくは配軍の放停せられて本郷或ひは佗州に帰らんと願ふ者は、遞鋪を差して伝送せしめよ。

諸配流・編管・羈管及諸軍移降者、聴家属随行〈配沙門島者、不許〉。家在佗所者、移文発遣。若罪人已死而家属願還者、亦聴〈謂非外界人及本条不許還者〉。其願随而在佗所、或願還而不能自致、若配軍放停而願帰本郷或佗州者、差遞鋪伝送。（『条法事類』巻七五、刑獄門、編配流役、断獄令）

これを律の流刑と比較すると、①妻妾に配所への同行を義務づけていた〈父祖・子孫については、希望すれば同行が認められた〉、②流人死亡の場合、附籍されて三年を経過していれば帰還が認められない、といった点で、大きく相違している〈唐名例律24条〉。言うなれば、律の流刑が家族ぐるみの強制移動であったのに対し、刺面配流刑には、家族を単位とする発想がさほど感じられないのである。

このことは、罪人を赴闕させる際の家属の同行についても当てはまる。前掲の『容斎四筆』にも、江南西路転運使となった張斉賢が、管下の州から京師に向かう罪人とその家属の苦労を憐れんで、妻子を帰郷させたことが記されている（二二〇頁）。これは張斉賢の判断によりとられた措置であるが、実際のところ、罪人の赴闕は、罪人の家属の同行についての規定を整備しないままに行われていたのである。[55] 宋初の刺面配流刑は、あくまでも「天子の特恩」による「死刑の代刑」として行われたものであり、唐律の流刑の如き確固たる原則や思想に基づいて行われていたのではなかった。

さて、配所で刺面配流人を待っていたのは、除名配流された官員の境遇とは似ても似つかぬ苛酷な労役であった。主な配流地は、沙門島や海門島（通州海島）、広南の遠悪州軍である。[56] 通州海島の配流人は海塩の精製に従事し、[57] 沙門島の流人は島の民戸で「庸作」つまり小作労働に服役した（二三四頁、王挙元の上言を参照）。[58] また、かせをはずして服役することが広南路に対する特別措置として講じられていることから、一般には、唐制の徒役囚と同様、[59] かせをはめて労役に服していたと考えられる。

### 四　沙門島への刺面配流

なかでも悲惨を極めたのが、沙門島への刺面配流である。配所への護送の段階で、彼らはすでに他方面への配流人と区別して扱われていた。

詔すらく「沙門島に配せらるるの人は、逐州に仰せて吏を選びて部送し、兵を差して防護せしめ、州府、逓ひに相ひ交割せよ」と。

詔「配沙門島人、仰遂〔当作「逐」〕州選吏部送、差兵防護、州府逓相交割」。旧有此条、是年泗州亡失配沙門島軍士、故

申明之。（『宋会要』刑法四―九、天禧二年（一〇一八）九月十八日）

前掲の慶元断獄令に拠れば、沙門島への配流人には家属の同行が許されなかったが、配所に送る書類も、

諸て沙門島に配せらるる人は、別に所犯を録し〈郷貫・年甲・犯状及び引く所の条制、断遣せし刑名を謂ふ〉、部送人に付し、登州に報ぜしめよ。

諸配沙門島人、別録所犯〈謂郷貫・年甲・犯状及所引条制・断遣刑名〉、付部送人、報登州。（『条法事類』巻七五、刑獄門、部送罪人、断獄令）

と、特別のものを作成して登州に送り届けることになっていた。

沙門島での流人の生活は相当に苛酷であった。彼らは守衛の兵士に監視され、「死と隣り合わせ」の厳しい状態におかれた。(60) 配流人への食糧支給の状況からも、それは容易に窺い得る。

〔大中祥符三年（一〇一〇）十二月二十二日、詔すらく「沙門島の流人には、口糧を量給せよ」と。初め、使至りて、その殍死するもの多きを言い、菽粟を粗給せられんことを請ふ。枢密副使馬知節曰く「流人に廩食の理無し」と。帝これを憫れみ、特にこの詔有り。

十二月二十二日、詔「沙門島流人、量給口糧」。初、使至、言其多殍死、請粗給菽粟。枢密副使馬知節曰「流人無廩食之理」。帝憫之、特有是詔。（『宋会要』刑法四―五）

『刑統』に定める流刑に処せられた罪人も、折杖法による読み替えにより有期の労役に服役したが、彼らには国家から食糧が支給された。(61) ところが、沙門島の「流人」に食糧を支給する規定は、もとより存在しなかったので

ある。この時は真宗の特別の計らいにより彼らに食糧が支給されることになったけれども、制度として確立したわけではなかったようである。二十数年後の景祐三年（一〇三六）に、沙門島の配流人に対する待遇改善を求めた建議が国子博士盧南金によってなされたが、提言に盛り込まれた配流人への食糧支給案は採用されず[62]、彼らに対する食糧の支給は相変わらず不安定なままであった。

沙門島の配流人は、恩赦に際しても区別して扱われた。恩赦が発布されると、沙門島の配流人のうち量移の対象となる者がリストアップされ、「赴闕」、すなわち京師へ護送される。都に到着すると、流人は軍頭司に引き渡され、量移の結果決められた新しい配所へと再び護送されるのである[63]。恩赦による量移は、もとの配所から新しい配所へ罪人を直接移動させるのが通例であるから、沙門島の配流人の扱いは、この点でもかなり特殊であったと言える。

沙門島の配流人に対するこうした待遇の特殊性、劣悪さ・不安定さの原因として考えられることの一つに、沙門島の管轄をめぐる官庁間の複雑な関係がある。沙門島における配流人の監督には沙門寨監押が当ったが、私怨により配流人を虐待することが多かったため、提点五島使臣がさらに監押を監督することになっていた[64]。ところが、沙門島じたいは登州に属し、流人の姓名・郷貫・罪状等は登州によって管理されていた。そして、中央の枢密院は登州からの報告を受けて[65]、配流人の帳簿上の管理を行っていたのである[66]。

沙門島への配流は、このように様々な問題を抱えていたけれども、この島に配流される罪人の数が減少することはなかった。無論、配流人の数を制限する方策が全く講じられなかったわけではない。咸平元年（九九八）にとられた次の措置はそのひとつである。

詔すらく「雑犯、死に至りて貸命せらるる者は、沙門島に配するを須ひず、並びに永く諸軍の牢城に配せ。

凶悪・情重の者は、審刑院奏裁せよ」と。

詔「雑犯至死貸命者、不須配沙門島、並永配諸軍牢城。凶悪・情重者、審刑院奏裁」。（『宋会要』刑法四―三、咸平元年十二月二十日）

雑犯死罪人[67]で死刑を免ぜられた者はこれまで沙門島に配流されていたが、それを原則として各地の牢城部隊に編入し、そこに終身所属させるようにしたのである。そして仁宗の景祐三年（一〇三六）には、宣勅に基づく「沙門島への配流」は、「広南路の遠悪州軍の牢城への配軍」に切り替えて執行されることとなった。

諸道に詔すらく「新たに罪を犯せし人の内、宣勅に准りてまさに沙門島に配すべき者は、今後、止だ刺面して広南遠悪軍の牢城に配せ。如し南人ならば、即ち嶺北に配せ」と。

詔「諸道新犯罪人内、准宣勅合配沙門島者、今後止刺面配広南遠悪軍牢城。如南人、即配嶺北」。（『宋会要』刑法四―一九、景祐三年七月五日）

この詔勅が下された背景として、「罪人 死を貸さるる者は、旧と多く沙門島に配せらる。島は登州の海中に在れば、至る者多く死す」と『長編』は記すが、この詔によって沙門島への配流が無くなったわけでもなかった[68]。事実、沙門島へ配流される官員の記事はこの後も史書に散見される。

その結果、さほど多くはない沙門島の住民は、多くの配流人を抱えることにより生ずる重い負担に苦しむこととなった。嘉祐三年（一〇五八）になされた京東転運使王挙元の上言は、

登州沙門島は、毎年約罪人二、三百人を収むるも、並びに衣糧無く、只だ島戸八十餘家に在りて傭作するのみ。若し逐旋に去除せざれば、即ち島戸は贍養を為し難からん。

京東転運使王挙元言「登州沙門島毎年約収罪人二三百人、並無衣糧、只在島戸八十餘家傭作。若不逐旋去除、即島戸難為贍養。（後略）」。（『長編』巻一八八、嘉祐三年十二月壬寅条）

と、島民が配流人の衣食の負担に堪えかねていたことを伝えている。

沙門島への配流をめぐる議論は、この後も事あるごとになされ、その都度、何らかの対策は打ち出されたものの[69]、最後まで決定的な解決策を見いだせぬまま、北宋の滅亡を迎えることとなる。

## 第三節　配軍刑

### 一　廂軍の成立――特に牢城部隊について

前章で見たように、配流と配軍は、従来、特段区別されることもなく、同じ刑罰を指す語と考えられてきた[70]。しかし、言うまでもなく、両者は本来、異なる意味をもつことばである。それが『宋史』以来、同じ刑罰として扱われてきたのは、いかなる理由によるのであろうか。配流刑が死刑の下に置かれたのは、律の五刑と同じ発想であり理解しやすい。しかし、藩鎮の跋扈など唐代後半の軍隊の社会的な地位を考えると、配軍刑が「減死一等の刑」たる配流刑と同種の刑罰として国家の刑罰体系に組み込まれるまでには、何らかの歴史的経緯があったと考えざるを得ないのである。

そもそも配軍刑の受け皿となる廂軍は、どのようにして成立したのであろうか。「両朝国史志」（『両朝国史』は仁宗・英宗両朝の国史。一二〇巻。元豊五年（一〇八二）完成）は、廂軍の成立について、宋の太祖は、唐末に藩鎮が跋扈したのに鑑み、諸州の軍隊から壮勇な兵士を京師に送って禁軍に編入し、それ以外の兵士は本城に留めて、更戍（一定期間ごとに駐屯地を変える）することはあっても教練を行うことはなく、おおむね雑役に従事させた。

太祖鑒唐末方鎮跋扈、詔選州兵壮勇者悉部送京師、以備禁衛、餘留本城、雖或戍更、然罕教閲、類多給役而已。（『文献通考』巻一五二、兵考、兵制、景徳二年条所引「両朝国史志」）

と説明するが、実際には、廂軍は五代の中頃からすでに存在したようである。[71]当時の兵士は、専ら逃亡を防止するために、顔面に入れ墨を施されていた（刺面、黥面）。[72]こうした入れ墨は、刑罰として行われたわけではなく、したがって、これを上代に行われた肉刑のひとつ、黥刑と同一視するのは正しくない。

兵士への刺面は、唐末以前には見られず、黄巣の乱以後に初めて行われるようになったようである。[73]藩鎮間の抗争激化に伴う逃亡兵士の増加と兵士不足、それに対する軍律の強化などがその背景にあったものと思われる。兵士はたとい逃亡しても、捕まれば顔面に刻された所属軍隊名が手がかりとなって原隊に連れ戻された。そのため、首尾よく追手を逃れた者は、州県の追捕の手が届かぬ山沢に集まり、盗賊化するのが常であったという。[74]かかる状況の下、兵士の社会的地位は急速に低下していった。

宋代、罪人の配軍先としてよく使われた牢城部隊も廂軍の一つであり、全国のほとんどの州に設置されていた[75]が、これとて罪人を収容する部隊として創設されたわけではなかった。

牢城部隊の起源は唐末にまで遡る。[76]しかしこれ以前にも、その先駆とおぼしき部隊が存在した。呼称はさまざまだが、「防城」の名で呼ばれる部隊はそのひとつである。[77]「卜瓘墓誌」（次頁の図版を参照）の記述から、その任務は、城塞の守備を固めることであったと知られる。

卜璀墓誌（京都大学人文科学研究所蔵拓本）

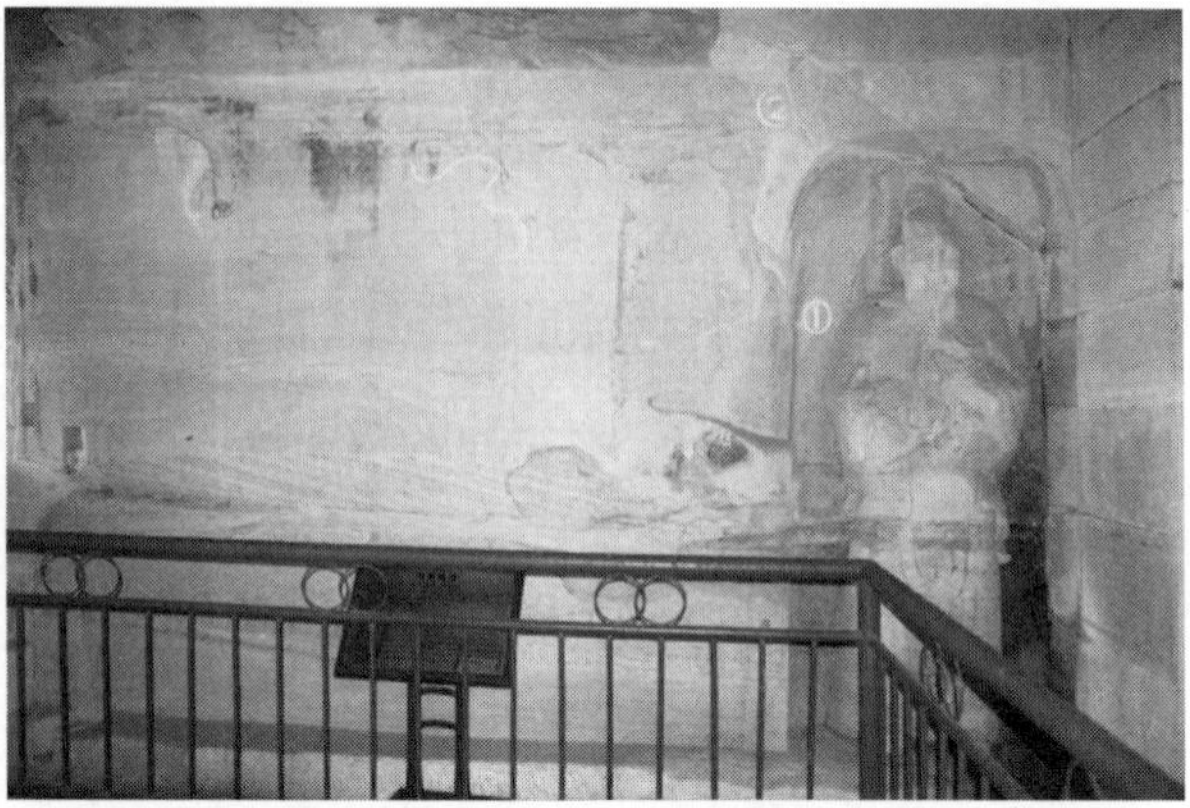

韋君靖建永昌寨記（著者撮影）
正面石像の左側壁面に刻されている。

司空厳公〔綬〕、この邦（＝山南東道）を主どるに及び（元和九年（八一四））、またその才を重んじ、同押衙・防城及び車坊都知兵馬使に補充し、幷せて宮園馬禾等を勾当せしむ。州府以て粛ひ、城隍虞れ無し。三軍蔬を足らはし、万馬の常秣あり。

及司空厳公主是邦、復重其才、補充同押衙・防城及車坊都知兵馬使、幷勾当宮園馬禾等、州府以粛、城隍無虞、三軍足蔬、万馬常秣。（『襄陽冢墓遺文』卜璀墓誌）

牢城兵士を指して「牢城防禦兵士」と呼ぶこともあった[78]から、牢城部隊は「防城」部隊の延長上に位置し、本来は城塞の守備を固めることを主たる任務とする部隊であったと考えられる。[79]

牢城部隊の統率・指揮には、牢城使（または都牢城使、牢城都指揮使）が当った。[80] 四川省の大足石窟（北山石窟）にある「韋君靖建永昌寨記」（『金石続編』巻一二。上の写真を参照）は、唐末の乾寧二年（八九五）に昌州刺史・昌普渝合四州都指揮使の韋君靖が永昌寨を築いたことを記念して刻された題記であるが、本文に続いて列記された軍将のリストにより韋君靖麾下の軍構成を窺い知ることができる。このうち「当州軍府軍府官節級」、つまり韋君靖の根拠地たる昌州の軍将に次のような者がいる（抜粋）。

節度押衙・摂昌元県令・充牢城使・銀青光禄大夫・検校国子祭酒・兼御史大夫・上柱国韋宝
節度先鋒兵馬使・充牢城都虞候・銀青光禄大夫・検校国子祭酒・兼御史・上柱国呉士倫
司節度副使・兼軍事押衙・充左右両廂都虞候・牢城判官蘇家□　李卓□　李徳周

これらはいずれも昌州にあった牢城部隊に属する武将であり、牢城使の指揮の下、都虞候・判官らが実務を行っていたと考えられる。

牢城部隊が藩鎮諸軍内で占める地位は、少なくとも唐末から五代前期までの間、決して低くはなかった。黄巣の乱直後の光啓三年（八八七）四月、淮南で左廂都知兵馬使畢師鐸が、軍の要職にあって専権を振るっていた呂用之らを討つべく、節帥高駢に反旗を翻し、治所の揚州を包囲する事件が起こった。高駢は揚州城防衛のため、従子で前左金吾衛将軍の高傑を都牢城使に任命し、「親信五百人を以てこれに給」したという。[81] 揚州城が畢師鐸の手に落ちようとする間際、高傑は呂用之を捕うべく牢城兵を率いて子城（内城）から出撃したが、失敗に終わった。この時高傑が率いた兵を、新旧『唐書』はともに「牙兵」と記す。[82] 牙兵とは節度使麾下の中核部隊である。この例からわかるように、唐末における牢城使の扱いは決して低くはなく、むしろ重要な戦闘で兵を率いて出撃し戦功を立て、さらに重用された事例も少なくない。[83] 牢城使とその麾下の牢城兵は、この時点ではまだ藩鎮の軍隊内部で然るべき地位を占めていたのである。

では、牢城部隊の地位はいつ頃から低下していったのであろうか。日野開三郎氏によれば、五代の州兵（廂軍）は時代を経るにつれて劣弱化の傾向にあったという。[84] 氏はその理由として、州兵中の強壮者が待遇の良い庁直軍、つまり節帥の親衛軍に吸収されたこと、中央政府の集権策により禁軍の強化・地方軍の弱化が特に五代中期から推進され、州兵の強壮者が禁軍に引き抜かれたことを挙げておられる。確かに後唐の清泰二年（九三五）

には「牢城防禦兵士」の不足が伝えられており、[85]かかる趨勢はこの頃から始まったようである。

続く後晋・天福八年（九四三）に、流亡人戸を無闇に戸籍につけた胥吏を「決脊杖十八、刺面、配本処牢城執役」に処するよう定めた詔勅が下され、[86]遂に罪吏が牢城部隊に送り込まれることとなった。しかしこれは何も牢城部隊に限ったことではない。全般的な兵士不足のためであろう、この時期、従来なら恩赦の対象とならぬことの多かった凶悪犯を軍隊に編入することがしばしば行われているのである。天福六年（九四一）の大赦では、持仗行劫及び殺人を犯した者に対し、[87]罪を赦免する代わりに郷里から放逐し、各地の軍隊に編入しているし、[88]開運元年（九四四）の大赦では、赦免された強盗犯のうち希望者を「配軍収管」する措置がとられている。[89]後周の太祖・郭威は、後晋以来の峻法を緩和したため、[90]こうした流れは一時的に弱まった可能性もあり、犯罪者以外の者を牢城部隊に編入した例も見られる。たとえば、顕徳五年（九五八）、中書省は、後漢の乾祐年間以来の俸戸制廃止を上奏して裁可され、これによって中央・地方各官庁及び州県官の課戸・莊戸・俸戸・柴炭紙筆戸等は解放されて一般の戸籍につけられた。この時、以後も続けてこれらの戸に充てられることを希望する戸は「本州に仰せて軍戸に勒充し、本州の牢城に配して執役」させることとなった。[91]「軍戸」として戸籍上は一般民戸と区別して扱われる者が、牢城部隊に編入されたのである。

先の天福八年の詔や顕徳五年の中書の上奏にあるように、牢城部隊が「執役」つまり雑役に従事する部隊に変質していたことは、注目に値する。五代前期にはまだ藩鎮軍内で然るべき地位を占めていた牢城部隊は、その後の中央集権策の進展に反比例して弱体化してゆき、雑役部隊への道を歩んだのである。しかし五代の牢城部隊には、必ずしも罪人ばかりが送り込まれたわけではなく、宋代に入ってすぐにこの状況が一変したとは考え難い。では一体、いつから、どのような過程を経て、配軍が国家の刑罰体系の中に組み込まれるに至ったのであろうか。

## 二　居作から配軍刑へ――窃盗法の改正

前節で一瞥したように、宋朝は、唐末から五代にかけての窃盗罪に対する峻刑を改むべく、建国以来、法の改正を行ってきた。まず建隆三年法（二二四頁参照）では、杖刑と死刑の間に有期の労役刑（配役）が設定された。そして開宝二年法（二二五頁参照）では、死罪に該当する窃盗犯を奏裁の対象とするよう改められた。そして、太平興国九年（九八四）になされた窃盗法の改正では、奏裁の対象となる贓額を引き上げた外、新たな労役刑の導入が図られた。

詔して曰く「応て諸道州府、今より窃盗、五貫以上十貫以下は、並びに決杖し所在にて配隷して徒役せしめ、必ずしも更めて奏せざれ。十貫已上及び凶悪尤も甚だ人患と為る者は、即ち取裁するを得」と。これより先、窃盗は獄成らば、皆な取裁するも、多く凝滞を致す。上、これを知り、故にこの詔を降す。

詔曰「応諸道州府、自今窃盗五貫以上十貫以下、並決杖、配隷所在徒役、不必更奏。十貫已上及凶悪尤甚為人患者、即得取裁」。先是、窃盗獄成、皆取裁、多致凝滞、上知之、故降是詔。（『太宗実録』巻三一、太平興国九年十月庚辰条）

従来の「脊杖＋配役」と「奏裁」との間に、決杖の後「所在に配隷して徒役」させる刑罰が導入された点は画期的である。史料には書かれていないが、広南路に限定して行われた開宝八年法（二二五頁参照）との類似から、徒役に服する罪人の額には入れ墨が施されていたものと推測される。労役の年限については明記されていないが、贓額が五貫未満の場合に科される「配役」に年限があることを考慮すれば、新たな労役刑には期限が無かったように思われる。

そして、翌年の雍熙二年（九八五）に制定された窃盗法では、贓額七貫以上十貫未満の場合、黥面して本城軍に編入すると定められた。

窃盗、十貫に満つる者は奏裁せよ。七貫ならば決杖、黥面して本城に隷せしむ。五貫ならば配役三年、三貫ならば二年、一貫ならば一年。他は旧制の如し(92)。

〔太平興国〕十年〔当作「雍熙二年」〕五月、令「窃盗満十貫者奏裁。七貫決杖・黥面・隷本城。五貫配役三年、三貫二年、一貫一年。他如旧制」。（『文献通考』巻一六六、刑考、刑制）

「本城」とは、各州に置かれた廂軍、すなわち雑役部隊の一つである。建隆三年法・開宝二年法・太平興国九年法・雍熙二年法の四者を比較したものを表にまとめておく（**表6-3**）。

雍熙二年法で新たに導入された本城への配軍刑にも、服役の年限は定められていない。否、罪人たちは廂軍に編入されるのであるから、一般の兵士と同じく衣糧の支給を受けることになったはずである。州の廂軍に編入されるのであるから、なかには条件の良い部隊に配軍される者も出てくる。そこで天禧元年（一〇一七）、窃盗犯の配軍先が、本城から牢城に変更されることとなった。

詔すらく「諸路、盗を為して質状小弱にして当に本城に配すべき者、如し犯す所情重ければ、並びに牢城に配せ」と。これより先、知潞州銭惟済言へらく「前詔に準るに、今後盗を為す者は、刺して本城に配せ、とあり。臣到任してより以来、累ねて穿牆の賊を捉到したるに、並びに贓五貫已上に満ち、身首小弱なれば、条に準りて並びに本城永寧指揮に配したり。永寧は本州に軍額有りと雖も、請給甚だ厚く、募る所の人は並びに少壮にして披帯に任ふる者なり。今、盗を為すも小弱にして死を免かるるの輩、その中に参はるは、深だ未だ允当ならず。乞ふらくは条約を行はれんことを」と。故にこの詔有り。

詔「諸路為盗而質状小弱当配本城者、如所犯情重、並配牢城」。先是、〔当補「知」〕潞州銭惟済言「準前詔、今後為盗者、刺配本城。臣到任以来、累捉到穿牆賊、並贓満五貫已上、身首小弱、準条並配本城永寧指揮。永寧雖本州有軍額、請給甚

**表6－3　宋初における窃盗法の変遷**

<table>
<tr><th>贓額(貫)</th><th>建隆三年法</th><th>開宝二年法</th><th>太平興国九年法</th><th>雍熙二年法</th></tr>
<tr><td>一</td><td>脊杖十八、配役一年</td><td>脊杖十八、配役一年</td><td>脊杖十八、配役一年</td><td rowspan="2">配役一年</td></tr>
<tr><td>二</td><td>脊杖二十、配役二年</td><td>脊杖二十、配役二年</td><td rowspan="2">脊杖二十、配役二年</td></tr>
<tr><td>三</td><td rowspan="2">脊杖二十、配役三年</td><td rowspan="2">脊杖二十、配役三年</td><td rowspan="2">配役二年</td></tr>
<tr><td>四</td><td rowspan="2">脊杖二十、配役三年</td></tr>
<tr><td>五</td><td rowspan="6">処　死</td><td rowspan="6">奏　裁</td><td rowspan="2">配役三年</td></tr>
<tr><td>六</td><td rowspan="4">決杖、配隷所在徒役</td></tr>
<tr><td>七</td><td rowspan="3">決杖、黥面、隷本城</td></tr>
<tr><td>八</td></tr>
<tr><td>九</td></tr>
<tr><td>一十</td><td>奏裁</td><td>奏裁</td></tr>
</table>

厚、所募之人並少壮任披帯者。今為盗小弱免死之輩、参於其中、深未允当、乞行条約」。故有是詔。(『宋会要』刑法四—八、天禧元年八月五日)

潞州では窃盗犯のうち実際に兵士として役に立たぬ者は、「前詔」に拠って「本城」すなわち廂軍部隊である永寧指揮[93]に配属していた。ところがこの部隊は待遇も良く、所属の兵士は少壮で兵役に堪える者が中心であった。そこに罪人を配軍するのは問題がある、というのが銭惟済の主張であり、この上奏に従って、窃盗犯の配軍先が牢城部隊に改められたのである。

では、なぜ牢城部隊が選ばれたのであろうか。その理由として一つ考えられるのは、この頃すでに窃盗犯で死刑を赦された者が各地の牢城部隊に編入されていたことである。雑犯死罪人のうち死刑を減刑された者に対する処罰が、咸平元年に沙門島への配流から牢城への無期限の配軍に変更されたことは先に述べたが(二三三頁)、窃盗犯のうち奏裁の対象となった者のほとんどがこの範疇に入ったものと思われる。さらに景徳二年(一〇〇五)には、盗賊を牢城に配軍する場合に限って、一千里外に配することとなった。

詔すらく「今後、応て盗賊のまさに牢城に刺配すべき者は、並びに千里外に配せ。その河北・河東の州軍は、並びに黄河を過ぐる南に配し、陝西の州軍は潼関の東に配し、荊湖南路の州軍は嶺南に配し、北路の州軍は漢江を過ぐるに配し、江南・両浙は並びに江北に配し、川峡の州軍は川界を出づるに配し、広南の州軍、嶺に近き者は嶺北に配し、嶺に近からざる者は東西路交互に移配し、福建路も亦た広南・江浙に配せ。その同火の人は、遠近を量りて散配せよ」と。

詔「今後応盗賊合刺配牢城者、並配千里外。其河北・河東州軍並配過黄河南、陝西州軍配潼関東、荊湖南路州軍配嶺南、北路州軍配過漢江、江南・両浙並配江北、川峡州軍配出川界、広南州軍近嶺者配嶺北、不近嶺者東西路交互移配、福建路亦配広南・江浙。其同火人、量遠近散配」。(『宋会要』刑法四―四、景徳二年十月二十一日)

このように、死罪にあたる窃盗犯を現住地から一千里以上離れた州の牢城に配軍することが、天禧元年以前から行われていたのである。死罪に至らぬ窃盗犯を現地の牢城部隊に編入しようという発想は、この延長線上にあると考えられる。

なお、さきの銭惟済の上奏に見える「持仗穿窬」、つまり凶器を所持して壁を穿ち牆を踰えて盗みに入る類の盗犯は、太宗朝には強盗の範疇に入れられていた(94)。ところが、銭惟済の上奏ではこれを窃盗犯として議論しており、その間に取り扱いについて変化のあったことを窺わせる。また、先の雍熙二年法では窃盗で「黥面、隷本城」となるのは盗贓七貫以上であったが、銭惟済が引く「前詔」によれば贓額五貫以上で「刺配本城」とされた(95)。そしてその三年後の天禧四年（一〇一八）十二月には、知開封府呂夷簡が、窃盗の持仗穿牆五貫以上および強盗の盗贓三貫以上もしくは持仗の死罪とならぬ者は、京師まで護送せずに、ただ現地の州で法の通り脊杖二十とする。このうち、身体の強壮な者は、刺面して五百里外の牢城に編入し、情状が凶悪で恕しがたい者は、刺面して千里外遠悪州軍の牢城に編入する。老人・子供・病人で久しく軍役に堪えられぬ者は、法の通り処罰する。

知開封府呂夷簡言「請今後応賊人、窃盗持杖〔当作「仗」〕穿牆五貫以上・強盗満三貫及持杖〔当作「仗」〕罪不至死者、更不部送赴闕、只委逐処依法決脊杖二十。内身首強壮者、刺配五百里外牢城、兇悪難恕者、刺配千里外遠悪州軍牢城。若老小疾病久遠不堪充軍役者、依法施行」。事下法寺、既而言「旧条皆押赴闕、今請如夷簡所奏」。詔「可。仍候断訖、刺指揮二字、取転運使指揮移配」。（『宋会要』刑法四―一〇）

という改定案を上奏し、これを検討した大理寺も「旧条ではこれらの場合、すべて赴闕させていたが、今後は夷簡の上奏の通りにする」よう答申し、裁可された。この議論から明らかなように、窃盗犯のなかでも「持仗穿牆」に関しては、単に奏裁するのではなく、京師まで護送するというのが、この時までの規定であった。呂夷簡の改正案は、それを取り止め、原則として遠悪地の牢城に編入するというものであり、この案が採用されたことは、後に述べるように、皇帝の判断により凶悪犯を僻遠の地に追放するこれまでの配流刑から、宋代に一般的となる配軍刑への転換を意味するように思われる。

さて、窃盗法はその後も幾度か改正された。上述したように、真宗の時（具体的な時期は不明）、配軍となる贓額が七貫文から五貫文へと引き下げられた。また景祐二年（一〇三五）には、改正された強盗法との調和をはかるために、今度は配軍となる盗贓の額が十貫文に引き上げられた（二五〇頁参照）。さらに南宋時代の慶元賊盗勅まで下れば、諸て窃盗は、財を得れば杖六十、四百文ならば杖七十、四百文ごとに一等を加へ、二貫ならば徒一年、二貫ごとに一等を加へ、徒三年を過ぎれば三貫ごとに一等を加へ、二十貫ならば本州に配す。

諸窃盗、得財杖六十、四百文杖七十、四百文加一等、二貫徒一年、二貫加一等、過徒三年、三貫加一等、二十貫配本州。

（『条法事類』巻七、職制門、監司巡歴、旁照法、賊盗勅）

という具合に、贓額の設定や刑罰の内容など随分と変わってしまう。ただ、「本州に配す」とは本州の牢城に編入することを意味するから、[96]天禧元年に始められた窃盗犯の現住地の牢城への配軍は、南宋まで一貫して続けられたと考えられる。

## 三　追放刑的要素の導入――強盗法の改正

強盗の場合も窃盗と同様、死罪に該当する者や情状の重い者については、奏裁が行われ、そのため罪人は都まで護送された。[97]その場合、罪人の妻子も一緒に都に送られるのが国初の通例であったが、太平興国六年に出された詔によって、律に照らして死罪に至らぬ者の妻子には赴闕が免除された。[98]

死刑囚に関しては、奏裁によってできるだけ減刑するというのが宋朝の恤刑政策の根幹であったが、先述の如く、これはさまざまな弊害を生じた。なかでも、奏裁のために家族ともども都へ赴く道中で落命する者の多いことは、奏裁の主旨が死刑の減刑である以上、当然、問題となった。そこで咸平四年（一〇〇一）、真宗は次の詔を下した。

福建・広南・江浙・荊湖は遠地なれば、応て強盗及び持仗の死に至らざる者は、法に依り決し訖らば、本処より五百里外に刺配して軍に充てよ。[99]

詔「福建・広南・江浙・荊湖遠地、応強盗及持杖〔当作「仗」〕不至死者、依法決訖、刺配本処五百里外充軍」。先是、幷其家部送上京、多殞於道途、特有是命。（『宋会要』刑法四―三、咸平四年七月五日）

遠隔地という理由で、福建・広南・江浙・荊湖各路の強盗犯及び持仗（劫盗）の死罪に至らぬ者は[100]、以後、赴闕の代わりに、現住地から五百里以上離れた廂軍に編入されることとなったのである。なお、配軍前の決杖と刺面は、赴闕に先立って行われたが、これは、他地方の同罪人との均衡を保つためには不可欠なものであった。

咸平四年の詔において罪人の配軍先として選ばれたのは牢城部隊であった。地域的な限定はあるものの、死罪を免ぜられた強盗犯に対する「減死一等の刑」として、牢城への配軍が行われることになったのである。また、死罪に至らぬ劫盗犯に対し、奏裁の代わりに牢城への配軍が科されたことで、こののち配軍刑が、奏裁の結果行われたであろう配流刑と同等もしくはそれに準ずる刑罰と見なされてゆくこととなった。

咸平四年の措置で今ひとつ注目すべき点は、配軍刑に追放刑的な要素が導入されたことである。雍熙二年の窃盗法で、本城への配軍が刑罰の中に組み込まれたことは先に述べたが、配軍先の部隊はあくまでも現住地の州にあり、罪人を遠隔地に放逐するものではなかった。ただ、凶悪な罪人を隔離して復讐や仕返しを未然に防止するという考えは、この当時すでに存在した。雍熙四年（九八七）、江南転運使許驤が上言して、赦免された劫盗犯が郷里に戻ると自分を告発したり逮捕した者を恨んで殺害するので、彼らを廂軍へ編入するようにと願い出ているのは、その一例である。

詔すらく「応て諸道の擒獲せし劫賊、獄成りて赦に遇ふ者は、本城軍に隷せしめ、仍ほこれに廩給せよ」と。これより先、江南転運使許驤、劫盗赦に遇はば本郷に還るを原すことを得るも、告捕せし者を讐(うら)みて多く殺害を行ふと上言し、以て軍に隷せしめんことを請ふが故なり。

詔「応諸道擒獲劫賊、獄成遇赦者、隷本城軍、仍廩給之」。先是、江南転運使許驤上言、劫盗遇赦得原還本郷、讐告捕者多行殺害、請以隷軍故也。(『宋会要』刑法四—二、雍熙四年十二月十三日)

郷里の安寧と秩序を乱す厄介者を追い払う手段として配軍刑が用いられる素地は、十分にあったと思われる。

咸平四年以降、牢城への配軍を刑罰として定めた法は徐々にその数を増してゆく。咸平六年(一〇〇三)に定められた、使用人が主人の財物を盗んだ罪に対する法律もそのひとつであろう。(101) この法では、贓額が五貫以上なら脊杖・黥面のうえ牢城に配軍し、十貫以上なら奏裁すると定められていたのだが、法が厳しすぎたためか、裁判が滞るという理由で、二年後の景徳二年には、十貫以上なら五百里外牢城へ配軍、二十貫以上で奏裁するように改められた。(102) ここでも、追放刑的要素が導入されている。また同じ年に、盗罪を犯して牢城に配軍される場合は、一千里外に配することとなり、どの地方の者はどこの牢城に配軍するかに至るまで、細かく定められた。(103)

天禧四年(一〇一八)、地域を限って施行されていた咸平四年の措置が、全国的に行われることとなった。直接の契機となったのは、先に引用した知開封府呂夷簡の上言である。強盗犯の死罪に該当する者や持仗劫盗犯の死罪に至らぬ者は、「逐処に委ねて法に依り脊杖二十を決し」、身体の壮健な者や犯行の特に凶悪な者については現住地から一定距離隔たった地方の牢城に配軍し、老人や病人等体の弱い者は従来通り取り扱う、というのがその骨子である。上言は大理寺に送られてその支持を得、それを承けて真宗は「可なり。仍ほ断じ訖るを候ち、指揮の二字を刺し、転運使の指揮を取りて移配せよ」との詔を下した。呂夷簡の原案はそのまま採用され、額に配軍先の部隊名を入れ墨することと、(104) 転運使の許可を待って移配を行うことが付け加えられたのである。

配軍刑に追放刑的な要素が取り入れられたことによって、身体の弱い者が従来通り現住地の牢城に編入された外は、体の丈夫な者が現住地から五百里以上隔たった州軍の牢城へ、凶悪犯が一千里以上離れた遠悪州軍の牢城

へ、それぞれ送られることとなった。慶元断獄令に、

諸て編配するに地里を計る者は、住家の所を以てし、諸軍は住営の所を以てす。各おの里数より三百里を過ぐるを得ず〈三百里内に州無き者は、以次最近の州に配す〉。

諸編配計地里者、以住家之所、諸軍以住営之所、各不得過里数三百里〈三百里内無州者、配以次最近州〉。(『条法事類』巻七五、刑獄門、編配流役、断獄令)

とあるのは、配軍について、どこを起点として一定距離を強制移動させるかを定めた条文に他ならない。律の流刑が京師を起点としたのとは違って、配軍の場合、「住家の所」が起点とされたのは、配軍刑の始まりが「罪人の現住の州への配軍」からであり、強制移動についてもそれを基準としたためと思われる。ただ、凶悪犯を隔離して郷里の安寧を図ることが配軍刑導入の動機の一つにあったことも、同時に想起されるべきであろう。

いま一つ注目すべきは、配軍刑の執行に際して、転運使の許可を取るよう確認していることである。全国を十八ほど(時期によって多少数が異なる)に分けて設置された「路」ごとに置かれた転運司(その長官が転運使)は、漕運のみならず、会計・人事考課・司法・農政など多岐にわたる事項について管下の州を監督することを職掌としていた。[105] 呂夷簡の上言では、各州が決杖ののち各地の牢城に刺配するよう求めていたのに対し、特にこのような文言を附加したのは、「君主と地方政治の橋渡し」の役割を担う官署として、監司の重要度が増しつつあったことと関係しているのであろう。[106] ともすれば州が「宣勅を承准して、犯罪の情重く郷邑に留むべからざる者を、故を以て移配する」ことがあったため、[107] 転運使を通じて州の専行を抑えようとしたように思われる。[108]

さて、かかる追放刑的要素導入の流れを承けて、仁宗の景祐二年(一〇三五)、強盗法の改正が行われた。

詔して強盗の法を改む。持仗せず、財を得ざれば徒二年。財を得ること銭万なる、及び人を傷つくる者は死。持仗するも財を得ざれば流三千里。財を得ること銭五千なる者は死。人を傷つくる者は殊死。持仗せずして財を得ること銭六千なる、若しくは持仗して死に至らざる者は、仍ほ千里外の牢城に刺配す。

詔改強盗法。不持仗不得財、徒二年。得財為銭万及傷人者、死。持仗而不得財、流三千里。得財為銭五千者、死。傷人者、殊死。不持仗得財為銭六千、若持仗不至死者、仍刺配一千里外牢城。(『長編』巻一一七、景祐二年八月壬子条)[109]

この改正法は、外見上、唐律の強盗法[110]と極めて似通ったものとなっており、建隆三年法(二二六頁参照)との違いは歴然としている。死刑以外の部分では、「脊杖(十七・十八・二十)+配役(一～三年)」が姿を消し、代わりに唐律の五刑にある刑名が復活しているが、実際には折杖法による読み替えがなされて、徒二年は脊杖十七に、流三千里は「脊杖二十+配役一年」として執行されるため[111]、中身はさほど変わらない。死刑に関しては、建隆三年法が盗贓三貫文で処死であったのに対し、景祐二年法では、不持仗なら盗贓十貫文以上か人を傷つけるかで処死、持仗なら盗贓五貫文以上で絞、人を傷つければ斬と、刑がかなり軽減された。そして、建隆三年法と決定的に異なるのが、配軍刑を組み込んだ点である。不持仗なら盗贓六貫文以上の場合、持仗なら死罪とならない場合(盗贓五貫文未満もしくは不傷人)に、それぞれ郷里から一千里以上離れた州の牢城部隊に編入されることとなったのである。なお、これに併せて窃盗法も改正された[112]。雍煕二年法は、配軍刑の部分が天禧元年に変更されて盗贓七貫文以上で牢城に配軍されることになり、その後、配軍となる贓額は五貫文に引き下げられた。ところが強盗法の改正により、現住地と一千里外の違いはあるにせよ、窃盗のほうが強盗よりも低い盗贓の額で配軍されることになり、刑の軽重に逆転が生じてしまった。そのため、窃盗の場合は十貫文以上で配軍となるよう改められたのである。

次に、持仗劫盗のうち死罪に該当する者や強盗に入った際に殺人・傷害を犯した者などの凶悪な強盗犯の扱いについて、検討しておきたい。こうした罪人は、恩赦の際にも、罪状が凶悪との理由で、唐末以来、他の罪人と区別されて赦免の対象とならないことが多かった。また、まれに罪が赦免された場合にも、こうした罪人は郷里に帰ると何かと騒ぎを起しがちであった。そのため宋朝においても、かつて五代・後晋の頃に行われたのと同様に、彼らを軍隊に編入して有給の雑役兵とするより外、策が無かった。「恩赦によって郷里に戻った劫盗犯が、罪の告発者を逆恨みして殺害することが多くて困る」という理由で、こうした厄介者を「本城軍」に編入し、雑役に従事させたのである。[113]赦免された重罪人を隔離する論理は、律の「殺人移郷」（賊盗律18条）に似ているけれども、そうした者たちを軍隊という国家の組織の中に「収管」[114]して管理を試みた点で、異なっている。なお、恩赦で死罪を赦された劫盗犯を本城軍に編入する措置は、この後も幾度か行われている。[115]

さて、雍熙四年の詔では配軍先の部隊は「本城」とされたが、実際のところ、恩赦で死刑を免れた劫盗犯は、本城部隊より遥かに条件の劣悪な牢城部隊に送られることが通例であったらしい。大中祥符八年（一〇一五）になされた知密州孫奭の上言によれば、劫盗が結案後に赦に遇ったり、赦後に逮捕された場合、詔では本城に配軍となっているにもかかわらず、判例では本城への配軍は牢城への配軍として執行していた、という。本来、本城と牢城とでは軽重の差があるはずで、このような現状を放置すべきではない、というのが孫奭の意見であり、真宗もこれに従って、

今より、詔に準りて本城に刺配すべき者は、止だ本城の軍額有るの指揮に配し、牢城に例配するを得ず。

知密州孫奭言「本州累有強劫賊、結案遇赦、或赦後捉獲、准詔配本城。拠官吏衆称、準例配本城者並配牢城。朝廷以本城・牢城分為軽重、今若一概処断、慮失詔意。請下法官参議」。詔「自今準詔刺配牢〔当作「本」〕城者、並止配本城有軍

額指揮、不得例配牢城」。（『宋会要』刑法四―七、大中祥符八年八月十九日。〔　〕内は、『長編』巻八五、大中祥符八年八月甲申条に拠る補正）

という詔を下している。その翌年にも、恩赦によって死罪を減ぜられた劫盗犯を、決杖後、本城に配軍する旨の詔が出され、その徹底が図られた(116)。恩赦の際の彼らの取り扱いについての原則は、ひとまずこの線で確立されたと見られる(117)。

## 第四節　刺配刑の序列化

### 一　多様化する刺配刑

太宗朝以降、刑罰として法令の中に現われるようになった配軍刑は、宋朝の刑罰体系の中で次第に重要な位置を占めるに至る。その過程において、配軍刑は刑罰としての多様性を増していったが、概して言えば、それは追放刑的要素の導入によるものであった。当初、配軍刑は、「本州」すなわち罪人の現住の州にある廂軍の部隊（本城・牢城など）への配軍のみであったが、真宗朝以降、「五百里外」「千里外」への配軍（主に牢城）を規定した法令が定められるようになる。『宋会要』刑法門の「配隷」の項の冒頭に配された文章（一七七頁参照）の一節に、

杖以上の情重き者は、刺面と不刺面と有り、本州の牢城に配す。仍お各おの地里の近遠を分かち、五百里、千里以上、及び広南・福建・荊湖の別あり。

とあるのは、この時期から多様な展開を見せ始めた配軍刑の概略を記したものと理解し得る。

仁宗朝になると、「二千里外牢城」への配軍を定めた法令も現われる。一例を挙げよう。仁宗の天聖八年（一〇三〇）に制定された、漕運用の官船における盗売に関する法令は、『宋刑統』の「監守自盗法」(118)に拠りつつ、主刑たる五刑に配軍刑を附加する形で刑罰を規定したものである。

　審刑院・大理寺言へらく「楚州奏すらく『自来、動使を偸盗せし梢工を領勘するに、並びに監主自盗律勅に従ひ科断す。今、新編勅内に、官船の釘板等を偸拆して貨売せし者は、当に決配を行ふべし、とあり。又たの条に、当に決配を行ふべき者は、具案聞奏せよ、とあり。州路衝要に居れば、日夕過往の綱運少なからず、常に釘板を拆売する兵梢有り。若し或ひは逐度に禁奏すれば、唯だ頻りに朝廷を煩はすのみに非ず、実に虚しく淹禁有るを見ん。欲し乞ふらくは刑名を立定し、断遣せしむることを許されんことを』と。衆官参詳すらく『欲すらくは、自より応て梢工、官船釘板の類を偸拆し貨売せし者は、贓を計り、監主自盗法に従ひ、杖罪は決し訖らば五百里外の牢城に刺配し、徒罪は決し訖らば千里外の牢城に刺配し、流罪は決し訖らば二千里外の牢城に刺配し、罪死に至る者は奏裁せしめられよ』」と。これに従ふ。

　審刑院・大理寺言「楚州奏『自来領勘偸盗動使梢工、並従監主自盗律勅科断。今新編勅内、偸拆官船釘板等貨売者、当行決配。又条、当行決配者、具案聞奏。州路居衝要、日夕過往綱運不少、常有拆売釘板兵梢。若或逐度禁奏、非唯頻煩朝廷、実見虚有淹禁、欲乞立定刑名、許令断遣』。衆官参詳、欲自今応梢工偸拆官船釘板之類貨売者、計贓、従監主自自〔衍字〕盗法、杖罪決訖刺配五百里外牢城、徒罪決訖刺配千里外牢城、流罪決訖刺配二千里外牢城、罪至死者奏裁」。従之。（『宋会要』食貨四二—一七、天聖八年八月十三日）

「新編勅」つまり「天聖編勅」（前年の天聖七年に進呈）では「当行決配」とのみ記された刑罰規定が、この法令によって具体化され、その中で、流罪人に併科する刑罰として二千里外牢城への配軍が規定されたのである。杖刑・徒刑の罪人には各々五百里外・千里外牢城への配軍刑が併科されたことから、強制移動の距離の遠近によってこの附加刑の軽重が示されていたことがわかる。

罪人の現住州から一定距離隔たった牢城への配軍としては、この後、神宗朝に「配三千里」というものも現われた。[119] 一方、広南路への配軍では、英宗朝になされた録囚において、

〔強劫盗の死罪を一等減じて〕配広南牢城

〔同じく、情理の重い者について〕配広南遠悪州軍牢城

という事例が見られる。[120]

## 二　就配法（配軍画一法）

こうした刺配刑の序列化は、北宋末に至るまでの全般的な傾向であると言い得るが、神宗朝には、一時期、これに逆行する施策が断行されたことがある。元豊六年（一〇八三）に施行された「就配法（配軍画一法）」である。就配法については、つとに徳永洋介氏が圜土法との関係から言及されている。[121] ここでは氏の研究を参照しつつ、若干の補足を行い、その経緯と意義について述べておきたい。

徳永氏によれば、就配法の端緒は、熙寧三年（一〇七〇）に中書門下が「刑名の未だ安からざる者五条」として建議した事項の内に見出し得るという。

三、刺配の法、大抵二百餘件あり、愚民能く畏れを知るもの罕（まれ）なれば、その骨肉をして離散せしめ、而して

道路に死亡する者甚だ衆く、防送の卒、労費に尤も苦しむ。その間情理軽き者は、亦た古の徒流の坐と移郷の法を復し、その再犯を俟ち、然る後に決刺して充軍す。諸て配軍は、並びに減じて本処に就かしめ、或ひは近地を与へ、凶頑の徒は、自ら旧法に従ふ。編管の人、亦た他所に迭送し、量りて役作の時限を立て、髡鉗するを得ず。

三、刺配之法、大抵二百餘件、愚民罕能知畏、使其骨肉離散、而道路死亡者甚衆、防送之卒、労費尤苦。其間情理軽者、亦可復古徒流之坐・移郷之法、俟其再犯、然後決刺充軍。諸配軍、並減就本処或与近地、凶頑之徒、自従旧法。編管之人、亦迭送他所、量立役作時限、不得髡鉗。(『長編』巻二一四、熙寧三年八月戊寅条)

この背景には、この時期、政権の中枢にあった王安石らが肉刑復活論を唱え、神宗もそれに賛意を示したということがある。[122] 肉刑が廃止された後、「減死一等の刑」として設けられた流刑は、懲罰として足らざる点を加役流で補い、その上に刺配刑を設け、さらに「遠近之別」を導入してもなお、「遷徙常ならざる」人々を懲らしめるには不十分であった。また、罪人を遠方に護送するための負担も、国家に重くのしかかっていた。しかし、肉刑を復活させることもまた容易ではない。そこで、刺配刑から「防送」のコストとリスクを差し引き、「加役流」が一般の流刑よりも「重役」である点を採用して、新たな配軍刑が創設されたのである。結果として、それまで強制的に移動させられる距離と行き先を基準に序列化されていた刺配刑は、配軍先での労役の重さによって、改めて軽重のランクが設けられることになった。『長編』の記述によれば、

上批すらく「早来擬奏せし配軍画一法の内に『刺して某指揮配軍に充つ』と称するは、恐らくは上軍において称呼に嫌有らん。修法官に諭して改めて『某指揮雑役』と云はしむべし」と。時に罪を犯し、法として応に配流すべき者、その罪軽ければ配行を免かるるを得、尽く以て禁軍営に隷し雑役と為る。然れども禁卒素

より配法を憚かり、嘗に恥ぢてこれを言ふが故なり。上、人情の至微において曲尽せざるは無し。配軍画一は、蓋し張誠一らの更定せし所なり。凡そ盗を犯さば、流以下は皆な本州に配して雑役軍と為し、以て禁兵の護送を省く。その人と隷する所の将校と相ひ犯さば、論ずること奴主相ひ犯すの律が如くし、営卒と相ひ犯さば、凡人より二等を加減す。

上批「早来擬奏配軍画一法内称『刺充某指揮配軍』、恐於上軍称呼有嫌、可諭修法官改云『某指揮雑役』」。時犯罪、法応配流者、其罪軽得免配行、尽以隷禁軍営為雑役。然禁卒素憚配法、嘗恥言之故也。上於人情至微、無不曲尽。配軍画一、蓋張誠一等所更定也。凡犯盗、流以下皆配本州為雑役軍、以省禁兵護送。其人与所隷将校相犯、論如奴主相犯律、与営卒相犯、加減凡人二等。（『長編』巻三三四、元豊六年三月辛丑条）

というものであり、さらに李燾が注に引く『曾布日録』には、

先帝（＝神宗）並びに以て行ひ難しと為し、遂に定めて以へらく「配三千里以上の罪人をば諸営雑役軍に充て、犯すもの有らば上禁軍法に依り、餘の千里より而上は、皆な本処の牢城・本城に配せ」と。

元豊編勅所欲以役代配、及承旨司立季送之法、以寛配隷及省護送之労。先帝並以為難行、遂定以配三千里以上罪人充諸営雑役軍、有犯依上禁軍法、餘自千里而上、皆配本処牢城・本城。（後略）（『長編』巻三三四、元豊六年三月辛丑条の原注）

とあり、同じく『旧録』（神宗実録）には、

詔して新配法を改む。初め、神宗、流人郷邑を離去し、或ひは疾もて道に死し、而して護送の禁卒、教習を失し、往来に費を労わすこと有るを以ての故に、古に倣ひ、罪を犯して応に流たるべき者は、決刺を加へて、所在に随ひ諸軍の重役に配せしむ。（後略）

詔改新配法。初、神宗以流人離去郷邑、或疾死於道、而護送禁卒失教習、有往来労費故、倣古、犯罪応流者、加決刺、随所在配諸軍重役。至是、中丞黄履有言、故令応配者悉配行如旧法。（『長編』巻三六〇、元豊八年十月己巳条の原注）

とある。要するに、これまで「配三千里以上」の刺配刑となっていた重罪犯について、遠方に強制移動するのを罷めて禁軍に配属し、そこで「重役」つまり苛酷な労役に就かせることとしたのである。それ以下の刺配刑についても、強制移動を廃止し、「本処の牢城・本城に配す」ることとした。三衙（殿前都指揮使司・侍衛親軍馬軍都指揮使司・侍衛親軍歩軍都指揮使司）が配軍人を月ごとに輪番で受け入れることも定められた[123]。また、禁軍の将校と服役囚との間には、「奴と主人」の関係に擬えた法的な上下関係が設定された。

しかし、豫想されたこととはいえ、この改革は現場に相当の混乱をもたらし、僅か二年の後に旧制度が復活することとなった。失敗の原因はいくつかあろうが、当時の識者が最も強調するのが、現住地で服役することとなった刑徒が、悪事を働くのみならず、犯罪被害者や告発者を逆恨みして報復行為に及ぶことが再三あり、そのため郷里社会の治安が著しく低下した、という点である[124]。配軍刑が追放刑的要素を帯びるようになった理由の一つが、郷里の安寧を脅かす厄介者を遠方に放逐することであった点を考え合わせれば、これは理の当然と言うべきであろう。かくして就配法は、神宗が崩御した元豊八年に廃止されたのである。

### 三　刺配刑の序列化

就配法の実施により一時期中断したものの、刺配刑の序列化は着実に進んでいった。英宗朝になされた録囚において、広南路への配軍が「減死一等の刑」として設定されたことはすでに見たが、刑の軽重から判断して、そこでは「配広南遠悪州軍牢城」よりも一等軽い刑罰として「配広南牢城」が位置づけられていたと判断できる。

また、神宗の熙寧三年（一〇七〇）に制定された「河倉条貫」、いわゆる倉法[125]では、銭物を不正に受け取った胥吏に対する最高刑を「配沙門島」とし、それを一等減じた場合は「配広南牢城」とすると定めている[126]。このことは、刺面配流刑である「配沙門島」から一等級下の刑罰として、配軍刑たる「配広南牢城」が位置づけられていたことを意味している。但し、「配広南牢城」から刑一等を加えて「配沙門島」とされるわけではなかった点には、注意しておく必要がある。ともあれ、淵源を異にする刺面配流刑と配軍刑は、「刺配刑」として同一のスケール上に並ぶこととなったのである。

さて、就配法の廃止に伴って復活した「旧配法」において、刺配刑は次のように序列づけられていた。

詔すらく「雑役配軍は、諸路州軍、並びに本州の牢城に配し、在京の者、元広南に配せられしものは東西窰務に分配し、三千里の者は車営務に配し、二千里の者は広固指揮に分配せよ。自今、杖以上の罪を犯さば、並びに元犯に依り配行せよ」と。

又詔「雑役配軍、諸路州軍並配本州牢城、在京者、元配広南分配東西窰務、三千里者配車営務、二千里者分配広固指揮。自今犯杖以上罪、並依元犯配行」。（『長編』巻三七九、元祐元年六月庚子条）

就配法により禁軍に配属された配軍人については、元犯の軽重に応じて配属先が変更された。地方については一律に「配本州牢城」、在京については、

配広南→配東西窰務
配三千里→配車営務
配二千里→配広固指揮

とするよう定められたのである。ここに挙げられた配軍刑には、

配広南∨配三千里∨配二千里

配東西窖務∨配車営務∨配広固指揮

という序列が存したことを見て取ることができる。さらに元符元年（一〇九八）に定められた、護送中の編配人の逃亡に関する法令[127]からは、刺配刑が、

配沙門島∨配広南遠悪州軍∨配広南・配三千里∨配二千里∨配千里∨配五百里∨配鄰州∨配本州

のように序列づけられていたことが知られる。但し、「配沙門島」は、あたかも律の五刑における死刑の如く[128]、刑を加重することによって科される刑罰ではなかった点に注意する必要がある。

北宋末には、犯罪内容と情状の軽重に基づいて編配の「地分の遠近」が決められることが法に規定され、「応に配すべき地里より三百里を過ぐるを得」ざることが「令」に明記されていたことが史料に見える[129]。周知の如く、南宋初めの淳熙年間には、「配法」が、

永不放還者∨海外∨遠悪∨広南∨三千里∨二千五百里∨二千里∨一千五百里∨一千里∨五百里∨鄰州∨本州牢城∨本城∨不刺面

の十四等に序列づけられていたが[130]、その基本的な序列は、北宋後期にほぼ出来上がっていたのである。

## 小結

宋代の配流刑は、宮崎氏が正しく指摘された如く、天子の特恩による死刑の代替刑である。しかしそれは元来、宋代に独自の発展を遂げる配軍刑とは別の系統に属するものであった。源流をたどれば、宋代の配流刑も唐代以来の流れを汲む。ただ、唐代後半から始まった専売法や、悪化する一方の治安を維持するための窃盗法・強盗法の強化が、律の改正によってではなく勅による法の制定という形で行われたため、宋の配流刑は、唐・五代の配流とは異なる展開を見せることとなった。「唐代的な」不刺面配流（官員の場合は除名配流となる）の外、刺面を伴う配流刑が登場したのである。その場合の刺面は、配流の直前にではなく、奏裁のための赴闕に先立って行われるのが、本来の姿であった。京師に護送された罪人は、軍頭司によって皇帝の御前に引率され、少なくとも形式上は、皇帝によって減死一等の処分が下された（実際には、特別な場合を除き、枢密院が赴闕した罪人の処分を決定するようになった）。かくして罪人は配流刑に処せられ、配所に送られた。そして、不刺面配流の場合とは打って変わって、劣悪な条件の下で苛酷な労役に服したのである。

その労役のあり方も、唐代的な「居作」の方式とは随分異なっていた。五代の時からその萌芽は見えていたが、国家が必要とする労働力は部隊として編成され、罪人もまたそこに編入されて労役に従事したのである。沙門島の場合はその組織が必ずしも明確ではないけれども、それ以外の配流地、たとえば「遠悪州軍」として他から区別される広南路の一部の州について言えば、最下級の雑役部隊である牢城部隊がそれぞれ置かれており、配流さるべき罪人は、牢城兵士として役使された。

恩赦によって沙門島を出られることになった流人は、内地の牢城に配軍されることが多かった。恩赦が下されると、配流人は「量移」、すなわち都により近い土地に移動させられる。彼らは再び京師に護送され、軍頭司にて新たな配所を決められたのである。強制労働が軍隊に編入する形をとって行われ、また配軍刑が「減死一等の刑」として宋朝の刑罰体系のなかに組み込まれたことと相俟って、量移によって、配流人は牢城部隊に従されることが多かった。つとに太宗朝から、徒罪・流罪を犯して赴闕することになっていた罪人に対して、赴闕奏裁の代替として現地の牢城に配属させることが行われていたが、その一方で、沙門島以外の配所に送られる配流刑は、牢城部隊への配軍に置き換えられていった。強制労働のあり方が、唐代的な「居作」、つまり官署での徒役から、雑役部隊に編入して行う方式に変わってしまった以上、現実にはこうした対応を餘儀なくされたのである。

かくして、沙門島を頂点とした宋初の刺面配流刑は、配軍刑と同じ一本の糸に撚り合わされることとなった。沙門島への配流は宋初と同じ形で残ったものの、これ以下の配流刑はひとしく配軍刑へと姿を変えていったのである。この背景には、本来は現地の州の雑役部隊への編入処分であった配軍刑が、遠く離れた土地（五百里外・千里外）の牢城に罪人を送るようになったことがある。配軍刑は、追放刑的な要素を取り入れていったのである。配軍刑における「追放」とは、本来、郷里に害をなす厄介者を遠処に放逐するために行われたものであったが、のちに凶悪犯を僻遠の地に斥けるという、律の流刑の如き「伝統的な」追放刑の発想がふたたび甦り、沙門島を頂点とする刺配刑の序列が形成されていったのである。

では、「唐代的な」配流刑は、宋代においていかなる運命をたどったのであろうか。これには、宋代になって登場する「編管」なる刑罰が関係しているように思われる。編管とは「簿籍に編入し、監督管理する」意であるが、そこで気にかかるのが、史書に散見する「配流編管人」という言葉である。これは、配流人と編管人のことを併称しているのではない。[131] 仁宗朝あたりから現れるこの用語は、実際には「某州に配して編管」されている人を指す。[132] 除名配流は除名編管と何らかの繋がりをもつのではないか。次章にて考察したいと思う。

注

（1）海老名俊樹「五代宋初における勅の刑罰体系に就いて」（『立命館史学』九、一九八八年）四三〜六四頁。川村康「宋代折杖法初考」（『早稲田法学』六五―四、一九九〇年）八〇〜八一頁。

（2）滋賀秀三「刑罰の歴史」（一九七二年初出。『中国法制史論集　法典と刑罰』創文社、二〇〇三年所収）三二二頁。

（3）宮崎市定「宋元時代の法制と裁判制度――元典章成立の時代的・社会的背景――」（一九五四年初出。『宮崎市定全集』第一一巻所収）一四六頁。

（4）宮崎氏も、「〔死刑囚の――引用者〕八、九割までが死を免じて配流されることになると、その間にあまり大きな不公平があってはならなくなり、配流が次第に独立した刑罰となり、その等級も次第に細分されてきた」と、全体的な流れを大まかに描かれるにとどまる。前注、宮崎「宋元時代の法制と裁判制度」一四六頁。

（5）戴建国氏は、「宋代従刑考述」（『宋代法制初探』黒龍江人民出版社、二〇〇〇年所収）において、「従刑」（附加刑）のひとつとして「配隷法」を取り上げ、この問題にも言及されるが、詳細な分析には至っていない。

（6）新旧唐書や『通鑑』等に見える配流刑の実例は、その大半が嶺南道へのものである。また「神龍散頒格」中の条文のように、最初から配所を嶺南道に指定する場合もある。本書第三章第二節を参照。

（7）章末の「**表6-4**　五代の配流例一覧」をもとに作成した。なお、表6-4においても、地方区分は便宜的に唐代の道に従った。また、＊印は王朝の版図外の地を示す。

（8）『宋会要』刑法四―一、太平興国二年（九七七）正月二十八日。

詔曰「先是、罪人配西北辺者、多亡投塞外、誘羌戎為寇。自今当徙者、勿復隷秦州・霊武・通遠軍及沿辺諸郡」。自江南・湖広平後、罪人皆配南房〔当作「方」〕。

この外に『長編』巻一八、太平興国二年正月己丑条、『宋史』巻二〇一、刑法志も参照。

(9)『宋会要』刑法五―一五、建隆二年（九六一）六月九日。

以旱、詔「東京管内見禁罪人、除悪逆・不孝・劫賊・故殺・放火・官典受枉法贓不放外、其餘雑犯死罪、除同情共犯頭首処死、餘並減一等配霊武、流罪以下減三等、杖罪已下並放。（後略）」

(10) なお、宋初における沙門島には、配流地とは全く対照的な側面、すなわち、遼東の女真族と山東半島の登州を結ぶ海上交易路の要衝としての役割があった点にも注意しておく必要がある。『武経総要』前集巻二二、女真。

本朝来貢方物、建隆中、詔登州沙門島人戸、置舟楫済度女真馬来往。淳化中、契丹怒其朝貢中国、去海岸四百里、置三城、以兵三千、絶其貢献之路。

(11)『冊府元亀』巻一五〇、帝王部、寛刑、後晋・天福三年八月。

大理寺以「左街使従人韓延嗣、招為百姓李延暉衝省、街使連喝不住、遂駆趁殴撃、致延暉身死。准律、闘殴人者、元無殺心、因相闘殴而殺人者絞、故殺人者斬。其韓延嗣、准律皆斬、准刑法統類節文、絞・斬刑、決重杖一頓処死」。勅曰「韓延嗣因叫喝見不避路者、輒行殴撃、致傷人命。法寺定刑、比不因闘故殴傷人辜内死者、依殺人論。蓋徵〔『五代会要』作「微」〕相類、且非本条有所疑、法当在宥。宜決脊杖十八、黥面配華州発運務収管」。

『五代会要』巻九、議刑軽重は末尾の部分を「徒二年半、刺面配華州発運務収管」とする。「収管」とは、人やモノを「容れ物」に収めて管理する、身柄をそこで預かる、といった意味のことばである。本書第七章第一節を参照。

(12)『長編』巻五、乾徳二年十一月甲申条。

文思使常岑決杖黥面、配沙門島、副使宋延思決杖、配隷陳州、坐監主自盗、為部曲所告也。

(13) ほとんどの事例において、配流人には「除名」、即ち身に帯びた官爵を全て剥奪され六載の後でなければ再叙任を認めないという刑事処分が科されている。

(14)『旧五代史』巻一一三、太祖紀、広順三年（九五三）八月丙辰。

内衣庫使斉蔵珍、除名、配沙門島。蔵珍奉詔脩河、不於役所部轄、私至近県止宿、及報堤防危急、安寝不動、遂致横流、故有是責。

(15)『旧五代史』巻一二九、斉蔵珍伝。
広順中、奉命滑州界巡護河隄、以弛慢致河決、除名、配沙門島。（中略）及〔世宗〕即位、自流所徴還。（中略）蔵珍斯隠官物甚多、（中略）曰「沙門島已有屋数間、不妨再去矣」。其不畏法也如此。

(16)『長編』巻一一九、景祐三年（一〇三六）七月辛巳。
罪人貸死者、旧多配沙門島、島在登州海中、至者多死。

(17)『宋会要』刑法四―一、建隆二年五月一日。
詔「応有配流人及流貶官在辺遠処者、並与移置近地。如見在近地者、不在更移之限。所有移置処所、申奏取裁。応配流人、除刺面及曾任職官人別行指揮外、其餘不刺面及配役婦人、並放逐便」。其後赦書徳音、約此著条。

恩赦の対象となる配流人には「刺面」の者と「不刺面」の者がおり、後者は恩赦があれば概ね「放逐便」、すなわち郷里への帰還を許されたのである。

(18)『朱子語類』巻一二八、本朝、法制。
律是歴代相伝、勅是太祖時修、律軽而勅重。如勅中刺面編配、律中無之、只是流若干里、即今之白面編管是也。

不刺面配流と編管の関係を示唆する、興味深い資料である。第七章第二節を参照。

(19)宋代における奏裁制度の運用と変遷については、川村康「宋代死刑奏裁考」（『東洋文化研究所紀要』一二四、一九九四年）を参照。

(20)前注（3）宮崎「宋元時代の法制と裁判制度」一四五～一四六頁。

(21)復旧獄官令2条（『唐令拾遺』七五七頁）。本書第二章第二節を参照。

(22)詳細は、本書附篇第二論文、四六五～四六六頁を参照。

(23)戴建国「宋代刑事審判制度研究」（『宋代法制初探』黒龍江人民出版社、二〇〇一年所収）二二五～二三三頁。

(24)耕牛を殺したり牛を盗殺する行為は、唐律よりも厳しく処罰された。『長編』巻八七、大中祥符九年（一〇一六）八月癸未条。
詔「自今屠耕牛及盗殺牛、罪不至死者、並繋獄以聞、当従重断」。時中使鄭志誠使洛回、言道見鬻牛者甚衆、慮不逞輩因縁屠殺、故戒之。

唐律では「故殺官私馬牛者、徒一年半」、「主自殺馬牛者、徒一年」である（唐廐庫律8条）。

(25) 無論、赴闕の対象となる罪人はこれのみに限らない。たとえば、律の十悪に入るような重罪犯は、闕下に械送の上、処刑され或いは配流などの重罰に処せられた。『宋会要』刑法四―二、太平興国五年二月四日。

温州言「捕獲養猫鬼咒詛殺人賊鄧翁幷其親族、械繋送闕下」。腰斬鄧翁、親族悉配隷遠悪処。

呪詛の場合、対象の如何によっては不睦や悪逆となる。唐賊盗律17条。

諸有所憎悪、而造厭魅及造符書呪詛、欲以殺人者、各以謀殺論減二等〈於期親尊長及外祖父母・夫・夫之祖父母父母、各不減〉、以故致死者、各依本殺法。

『訳註日本律令』七、一三〇～一三二頁を参照。

(26) 真宗朝以降、かかる犯罪に対して「配隷の法」が整備されてゆくのは、こうした流れの一環であろう。『長編』巻八〇、大中祥符六年（一〇一三）正月庚子条。

令審刑院・大理寺・三司詳定配隷法。既而取犯茶塩礬麴・私鋳銭・造軍器・市外蕃香薬・挟銅銭・誘漢口出界・主吏盗貨官物・夜聚為妖等十二条、悉減従軽焉。

(27) 佐伯富『中国塩政史の研究』（法律文化社、一九八七年）、前注（1）海老名論文など。

(28) 『長編』巻三、建隆三年三月、是月条。

詔「増官塩闌入至三十斤、煮鹻至十斤、坐死。蚕塩入城市百斤以上、奏裁」。

『長編』巻七、乾徳四年十一月条。

詔重寛塩麴法。官塩闌入至百斤、煮鹻至五十斤、主吏販易及闌入百斤以上、乃死、蚕塩入城市及商人闌入至三百斤以上、加役流杖徒之等、亦従釐減。（中略）法益軽、而犯者鮮矣。

(29) 『宋会要』食貨二三―一九、太平興国二年二月十八日。

三司言「准詔、顆末塩、応南路旧通商州府並令禁榷、犯者差定其罪、仍別定売塩価例、著令。請凡刮鹻幷錬〈当作「煉」〉私塩者、応鹻土及鹻水並煎錬〈当作「煉」〉成塩、抛斤両定罪、一両已上決杖十五、一斤以上決杖二十、二十斤已上杖脊十三、二十五斤已上十五・配役一年、三十斤已上十七・配役一年半、四十斤已上十八・配役二年、五十斤已上二十・配役三年、百斤已上二十・刺面押赴闕。(中略)応私塩及通商地分塩入禁法地分、一両已上決杖十五、十斤已上二十、二十斤已上杖脊十三、三十斤已上十五・配役一年、五十斤已上十七・配役一年半、七十斤已上十八・配役二年、百斤已上二十・配役三年、二百斤已上二十・刺面送赴闕。西路青白塩、元是通商地分、如将入禁法地分者、准前項私塩条例科断。人戸所請蚕塩、不許貨売貿易及将入州県城郭、違者、一斤已上決杖十三、十斤已上十五、五十斤已上二十、百斤已上杖脊十三、百五十斤已上十五・配役一年、二百斤已上十七・配役一年半、三百斤已上二十・配役三年、五百斤已上二十・刺面送赴闕。(中略)」。従之。

(30) 佐伯富「宋初における茶の専売制度」(一九五六年初出。『中国史研究　第一』東洋史研究会、一九六九年所収)を参照。

(31) 『長編』巻五、乾徳二年八月辛酉条。

初令京師・建安・漢陽・蘄口並置場榷茶。自唐武宗始禁民私売茶、自十斤至三百斤、定納銭決杖之法。於是、令民茶折税外悉官買、民敢蔵匿而不送官及私販鬻者、没入之。計其直百銭以上者、杖七十、八貫加役流。主吏以官茶貿易者、計其直五百銭、流二千里、一貫五百及持仗販易私茶為官司擒捕者、皆死。

(32) 『長編』巻一八、太平興国二年二月丁未条。

凡出茶州県、民輒留及売鬻、計直千貫以上、黥面送闕下、婦人配為鉄工(ママ)。民間私茶減本犯人罪之半。榷務主吏盗官茶販鬻、銭五百以下、徒三年、三貫以上、黥面送闕下。茶園戸輒毀敗其叢株者、計所出茶、論如法。

「鉄工」は「鍼工(もしくは針工)」の誤りであろう。男性は、赴闕の上、配流されたと思われる。

(33) 勿論、当時行われていた専売法違反取締規定の全てについて、このことが当てはまるわけではない。たとえば明礬の密売に対する罰則規定は、建隆三年法が「私販河東及幽州礬一両以上、私煮礬三斤、及盗官礬至十斤者、棄市」であったのが、開宝三年(九七〇)法で「私販至十斤、私煮及盗満五十斤者、死」(『長編』巻一一)とやや緩和されたが、太平興国二年法では「私販化外礬至三斤、私煮及盗至十斤者、並棄市、餘悉決杖配流」(『長編』巻一八)と一転して処罰が強化されている。佐伯富「宋代における明礬の専売制度」(一九四二年初出。『中国史研究　第一』所収)を参照。ただ、塩や茶の専売に比べると、その重要度はかなり落ちると言わざるを得ない。

(34) 唐賊盗律35条。

諸竊盗、不得財笞五十、一尺杖六十、一疋加一等、五疋徒一年、五疋加一等、五十疋加役流。

(35) 唐代後半から五代にかけての盗罪・専売法違反に対する刑罰の変遷については、前注(1)海老名論文を参照。

(36) 『宋刑統』巻一九、賊盗律、強盗窃盗。

准唐建中三年三月二十四日勅節文「自今以後、捉獲窃盗、贓満三匹以上者、幷集衆決殺」。

(37) 『冊府元亀』巻六一三、刑法部、天福十二年(九四七)八月。

漢高祖即位、称天福十二年。八月、勅「応天下凡関盗賊捕獲、不計贓物多少、按験不虚、並宜処死。俾其重法、斯為愛民」。

(38) 百銭未満の銭を百文として行使することを短陌という。八十陌とは銭八十枚を百文とすること。逆に、銭百枚を百文とすることを足陌という。宮沢知之「唐宋時代の短陌と貨幣経済の特質」(一九八八年初出。『宋代中国の国家と経済』創文社、一九九八年所収)二八二頁を参照。

(39) 『宋会要』刑法三―一、建隆二年二月二十五日。

詔「自今犯窃盗、贓満三貫文、坐死、不満者節級科罪。其銭八十為陌」。先是、周広順中、勅「窃盗、計贓絹三匹以上者死。絹以本処上估為定、不満者等第科断」。至是、以絹価不等、故有是詔。

(40) 唐賊盗律34条。

諸強盗〈謂以威若力而取其財。先強後盗・先盗後強、等。若与人薬酒及食使狂乱取財、亦是。即得闌遺之物、殴撃財主而不還、及窃盗発覚、棄財逃走、財主追捕、因相拒捍、如此之類、事有因縁者、非強盗〉、不得財徒二年、一尺徒三年、二匹加一等、十匹及傷人者絞、殺人者斬〈殺傷奴婢亦同。雖非財主、但因盗殺傷、皆是〉。其持仗者、雖不得財流三千里、五匹絞、傷人者斬。

(41) 川村康「唐五代杖殺考」(『東洋文化研究所紀要』一一七、一九九二年)を参照。

(42) 『宋刑統』巻一九、賊盗律、強盗窃盗。

准顕徳五年七月七日勅条「今後応持杖〔当作「仗」。以下同じ〕行劫、不問有贓無贓、並処死。其同行劫賊内有不持杖者、亦与同罪。其餘称強盗者、准律文処分」。

この勅条に続く起請に、

臣等参詳、応持仗行劫、一准旧勅、不問有贓無贓、幷処死。

とあり、この規定がそのまま宋朝に承け継がれたことが知られる。

(43)『長編』巻八、乾徳五年（九六七）四月丙戌条。

詔「比者、強盗持仗、雖不傷人者、皆棄市。自今雖有杆棒、但不傷人者、止計贓以論其罪」。

(44)『長編』巻四三、咸平元年十月乙未条。

旧条、持仗行劫、不計有贓無贓、悉抵死。〈戸部尚書張〉斉賢議貸不得財者。（中略）而刑名卒如斉賢之請。自是、犯盗者歳亦不増。

(45)『長編』巻二〇、太平興国四年七月乙巳条。

初、議伐北漢、宰相盧多遜言「西蜀遠険多虞、若車駕親征、当先以腹心重臣鎮撫之、別無後憂」。給事中程羽、藩邸旧僚、嘗知新都県及興州・興元府、有能名、上即命知益州。及上駐太原、郫県獲羣盗送府、獄已具、会有朝旨「強盗未再犯、免死送闕下」。蓋用武之際、急於壮勇之士也。法吏援勅以請、羽曰「人之悪、憚於始為、姦凶聞是令、皆将軽犯、乱不可制矣」。判曰「鑾輅省巡、江山遐僻、不除凶悪、曷静方隅」。並付本県処死、磔於市、即論奏其事。於是迄羽去、無盗賊。羽之在新都、州遣牙校至、見羽礼慢、不数歳、羽領州任、人為校懼、羽至則擢校統戍守寨、蓋其才可任也。〈此按程珦所作程羽祠堂記、羽知益州在二年五月、今附見車駕還自范陽後。〉

(46)『長編』巻二二、太平興国六年十二月甲申条。

詔「強盗・放火、準律不至死者、勿復並妻子部送闕下」。

(47)『宋史』巻八五、地理志、京城。

宮後有崇政殿〈原注は省略〉、閲事之所也。殿後有景福殿、殿西有殿、北向曰延和、便坐殿也。〈大中祥符七年、建後苑東門、洎北向便殿成、賜名宣和門・承明殿。明道元年、改端明、二年、改今名。〉

(48)『宋会要』職官三六—七七。

両朝国史志。軍頭引見司、旧称御前忠佐引見軍頭司、勾当官五人、以通事舎人以上或都知押班充。掌崇寧殿供奉・諸州駐泊・捕捉権管之事、并軍頭之名籍、諸軍揀閲、引見分配、并馬直歩直後殿起居軍員之政令、及諸司引見之事。

(49)『宋会要』職官三六—七八、景徳二年四月二十一日。

詔軍頭司「自今引見罪人、召法官先定刑名」。時本司言「開封府獄囚当引見、不坐格律、請再送司録定断」。

(50)『宋会要』職官二―二六。
両朝国史志。通進・銀臺司、知司官二人、両制以上充。(中略)銀臺司、掌受天下奏状・案牘、抄録其目進御、発付勾検、糾其違失而督其淹緩。

(51)『宋会要』刑法七―一、建隆三年七月。
詔「捜索内外諸軍不逞者、悉配隷登州沙門島」。〈先是、雲捷逃卒李興偽刻侍衛司印、捕得斬之。故有是命。〉

(52)『宋会要』刑法四―一、乾徳四年(九六六)八月二十一日。
詔「捜索殿前諸軍亡頼者、得数十人、悉黥面配通州義豊監」。

(53)『条法事類』巻七五、刑獄門、部送罪人、捕亡令。
諸部送罪人、量軽重多寡、差兵級或院虞候(注省略)。七人以上〈婦人及男子年十五以下者、不計〉、或兇悪人及事干辺界者、仍差将校或衙前〈強盗配軍係配沙門島・遠悪州、或死罪貸命者、但及三人、雖非兇悪、亦添差節級部送〉。十人以上、所経由州長吏、量度人数、分番差人部送。未行者、寄禁。即強盗及兇悪人、所至州県、皆寄禁。

同じく捕亡令。

諸部送応配沙門島及広南罪人、縁路州応差人交替訖、並実封、報元断処〈至所配州、仍馬逓報〉。即計程応至而未報者、申牒監司究治。

(54)但し、沙門島や広南遠悪処に配流される罪人が途中で逃亡することも多く、さまざまな策が講ぜられたにもかかわらず、問題の解決は難しかったようである。『宋会要』刑法四―一二、天聖三年八月。
臣僚言「諸州断強賊、決配遠悪州軍或沙門島、多在路走透。蓋部送之人、不切監防。請行条約」。事下枢密院「勘会天聖元年十二月宣、監防逓配強劫賊、須選有行止衙校前去、若受銭縦去、重行断遣。又按編勅、配送罪人、須分明置歴管係、候到配処、画時具交割月日、回報元配之処、若経時未報、即移文根問。若在路走失者、随処根逐元監送人、緊行捕捉」。遂詔「申明前制、仰逐処、拠所配罪人、約度地里日数、移文会問、毎年終具数聞奏、転運使毎半年一次挙行指揮、常切関防、不得曠慢」。

(55)父母・妻子の同行が任意であることは「編勅」に定められていたが、それ以外の家属については規定が無く、扱いは地方官の裁量に委ねられるところが大きかった。『宋会要』刑法四―九、天禧二年(一〇一八)九月二十八日。

起居舎人呂夷簡言「按編勅、配罪人父母妻子、不欲同行者亦聴。其有幷一房家累、部送赴闕者、未有著令、極有老幼馳走、以至夭歿。望自今当配送者、長吏召問、如不願同行者聴、若不至強梁者、止決配近州、情重与郷里為患不可留者、部送京師」。奏可。

同じく刑法四―六八、天聖七年正月二十四日。

屯田郎中崔立言「編勅、応配逓罪人、有父母妻子不願随者亦聴。本処多不審問、一例起遣、経過州府、又不接状、老幼流離、多至損失。望勅諸道、所過州郡、子細取問、不願随者、逐旋放還」。従之。

(56) 遠悪州軍とは、南恩・新・循・梅・高・雷・化・賓・容・瓊の十州と万安・昌化・吉陽の三軍をいう。瓊州以下の四州軍が海南島にあった（『条法事類』巻七五、刑獄門、編配流役、名例勅）。巻末の附図を参照。

(57) 『長編』巻二一、太平興国五年（九八〇）是歳条。

国初以来、犯死罪獲貸者、多配隷登州沙門島・通州海門島、皆有屯兵使者領護。而通州島中凡両処、豪強難制者隷崇明鎮、懦弱者隷東北洲、両処悉官煮塩。是歳、始令配役者分隷塩亭役使之、而沙門如故。

(58) 『宋会要』刑法四―三、淳化三年（九九二）八月二十八日。

詔「広南東西路、先是犯罪配隷人皆荷校執役、自今除之」。

(59) 復旧獄官令18条（『唐令拾遺』七七四頁）。

［開七］［開二五］諸流徒罪居作者、皆著鉗、若無鉗者著盤枷、病及有保者聴脱。（後略）

(60) 『宋会要』刑法四―三六、政和七年（一一一七）九月二五日。

手詔「（中略）応沙門島見禁罪人、雖皆巨蠹、亦既貸死、而昼監夜禁、与死為隣。（後略）」

(61) 『条法事類』巻七五、刑獄門、編配流役、給賜格。

流囚居作者、決訖、日給毎人米二升。

(62) 『宋会要』刑法四―一九、景祐三年九月二十三日。

国子博士盧南金言「今後沙門島罪人、日支口食一升、不得妄以病患。別致殺害及本寨船桟、当切有管」。詔「殺害人命・船桟、厳加鈐轄。餘不行」。

数字に誤りがなければ、盧南金が沙門島の配流人に支給するよう求めていた口食の量は、折杖法の読み替えによる配役に服する「流囚」に給された量の半分に過ぎなかったということになる。

(63) 内地の廂軍、特に牢城指揮（牢城軍、牢城営ともいう。本章では「牢城部隊」と呼ぶこととする）に編入されることが多かったようである。『宋会要』刑法四―二四～二五、治平四年六月二十五日。

登州幷沙門寨監押李慶奏「依赦、分析罪人二百七人」。詔「特取三十二人、仍選使臣二人管押赴闕、交付軍頭司、刺面分配淮南路牢城。内一名遇赦不還、改配荊湖南路牢城。餘係所犯情重及在彼未久、幷仍旧」。

牢城部隊については、本章第三節を参照。

(64)『長編』巻九三、天禧三年（一〇一九）二月甲午条。

詔「沙門監押、不得挟私怨害流人、委提点五島使臣常察挙之。違者具事以聞、重寘其罪」。

(65)『宋会要』刑法四―二六、熙寧六年（一〇七三）七月十八日。

知登州李師中言「近累奏乞移沙門島罪人、今来者未已。不惟事繫防虞、兼罪人已無処存泊、更添戍兵、亦無着処。今後許本州月具沙門島罪人姓名・郷貫・犯由、申枢密院、置簿抄録、更不下本州取索額外人数、但拠簿量移。如此則令出惟行、行之可久」。詔「除朝旨刺配外、諸処因徳音続配到人、且於登州収禁、駅奏犯由以聞、仍増兵防守。餘従之」。

(66) 沙門島の配流人の定員・実員も、枢密院が管理していた。『宋会要』刑法四―二六、熙寧六年六月四日。

枢密言「登州沙門寨罪人、請以以〔衍字〕二百為額、額外有二百一人、若移配過海、恐非禁姦之意。自今配沙門島罪、並配瓊・崖・儋・万〔安〕州牢城。其見在人、依例、随赦量移」。詔、以三百人為額。

(67) 雑犯とは、特殊な扱いを受ける犯罪に対して、他の一般の犯罪を言う言葉であり、その具体的内容は、何を特殊な犯罪として立てるかによって、その場その場で異なる（『訳註日本律令』五、五五頁）。ここで雑犯死罪というのは、通常の恩赦で赦免の対象とならない特定の犯罪（十悪、故殺人、反逆縁坐、監守内の姦・盗・略人、受財枉法など）以外の、死罪に該当する罪を指すと考えられる。

(68)『長編』巻一一九、景祐三年七月辛巳条。

罪人貸死者、旧多配沙門島、島在登州海中、至者多死。辛巳、詔「当配沙門島者、第配広南遠悪地牢城、広南罪人乃配嶺北」。其後亦有配沙門島者。

(69) 沙門島の配流人対策として行われたのは、①配流人の定員を増やし、それに見合った手当てをする（兵士の増員など）、②

適宜、量移の措置を行い、在島の配流人の数を減らす、③沙門島に送られてくる配流人の数を調整する（登州に一時留置する）、等である。前注（65）に引く『宋会要』刑法四―二六を参照。『宋会要』刑法四―三三、大観元年（一一〇七）十一月五日。

詔「訪聞、沙門島罪人已踰額数一倍、所配隷皆貸命強悪之人。防托之兵、其数甚少、慮不足以制姦悪、可更増二百人」。

(70) たとえば、『宋史』巻二〇一、刑法志および沈家本『歴代刑法考』（中華書局、一九八五年）刑法分考八、充軍など。

(71) 日野開三郎「五代史概説」（『日野開三郎東洋史学論集』第二巻、三一書房、一九八〇年所収）一四九頁。

(72) 宋代の兵士の入れ墨については、曾我部静雄「宋代軍隊の入墨について」（『支那政治習俗論攷』筑摩書房、一九四三年所収）が詳しい。ただ曾我部氏も、配軍兵士への刺面を刑罰と理解されているようである（二九六頁、三三〇～三三二頁）。

(73) 前注、曾我部「宋代軍隊の入墨について」二九六～三〇八頁。

(74) 『通鑑』巻二六六、開平元年（九〇八）十一月壬寅条。

初、帝在藩鎮、用法厳、将校有戦没者、所部兵悉斬之、謂之跋隊斬。士卒失主将者、多亡逸不敢帰。帝乃命凡軍士皆文其面以記軍号。軍士或思郷里逃去、関津輒執之、送所属、無不死者、其郷里亦不敢容。由是亡者皆聚山沢為盗、大為州県之患。壬寅、詔赦其罪、自今雖文面亦聴還郷里。盗減什七八。

(75) 小岩井弘光『宋代兵制史の研究』（汲古書院、一九九八年）一二六～一二九頁を参照。

(76) 曾我部静雄「宋代の刺配について」（『中国律令史の研究』吉川弘文館、一九七一年所収）一一七頁。佐伯富「宋代における牢城軍について」（『劉子健博士頌寿紀念宋史研究論集』同朋舎、一九八九年所収）二六八～二六九頁。軍隊組織として牢城の名が現れるのは、管見の限り、後注（80）に掲げた光啓三年（八八七）の記事が最初のようである。

(77) 石刻史料中に見られる「防城使（副使）」「防城兵馬使」の例をいくつか挙げておく。

防城副使・光禄大夫・試光禄卿・上柱国廉明（『金石続編』巻八、承天軍城記、大暦元年（七六六））

都招討押牙・防城兵馬使・右驍□将軍・兼□□大夫呉乃（『山右石刻叢編』巻八、裴度等承天題記、長慶元年（八二一））

俄遷沢州都虞侯・兼防城兵馬使。宝暦二年（八二六）春、奉牒追還、依前充先鋒兵馬使。（『山右冢墓遺文』巻下、鄭仲連墓誌）

(78) 『冊府元亀』巻一二四、帝王部、修武備、後唐・清泰二年（九三五）正月。

詔諸州府「本処牢城防禦兵士、都将内人数、不足団併、或闕稍多、量許招添。其就糧禁軍内本指揮将校、選偉壮・長於武藝者、抛人数差節級、部送京師」。

(79) 「牢城」の語がつとに『魏書』に見え、「固城堅守」の意の動詞として用いられたことが、杜文玉・王鳳翔「唐宋時代牢城使考述」（『陝西師範大学学報（哲学社会科学版）』二〇〇六―二）に指摘されている。

(80) 牢城使の例。

大順元年（八九一）、改滑州左右廂牢城使、与諸将討時溥、累破賊軍。（『旧五代史』巻二二、牛存節伝）

光化二年（八九九）、授沢州刺史。入為牢城使、従李嗣昭討雲州叛将王暉、平之。改教練使、検校司空。（同前、巻五三、李存璋伝）

是年〔＝開平三年（九〇九）〕、贈牢牆使〈梁祖諱誠、故曰牢牆〉王仁嗣司空。（『冊府元亀』巻二一〇、閏位部、旌表）

都牢城使の例。

是夜、〔高〕駢召其従子前左金吾衛将軍傑密議軍事、戊午、署傑都牢城使、泣而勉之、以親信五百人給之。（『通鑑』巻二五七、光啓三年（八八七）四月戊午条）

有子七人、長曰漢韶、河東節度押衙・都牢城使・兼右廂五院指揮使・金紫光禄大夫・検校兵部尚書・兼御史大夫・上柱国。（中略）次曰漢威、河東節度押衙・安国軍馬歩軍副指揮使・都牢城使・銀青光禄大夫・検校工部尚書・兼御史大夫・上柱国。（後略）（『山右石刻叢編』巻一〇、李存進碑（同光二年（九二四）没））

牢城都指揮使の例。

荘皇受命、梁祚告終、（中略）未安四鄙、将寧辺徼、特委警巡、以九府都督、充嵐憲朔等州都遊弈使、解職、授天雄軍牢城都指揮使、遷検校刑部尚書・兼御史大夫・上柱□（後略）（『金石萃編』巻一二〇、義成軍節度使贈太保史匡翰碑（天福七年（九四二）没））

節度衙前兵馬使・牢城都指揮使□維那董光晁。維那前牢城都頭李希胤（抜粋。李以外に数名の牢城都頭の名が見える。『八瓊室金石補正』巻八二、真定府元氏県尊勝石幢讃幷序（建隆四年（九六三）立））

(81) 前注に引く『通鑑』巻二五七、光啓三年四月戊午条。

(82) 『旧唐書』巻一八二、畢師鐸伝。

乃令猶子傑握牙兵。

(83) 『新唐書』巻二二四下、畢師鐸伝。

駢従子傑率牙兵、将執用之以畀師鐸。

(84) 前注（80）所引の『旧五代史』巻二一、牛存節伝及び巻五三、李存璋伝など。

(85) 前注（71）日野「五代史概説」一八六〜一八七頁。

(86) 前注（78）所引の『冊府元亀』巻一二四、清泰二年正月詔。

(87) 『五代会要』巻二〇、県令下、天福八年三月十八日。

勅「（中略）自災沴已来、戸口流散、如帰業者、切在撫安。其浮寄人戸、有桑土者、仍収為正戸。（中略）其創収戸、如先有租税、即依元額輸納、（中略）如郷村妄創戸、及坐家破逃亡者、許人糾告、勘責不虚。其本府与郷村所由、各决脊杖八十〔当作「十八」〕、刺面、配本処牢城執役。県司本典知情、並同罪。（後略）」

(88) 凶器を所持した強盗。劫盗とも言う。『冊府元亀』帝王部・赦宥に収められた唐代後半から五代にかけての赦文を通観すると、常赦の赦免対象外となる犯罪が時代が下るにつれて増えてきていることがわかる。すなわち、憲宗朝末に従来の「官典犯贓」に「故殺人」が加えられ、文宗朝からは「十悪・五逆」や「持仗行劫」などが更に附加された。持仗行劫の場合、実際に人を殺傷したか否かは必ずしも問われなかった。

(89) 『冊府元亀』巻九四、帝王部、赦宥、後晋・天福六年八月壬寅。

制曰「（前略）嘗赦所不原者、咸赦除之。其持杖〔当作「仗」〕行劫并殺人賊、免罪移郷、仍配逐処軍都収管（後略）」。

(90) 『冊府元亀』巻九四、帝王部、赦宥、後晋・開運元年七月辛未。

制曰「（前略）応有曾行劫盗之人、並宜放罪、願在軍者与配軍収管、願帰農者委本県安存（後略）」。

(91) 『冊府元亀』巻九六、帝王部、赦宥、広順元年（九五一）正月丁卯。

制曰「（前略）今後応諸処盗贓及和姦者、並依晋天福元年已前条制施行。（後略）」

(92) 『五代会要』巻二八、諸色料銭下、顕徳五年十二月。

中書奏「諸道州府県官及軍事判官、一例逐月各拠逐処主戸等第、依下項則例所定料銭及米麦等、取顕徳六年三月一日後起支。其俸戸並停廃。（中略）右諸州府・京百司・内諸司・州県官課戸・荘戸・俸戸・柴炭紙筆戸等、望令本州及検田使臣、依前項指揮、勒帰州県、候施行畢、具戸数奏聞。仍差本州判官精細点数後、差使臣覆視、及有人論訴称有漏落、抵罪在本州判官及干係官典。如今後更有人戸願充此等戸者、便仰本州勒充軍戸、配本州牢城執役」。従之。『冊府元亀』巻五〇八、邦計部、俸禄もほぼ同文。

(92) 「太平興国十年」は、『宋史』巻一九九、刑法志に従って「雍熙二年」に改めるべきである。なお『宋史』は「本城」を「牢城」に作るが、採らない。

(93) 永寧指揮の名は、『宋史』巻一八九、兵志、廂兵、建隆以来之制、歩軍の項に見える。

(94) 『長編』巻一八、太平興国二年十二月甲申条。

又詔「持刃穿窬、法当強盗。近者多云棄刃于外、空手入室、既難覆験、実啓姦心。自今以強盗論」。

(95) 後注(101)に引く、咸平六年詔では、使用人が主人の財物を窃盗した場合、五貫以上で牢城に刺配することが定められている。

(96) 『条法事類』巻七五、刑獄門、編配流役、名例勅。

諸称配者、刺面、不指定軍名者、配牢城。

(97) 太平興国四年(九七九)には、初犯の強盗は「死を免じて闕下に送る」ことが朝旨により命ぜられている。『長編』巻二〇、太平興国四年七月乙巳条を参照。

(98) 『長編』巻二二、太平興国六年十二月甲申条。

詔「強盗・放火、準律不至死者、勿復並妻子部送闕下」。

(99) 『長編』巻四九は「決杖、黥面、配所在五百里外本城」と記すが、採らない。

(100) 「持仗至死」の場合は、恩赦があれば奏裁の対象となった。『宋会要』兵一一―五、景徳二年(一〇〇五)八月二十三日。

詔「亡命軍人及劫盗、赦限内捕獲、罪至死者、奏裁。限外、劫盗準法、亡卒罪至死者、杖脊・黥面、流沙門島。情理重者、奏裁。罪不至死者、不以赦限内外、並依常法」。

(101) 『長編』巻五四、咸平六年四月癸酉条。

旧制、士庶家僮僕有犯、或私黥其面。上以今之僮使本傭雇良民、癸酉、詔「有盗主財者、五貫以上杖脊・黥面配牢城、十貫以上奏裁、不得私黥涅之」。

(102)『長編』巻六〇、景徳二年（一〇〇五）六月壬寅条。
詔「自今僮僕盗主財、五貫配本州牢城、十貫配五百里外、二十貫以上奏裁」。改咸平六年之制、慮其淹繫也。
(103) 二二八頁に引く『宋会要』刑法四―四、景徳二年十月二十一日条を参照。
(104)『条法事類』巻七五、刑獄門、編配流役、断獄令。
諸強盗貸命配軍、於額上添刺強盗字、仍差将校部送、餘依本法。
(105) 梅原郁『宋代官僚制度研究』（同朋舎、一九八五年）二六六～二七四頁。
(106) 宋代の司法行政における監司の役割については、梅原郁『宋代司法制度研究』（創文社、二〇〇六年）第一部第三章を参照。
(107)『宋会要』刑法四―六、大中祥符五年十月一日。
帝謂宰臣曰「天下犯罪配牢城者、多非令総括其数、非尽朝廷配去、蓋外州承准宣勅、犯罪情重不可留於郷邑者、以故移配稍多、時久承平、所宜斂恤。（後略）」
(108) これと類似した動きを、死刑案件の奏裁についても見ることができる。太宗末年の至道元年（九九六）、州の死刑奏裁案件を直接中央に上奏せず、転運司を経由させる旨の詔が出され、真宗の大中祥符六年（一〇一三）にその制度的な確立を見る。前注（19）川村「宋代死刑奏裁考」四七～四八頁、七三頁注（45）を参照。
(109)『宋大詔令集』巻二〇二、政事、刑法、定強盗刑詔も参照のこと。
(110) 唐賊盗律34条。
諸強盗、不得財徒二年、一尺徒三年、二匹加一等、十匹及傷人者絞、殺人者斬。其持仗者、雖不得財、流三千里、五匹絞、傷人者斬。（注は省略）
(111) 前注（1）川村「宋代折杖法初考」九二～一〇〇頁。
(112)『長編』巻一一七、景祐二年八月壬子条。
既而有司言「窃盗不用威力、得財為銭五千、即刺為兵、反重於強盗、請窃盗罪亦第減之、至十千刺為兵」。詔可。
(113) 唐賊盗律18条。
諸殺人応死、会赦免者、移郷千里外。
『訳註日本律令』六、一三八～九頁を参照。

(114) 「収管」の語については、本書第七章第一節を参照。

(115) たとえば、『宋会要』刑法四—二、淳化元年（九九〇）十一月十八日。

詔「窃盗・強盗至徒以北〔当作「上」〕并劫賊、罪在赦前而少壮者、並黥面配本城」。

『宋大詔令集』巻二一五、政事、恩宥、遣官決獄減降一等詔（至道元年（九九五）四月辛丑）。

其劫殺、止誅其首悪、餘徒党、悉杖脊・黥面、配所在本城禁錮。

(116) 『宋会要』刑法四—八、大中祥符九年七月十九日。

詔「強劫賊人罪当死、以徳音降従流者、決訖、仍隷本城」。初、磁州賊逯憲持杖〔当作「仗」〕行劫、徳音降罪免配、州疑刑軽、状下法寺詳定、而有是詔。

(117) 『宋会要』刑法四—九、天禧三年八月十八日。

詔「謀殺・故殺・劫殺人罪至死、用今月三日赦原者、諸州並依強劫賊例、配本城。情重不可宥者、部送京師。自今用為定式」。

(118) 『宋刑統』巻一九、賊盗律、強盗窃盗・監主自盗。

諸監臨主守自盗及盗所監臨財物者、加凡盗二等、三十疋絞。（注は省略）

(119) 『宋会要』刑法五—一〇、熙寧九年六月十五日。

上御崇政殿、録在京諸司繫囚、除犯謀殺闘殺者・並為己殺人者・并十悪・彊盗・偽造符印・放火・官員犯入己贓・将校軍人公人犯枉法贓・監主自盗贓、并依法、其餘犯死罪降従流、流降従徒、徒降従杖、杖已下并放。内闘殺情理軽者減一等、并雑犯死罪情理重者、依所降、決訖並刺面配千里外牢城、断訖録案聞奏。彊盗罪至死、情理軽者減一等、刺配本住処三千里外牢城。開封府界諸県見禁罪人、一依上項疎決指揮、到時以前応犯徒罪、並降従杖、杖罪已下、只委本県断放、徒已下罪、即解府依疎決施行。

(120) 『宋会要』五—九、治平元年二月二十二日。

帝御崇政殿、録在京諸司繫囚、雑犯死罪以下逓減一等、杖已下釈之、闘殺情可閔者、決配五百里外牢城、彊劫罪至死者、広南牢城、情理重者、広南遠悪州軍。

英宗朝の録囚では、以後、英宗朝に行われた録囚（四回）ではいずれも、これと同じ措置がとられている。

(121) 徳永洋介「宋代監獄制度試論」（辻 正博編『唐宋変革期における刑罰制度の総合的』科学研究費成果報告書、二〇〇三年所収）一八～二三頁。

(122)『宋会要』刑法四―二七、元豊五年七月三日。
上因論刑曰「先王之制肉刑、蓋不可廃。（中略）三代之時、民有疆井、分別圻域、彰善癉悪、人重遷徙、故以流為重。後世之民、遷徙不常、而流不足治也、故用加役流、又未足懲也、故有刺配、猶未足以待、故又有遠近之別。蓋先王教化、明習俗成、則肉刑不為過也」。

(123)『宋会要』刑法四―二八、元豊六年五月十二日。
詔「降配禁軍営雑役卒、在京可輪月刺配、先殿前司、次馬軍司、次歩軍司、周而復始」。

(124)『長編』巻三五九、元豊八年九月乙未条。
監察御史王巌叟亦言「竊見、諸州自行就配法以来、民間多苦凶徒騒擾之患。縁其人皆是狃於為悪、無所畏憚、不復自新之人。平昔流之遠方、猶或逃帰、以肆凶虐、今既不離本郷、更無限隔、足以遂其為悪之志、恣其報怨之心、使被苦與告捕之家常憂仇害、一郷上下不獲安居。若日月益久、其徒転盛、愈恐易於結集、為患更深。伏望朝廷採察、罷就配法、以為羣凶之戒、以為良民之福」。

前注（121）徳永「宋代監獄制度試論」二二頁を参照。

(125) 宮崎市定「王安石の吏士合一策――倉法を中心として――」（一九三〇年初出。『宮崎市定全集』第一〇巻、岩波書店、一九九二年所収）を参照。

(126)『長編』巻二一四、煕寧三年八月癸未条。
先是、諸倉吏卒給軍食、欺盗劫取十常三四。上知其然、故下詔、且命三司条具。（中略）中書謂「（中略）在京応干倉界人、如因倉事取受糧綱及請人銭物、并諸司公人取受応干倉界并糧綱銭物、并計贓、銭不満一百徒一年、毎一百銭加一等、一千流二千里、毎一千加一等、罪止流三千里。其過致并与者、減首罪二等。徒罪皆配五百里外牢城、流罪皆配千里外。満十千即受贓為首者配沙門島。若許贓未受、其取与過致人、各減本罪一等。為首者依上条、内合配沙門島者、配広南牢城。（中略）」。従之。

(127)『長編』巻四九九、元符元年六月丙戌条。

大理寺言「防送已決編配・流移・羈管人而有縦失者、準其亡罪、論如縦失囚法。（中略）即逃亡後仍帰本州県係捕獲者、元配本州即配鄰州、鄰州配五百里、五百里配千里、千里配二千里、二千里配三千里、三千里及広南、並配遠悪処。（中略）」。従之。

(128) 唐名例律56条。

諸称加者、就重次、称減者、就軽次。唯二死・三流、各同為一減。加者、数満乃坐、又不得加至於死。本条加入死者、依本条。

(129) 『訳註日本律令』五、三三〇～四頁を参照。

『宋会要』刑法四―三七、宣和二年十月三日。

翰林学士趙野奏「窃詳、犯罪応編配之人、在法、皆以本犯情罪軽重、立定地分遠近。依令、不得過応配地里三百里。蓋欲刑当其罪也。（後略）」

この令の内容は、二四九頁に引く慶元断獄令にまで引き継がれている。

(130) 前注（3）宮崎「宋元時代の法制と裁判制度」一四六頁。『文献通考』巻一六八、刑考、徒流。

淳熙十一年、校書郎羅点言「（中略）」。上曰「可令刑寺集議奏聞」。既而刑部・大理寺奏言「（中略）而今世配法乃至十四等。今欲推広〔張〕方平之意、永不放還者役終身、海外者役八年、遠悪・広南者役七年、三千里・二千五百里者並役六年、二千里・一千五百里者並役五年、千・五百里者並役四年、特旨配鄰州者役三年、本州・本城者並役二年、不刺面者役一年、免其文面並役当処。（後略）」

(131) たとえば、『長編』巻二八四、熙寧十年八月壬午条には「配流編管人」の邁布なる人物が登場する。

(132) 天聖七年（一〇二九）二月戊辰に権臣曹利用の舅韓君素が「除名、配沂州編管」に処せられた例（『長編』巻一〇七）など。

**表6-4　五代の配流例一覧**

※出典略称：旧＝『旧五代史』、新＝『新五代史』、鑑＝『通鑑』、冊＝『冊府元亀』。数字は巻数。

| 年 | 西暦 | 配流人名 | 前職 | 配流処分 種類 | 配流処分 州名 | 配流処分 地方 | その他の処分 | その後の処分 | 出典 | 備考 |
|---|---|---|---|---|---|---|---|---|---|---|
| 乾化二 | 九一二 | 李思安 | 柳州司戸参軍 | 長流 | 崖州 | 嶺南 | | 賜死於相州 | 鑑二六八、旧一九 | 未至配所 |
| 同光三 | 九二五 | 羅貫 | 河南県令 | 長流 | 崖州 | 嶺南 | | 尋委河南府決痛杖一頓処死 | 旧三三 | 未執行 |
| 天成元 | 九二六 | 豆盧革 | 費州員外司戸参軍 | 長流 | 陵州 | 剣南 | 委逐処長知所在、不在赦宥之限 | 令逐処刺史賜自尽 | 旧三六・三七・六七、新六、鑑二七五 | |
| 天成元 | 九二六 | 韋説 | 夷州員外司戸参軍 | 長流 | 合州 | 剣南 | 委逐処長知所在、不在赦宥之限 | 令逐処刺史賜自尽 | 旧三六・三七・六七、新六、鑑二七五 | |
| 天成二 | 九二七 | 段凝 | 鄧州節度使→放帰田里 | 配流 | 遼州 | 河東 | | 賜死於本処 | 旧三八・三九・七三、鑑二七六、冊一五四 | |
| 天成二 | 九二七 | 温韜 | 許州節度使→放帰田里 | 配流 | 徳州 | 河北 | | 賜死於本処 | 旧三八・三九・七三、鑑二七六、冊一五四 | |
| 天成二 | 九二七 | 李鄴 | 郴州司戸参軍 | 長流 | 崖州 | 嶺南 | | 所在賜自尽 | 旧三八・七三、冊七三〇 | |
| 天成二 | 九二七 | 楽文紀 | 亳州判官 | 長流 | 祁州 | 河東 | | | 旧三八、冊七三〇 | |
| 天成三 | 九二八 | 渾公児 | 京師巡検軍使 | 配流 | 登州 | 河南 | 決脊杖二十、銷在身職銜、嘗知所在 | | 旧三九、冊一五〇、容斎三筆七 | |
| 天成三 | 九二八 | 成景宏 | 綏州司戸参軍 | 長流 | 宥州 | 関内 | | 尋賜自尽 | 旧三九、冊七〇〇 | 未至配所？ |
| 天成三 | 九二八 | 曹廷隠 | 斉州防禦使 | 配流 | 永州 | 楚＊ | | 続勅賜自尽 | 旧三九、冊六九九 | 未至配所？ |
| 天成三 | 九二八 | 程洪 | 滑州人 | 配流 | 徳州 | 河北 | 嘗知所在 | | 冊一五四 | |
| 天成四 | 九二九 | 毛璋 | 右金吾衛上将軍 | 長流 | 儒州 | 河北 | | 賜死於路 | 旧七三、新六・二六 | 未至配所 |
| 天成四 | 九二九 | 于嶠 | 秘書少監 | 長流 | 武州 | 関内 | 奪官 | 長流振武 | 新二八 | 未至配所 |
| 天成四 | 九二九 | 于嶠 | 長流武州 | 長流 | 振武 | 河東 | 永不歯任 | | 旧四〇 | |
| 長興元 | 九三〇 | 劉知章 | 醴泉県令 | 配流 | 沁州 | 河東 | | | 冊七〇七 | 減死 |
| 長興四 | 九三三 | 盧嵩 | 獲鹿県令 | 長流 | 蔚州 | 河北 | 不在赦還之限、出身以来告勅焚毀 | | 冊一五四 | |
| 長興四 | 九三三 | 呂澄 | 秦州清水県令 | 配流 | 嵐州 | 河東 | 決脊杖二十 | | 冊七〇七 | |
| 長興四 | 九三三 | 任賛 | 元師府判官、兵部侍郎 | 長流 | 武州 | 関内 | 除名、不在赦還之限 | | 旧四四 | |
| 長興四 | 九三三 | 劉賛 | 秘書監、兼秦王傅 | 長流 | 嵐州 | 河東 | 除名、不在赦還之限 | 詔帰田里 | 旧四四・六八、新二八、冊七三〇 | |
| 長興四 | 九三三 | 劉陟 | 河南少尹 | 長流 | 均州 | 山南 | 除名、不在赦還之限 | | 旧四四 | |
| 長興四 | 九三三 | 李蕘 | 河南少尹 | 長流 | 石州 | 河東 | 除名 | | 旧四四 | |
| 長興四 | 九三三 | 司徒詡 | 河南府判官 | 長流 | 寧州 | 関内 | 除名 | | 旧四四 | |
| 長興四 | 九三三 | 蘇讃 | 秦王友 | 長流 | 萊州 | 河南 | 除名 | | 旧四四 | |
| 長興四 | 九三三 | 魚崇遠 | 秦王記室参軍 | 長流 | 慶州 | 関内 | 除名 | | 旧四四 | |
| 長興四 | 九三三 | 王説 | 河南府推官 | 長流 | 随州 | 山南 | 除名 | | 旧四四 | |
| 愍帝時 | | 王韜玉 | 前唐州湖陽県令 | 配流 | 坊州 | 関内 | | | 冊七〇七 | |

| | | | | | | | | | | |
|---|---|---|---|---|---|---|---|---|---|---|
| 清泰元 | 九三四 | 楚匡祚 | 殿直 | 長流 | 登州 | 河南 | 嘗知所在 | | 鑑二七九、冊一五〇 | |
| 清泰三 | 九三六 | 康承詢 | 丹州刺史 | 配流 | 鄧州 | 山南 | 停任 | | 旧四八 | |
| 天福五 | 九四〇 | 李彦珣 | 坊州刺史 | 送 | 虢州 | 河東 | 奪一任官 | | 冊七〇〇 | 送虢州収管 |
| 天福六 | 九四一 | 張　式 | 彰義節度掌書記 | 配流 | 商州 | 山南 | | 在路被殺害 | 旧九八、新五二、鑑二八二 | |
| 天福七 | 九四二 | 米廷訓 | 前慶州刺史 | 配流 | 麟州 | 関内 | 追奪在身官爵 | | 旧八〇 | |
| 開運元 | 九四四 | 楊　麟 | 青州節度判官 | 配流 | 威州 | 関内 | 不在赦還之限、嘗知所在、終身不歯 | | 旧八三、冊九四・九二五 | |
| 開運元 | 九四四 | 任　邈 | 青州節度掌書記 | 配流 | 原州 | 関内 | 不在赦還之限、嘗知所在、終身不歯 | | 旧八三、冊九四・九二五 | |
| 開運元 | 九四四 | 徐　晏 | 青州節度支使 | 配流 | 武州 | 関内 | 不在赦還之限、嘗知所在、終身不歯 | | 旧八三、冊九四・九二五 | |
| 開運二 | 九四五 | 張嗣宗 | 宋州襄邑県令 | 配流 | 商州 | 山南 | | | 冊七〇七 | |
| 開運三 | 九四六 | 楊延寿 | 二王後、守太僕少卿、襲酅国公 | 配流 | 威州 | 関内 | 除名、終身不歯 | | 旧八四 | 準律当絞、入議、貸死 |
| 開運三 | 九四六 | 慕容彦 | 棣州刺史 | 配流 | 房州 | 山南 | 削奪在身官爵 | 自流所逃 | 旧八四、新五三、冊六九九 | 貸死。旧：房州安置 |
| 乾祐三 | 九四八 | 安友規 | 前永興軍節度副使 | 配流 | 登州 | 河南 | 除名 | | 旧一〇三、冊四五〇 | 沙門島 |
| 乾祐三 | 九四八 | 王紹隠 | 尚食奉御 | 配流 | 登州 | 河南 | 除名 | | 旧一〇三 | 沙門島 |
| 乾祐中 | | 李全暉 | 礼賓使 | 配流 | 房州 | 山南 | 決杖 | | 冊九四二 | |
| 広順二 | 九五〇 | 丘　珣 | | 長流 | 登州 | 河南 | 杖脊二十 | | 冊九二四 | 沙門島 |
| 広順三 | 九五一 | 賈　超 | 控鶴官将虞候 | 配流 | 商州 | 山南 | 決杖二十 | | 冊一五四 | 坑冶務収管 |
| 広順三 | 九五一 | 陳　権 | 前秦州清水県令 | 長流 | 房州 | 山南 | 追奪官牒 | | 冊七〇七・九二四 | |
| 広順三 | 九五一 | 馮継勲 | 青州寿光県主税吏 | 配流 | 環州 | 関内 | | | 冊九五二 | 議、貸死 |
| 広順三 | 九五一 | 斉蔵珍 | 内衣倉使 | 配流 | 登州 | 河南 | 除名 | 及世宗即位、自流所徴還 | 旧一一三・一二九 | 沙門島 |
| 広順三 | 九五一 | 王　殷 | 鄴都留守、侍衛親軍都指揮使 | 長流 | 登州 | 河南 | 削奪在身官爵 | 尋賜死於北郊 | 旧一一三、新五〇、鑑二九一 | |
| 顕徳元 | 九五四 | 薛　訓 | 右屯衛軍将軍 | 配流 | 登州 | 河南 | 除名 | | 旧一一四 | 沙門島 |
| 顕徳二 | 九五五 | 李知損 | 右諫議大夫 | 配流 | 登州 | 河南 | 除名 | 卒於海中 | 旧一一五・一三一、冊九二四 | 沙門島 |
| 顕徳三 | 九五六 | 趙守微 | 右拾遺 | 配流 | 登州 | 河南 | 杖一百 | | 旧一一六 | 沙門島 |
| 顕徳四 | 九五七 | 韓　倫 | 前許州行軍司馬 | 配流 | 登州 | 河南 | 追奪在身官爵 | 赦還 | 旧一一七、鑑二九三、冊一五四 | 沙門島、免死 |
| 顕徳六 | 九五九 | 金彦英 | 尚輦奉御 | 配流 | 商州 | 山南 | 決杖一百 | | 冊六六四 | |
| 顕徳六 | 九五九 | 路延規 | 前開封県令 | 配流 | 登州 | 河南 | 除名 | | 旧一二〇 | 沙門島 |

# 第七章　宋代の編管制度

## はじめに

宋朝の刑罰体系は、唐律の五刑を主刑として承け継ぎながらも、当時大きく変貌しつつあった社会の現実に対応すべく、いくつかの刑罰を新たに設けた。この背景には、建国後間もなく制定された折杖法によって、徒刑以下は杖打刑として、流刑は「杖打刑＋有期の労役刑」として、それぞれ執行されることとなったため、死刑と流刑以下の刑罰とのあいだに大きな格差が生じたことがある。また、唐末五代の乱世においては、徒刑・流刑など執行完了までに時間のかかる刑罰が大幅に後退してしまい、盗罪や専売法違反など治安維持に関わる犯罪を中心に、軽微な違反に対してもたやすく死刑とする傾向が強かった。全国統一を目指す宋朝にとって、かかる峻刑は可能な限り緩和せねばならないものであった。そのためには、主刑たる死刑と流刑のあいだに存するギャップを埋める刑罰を、新たに設ける必要があったのである。

「編配」と総称される刑罰は、かかる事情のもとに「減死一等の刑」として創設されたものである。このうち、配流と配軍については前章で述べた。本章では、残る編管について、その制度的側面を中心に初歩的な検討を加えることとしたい。

編管については、従来、滋賀秀三氏の解説が「通説」としてしばしば参照されてきた。

編管とは、遠隔地に押送して、その地で自主的に生計を立てさせながら、その地の地方官庁の監察下におくものである。編管の者は、毎月出頭して点呼を受ける義務を負うだけで、日常生活は一般市民と異ならない。貧乏で自活し得ない者には、乞丐（こじき）に準じて常平倉から米が支給される。（中略）編配はいずれも無期刑であり、家族の随行がゆるされる。一般的な恩赦の際に、個別的な審議を経て放免される場合が少なくなかった。（中略）配軍と並んで生じた編管という名の、居作を伴わない流謫の新方式は、後の明清時代の流刑の先蹤をなすものと見ることができるであろう。(1)

すなわち、滋賀氏によれば、編管とは、

①罪人を遠隔地に強制的に移動させ（流謫）、その地の地方官庁の監察下におく刑罰である。
②配所における日常生活は、一般市民と異ならない。
③居作を伴わない点で、明清時代の流刑の先蹤と見なし得る。
④家族の随行が許される。
⑤無期刑であるが、恩赦の際に個別の審議を経て放免されることが多かった。

といった特徴をもつ刑罰ということになろう。本章では、滋賀氏の指摘されたこれらの特徴を検証することにより、編管の制度的側面を明らかにしたいと思う。

# 第一節　編管とは何か

## 一　「編管」の語義——「収管」との対比から

滋賀氏は、おもに『条法事類』所載の条文に拠りつつ、編管の刑罰内容について説明を加えておられるけれども、字義の面から考究するところは無い。沈家本は、編管を「戸籍に編入して管束する意」であるといい[2]、郭東旭氏も「外州において戸籍に編入し、監督・拘束して、人身の自由を制限する処罰の方法である」[3]とほぼ同じ説明をされているが、梅原郁氏はそれをやや改めて「流配された州で、特別な簿籍に編入し、監督管理する意味にすぎぬ」と解説されている[4]。字義からすれば、「外州において」「編」は「簿籍に附ける」、「管」は「監督、管理する」という方向で解釈して問題なかろう。但し、「外州において」あるいは「流配された州で」という意味は、「編管」の字面からは出てこない。この点にまず、注意しておきたい。

編管について述べた宋代の史料としては、次のものがよく知られている。

> 自後、命官 罪を犯して当に配隷すべき者は、多く外州に編管し、或いは牙校に隷す。その死に坐するも特に貸(ゆる)さるる者は、多く決杖・黥面して、遠州の牢城に配せられ、恩を経て量移さるれば、即ち軍籍を免かる。大凡、命官 罪を犯さば、多く特旨有り、或いは勒停し、或ひは釐務せしむ。贓私の罪重ければ、即ち配隷有り、或ひは処するに散秩を以てし、遠きより近きに移る者、恩を経ること三四たびにして、或ひは放ちて便を任(ゆる)す。貪濫を儆(いまし)めて流品を粛(つつ)しむ所以なり。

自後命官犯罪当配隷者、多於外州編管、或隷牙校。其坐死特貸者、多決杖・黥面、配遠州牢城、経恩量移、即免軍籍。大凡命官犯罪、多有特旨、或勒停、或令釐務。贓私罪重、即有配隷、或処以散秩、自遠移近者、経恩三四、或放任便。所以儆貪濫而粛流品也。(『長編』巻八、乾徳五年二月癸酉条。『宋会要』刑法四―一もほぼ同じ)

これは、命官、すなわち宋代の官員に対するさまざまな処罰について総合的に述べた重要な史料である。『長編』『宋会要』ともに、これを乾徳五年(九六七)に繫年しているため、これまで、宋朝建国当初より編管が存在したことの根拠とされたこともあった。

この史料の前段では、流刑囚の配役について、将作監ではなく作坊に送って服役させるよう改めた経緯が述べられている(一九六頁に引用した『長編』巻八)。素直に読めば「自後」とはそれ以後、すなわち乾徳五年以後ということになるが、ここは少し複雑である。まず、前段の内容は、ここに引用した「自後」以下と直接関係するものではない。すなわち、前段で述べられているのは、折杖法により読み替えて執行される流刑の「配役」に関する記述であり、「自後」以下は、官員が罪を犯した場合どのような処罰が与えられるかについての概説である。しかも、ここで問題にされているのは、命官が「配隷」される場合である。配隷とは、国家の何らかの組織・機関に隷属させることであり、具体的には軍隊への編入(配軍)や、州県官による監督(編管・羈管)という形で行われる。前掲の史料によれば、官員の場合、多くが編管されたり牙校に当てられたりしたというのである。しかし、『文献通考』では、前段の配役のくだりが開宝五年(九七二)に繫年され(巻一六八、刑考、徒流)、「自後」以下に相当する記事は無い。また『宋史』刑法志(巻二〇一)は、前段の記事を『文献通考』と同じく開宝五年のこととし、「自後」以下を明道二年(一〇三三)の記事に附している。『文献通考』や『宋史』刑法志において、両者は別個の記事として扱われているのである。したがって、前掲の史料を、宋朝建国当初の編管について記したものと見なす必然性は無いと見るべきであろう。

ところで、この史料によれば、罪を犯して「配隷」さるべき官員は「外州に編管されるか、牙校に配属されるか」のいずれかに処されることが多かったという。五代から宋初にかけての史料を一瞥すると、衙前に送られる罪吏の中には、「衙前に編管」される者以外に、「衙前に収管」される者のいることに気がつく。「収管」の語義は、「収存保管、収押看管」(『漢語大詞典』第五冊、三八八頁)、すなわち人やモノを「容れ物」に収めて管理する意、であるという。管見の限り、「衙前収管」の事例は五代にしか見られない。

〔天福二年(九三七)五月〕乙丑、六宅使王継弘を義州の衙前に送りて収管し、前洺州団練使高信を復州に送りて収管す。二人は崇礼門内において喧争し、臺司の劾する所と為るが故なり。

乙丑、六宅使王継弘送義州衙前収管、前洺州団練使高信送復州収管。二人於崇礼門内喧争、為臺司所劾故也。(『旧五代史』巻七六、晋書、高祖紀)

後晋時代の復州(現湖北省天門県)・義州(現甘粛省華亭県)はともに、都から遠く離れた、国境近くの城市である。王継弘に対する処分を、『冊府元亀』は「勒停、送義州衙前、仍常知所在」と記す(巻一五四、帝王部、明罰)。[5]「常知所在」の文言は、五代では配流を命じた詔勅に散見することから、王継弘は厳重に監視されたと思われる。

〔天福二年二月〕其月、勅すらく「諸道馬歩都虞候は、今後朝廷更めて差補せず、州府ごとに委ねて、衙前大将中より久しく事任を歴て刑獄に暁会する者を選び充て、仍ほ三年を以て限と為し、元随の職員中より差補するを得ず。それ今月已前に見(げん)に在任する者は、如し罪犯無ければ、宜しくその月限を終らしめ、将来の得替を候ちて、本道に仰せて衙前に収管し、赴闕するを得ず」と。

其月、勅「諸道馬歩都虞候、今後朝廷更不差補、委逐州府、于衙前大将中選久歴事任・暁会刑獄者充、仍以三年為限、不得于元随職員中差補。其今月已前見在任者、如無罪犯、宜令終其月限、候将来得替、仰本道于衙前収管、不得赴闕」。（『五代会要』巻二四、諸使雑録）

獄訟を掌る馬歩都虞候に対して、任期を終えたのち再任せず、「衙前に収管して」赴闕させないことを命じた詔勅である。衙前にて身柄をあづかる、というニュアンスであろうか。

一方、「衙前編管」の例は五代には見られず、北宋の真宗朝になってようやく史書に登場する。

至道三年（九九七）四月一日、真宗即位赦書。（中略）行軍司馬・防団副使・上佐・司士参軍・衙前編管人等は、並びに仰せて発遣赴京し、逐処において投状せしめ、資を降して叙用せよ。（後略）

至道三年四月一日、真宗即位赦書。（中略）行軍司馬・防団副使・上佐官・司士参軍・衙前編管人等、並仰発遣赴京、於逐処投状、降資叙用。（後略）（『宋会要』職官七六―三）

類似の例は真宗・仁宗朝の赦文に散見する。「行軍司馬・……・司士参軍」は、宋初の典型的な左遷ポストであり、実質的な職務は無かった。衙前に送られて編管された者も同様の待遇であったと思われる。

天聖八年（一〇三〇）十一月六日、監翰林司・閤門副使郭承祐、特に命（しけい）を貸（ゆる）し、決刺を免じて、除名し、岳州の衙前に配して編管す。金銀・什物を盗むに坐し、罪の軽き及び赦に該るを除くの外、贓を計るに一百四十一匹零、監主自盗もてまさに極典に寘（お）くべきも、詔して寛宥に従ふ。

天聖八年十一月六日、監翰林司・閤門副使郭承祐、特貸命、免決刺、除名、配岳州衙前編管。坐盗金銀什物、除罪軽及該赦外、計贓一百四十一匹零、監主自盗、合寘極典、詔従寛宥。（『宋会要』刑法六―一二）

監主自盗は贓額三十五匹で絞刑、法に照らせば死刑となるべきところ、罪一等を減ぜられ、衙前に配属されて編管となったわけである。[6]

衙前収管の事例が五代にしか現われず、北宋では衙前編管の例しか見えないのは、なぜであろうか。わたくしは、その原因を衙前制度の変遷に求めたい。

衙前制度の変遷についてここで詳論する餘裕はないが、先学の諸研究[7]に拠りつつ概観すれば、次のようになろう。すなわち、唐代、各地に節度使が置かれると、治所の州には刺史の官衙たる州院と節度使の官衙たる使院とが並置され、使院には軍事的な職務を担う衙前の組織が成立した。唐代において衙前は節度使直属の軍隊を意味し、軍事を掌る重要なポストであったが、五代になると、軍事のほかに財政・民政に関わる事柄も司るようになった。軍隊を指揮しない名目だけの軍将（散将・散員）もここに勤務して倉庫の監督にあたるようになり、さらにはその下にいて雑役に従事していた軍人も衙前と称された。唐末以降、節度使が細分化されて州に軍隊が置かれると、節度使同様、州も衙前組織を持つようになった。

元来、節度使の軍事力を支える中核であった衙前は、五代にその職掌を拡大させ、財政・民政をも掌るようになった。その一方で、軍隊と直接関わらない者を倉庫の管理や雑役に従事させるなど、組織にとって不要の人材をとりあえずプールしておく役割も帯びていた。五代における「衙前収管」の一例として掲げた事例は、これに該当する。身柄を拘束して所定の作業に従事させる様子は、唐代の徒刑囚や流刑囚に通ずるところがある。

ところが、宋朝による全国統一・皇帝独裁制の確立過程において、節度使の兵権が中央政府に回収されると、衙前も軍職としての実体を完全に失い、職役化してしまった。衙前への編管は、行軍司馬・防団副使・上佐・司士参軍などと並ぶ官員の左遷先となった。行軍司馬以下に左遷された官員が何ら職務を果たすことを期待されていなかったのと同様に、衙前に配属された官員がたとえば倉庫の管理をすることなど無かったと思われる。「編管」の文言が附されるのは、そのためではなかろうか。

繰り返しになるが、編管とは、字義から言えば「簿籍に編入し、監督管理する」意である。それは、人やモノを何かの組織・入物に収めて管理する「収管」とは異なる。したがって、軍隊組織により人を管理するような場合には、たとえば「刺面配五百里外州軍本城収管」のように「収管」の語が用いられる(8)。逆に、編管される者について、「その場所にきちんと留まらせる」ことを厳命する場合に、「収管」の語を併用することがある。

江謙亨の家は財に饒かにして、郷曲に武断す。これより前、罪を憲臺に得て、已経に編置せらるれば、自ら応に警戒する所を知るべし。近ごろ童読と小しく私隙有るに因りて、別に事端を生じ、楊十八の縊死するを以て、輒ち楊百九に教令して、拖扯を作し趯打して塘水に推落せしめ、此れに因り死を致すとて、遂に大訟を興す。所幸にして、官を差して検覆するに、事、昭明を獲たり。而して獄司勘べてその情を得れば、誣罔の状、瞭然として燭すべし。江謙亨は、罪徒刑に該り、宗女の夫に係ると雖も、私罪を再犯するに係るに縁り、情として贖ふべからず。万一、僥倖もて漏網すれば、則ち姦計滋いよ長じ、善良未だ易しく以て安んずるを得ざるなり。尋いで事情を具勘し到り、申して提刑衙の指揮を取れり。後、提刑衙の行下に準るに「本州の勘ぶる所を点対したるに、備さに江謙亨の誣訴を教令するを見ること、蹤跡分暁たり。その人已に曾て罪を犯して処州に編管せらるれば、既に善良に非ず、豈にこれをして屢しば犯し屢しば贖ひ、以て悪を長ぜしむるを得べけんや。然れども祖蔭及び宗女の夫なるを以ての故に、所合に姑く末減に従ふべし。州に牒して江謙亨を引上せしめ、降して杖一百に従ひ、押上して当庁に正断し、仍ほ原の編管して処る所の州に送りて収管せよ」とあり。

江謙亨家饒於財、武断郷曲。前此得罪憲臺、已経編置、自応知所警戒。近因与董読小有私隙、別生事端、以楊十八縊死、輒教令楊百九作拖扯躍打推落塘水、因此致死、遂興大訟。所幸差官検覆、事獲昭明。而獄司勘得其情、誣罔之状瞭然可燭。江謙亨罪該徒刑、雖係宗女夫、縁係再犯私罪、情不可贖。万一僥倖漏網、則姦計滋長、善良未易得以安也。尋具勘到事情、申取提刑衙指揮。後準提刑衙行下「点対本州所勘、備見江謙亨教令誣訴、蹤跡分暁。其人已曾犯罪編管処州、既非善良、豈可使之屢犯屢贖、得以長悪。然以祖蔭及宗女夫之故、所合姑従末減、牒州引上江謙亨、降従杖一百、押上当庁正断、仍送原編管所処州収管」。(『清明集』巻一三、懲悪門、告訐、教令誣訴致死公事)

江謙亨は以前に処州（現浙江省麗水県）に編管されていたところ、再び罪を犯して、「原の編管して処る所の州に送りて収管」されることになったものである。もとの配所に連れ戻された江謙亨が二度と逃げ出さないようにきちんと監視せよ、との気持ちが判決文に強く表われたものと解し得る。

以上、編管の語義について、収管との対比から検討を加えた。その結果、編管は収管に比べれば、管理の程度が緩やかであり、何かの組織・機関に配属して管理するような場合には用いられないことがわかった。編管とは、罪人の身柄を拘束しての管理ではなく、簿籍にもとづく罪人管理なのである。

なお、編管人の配所となった州には、その者の姓名以外に「年甲、犯状、以前過犯若しくは住家・犯事の所、及び引く所の条制、断遣の刑名」を記録した書類が送られ、州はそれをもとに簿籍を作成した。また、護送時に附された牒には、罪状と随行の家属、財物の明細および住所が記載されており、それも簿籍に書き留められた(9)。これらを基礎資料として、それぞれの州は半年ごとに「編配人編冊」を作成した(10)。配所における編管人の監督・管理は、こうした簿籍類をもとにして行われたと考えられる。

また、編管人は定期的に州庁に出頭する決まりになっていたが、もと官員であった者や以前に官品・封邑を有した婦人については、現在住んでいる廂が報告書を提出するだけで済んだ(11)。定期的に州庁まで出頭する義務は、すべての編管人に対して課されていたわけではなかったのである。

## 二　編管の適用対象

編管を官員に対する刑罰とする説がある。たとえば、『漢語大詞典』は「編管」の語を次のように解説している。

宋代、官吏が罪を得ると、遠方の州郡に追放され、その地の戸籍に編入されて地方官吏の監督を受けた。これを「編管」という。こうした刑罰は一般の犯罪者にも用いられた。（第九冊、九五一頁）

官吏を処罰するための刑罰が、時として一般の犯罪者にも用いられたとは、些か腑に落ちぬ説明である。郭東旭氏は「宋代の編管法は、最初、『命官犯罪当配隷者』（官員で罪を犯し配隷すべき者）に適用され、のちに『諸罪縁坐家属応編管者』（縁坐の家属で編管すべき者）に適用されるようになり、またある種の雑犯罪にも適用されるようになった」と解説される。[12]郭氏によれば、編管とは、犯した罪の軽重や種類ではなく、「命官」すなわち官員という特定の社会的身分を有する者に対して、第一義的に科された刑罰であったという。郭氏の所説は、前掲の『長編』巻八、乾徳五年二月条に依拠しているのであるが、果たしてこの説は妥当であろうか。もし、編管が官員を適用対象として設けられた刑罰であるとすれば、庶民の犯す犯罪に対して用意された法令において、編管が刑罰として現われることはないはずである。しかし、『条法事類』にはこれに反する例がいくつも存する。

諸て銅銭を将て海船に入る者は、杖八十。一貫ならば杖一百、三貫ならば杖一百、五百里に編管せよ。五貫

ならば徒一年、従者は杖一百。七貫ならば徒二年、従者は徒一年。十貫ならば流二千里、従者は徒三年。（後略）

諸将銅銭入海船者、杖八十。一貫杖一百、三貫杖一百・編管五百里。五貫徒一年、従者杖一百。七貫徒二年、従者徒一年。十貫流二千里、従者徒三年。（後略）（巻二九、権禁門、銅銭下海、衛禁勅）

諸て州県の吏人・郷書手、税租を攬納して物を受乞する者は、受乞監臨罪に三等を加へ、杖罪ならば鄰州に編管し、徒以上は本州に配せ。

諸州県吏人・郷書手、攬納税租、而受乞物者加受乞監臨罪三等、杖罪鄰州編管。徒以上配本州。（巻三一、財用門、点磨隠陥、旁照法、戸婚勅）

諸て強売買・質借投託の類、人の財物を取らば、杖一百、鄰州に編管せよ。再び犯す者は、徒二年、赦に会ふと雖も、鄰州に配せ。

諸強売買・質借投託之類、取人財物、杖一百、鄰州編管。再犯者、徒二年、雖会赦、配鄰州。（巻八〇、雑門、雑犯、雑勅）

庶民に対して編管を科することは、南宋時代になってはじめて登場したわけではなく、北宋前半からすでに現われている。

〔天聖三年（一〇二五）〕十月、開封府言へらく「百姓の陳文政及び妻の阿宗、虎翼兵士の妻を誘ひて傭雇し銭を得たれば、法として徒一年半に当つべきも、夫妻は皆な双瞽なれば応に原(ゆる)すべきに、文政、瞽を恃みて悪を為せば、乞ふらくは外州に送りて編管せんことを。今より老疾決を任(ゆる)さざるを恃みて、故らに過犯を作し、情として恕し難き者有らば、罪を勘べて取旨し、外州に送りて編管せられよ」と。奏して可とす。

十月、開封府言「百姓陳文政及妻阿宗、誘虎翼兵士妻傭雇得銭、法当徒一年半、夫妻皆双瞽応原、文政恃瞽為悪、乞送外州編管。自今有恃老疾不任決、故作過犯、情難恕者、勘罪取旨、送外州編管」。奏可。（『宋会要』刑法四―一二）

〔天聖七年（一〇二九）十二月〕丁酉、詔すらく「河北にて屯田の堰岸を盗決する者は、盗決隄防律に従ひ、再び犯す者は河南州軍に送りて編管せよ」と。

丁酉、詔「河北盗決屯田堰岸者、従盗決隄防律、再犯者送河南州軍編管」。（『長編』巻一〇八）

〔景祐四年（一〇三七）四月庚午〕詔すらく「福建路、野葛を以て人を毒する者有らば、その家を嶺北に徙して編管し、永く放還せざれ」と。

詔「福建路有以野葛毒人者、徙其家嶺北編管、永不放還」。（『長編』巻一二〇）

さらに言えば、史書に見える編管の最初の事例は、官員ではなく庶民についてのものである。

〔大中祥符八年（一〇一五）五月〕甲辰、妖人谷隠、黥面して瓊州牢城に配し、赦に遇ふも還さず、靳重栄は汀州に、靳有方は沙門島に〔配す〕。仍ほ詔を以て解州の民庶に諭し、今より隠が術を伝習するを得ること無からしむ。隠、先に罪に坐して解州に編管せられ、因りて妖術を用ひて衆を惑はす。重栄、これに師事す。有方、嘗て隠が資財を給取すること甚だ衆し。是に至りて、御史に付し鞫劾してこれを讁す。

甲辰、妖人谷隠黥面配瓊州牢城、遇赦不還、斬重栄汀州、斬有方沙門島。仍以詔諭解州民庶、自今無得伝習隠術。隠先坐罪編管解州、因用妖術惑衆、重栄師事之、有方嘗給取隠資財甚衆。至是、付御史鞫劾而譎焉。(『長編』巻八四)

以上に述べてきたことから、編管が官員に対して用意された処罰でないことは明白であろう。編管とは、官員であるか否かを問わず、罪人を簿籍に附け、それに基づき監督・管理する刑罰なのである。

## 三　編管は「流謫」か

次に、「流謫」すなわち罪人を遠隔地に強制移動することが、編管にとって必須の要素であるか否かについて、検討したいと思う。

前述の如く、「編管」の語義そのものに流謫に結びつく要素はない。しかし、史書を繙けば、罪人を遠く離れた土地に送って編管する事例を数多く見いだすことができるし、『条法事類』にも、罪人を一定の距離を隔てた場所に押送して編管することを定めた条文が存する。罪人を遠隔地に送って編管することじたいは、さして珍しいことではない。

では、このことから直ちに、編管は「流謫」であると言い得るであろうか。遠隔地への強制移動は、編管の本質なのであろうか。

『条法事類』に見える条文のうち、罪人を編管に処すると定めたものについて、編管先を基準に分類すると、隣州への編管、距離を定めた編管(五百里、一千里、二千里)の二つに大別できる。後者の場合、その距離の起点は罪人の「住家(住営)之所」である。

諸て編配、地里を計る者は、住家の所を以てし、諸軍は住営の所を以てし、各おの里数を過ぐること三百里なるを得ず〈三百里内に州無き者は、以次の最も近き州に配せ〉。

諸編配計地里者、以住家之所、諸軍以住営之所、各不得過里数三百里〈三百里内無州者、配以次最近州〉。（『条法事類』巻七五、刑獄門、編配流役、断獄令）

遠悪地（海南島もしくは広南路の特定の州・軍。巻末の附図を参照）への編管を定めた条文は、『条法事類』に現存する条文中に見当らず、ほかの史料に見える例も数は多くない。[13] 条文の数から言えば、隣州への編管が際立って多く、これを最も一般的な編管であると見なしてよかろう。[14] そして、「本州」すなわち罪人の現住地の州への編管を刑罰として定めた条文はない。したがって、編管に処することによって、これまで暮らしていた環境から罪人を隔離して監視しようという傾向が認められるのである。ただ、隣州への押送を「流謫」と言い得るであろうか。わたくしにはむしろ、「移郷」がこれに近いように思われる。移郷とは、「人を殺して死刑に該当する者が、恩赦に会って死を免ぜられたときに科される特別処分[15]」である。具体的には、郷里を起点として一千里隔たった土地に罪人を強制的に移住させ、その地で戸籍に編入する。[16] 移郷の目的は復讐の防止にあり、その意味においては編管と大いに性格を異にする。また移郷は、移動する距離も一千里とかなり遠いけれども、『条法事類』に見える「比罪」、すなわち、正刑と閏刑の換算法を定めた条文において、編管と移郷とはともに「徒一年」に比されており、[17] 同等の刑罰と見なし得る。また両者には、罪人の現住地（郷里）を起点とする強制移動であること、配所では厳重に監視されており、逃亡した場合は処罰されたこと[18]、などの共通点がある。[19] さらに、居作との関係についても、両者はほとんど同じであると言い得る。節を改めて検討したい。

### 四　居作の有無

滋賀氏によれば、編管は居作を伴わず、それゆえ「明清時代の流刑の先蹤をなす」という。ところが、次に示す史料は、編管された罪人が労役に服する場合のあったことを窺わせるものである。

諸て流罪を犯し、住家の所に帰りて居作するを願ふ者は、決し訖らば部送せよ。若し応に編管すべき者は、編管の所において役せよ〈羈管人はこれに准れ〉。

諸犯流罪、願帰住家之所居作者、決訖部送。若応編管者、役於編管之所〈羈管人、准此〉。（『条法事類』巻七五、刑獄門、編配流役、断獄令）

この条文によれば、流罪を犯して編管されることとなった者は、配所にて居作に服することになっていた。折杖法により、流刑は「脊杖＋配役」に読み替えて執行されるが、これに編管が附加された場合、通常は審判を受けた州（裁判地）で行うべき居作を、編管地で行うというのである。流刑に伴う配役は、配軍が附加された場合、

諸て流を犯し応に配すべき、及び婦人の流を犯す者は、並びに脊杖二十を決し、居作を免じ、餘は本法に依れ。

諸犯流応配、及婦人犯流者、並決脊杖二十、免居作、餘依本法。（『条法事類』巻七五、刑獄門、編配流役、名例勅）

との規定により免除されるが、編管の場合にはそのまま課される。つまり、配軍とは異なり、編管が附加された場合には居作が免除されないのである。この点については、移郷も同様である。

諸て流罪を犯し、住家の所に帰りて居作するを願ふ者は、決し訖らば部送せよ。若し応に移郷すべき者は、

移郷の所において役せよ。

諸犯流罪、願帰住家之所居作者、決訖、部送。若応移郷者、役於移郷之所。（『条法事類』巻七五、刑獄門、移郷、断獄令）

死罪となる殺人犯が大赦により刑を免除されるときに、復讐防止の観点から移郷という強制処分が加えられることとは、先に述べたとおりである。この場合、本来受けるべき刑罰（死刑）は恩赦の効力によって消滅しているのであるから、労役に服する必要はもとより無い。ところが、降の場合は減刑に止まるため、事情が違ってくる。すなわち、本来の死刑は流三千里に減刑して科されるのである[20]。この場合、流刑は折杖法により「脊杖＋配役一年」に読み替えて執行される。前掲の条文は、このようなケースを想定して定められたと考えられる。通常、流刑よる配役は現地で行われるが、移郷の場合は郷里から一千里離れた土地での服役となる。移郷じたいに労役が随伴するわけではないが、移郷となったならば居作を免除されるわけでもないことがこの条文から知られるのである。

編管は、居作を伴わない。しかし、編管となった者が居作に服する場合があったことも確かである。編管が附加されることによって、主刑の一部を構成する配役が免除されることは無かったのである。したがって、編管の本質として、配所で居作を課されない点を強調しすぎることは適当でないように思われる。編管の本質は、罪人を「簿籍に附けて監督管理する」ことにある。編管となった者が時として居作を課されるのは、罪人を郷里から隔離することを本質とする移郷が、配所での労役を免除されないのと同じことなのである。

## 五　刑期の問題

次に、刑期の問題について論じたい。冒頭に紹介した滋賀氏の説によれば、編管を含む「編配はいずれも無期刑」であるという。一方、苗書梅氏は「一般に、（編管されてから）十年以上を経て恩赦に会えば、情状を酌量して釈放され、これを『放令自便』という。再び恩赦に会えば、一定の官資に叙復される」と述べ、有期刑説を採る。[21] 果たして、編管に刑期は存在するのであろうか。また、刑期が有るとして、それは苗氏の説くように「十年」を基準とするのであろうか。

まず、刑期の有無についてであるが、次の史料から、編管の年限が南宋時代の法令に明記されていたことを知り得る。

〔紹煕〕四年（一一九三）七月二十五日、知臨安府袁説友言へらく「旧制を遵承したるに、凡そ盗賊累犯、その人桀黠にして制し難ければ、已に断逐を与へて復た回る者は、項筒して永遠に外県の寨に拘鎖し、日ごとに糧食を給す。惟みるに是れ積日既に久しく、拘囚数多く、罪は固より嫉むべきも、情として亦た憫れむべし。在法、羈管・編管には各おの年限有り。蓋し未だ嘗てその身を終りて拘囚することあらざるなり。乞ふらくは、本府 見に項筒拘鎖を行ふ人を将て、如し元配隷に係る者ならば、即ち元の配所に押回し、如し彊壮の者有らば、即ち已承の指揮に照らして、屯駐軍に分刺するを与し、その餘は分ちて本府の鄰州界に押出せられよ」と。詔して、臨安府に令して、見管の賊人を将て、各おの人を差し管押して外州軍に分送せしめ、牢固に拘管し、日ごとに存亡を具して、枢密院に申せしむ。

四年七月二十五日、知臨安府袁説友言「遵承旧制、凡盗賊累犯、其人桀黠難制、与已断逐而復回者、項筒永遠拘鎖外県寨、日給糧食。惟是積日既久、拘囚数多、罪固可嫉、情亦可憫。在発〔当作「法」〕、羈管・編管各有年限、蓋未嘗終其身而拘囚也。乞将本府見行項筒拘鎖之人、如元係配隷者、即押回元配所、如有彊壮者、即照已承指揮、与分刺屯駐軍、其餘分押出本府鄰州界」。詔令臨安府、将見管賊人、各差人管押分送外州軍、牢固拘管、日具存亡、申枢密院。（『宋会要』刑法六―七二。文字の補正は、袁説友『東塘集』巻一〇「天府措置拘鎖人劄子」に拠った。）

「在法」がいつの法令を念頭に置いているのかは定かではないけれども、『清明集』などの判語史料では「在法」の「法」が当時の勅や令を指すことから推測して、この場合も紹熙年間以前のいずれかの法令に拠ると見てよかろう。[22] さらに次の史料も、編管の年限について法令に具体的な定めがあったことを示唆している。

（元祐三年（一〇八八）二月）十一日、詔すらく「応て刺面・不刺面の配本城・牢城・編管、明堂の赦恩を経るも放つべからざるの人、今年の徳音已前の年月を通ずるに、已に格令に及び、その縁坐の編管・羈管人もまた通じて十年以上に及べば、赦に依りて移放するを聴す」と。

二〔衍字か〕十一日、詔「応刺面・不刺面配本城・牢城・編管、経明堂赦恩不該放人、通今年徳音已前年月、已及格令、其縁坐編管羈管人、亦通及十年以上、聴依赦移放」。（『宋会要』刑法四―三〇）

「今年の徳音已前の年月を通ずるに、已に格令に及び」とは、[23] 編管等の処分を受けてからこのたびの徳音が下されるまでの年月を通算して法令に定める年限に達すれば、の意であろう。この詔勅は、かかる条件に該当する編管人らについて、恩赦により量移・放免することを認めたものである。原則として、恩赦があれば編管人は個別の審査を経て、量移もしくは釈放されたのである。[24] 放免される編管人には、公憑が発給された。

諸て編管・羈管人、応に放つべき者には、公憑を給せ。

諸編管・羈管人応放者、給公憑。（『条法事類』巻七五、刑獄門、編配流役、断獄令）

これは、編管人の罪がゆるされて自由放免の身となったことを証明する書類であり、これをもって編管人は郷里への帰還を許されたのである。

一方、終身にわたり郷里への帰還を許されない縁坐編管人は、編管されて六年後に配所にて戸籍に附されることになっていた。

諸て縁坐の編管・羈管人、永く放還せざる者は、編管・羈管の処にて、六年に及べば公憑を給し、戸口の例に従ひて籍に附す。佗州において籍に附さるるを願ふ者は牒送を許す。仍ほ廂耆・鄰人を責して、常に所在を知らしめ、官司は追擾呈集するを得ず。故有りて佗州に往かんと欲する者は、官に告し近限を量給して往くを聴す。即ち本貫に相鄰し及び近辺の州に牒送し及び往くを得ず。恩に遇ふも亦た移放するを得ず。縁坐人亡歿すれば、家属は便に従ふを聴す。

諸縁坐編管・羈管人永不放還者、編管・羈管処、及六年給公憑、従戸口例附籍。願於佗州附籍者、許牒送。仍責廂耆・鄰人、常知所在、官司不得追擾呈集。有故欲往佗州者、告官量給近限聴往。即不得牒送及往本貫相鄰及近辺州。遇恩亦不得移放。縁坐人亡歿、家属聴従便。（『条法事類』巻七五、刑獄門、編配流役、戸令。原注は省略）

公憑が発給されるのは、一般の編管人の場合と同じである。すなわち、彼らは罪人としてではなく、罪無き民として戸籍に附されたのである。[25] 希望すれば配所以外の地での附籍が認められ、その際に官司ではなく廂耆や隣人による監視が言明されていることが、その証しとなろう。本貫地の近隣州や辺境附近の州に移住することが禁止されているのは、人心の動揺を避けるための措置かと思われる。なお、戸令の規定にもかかわらず、恩赦によって縁坐編管人に移放が認められることが実際にはあった。前掲の元祐三年二月の詔勅において、十年以上という限定を附しながらも縁坐編管人に対して量移・放還を許しているのは、その一例である。[26]

さて、縁坐など特別な理由で編管された者が六年で罪を宥されて附籍されるのであれば、それ以外の一般の編管人の刑期は六年と見るのが妥当ではなかろうか。次の史料は、南宋初年において編管の刑期が六年であったことを示すもののように思われる。

紹興元年（一一三一）正月一日、徳音。（中略）編配諸色人は、特に三年を減ずるを与し、三歳をば理へて揀放の年限と為せ。

紹興元年正月一日、徳音。（中略）編配諸色人、特与減三年、三歳理為揀放年限。（『宋会要』刑法四—四二）

編管人を含む「編配諸色人」について、刑期から特に三年を減じた上で三歳を経過すれば放還させるというのであるから、編管の本来の刑期は六年ということになる。(27) さらに次の史料も、編管の刑期が六年であったことを示唆している。

在法、已に成婚して移郷・編管せらるれば、その妻、離を願ふ者は聴す。夫、出外して三年帰らざれば、亦た改嫁を聴す。今、卓一之の女（むすめ）五姐、もと林莘仲に嫁す。続いて後ちに林莘仲は事に因りて編管せられ、而して六年並びに通問せず。これを法に揆（はか）るに、自らまさに離婚すべし。

在法、已成婚而移郷編管、其妻願離者聴。夫出外三年不帰、亦聴改嫁。今卓一之女五姐、元嫁林莘仲。続後林莘仲因事編管、而六年並不通問。揆之於法、自合離婚。（『清明集』巻九、戸婚門、離婚、已成婚而夫離郷編管者聴離）

夫の林莘仲は罪を犯して編管され、六年間音信不通であったという。そして判語の書き手は、冒頭に掲げられた移郷人・編管人の離婚に関する条文と、夫が出外して三年が過ぎた場合に改嫁を認める規定(28)とを、離婚認定の根拠としている。長期にわたり夫から妻に連絡の無かった理由が、編管によることは明白であろう。林莘仲は編管されていたために六年のあいだ配所を離れられなかったわけである。さらに次の記事も、編管人が六年間配所に留め置かれたことを示すものであろう。

> 曹輔、字は載徳、南剣州の人なり。進士に第す。政和二年（一一一二）、通仕郎を以て詞学兼茂科に中り、秘書省正字を歴す。（中略）退きて、罪を家に待つ。〔王〕黼奏して重だしくは輔を責めざれば、以て浮言を息むること無く、遂に郴州に編管せらる。輔将た必ず罪を獲るを知ると言ひ、子の紳を召して来らしめ、付するに家事を以てし、迺ち戸を閉じて疏を草す。（中略）郴に処ること六年、黼の当国すれば移るを得ず、輔も亦た怡然として意に介せず。靖康元年（一一二六）、召されて監察御史と為り、守殿中侍御史となり、左諫議大夫・御史中丞に除せらる。
>
> 曹輔、字載徳、南剣州人。第進士。政和二年、以通仕郎中詞学兼茂科、歴秘書省正字。（中略）退、待罪於家。黼奏不重責輔、無以息浮言、遂編管郴州。輔将言知必獲罪、召子紳来、付以家事、迺閉戸草疏。（中略）処郴六年、黼当国不得移、輔亦怡然不介意。靖康元年、召為監察御史、守殿中侍御史、除左諫議大夫・御史中丞。（『宋史』巻三五二、曹輔伝）

曹輔が編管されたのは、宣和元年（一一一九）十二月のことであるから（『宋史』巻二二、徽宗本紀）、王黼の失脚する靖康元年正月までのほぼ六年間、曹輔は確かに編管人として配所にいたことになる。編管されて六年を経過した時に、たまたま王黼が失脚したという可能性も捨て切れないが、ここでは、宣和年間に幾度も大赦が発布されたにもかかわらず編管のままであった者が、六年後に放還・叙任されていることに注目したい。

　このように、遅くとも北宋末から南宋初めの頃までには、編管人は六年を刑期とすることが制度化されていたと考えられるのである。

# 第二節　配流と編管

## 一　遠隔地への編管

前節では、「流謫」すなわち遠隔地への強制移動が編管の本質をなすものではないこと、編管は官員を処罰するために特別に設けられた刑罰ではないこと、編管じたいは居作を伴わないけれども編管人が配所で労役に服する場合もあったこと、編管の刑期は六年であったこと、などを論証した。通説においてあたかも自明の如く語られてきたことは、必ずしもその通りではなかったのである。

しかし、通説が編管を「流謫」ととらえた理由にも思いを致さねばなるまい。試みに『長編』や『宋会要』を繙けば、仁宗朝あたりから僻地・遠隔地に罪人を押送して編管する実例が間々見られ、遠隔地への編管を刑罰として定めた詔勅も英宗朝には登場する。(29) 刑罰として史書に現われてから間もなく、遠隔地に強制移動させるという要素が編管に加わったのである。それはあたかも、配軍のたどった経過と軌を一にしている。本来、罪人を廂軍に編入して監督・役使する刑罰であった配軍は、特に凶悪犯について、治安維持と懲戒強化の観点から、郷里から遠く離れた土地の部隊を指定して送るようになったのである（第六章第三節を参照）。編管がこのような要素を帯びていった具体的な経緯については、未だ明らかにし得ないけれども、結果として、編管には、強制移動の距離を基準として、いくつもの等級が生ずることとなった。最も軽い「隣州編管」から「二千里編管」「遠悪州軍編管」まで、犯した罪の軽重に応じて配所が異なるようになったのである。

## 二　配流と編管

このように、編管があたかも唐律の流刑のごとき様相を呈してくると、唐代から一貫して行われてきた配流刑との境界が、かなり曖昧になってくる。

配流刑は、皇帝の判断に基づき科される刑罰であるが、刑罰執行の実際は、律の流刑と原則として同じである。唐律の規定に拠れば、流刑は配所での居作に所定の期間だけ服役したのち、「戸口の例に従って」その地で戸籍に附され課役を負担するなど、一般人と同様に扱われることになっていた(30)。ところが実際には、恩赦により郷里に帰還を許されることが珍しくなく、九世紀前半に制定された「開成格」では、配流して長くとも六年が経てば、流人を郷里に帰還させるという条文が盛り込まれ、『刑統』もこれに準拠している。

唐・開成四年十月五日勅節文に准るに「今より以後、応是ゆる流人は六載満つるの日に放帰せしめよ」とあり。

准唐開成四年十月五日勅節文「従今以後、応是流人六載満日放帰」。（『刑統』巻三、名例律、犯流徙罪）

かくして、流刑は、恩赦がなくとも最長で六年間の有期追放刑となった。配流も、特別の指示がない限り、おおむねこれに従っていたと思われる。つまり、条文の上でも、配流された罪人が配所で戸籍に附されることはなくなったのである。要するに、編管と配流とは、長くとも六年の間、罪人を配所に留め置く点において共通していたことになる。

宋代に行われた配流刑には、刺面されるものとされないものの二種類があり、不刺面配流は唐代の配流刑の流れを汲むものである（第六章第一節を参照）。また、官員が配流される場合に除名を伴うことは、『刑統』に明記されているとおりである（巻一、名例律）。除名された者は、六載の後に再叙任を許されたので、配流された時の詔勅に「終身不歯」「永不収叙」等の文言が無い限り、その時点で仕官を理由に配所を離れることができたはずである。つまり、官員にとっての不刺面配流は、配所における扱いの点で、除名のうえ編管された場合とほぼ同じであったことになる。

ある者が編管されたことを言うとき、史書には「送某州編管」もしくは「配某州編管」と記されることが多い。次の例のように、配所となる州が僻地であれば、感覚としてそれは「配流」に近いものとなろう。

〔天聖九年五月〕己巳、秘書丞・知陳留県王沖を雷州に配して編管す。初め、内臣羅崇勲、県に就きて官田を請するも得ず、皇城卒をして沖が物を市して剰利有る事を虚告せしむ。太后、崇勲をして劾せしむるに、沖は自明すること能はず、故にこれを重謫す。

己巳、秘書丞・知陳留県王沖配雷州編管。初、内臣羅崇勲就県請官田不得、使皇城卒虚告沖市物有剰利事。太后令崇勲劾、沖不能自明、故重謫之。（『長編』巻一一〇）

さらに、沙門島に送られた罪人を編管した例が存在する。言うまでもなく沙門島は、北宋時代における最も苛酷な配流地である。

幼老春秋に曰く「蔡京、字は元長、興化軍の人なり。（中略）政和三年（一一一三）、復た詔して京を太師に拝し、三省の事を領せしむ。京、陰かに壊国の計を為し、蔡崇と逆謀し、陳瓘の子正彙の為に来告せらる。京怒り、正彙を沙門島に送り編管し、瓘も亦た責めて通州居住たらしむ。（後略）」

幼老春秋曰「蔡京、字元長、興化軍人也。（中略）政和三年、復詔京拝太師、領三省事。京陰為壊国之計、与蔡崇逆謀、為陳瓘之子正彙来告。京怒、送正彙沙門島編管、瓘亦責令通判〔当作「州」〕居住。（後略）」（『三朝北盟会編』巻四九、

（靖康中帙、靖康元年七月二十一日条）

「幼老春秋」は、尤袤『遂書堂書目』の「本朝雑史」の項にその名が見え、『三朝北盟会編』にはしばしば引用される佚書である。但し、他の史料から陳正彙が沙門島に配流されたのは大観四年（一一一〇）のこととせねばならず、[31]「幼老春秋」の繫年には問題がある。加えて、沙門島にて罪人を「編管」した事例は、これ以外に見いだせない。

では、不刺面配流と編管とは同じ刑罰であったのか。ここで注目されるのが、「配流編管」という文言である。例を挙げよう。

〔天聖二年（一〇二四）〕十一月十三日、南郊赦書。（中略）行軍司馬・上佐官・司士・文学参軍は、刑部、元犯を勘会して以聞せよ。配流編管人は元犯を具して奏聞し、已に恩を経て逐便に放たるる者は、刑部において投状せよ。

十一月十三日、南郊赦書。（中略）行軍司馬・上佐官・司士・文学参軍、刑部勘会元犯以聞。配流編管人、具元犯奏聞、已経恩放逐便者、於刑部投状。（『宋会要』職官七六―九）

まず、この「配流編管人」が「配流人と編管人」を意味する可能性について一言しておく。『長編』『宋会要』などに残る宋代の赦書の文言を集め、個別の恩赦が罪人に及ぼす恩恵を比べてみると、配流人と編管人のあいだで、その処遇が一様でないことに気がつく。すなわち、多くの場合、恩赦によって、「配流人」は郷里への帰還が許され、前節で取り上げた「衙前編管人」には「赴闕投状」が認められている。行軍司馬以下の諸官は衙前編管人と一括りにして扱われれるのが、この時期の赦書における通例である。[32]ところが、この南郊赦書では、行軍司馬以下については刑部により勘会が行われるのに対し、「配流編管人」は「元犯を具して奏聞」するにとどまり、両者は、歴然と区別して扱われているのである。換言すれば、「配流編管」はさきの「衙前編管」とは別の範疇の罪人を指すことになる。衙前編管人とは「衙前に送られ、そこで編管される者」を言うのであるから、配流編管人は「某所に配流されて、そこで編管される者」と説明することができよう。すなわち、「配流編管」とは、配流と編管の併科を意味しているのである。

次掲の『長編』に見える「配流編管人」は、明らかに一人の罪人を指している。

〔熙寧十年（一〇七七）八月〕壬午、監察御史裏行黄廉を遣はして前知慶州范純仁を寧州に鞫せしむ。永興軍路鈐轄种古、「（中略）嘗て配流編管人の邁布ら、防送せられて慶州を過ぎり、遂に寧州に留住して獄を置く。而るに知寧州史籍は乃ち純仁の累しば曾て薦挙せし者なれば、必ず恐らくは別に誣陷を致さん」と言ふを以ての故に廉に命じて勘実せしむ。廉も亦た常に純仁の薦辞を被れば、乃ち御史彭汝礪を遣はすも、又た母老を以て辞し、御史臺推直官遂寧の馮如晦を以てこれに代はらしむ。(33)

壬午、遣監察御史裏行黄廉鞫前知慶州范純仁于寧州。以永興軍路鈐轄种古言「（中略）嘗配流編管人邁布等防送過慶州、遂留住於寧州置獄、而知寧州史籍乃純仁累曾薦挙者、必恐別致誣陷」。故命廉勘実。廉亦以常被純仁薦辞、乃遣御史彭汝礪、又以母老辞、以御史臺推直官遂寧馮如晦代之。（『長編』巻二八四）

邁布という名の罪人がどこに配流されることになっていたのかは不明であるが、当時の配流の執行状況から推測して、おそらく、沙門島か広南の遠悪州軍に送られるはずであったと推測される。

前掲の「幼老春秋」の記事は、沙門島に押送した罪人を配所にて「編管」することを言ったものであるが、別の史料ではこれを「竄海島」「流沙門島」と記している。(34) したがって、これも「配流編管」の事例と言えるであろう。陳正彙のようにもと官員であった者が不刺面配流となった場合、除名により一切の官位を剥奪されるが、配所での労役は免除される。「編管」が併科されたのは、いわゆる政治犯であった陳正彙を配所にて厳重に監督・管理する必要からであろう。

朱熹は唐律の流刑のことを説明して「今の白面編管」、すなわち「顔に入れ墨をしない編管」になぞらえた[35]。このことは、編管が南宋時代の人々によって僻遠の地に罪人を追いやる刑罰と見なされていたことを示すかのようである。それゆえ通説もまた、編管を「流謫」と説明したのかも知れない。しかし、朱熹の発言の重心は、「律軽而勅重」、すなわち律の流刑に比べて刺配（刺面配軍）が重刑である点に置かれている。刺面の有無こそが両者の軽重を決定づけているのであって、移動の距離が問題となっているわけではない。つまり、編管の特徴のうち、朱熹が類似性を感じたのは、顔に入れ墨を施さないことと、配所での罪人の扱いとであったと思われるのである。律の規定により配所での労役が原則として免除される官員の立場からすれば、両者はほとんど同じ刑罰であると感じられたに違いない。

繰り返しになるが、編管とは「簿籍に附けて罪人を監督・管理する」刑罰であって、遠隔地への強制移動はその本質をなすものではない。また、六年間という刑期もある。通常の不刺面配流とて六年を刑期とする点では同じであるが、こちらは罪人を僻遠の地に放逐することに主眼が置かれた刑罰である。罪人を終身にわたって配所に留め置く配流を「長流」というが、この場合は通常、恩赦に会っても帰還を許されないことが詔勅に明記されている[36]。配流と編管は、実態においてかなりの程度類似してはいるけれども、刑罰としてはやはり区別する必要があると言わざるを得ない。

# 小　結

以上に述べてきたことを、いま一度要約しておく。

「編管」とは、「簿籍に附して、監督・管理する刑罰」である。軍隊のような組織に編入して罪人を物理的に拘束するのではなく、あくまでも帳簿の上で管理する点に特徴がある。定期的な出頭は、すべての編管人に義務づけられたものではない。

編管は、特定の社会階層に対して設けられた刑罰ではない。史書に見える編管の実例から言えば、確かに官員が多いけれども、それは史書に記載される記事のレヴェルの問題として、別の次元で考えるべき事柄である。

流謫、すなわち遠隔地への強制移動は、編管の本質をなすものではない。罪人を郷里（現住地）から強制的に移動させることが、編管という刑罰の根幹の一部をなしていることは確かであるが、移動先は必ずしも遠隔地や僻地とは限らない。事実、編管のうちで『条法事類』等において最も頻繁に現われるのは、隣州への編管である。遠隔地への編管は、刑罰としての等級を設けるために、二次的に生まれたものと考えられる。

編管と居作の有無とは、本質的に関係しない。律（刑統）の流刑に編管が併科された場合、折杖法による読み替えの「脊杖」「配役」ともに執行される。この点、配軍が併科された場合に「配役」が免除されるのと大きく異なっている。

編管は、「無期刑」ではない。通常の編管の場合、恩赦で量移・放還されない場合でも、六年の刑期を満たせば郷里への帰還が許される。縁坐による編管の場合、郷里への帰還は認められないのが普通であるが、その場合でも六年を過ぎれば官司による厳しい監視からは解放されるのであって、編管の状態が無期限に継続されるわけではない。

配流と編管の関係について。刑罰としてのあり方は両者に共通する点がいくつかあり、特に遠隔地への編管は、実態として配流刑に似ている。そのため、編管を「流」「竄」などと言い換える史料も数多く存在する。しかしそのことは、両者が同一の刑罰であることを意味しない。「配流編管人」とは、配流と編管との併科、すなわち、「配流」された土地で「編管」される者を言うのである。

宋代は中国刑罰史上の大きな転換点であるにもかかわらず、まとまった制度史的記述に乏しかったため、それぞれの刑罰がいかなる内容をもつのかについて、これまで必ずしも正確に理解されてこなかった憾みがある。本章における考察が、宋代刑罰制度の解明の一助となれば幸いである。

## 注

(1) 滋賀秀三「刑罰の歴史」(一九七二年初出。『中国法制史論集　法典と刑罰』創文社、二〇〇三年所収)三二三〜三二四頁。

(2) 沈家本『歴代刑法考』(中華書局、一九八五年)刑法分考九、編管。

(3) 郭東旭『宋代法制研究(第二版)』(河北大学出版社、二〇〇〇年)二〇八頁。

(4) 梅原郁「刑は大夫に上らず——宋代官員の処罰——」(一九九五年初出。『宋代司法制度研究』創文社、二〇〇六年所収)五八六頁。これら諸氏以外に、たとえばマクナイト氏は、編管を "registered control" と説明する。Brian E. Mcknight, *Law and Order in Sung China*. Cambridge, MA: Cambridge University Press, 1992, pp. 398-401.

(5) 第六章の表6-4「五代の配流例一覧」を参照。

(6) 『刑統』では三十匹で絞刑であったが、真宗の大中祥符八年(一〇一五)に改められた。『宋刑統』巻一九、賊盗律、強盗窃盗・監主自盗。

　諸監臨主守自盗及盗所監臨財物者〈若親王財物而監守自盗亦同〉、加凡盗二等、三十疋絞〈本条已有加者、亦累加之〉。

『長編』巻八五、大中祥符八年閏六月癸巳条。

　編勅所言「監臨主守自盗及盗所監臨財物者、旧自五匹徒二年、逓加至二十五匹流二千五百里、三十匹即入絞刑、縁法律凡加重刑、皆須循次。今独此条頓至大辟、望改三十匹為流三千里、三十五匹絞」。従之。

（7）宮崎市定「宋代州県制度の由来とその特色——特に衙前の変遷について——」（一九五三年初出。『宮崎市定全集』第一〇巻、岩波書店、一九九二年所収）二一六～二四二頁。周藤吉之「五代節度使の支配体制」（一九五二年初出。『宋代経済史研究』東京大学出版会、一九六二年所収）五八二～五九二頁。同「宋代州県の職役と胥吏の発展」（『宋代経済史研究』所収）六六一～七〇四頁。

（8）『宋会要』食貨三七—八、天禧二年（一〇一八）十月。

　詔「河東沿辺州軍、自今民有私過北界、只是博糴斛斗、収買皮裘及諸般些小喫用物色、情理軽者、則依法決訖、刺面配五百里外州軍本城収管」。

（9）『条法事類』巻七五、編配流役、断獄令。

　諸編配人、備録年甲・犯状・以前過犯若住家犯事之所及所引条制・断遣刑名、実封、逓報所隷州、置簿、録元牒。同じく断獄令。諸配流・編管・羈管者、断訖、節録所犯、及以随行家属・財物数・住家之所、具載於牒〈元是命官、不録家属・財物〉、付部送人、仍給行程歴、経由県鎮、批書月日。（中略）至所隷州受訖、回報元断官司。

（10）『条法事類』巻七五、編配流役、断獄令。

　諸州刺面・不刺面配軍・編管・羈管人及奴婢、毎半年一具開収見管幷本州編配過久〔当作「人」〕数、依式造冊、限六十日、供申尚書刑部。

同じく、断獄式には「編配人〔原作「久」〕編冊」の書式を載せる。

（11）『条法事類』巻七五、編配流役、断獄令。

　諸編管・羈管人、月赴長吏庁呈験。元係品官若婦人元有官品・封邑者、所居廂止具見管状申。

宋代、州府クラスの都市は、内部を「廂」という区画に分けており、警察・消防などの組織もこれをもとに置かれていた。

曾我部静雄「都市区画制の成立」（『中国及び古代日本における郷村形態の変遷』吉川弘文館、一九六三年所収）四四七～四七四頁を参照。

(12) 前注（3）郭氏著書、二二二頁。

(13)『宋会要』刑法四―七五、熙寧二年（一〇六九）十二月十一日。

詔「今後失入死罪、已決三名、為首者、手分刺配千里外牢城、命官除名編管、第二従除名、第四従追官勒停。二名、為首者、手分遠悪処編管、命官除名、第二従追官勒停、第三・第四従勒停。一名、為首者、手分千里外編管、命官追官勒停、第二従勒停、第三・第四従衝替」。

(14)『条法事類』所載の勅のうち、編管を科することを定めた条文は、重複分を除いて二十二条あり、うち「隣州編管」が十五条と、全体の三分の二強を占める。

(15)『訳註日本律令』七、一三八頁。

(16) 唐賊盗律18条。

殺人応死会赦免者、移郷千里外。

その疏に、

議曰、殺人応死而会赦免罪、而死家有周以上親者、移郷千里外為戸。

とある。

(17)『条法事類』巻七四、刑獄門、比罪、名例勅。

諸應比罪者〈謂犯編配応当贖及誣告出入之類〉、配沙門島比流二千里、餘刺面配比徒三年、不刺面配比徒二年〈配軍配沙門島者、比徒三年。餘刺面配者、比徒二年〉、編管・移郷比徒一年。

(18)『条法事類』巻七五、刑獄門、移郷、捕亡勅。

諸移郷人逃亡、第一度杖六十、毎度逓加一等、第五度不刺面配移郷処本城。

(19) 移郷と流刑とはともに、罪人を強制移動させる措置であり、そのため、唐律の諸規定において両者を一括して扱われていることが多く、両者のあいだに共通点も多い。そのため、編管は律の流刑とも類似しているという見方もあり得る。しかし、距離の起点が流刑は京師、移郷は罪人の郷里と大きく異なり、このことは両者の刑罰としての目的を決定づけている。すなわち、流刑は罪人を僻地に放逐する刑罰であり、移郷は復讐防止を目的とする一種の強制処分なのである。本書第二章第五節を参照。

(20)『条法事類』巻一六、文書門、赦降、名例勅。

　諸犯罪会降、称死罪降従流者、流三千里〈本条罪不至死有編配法者、依不至死編配例〉。称流罪降従徒者、加役流・流三千里、並徒三年、其餘以次降之〈謂流二千五百里降徒二年半之類。婦人若諸軍或刺面人名、更降一年〉。

(21)苗書梅『宋代官員選任和管理制度』（河南大学出版社、一九九六年）四八五頁。但し、いかなる史料に基づく見解かは不明である。王雲海主編『宋代司法制度』（河南大学出版社、一九九二年）三八六～三八七頁にも同様の言及があるが、こちらも典拠を示していない。

(22)仁井田陞「清明集戸婚門の研究」（一九三三年初出。『補訂中国法制史研究　法と慣習・法と道徳』東京大学出版会、一九八〇年に補訂して再録）四三〇～四三五頁を参照。

(23)「今年の徳音」とは、同月乙酉（八日）に出された徳音を指す。『長編』巻四〇八、元祐三年二月乙酉条。

　徳音、降死罪囚、徒以下釈之。（後略）

本文で引用した『宋会要』の記事は、『長編』では二月戊子（十一日）条に記されているので、「二十一日」の「二」字は衍字であろう。

(24)『宋会要』刑法四―二二、皇祐二年（一〇五〇）十一月六日。

　詔知制誥曾公亮・李絢、看詳諸州軍編配罪人元犯情理軽重以聞。自今毎降赦後、即命官看詳如例。

同じく刑法四―二三、皇祐三年十月十三日。

　翰林学士曾公亮言「昨奉勅、以明堂赦後看詳諸道編管・配軍人罪犯軽重、逐時具状。貼黄奏訖、伏恩、自前南郊赦令、雖与今一体、及其奏到罪人犯状、久不蒙移放。不惟赦令失信、其間甚有州軍妄行編配、遂至一二十年、羈囚至死、傷害和気、衆所共聞。欲乞、特降恩旨、今後依此、永為著例。兼詳益・梓・利・夔四路、地里至遠、凡取索干証文字、経年未得斉足、況此四路各有鈐轄司。欲乞今後益・梓・利・夔四路編管配軍人、如経大赦、只就本路転運・鈐轄司同共看詳、拠犯状軽重量移釈放」。詔「依奏。其益・梓・利・夔路編配人内、情理重及干礙条貫者、奏裁」。

(25)宋代の戸籍については、梅原郁「宋代の戸口問題をめぐって」（『東方学報』京都第六二冊、一九九〇年）三八〇～三八三頁を参照。

(26) 移郷人についても、ほぼ同じ時期に類似の措置が取られるようになった。『宋会要』刑法四―二七、元豊三年(一〇八〇)九月二十二日。

詔「(中略)百姓移郷十年不犯徒者、転運司酌情、軽者放逐便」。

同じく刑法四―二八、元豊六年閏六月二十三日。

詔尚書刑部「応移郷人情理軽者十年、稍重者二十年、遇赦検挙、放令逐便、令刑部著為令」。

(27) 北宋末年の赦文にこれと類似の文言が見えるので、編管の刑期が六年となった時期は更に遡る可能性がある。『宋会要』刑法四―四〇、宣和七年(一一二五)十一月十九日。

南郊制、(中略)応刺面・不刺面配軍・編管人等、除謀叛以上縁坐入(当作「人」)・強盗・已殺人外、並特与減三年、理為検放年限、在京委所属開封府・歩軍司、在外委諸州当職官、量元犯軽重、依条揀選移放、訖、節略犯由、在京申尚書刑部、諸路申提刑司審覆、訖、類聚申刑部。

(28) 黄榦『勉斎先生黄文粛公文集』巻三三、判語、京宣義訴曾嵓叟取妻帰葬に、

在法、夫出外三年不帰者、其妻聴改嫁。

とあり、この規定も南宋時代の法令に定められていたことがわかる。仁井田陞『支那身分法史』(東方文化学院、一九四二年)七〇六～七〇七頁、滋賀秀三『中国家族法の原理』(創文社、一九六七年)四七八頁を参照。

(29) 一例を挙げる。『宋会要』兵一一―二六、治平三年(一〇六六)四月五日。

詔「開封府長垣・考城・東明県幷曹・濮・澶・滑州諸県獲強劫罪死者、以分所当得家産給告人、本房骨肉送千里外州軍編管。(中略)罪至徒者、刺配広南遠悪州軍牢城、以家産之半賞告人。本房骨肉送五百里外州軍編管、編管者遇赦毋還。五服内告首者具案奏、獲賊該酬賞者、不用災傷降等」。

(30) 唐名例律24条「諸犯流応配者、三流倶役一年」の疏に、

役満一年及三年、或未満会赦、即於配所従戸口例、課役同百姓。

とある。

(31) 『宋史全文』巻一四、大観四年三月。

正彙坐所告失実、竄海島。

『皇朝編年綱目備要』巻二七、大観四年、竄陳瓘陳正彙条。

正彙流沙門島。

『繫年要録』巻六三、紹興三年三月庚午条。

崇寧中、上書訟蔡京罪、流海島十餘年。

楼鑰『攻媿集』巻六九、恭題高宗賜陳正彙御札。

徽皇聡察、僅得貸正彙之死、既至沙門、無復帰望。島上巡検知其為名家子、招致館下。

(32) たとえば、二八八頁に引く至道三年四月一日、真宗即位赦書を参照。

(33) 原注に引く「時政記」にも、

五日、知潁州・岷州団練使高遵裕知慶州。前知慶州范純仁、遣監察御史裏行黄廉就寧州置司取勘。以永興軍路兵馬鈐轄种古言「前知環州、嘗与純仁整会錯了蕃部公事共七件、純仁因此挟情酬嫌捃拾耳」、因配流編管人邁布等防送過慶州留住、遂于寧州興獄。其知寧州史籍又是純仁部下、累被薦挙、必恐別有非辜。故専命廉以勘実也。

とある。

(34) 前注（31）を参照。

(35) 『朱子語類』巻一二八、本朝、法制。

律是歴代相伝、勅是太祖時修、律軽而勅重。如勅中刺面編配、律中無之、只是流若干里、即今之白面編管是也。勅中上刑重而下刑軽、如律中杖一百、実有一百、勅中則折之為二十〈五折一〉。今世断獄只是勅、勅中無、方用律。〈同〉

(36) 一例を挙げる。『宋大詔令集』巻二〇三、政事、貶責、盧多遜削奪官爵配隷崖州制〈太平興国七年四月丁丑〉。

其〔兵部尚書〕盧多遜在身官爵及三代封贈・妻子官封、并宜削奪追毀。一家親属、并配隷崖州充長流百姓、所在馳駅発遣。仍終身禁錮、縦更大赦、不在量移之限。

# 結　論――唐宋時代の追放刑と労役刑

以上、七章にわたって、唐宋時代の刑罰制度について、追放刑と労役刑に関わる問題を中心に検討を重ねてきた。考察を通じて得られた結論をまとめれば、概ね次のようになろう。

前篇では、唐律の流刑を主たる課題として、その淵源、制度的特徴、理念と現実との乖離といった観点から考察を加えた。

**第一章**では、唐律の流刑に先行して見られる「強制移動を伴う刑罰」のうち、秦・漢初の遷刑、漢・魏晋南朝の「徙遷刑」、北朝の流刑について、強制移動がそれぞれの刑罰にとってどのような意味をもったかを中心に検討を加えた。

秦・漢初の遷刑は、後世の流刑の如き死刑に次ぐ重刑ではなく、またそれは主に、罪人を隔離・幽閉するためになされたと考えられる。遷刑を安易に「流刑」に擬えることは、刑罰の本質を見誤ることにもつながりかねない。

漢代から魏晋南朝にかけて史書に現れる「徙遷刑」も、強制移動を伴っていた。しかしそれは、刑徒を服役場所に移送するための措置にすぎず、労役刑の一形態というべきものである。また、「徙遷刑」じたいは、主刑のうちに数えられていたわけではなかった。いわゆる「儒教の国教化」が進行する中、経書の影響を受けて、「徙辺」、すなわち罪人を京師から放逐して辺境にて有期の労役に服させる場合について何らかの法的指針が形成され、それを死刑を免じた罪人に科したと考えられるのである。

北魏の「徙辺」も、「徙遷刑」と同じく「減死一等の刑」であったけれども、原則として終身刑である点で「徙遷刑」とは決定的に異なる。そしてこれが流刑の先蹤となった。つまり、北魏の流刑は、実質的には「徙辺」と同じである。主刑としての「流刑」は北魏に始まるが、それが死刑に次ぐ重刑たる地位を占めたのは、経書に記された理念を背景としていた。北周律の流刑は、配流される距離により等級を設けた点で、唐律の流刑の直接の淵源と見なし得るが、こうした等差の設定も経書の記述に依拠したものであった。隋・開皇律の流刑は、居作を含む点で北魏・北斉のそれを受け継いでいるが、「道里の差」を設けた点では北周律の流刑を継承している。さらに言えば、一千里から始まる配流距離の等差は、『尚書』舜典の記述を具現化したものである。

唐律の流刑は、基本的にこの隋・開皇律の規定を受け継いだ。そして、強制移動の距離を長くし、配所での居作の期間を大幅に短縮したことによって、強制移動刑としての性格が強められた。

流刑は、北朝の刑罰体系において主刑の地位を占めたが、経書の理念を刑罰に反映させたため、実際に運用する段になると、現実との妥協を餘儀なくされた。北魏から北周までは「徙辺」、隋においては「配防」という形をとって、ともかくも刑罰を「減死一等の刑」として実効あるものとしたのである。経書が記す上古の「流刑」は言うに及ばず、遷刑や「徙遷刑」も唐律の流刑に直接結びつけて議論すれば誤解を生じかねないこと、北朝起源の刑罰である流刑を中華王朝の刑罰体系の中に位置づけるためには、経書の力を借りねばならなかったこと等の観点は、本章の考察により新たに得られたものである。

**第二章**では、『唐令拾遺』『唐令拾遺補』など従来からの史料に加えて、近年公開された「明鈔本天聖令」所収の条文を参照し、唐律の流刑制度について詳述した。天聖「獄官令」の条文により、流刑案件に関する裁判手続きについて、地方における取扱いを中心に新たな知見が得られた。すなわち、州の専使が中央の刑部とのあいだを行き来することにより文書が遣り取りされるさまが明らかとなり、また、流刑執行の詳細についても、同じく天聖「獄官令」によって詳細が明確となったのである。

こうした得られた新知見をもとに、以前に検討したことのある隋代の流刑制度について再び考察を加え、唐制との違いについても言及した。すなわち、隋では、州で流刑判決を受けた流囚が京師まで身柄を送られ、都で最終的な審判を受けた可能性があることを指摘した。加えて、流刑案件について、唐で州が専使を立てて文書を遣り取りするのはこの遺制なのではないかと推測した。さらに、滋賀秀三氏との間で見解に相違がある、唐律の流刑における「配流の距離の起点」についてもう一度検討を加え、配流の距離の起点は京師であるとの見解を改めて提示した。そして最後に、配所における配流人の扱いについて一瞥し、後述する宋代の配流刑・配軍刑との制度的比較を行うための備えとした。

唐律の流刑において、配流の距離の起点が京師であることは、律の流刑の本質と密接に関わっている。流刑は「礼教の刑罰」、即ち、儒教経典に依拠して主刑となった刑罰である。それゆえ、刑罰執行の実務面から言えば、不合理な点も多い。たとえば、辺境へ罪人を放逐することの懲罰的意義は、早くも唐代から疑問視されており、結果として、律の原則規定から逸脱した刑罰が登場するに至る。こうした「律外の流刑」が登場する背景には、流刑執行の現実と律の理念との乖離が存している。**第三章**では、流刑を例にとって、経書の理念に立脚して確立された律の刑罰が、実際に刑罰を執行する段になって大きな困難に直面し、現実への対応を餘儀なくされたことを詳論した。まず、貞観年間に、律の流刑の等差に関する規定は事実上、棚上げにされた。すなわち、名例律で流二千里から流三千里まで三段階と定められた流刑は、運用段階において「限るに里数を以てせず」、所定の「辺州」に配流するよう変更されたのである。さらに、皇帝による詔勅による刑罰の一つとして、「配流刑」が現われた。配流刑とは、「別勅」、すなわち皇帝の実質的判断に基づく刑罰である。律の原則規定から言えばあり得ない「決杖配流」のような処罰が、詔勅や「格」所収の条文に散見されるのは、その一例に過ぎない。また、律の原則に反する流人の郷里への帰還が恩赦に盛り込まれている事例が、七世紀中頃より見られるようになり、さらには流刑を六年の有期追放刑とする詔勅が発布され、格の条文として収められるに至る。こうした背景には、唐朝の人民に対する管理能力の低下があった。編籍された土地から自由に移動することを原則として禁止していた唐朝の人民管理体制は、八世紀中頃を境に機能不全に陥り、九世紀には、流人が勝手に配所を離れても手を拱いている外なかったのである。北宋が建国間もない時期に「折杖法」を制定し、刑の執行完了までに時間のかかる徒刑・流刑を杖打刑（流刑の場合は配役を伴う）に読み替えて執行したのは、かかる事情による。

後篇では、宋代における追放刑・労役刑の展開について考察を加えた。

まず**第四章**では、『宋史』刑法志を題材として、宋代の法制史料に頻出する「配隷」なる語が指し示す刑罰内容について検討を加えた。唐律における配隷の語は、「国家の機関に隷属する」というかなり広い意味をもったが、宋代では「配流」「配軍」「配役」の三者を包括した呼称となった。おそらく、服役に際して罪人が何らかの国家機関（官庁、軍隊など）に隷属していたことから、このように用いられるようになったのであろう。

続く二つの章では、「配隷」に含まれる個々の刑罰について、それぞれ検討を加えた。

「折杖法」は流刑を「脊杖＋配役」に読み替えて執行するよう定めていたが、うち、「配役」についてはほとんど執行されていなかったと見る学説がこれまで支配的であった。しかし、折杖法じたいは『刑統』にも採られていたし、『刑統』は宋代を通じて国家の基本法典として行用されていたのであるから、流刑を読み替えて執行される配役も原則として執行されていたと考えるのが自然ではないか。**第五章**では、かかる疑問から出発して通説を仔細に検討し、その結果として、流刑が杖打刑と配役とに読み替えて執行されるのが宋代を通じて通常の状態であったことを明らかにし、かつ、それが宋代の現実に適応して実施されていたことを論証した。すなわち、宋代の流刑囚の労役は、唐代の居作とはうって変わって、刑徒を雑役部隊に編入して執行されていたのである。『刑統』に規定された「居作」をそのまま実行するには、社会はあまりに大きく変貌していた。官庁における雑役労働のあり方にも、いわゆる唐宋の変革の表徴を見て取ることができるのである。

折杖法の施行は、唐末五代の時期、徒役囚や配流人への監視が行き届かなくなった結果、機能不全に陥っていた徒刑と流刑を、ともかくも執行可能ならしめた。しかしそれは同時に、死刑と流刑以下のあいだに刑罰の軽重の深刻な格差を生み出した。さらに問題となったのは、専売法違反や盗犯を取り締まるために強化された法規により、死刑囚の数がむやみに増えてしまったことである。これに対して宋朝は、新たに「減死一等の刑」を設定することで対応しようとした。**第六章**で取り上げた配流刑と配軍刑がそれに当る。

宋代の配流刑は、皇帝の特恩による死刑の代替刑である。この刑罰じたいは唐代から存在していたけれども、旧来の不刺面配流以外に、刺面を伴う配流刑が登場した点にこの時代の特徴がある。死刑の減免は皇帝の判断に委ねられており、それは時に赴闕奏裁により決定された。配流人への入れ墨が、当初、配流の直前ではなく、奏裁のための赴闕に際して行われたのは、そのためである。配流地に送られた罪人は、そこで苛酷な労役を強いられた。

配流人を廂軍の部隊に編入して労役に服させたのは、配役の場合と同様である。沙門島の場合はその組織が必ずしも明確ではないが、それ以外の配流地、たとえば「遠悪州軍」として他から区別された広南路の一部の州にも、雑役部隊の一つである牢城という名の部隊が置かれており、配流人は通常、この部隊に編入されて服役した。

沙門島以外の配所へ送られる配流刑は、実質的には、牢城部隊への配軍に置き換えられていったと考えられる。強制労働のあり方が、唐代的な「居作」、つまり官署での徒役から雑役部隊に編入して行う方式に変わっていた以上、現実にはそのように対応せざるを得なかったのである。

罪人を廂軍に編入して労役に従事させる配軍刑が法律の条文に現われるようになるのは、北宋の太宗朝からである。窃盗・強盗・専売法違反など国家が厳しい取り締まりの対象とした犯罪について、唐末五代の峻法を緩和し、決杖刺面して本城・牢城といった雑役部隊に罪人を編入するようにしたのである。当初、配軍先は罪人の現住地の部隊とされていたが、程なく追放刑的な要素を含んだ配軍刑（五百里外・千里外への配軍）が設定されていった。かくして、配軍刑も新たな「減死一等の刑」として宋朝の刑罰体系のなかに組み込まれていったのである。

北宋後期になると、配流刑と配軍刑は一本のスケールの上に序列づけられてゆく。配軍刑における「追放」とは、本来、郷里に害をなす厄介者を遠処に放逐するために設けられたものであったが、後には、凶悪犯を僻遠の地に斥けるという、律の流刑の如き「伝統的な」追放刑の思想が甦り、沙門島を頂点とする刺配刑の序列が形成されていったのである。

宋代の法制史料において、配流・配軍と並んで「編配」と総称される刑罰が「編管」である。**第七章**では、従来、十分な制度史的検討がなされていなかった編管について、その刑罰内容を中心に考察を加えた。

編管とは、「簿籍に附して、監督・管理する刑罰」である。軍隊のような組織に編入して罪人を物理的に拘束するのではなく、あくまでも帳簿の上で管理する点に特徴がある。定期的な出頭義務は、すべての編管人に義務づけられたものではなく、また、特定の社会階層に対して設けられた刑罰でもない。

遠隔地への強制移動は、編管の本質をなすものではない。罪人を郷里から強制的に移動させることが、編管という刑罰の根幹の一部をなしていることは確かであるが、移動先は必ずしも遠隔地や僻地とは限らない。編管と居作の有無とは、本質的に関係しない。『刑統』の流刑に編管が併科された場合、折杖法による読み替えの「脊杖」「配役」ともに執行される。この点、配軍が併科された場合に「配役」が免除されるのと大きく異なっている。そして、編管には刑期がある。通常の場合、恩赦で量移・放還されなくとも、六年の刑期を満たせば郷里への帰還が許された。遠隔地への編管は、実態として、唐代以来の不刺面配流刑と同じことになる。

唐律の流刑は、鮮卑族の建てた北魏王朝の徙辺刑に淵源をもつ。但し、それを中華王朝の刑罰体系の中に主刑として位置づけるには、儒教経典のもつ影響力が不可欠であった。死刑に次ぐ重刑として「流刑」を創設される際には、儒教経典の記述が根拠となったのである。その意味で、流刑は「礼教の刑罰」と言えるであろう。そしてそれゆえに、流刑の理念と刑罰執行の現実とのあいだには、早い時期から乖離が存在したのである。北周律においても、距離による等級の差が設けられてからも、流刑は徙辺刑として執行されていたのである。唐律においても、強制移動の距離に応じて流刑には三つの等級が作られていたが、実際のところ、流人は「辺州」として指定された特定の州に配流されていたのである。恩赦による流人の放還を容認し、のちには流刑を六年の有期刑としたのも、流刑の理念を棚上げにして刑罰執行の現実を優先させた結果に他ならない。では、その「現実」とは何だったのであろうか。それには、配所となった地域における流刑囚の管理の問題が深く関わっている。長期間にわたって流人を監視し続けることは、配所の州県にとって相当の重荷であった。唐末になると、監視が行き届かなくなって流人が配所を勝手に離れることが問題視されたが、有効な対策は無かったようである。結果として、流刑は徒刑とともに執行困難な刑罰となり、専売法違反や盗罪など治安の悪化に対応して新たに出された法では、罰則の強化によって僅かな罪でも死刑とされるようになった。北宋の建国直後に「折杖法」が施行されたのには、こうした背景がある。

折杖法により流刑は追放刑の要素を失い、刑罰の軽重の点で死刑との格差は甚だ大きくなった。そのギャップを埋めるべく、新たな「減死一等の刑」として登場したのが、刺配刑、すなわち刺面配流刑と配軍刑である。当初は郷里の治安維持のために行われた遠隔地への配軍は、その後、律の流刑を念頭に置いた距離の設定が導入され、追放刑として多様化し、北宋後期には、罪人の現住地から配所までの距離によって序列化された。

唐宋時代の刑罰制度における追放刑・労役刑の展開をこのように見たとき、重視すべきは、

①流刑は経書に基づく刑罰であり、それゆえ現実には、理念のとおりに行うことは難しく、流刑の理念と現実との間には大きな乖離が生じ、最終的には実施不可能な状態に陥ってしまった。

②にもかかわらず、「減死一等の刑」として律外に新たに刑罰を創設するとき、為政者の念頭に大きな存在として浮かぶのは「流刑」である。刺配刑が多様化してゆく過程で、追放刑の要素が導入され、強制移動の距離に基づき序列化されたのも、律の流刑の存在が大きな影響を与えている。

の二点である。唐律以降、明清律に至るまで、笞・杖・徒・流・死の五刑は一貫して主刑を構成するが、その一因として、唐律の五刑が儒教経典に裏づけられていたことが挙げられよう。とりわけ流刑は、五刑における位置づけをはじめとして、経書に依拠する部分が大きい刑罰である。上記二点の特徴は、こうした流刑の特質によるものなのである。

# 附篇第一　唐代貶官考

## はじめに

小論の目的は、唐代における官人の地方官への貶官の実態を明らかにし、それを手がかりとして、唐朝の地方統治のあり方を探ろうとする点にある。唐代官人の「貶」の問題については、つとに八重津洋平氏が法制史的関心から専論され、基本的な問題点はそこで既に指摘されていると言ってよい[1]。氏によれば「貶」とは、「官人が職務遂行上なんらかのミスを犯したとか、官人たる身分にあるまじき行為をなしたとかいう場合に、それに対する制裁として、あるいは政治権力をめぐる派閥抗争の結果として、もっとも典型的には、品階の上で現在の官から より低い官へ降され、しかも中央政府の官（京官・内官）から地方官（外官）へ遷すという措置[2]」である。ここでは、氏とはやや問題関心を異にしつつ、貶官のうち特に外官として貶せられた場合のみを取り上げる。なお、「貶官」の語は、京官から外官へ、もしくは外官から外官への左遷の意に限って用いることとする。

唐代においても、地方長官たる都督・刺史に関する詔勅の冒頭には、「我とこれを共にする者は、惟れ良二千石なるか」という漢の宣帝のことば[3]が必ずといってよいほど引用される。地方長官こそ帝国統治の関鍵であるという伝統的観念は、唐朝においても承受されているようである。一方、唐朝は国初以来、刺史・県令等の地方官にしばしば左遷官人を任用した。このことは伝統的な帝国統治の理念と相い矛盾するように思われる。唐代において、地方官は実際のところ一体いかほどの位置づけを与えられていたのであろうか。本来重要視されるべき地方長官に左遷官人を頻りに任用するという矛盾は、唐代を通じて解決されないままに終わったのであろうか。小論は、かかる問題意識の上に立って、まず新旧両唐書の本紀・列伝及び『通鑑』に登場する官人の外官への貶官例を全て拾い上げ、それを統計化して具体的な数字をつかむことから始める。次いで、これらの数字と文献史料とをつき合わせることによって、唐代における貶官状況を、主な地方官職について明らかにする。そして最後に、そうした貶官状況を手がかりとして、唐朝の地方統治のあり方について、地方官の位置づけという点を中心に、時代による変遷も踏まえて明らかにしたいと思う。なお、考察を進めてゆく上で大きな拠りどころとしている統計資料は、正史に立伝されるレヴェルの人間、すなわち官人世界の最上層部分に位置するエリート官僚層を対象としている。そのため、その考察は必ずしも唐代官人世界の全体に及ぶものではなく、中・下層の官人の動向にはほとんど言及し得ていない。このことをはじめにお断りしておきたい。

さて、本論に入る前に、唐代の貶官状況を全般的に見渡しておきたい。**表F-1**は、刺史・上佐・司戸参軍・その他の州官・県令・県尉・その他の県官の、各時期ごとの貶官数とその全体に占める割合とを示したものである。それぞれの時期は、高祖・太宗期が三十年餘りであるのを除き、朝代を基準に五十年を目処に区分した。この表から明らかなように、唐代の貶官状況は玄宗朝を境としてその前後で大きく変化している。すなわち、唐前

**表F－1　唐代貶官内訳（官職別）**

| 官職＼時期 | 州官 | | | | | | | | 県官 | | | | | 合計 |
|---|---|---|---|---|---|---|---|---|---|---|---|---|---|---|
| | 刺史 | 別駕 | 長史 | 司馬 | 上佐 | 司戸参軍 | その他 | 州官計 | 県令 | 県丞 | 県尉 | その他 | 県官計 | |
| 高祖・太宗期 (618-649) | 15 (78.9) | 0 (0.0) | 0 (0.0) | 1 (5.3) | 1 (5.3) | 1 (5.3) | 0 (0.0) | 17 (89.5) | 1 (5.3) | 1 (5.3) | 0 (0.0) | 0 (0.0) | 2 (10.5) | 19 |
| 高宗・武后期 (649-704) | 71 (52.6) | 2 (1.5) | 5 (3.7) | 15 (11.1) | 22 (16.3) | 3 (2.2) | 7 (5.2) | 103 (76.3) | 16 (11.8) | 5 (3.7) | 9 (6.7) | 2 (1.5) | 32 (23.7) | 135 |
| 中宗～玄宗期 (704-756) | 126 (46.5) | 34 (12.5) | 15 (5.5) | 30 (11.0) | 79 (29.2) | 6 (2.2) | 8 (2.9) | 219 (80.8) | 8 (2.9) | 8 (2.9) | 35 (12.9) | 1 (0.4) | 52 (19.2) | 271 |
| 粛宗～順宗期 (756-805) | 57 (30.3) | 16 (8.5) | 24 (12.8) | 39 (20.7) | 79 (42.0) | 24 (12.8) | 6 (3.2) | 166 (88.3) | 3 (1.6) | 2 (1.1) | 17 (9.0) | 0 (0.0) | 22 (11.7) | 188 |
| 憲宗～宣宗期 (805-859) | 132 (51.4) | 1 (0.4) | 14 (5.5) | 53 (20.6) | 68 (26.5) | 38 (14.7) | 5 (2.0) | 243 (94.6) | 6 (2.3) | 1 (0.4) | 6 (2.3) | 1 (0.4) | 14 (5.4) | 257 |
| 懿宗～哀帝期 (859-907) | 43 (27.7) | 0 (0.0) | 1 (0.7) | 29 (18.7) | 30 (19.4) | 57 (36.8) | 2 (1.3) | 132 (85.2) | 3 (1.9) | 0 (0.0) | 20 (12.9) | 0 (0.0) | 23 (14.8) | 155 |
| 合計 | 444 (43.3) | 53 (5.2) | 59 (5.8) | 167 (16.3) | 279 (27.2) | 129 (12.6) | 28 (2.7) | 880 (85.9) | 37 (3.6) | 17 (1.6) | 87 (8.5) | 4 (0.4) | 145 (14.1) | 1,025 |

期には刺史として貶官される例が六割近くあるのに対し、安史の乱以後、粛宗〜順宗期にはその割合が約三割にまで落ち込み、代わって上佐への貶官例が四割強を占めるようになる。憲宗〜宣宗期には再び刺史への貶官例が半数以上になるが、後述するようにその内訳は前期とはかなり異なる。そして唐末の懿宗〜哀帝期には、司戸参軍と県尉とを合計した数が過半を占めるに至る。かかる変化を念頭に置きつつ、以下の諸節では、刺史・上佐・司戸参軍・県尉といった代表的な貶官ポストについて、個別に考察してゆくこととしたい。

## 第一節　刺　史

### 一　統計による概観

**表F-2**は、新旧両唐書の本紀・列伝及び『通鑑』に見える刺吏への貶官数を、朝代を縦軸、地域を横軸として表したものである。地域区分は『新唐書』地理志の十五道の区分に従い、各道の所轄州も基本的にこれに準拠した。表中、白ヌキ数字は員外官の数を、円内数字は未到任者、つまり到任前に再貶・配流・賜死等の追加処分を受けたため当初の任地に着任できなかった官人の数を、それぞれ示している。

この表から明らかなように、刺史の場合、貶官された場合でも員外官となることはほとんど無いといってよい（四四六例中二例）。また、未到任者の数は、平均して全体の一割弱である。但しこの比率は、唐初から粛宗〜順宗期までは一〇〜一五％と平均以下であるが、憲宗〜宣宗期になると二〇％を超え、懿宗〜哀帝期には二分の一強に及ぶというように、唐末に近づくにつれて高くなっている点に注目しておく必要がある。

地域的にはどのような特徴があるだろうか。**表F-3**は、表F-2の各道ごとの貶官数を、唐の前期と後期とで

# 表F－2　刺史への貶官数

| 朝代＼道 | 京畿 | 関内 | 都畿 | 河南 | 河東 | 河北 | 山南東 | 山南西 | 隴右 | 淮南 | 江南東 | 江南西 | 黔中 | 剣南 | 嶺南 | 合計 | |
|---|---|---|---|---|---|---|---|---|---|---|---|---|---|---|---|---|---|
| 高祖 | | | | | | | | | | | | | | 1 | 1 | 2 | 15 ③ |
| 太宗 | 2 | 1 | 1 | 1 | | | 1 | 1 | 2 ① | 1 | | 1 ① | | | 2 ① | 13 ③ | |
| 高宗 | 1 | | | 4 | 2 ② | 2 | 4 | 1 | | 2 | 5 | 5 ① | | 11 ① | 7 | 44 ⑥ | 71 ⑫ |
| 武后 | | 5 | | 2 | 1 | 1 | 2 | 3 ① | 1 ① | 2 | 1 | 1 | 4 ③ | 4 ① | | 27 ⑥ | |
| 中宗 | 1 | | | 9 ❶ ④ | 1 | 4 ① | 6 ④ | 2 | | 1 | 1 | 1 | | 4 | 1 | 31 ❶ ⑨ | 126 ❶ ⑱ |
| 睿宗 | 2 ① | | | 4 ② | 7 ① | 1 | 1 | 2 | | 3 | | 1 | 1 ① | | | 22 ⑤ | |
| 玄宗 | 1 | 1 | 2 | 14 ① | 2 | 8 | 7 | 4 | | 7 | 11 ① | 7 | 3 ① | 4 ① | 2 | 73 ④ | |
| 粛宗 | 2 | | | | 2 | | | 3 | | | 1 | 3 | | 2 | | 13 | 57 ❶ ⑥ |
| 代宗 | | | 1 | 1 | | | 2 ① | | | 1 ① | 4 | 10 ① | 1 | | 3 ② | 23 ⑤ | |
| 徳宗 | | | | 1 | | | 5 ❶ | 1 | | | 6 ① | 4 | 1 | 1 | 2 | 21 ❶ ① | |
| 順宗 | | | | | | | | | | | | | | | | 0 | |
| 憲宗 | 1 | 1 | | | | | 11 ② | 7 ① | | | 1 | 15 ④ | 1 | 3 | 5 ② | 45 ⑨ | 132 ㉘ |
| 穆宗 | 1 | | | | | | 6 | 1 | | 2 ① | 3 ① | 5 ① | | 1 | 1 | 20 ③ | |
| 敬宗 | | | | 1 | | | | 1 | | | 2 | 1 | | | | 5 | |
| 文宗 | 2 | | 1 | 2 | 1 | | 4 | 3 ① | | 2 | 6 ① | 5 ② | | 1 ① | 3 ① | 30 ⑥ | |
| 武宗 | | | | 1 | 3 | 1 | 3 ① | | | | 4 ② | 1 ① | | | 5 ② | 18 ⑥ | |
| 宣宗 | 1 | | | 1 | | | 3 | | | | 4 | 1 ① | | | 4 | 14 ① | |
| 懿宗 | 2 | | | | 1 | | 1 ① | 1 | | 1 | 2 | 4 | | 2 | 8 ③ | 22 ④ | 43 ⑯ |
| 僖宗 | | | | | | | 2 ① | 1 | | | 1 | | | | 3 ① | 7 ② | |
| 昭宗 | | | | | | | 3 ① | | | | | 2 ① | 2 ② | 1 | 2 ② | 10 ⑥ | |
| 哀帝 | | | | 4 ④ | | | | | | | | | | | | 4 ④ | |
| 合計 | 16 ① | 8 | 5 | 45 ❶ ⑬ | 20 ③ | 17 ① | 61 ❶ ⑪ | 31 ③ | 3 ② | 22 ② | 52 ⑥ | 67 ⑬ | 13 ⑦ | 35 ④ | 49 ⑭ | 444 ❷ (80) | |

**表F－3　刺史への貶官数**
（各道の唐前・後期での比較）

| 道＼時期 | 前期 | 後期 | 合計 |
|---|---|---|---|
| 京畿 | 7 | 9 | 16 |
| 関内 | 7 | 1 | 8 |
| 都畿 | 3 | 2 | 5 |
| 河南 | 34 | 11 | 45 |
| 河東 | 13 | 7 | 20 |
| 河北 | 16 | 1 | 17 |
| 山南東 | 21 | 40 | 61 |
| 山南西 | 13 | 18 | 31 |
| 隴右 | 3 | 0 | 3 |
| 淮南 | 16 | 6 | 22 |
| 江南東 | 18 | 34 | 52 |
| 江南西 | 16 | 51 | 67 |
| 黔中 | 8 | 5 | 13 |
| 剣南 | 24 | 11 | 35 |
| 嶺南 | 13 | 36 | 49 |
| 合計 | 212 | 232 | 444 |

比較したものである。これによれば、刺史への貶官例は、前期から後期にかけて二〇例増えている。それぞれの地域について見ると、関内・河南・河東・河北・隴右・淮南・黔中・剣南の各道で減少、山南東・山南西・江南東・江南西・嶺南の各道で増加している。とりわけ著しい変化を示しているのが、減少地域では河南・河東・河北・剣南、増加地域では山南東・山南西・江南東・江南西・嶺南の各道である。京畿・都畿両道には、さしたる変化が無い。

**表F－4**①・②は、刺史に貶せられた官人の前任官の官品を各朝代ごとに示したものである。①表は、京畿・関内・都畿・河南・河東・河北・隴右・淮南・黔中・剣南の各道、つまり前期から後期にかけて、刺史への貶官例が減少したか、もしくはあまり変化しなかった地域について、②表は、山南東・山南西・江南東・江南西・嶺南の各道、すなわち後期に大きく貶官例が培加した地域について、それぞれ集計したものである。表中の記号は、●が宰相、◎が中書・門下・尚書三省の官及び御史臺の官（以下、それぞれ三省官、臺官と略称）を各々示す。○はそれ以外の在京の文官であり、この中にはたとえば、皇太子付の官たる東宮官や、実務官庁たる九寺五監の官（以下、寺監官と呼称）、京兆尹等が含まれる。また、■は節度使・観察使・都団練使・経略使（以下、藩帥と総称）、□はそれ以外の外官、△は武官を、それぞれ表している。

さて当然のことながら、①・②表はそれぞれに異なった特徴を示している。まず①表では三品官以上の官、それも宰相及び三省官・臺官が目立って多く、その傾向はとりわけ睿宗朝以前に顕著である。玄宗朝になると四・五品官の数が増すが、ここでも宰相と三省官・臺官とで大半を占めている。それ以降は、数が極端に減るものの、玄宗朝の傾向がなお続いていると言い得る。また全体を通じて、外官からこれらの地域の刺史に貶せられることは少なかったと言えよう。

一方、②表では、前期においては三品以上の官からの貶官例も多いが、後期になると四品官以下の官からこの地域の刺史に貶せられる例が大きく増え、憲宗・穆宗期には六品以下の京官の例も少なからず見受けられる。また、外官からの貶官例が①表に比べてかなり多く、しかもそれらのほとんどが三品官、つまり上州以上の刺史である。特に後期の諸例は、その多くが江西・湖南・荊南・桂管といった南方の藩帥から刺史に貶せられたものである。

## 二　唐前期における刺史の位置づけ

では次に、前項において指摘した諸点の歴史的な背景や原因について考えてみたい。最初に取り上げるのは、唐初から粛宗～順宗期にかけて、とりわけ玄宗朝を境として、刺史への貶官の全体に占める割合が急減しているのはなぜか、逆に言えば、唐前期において、貶官中に占める刺史の割合が高いのはいかなる理由によるのか、という問題である。

さて、唐前期の刺史をめぐる議論は、おおよそ次の三つに分類することができる。すなわち、

(1)刺史の貶官ポスト化の問題（内官重視・外官軽視の風潮について。有能な者を刺史として赴任させるにはどうすればよいか）

(2)刺史の任期の問題（任期が短かすぎる）

## 表F-4①　左遷官の前任官官品（刺史Ⅰ）

| 官品 | 高祖 | 太宗 | 高宗 | 武后 | 中宗 | 睿宗 | 玄宗 | 肅宗 | 代宗 | 徳宗 | 順宗 | 憲宗 | 穆宗 | 敬宗 | 文宗 | 武宗 | 宣宗 | 懿宗 | 僖宗 | 昭宗 | 哀帝 |
|---|---|---|---|---|---|---|---|---|---|---|---|---|---|---|---|---|---|---|---|---|---|
| 正一品 | | | | | | | | | | | | | | | | | | ○ | | | |
| 従一品 | | ● | ● | | | | ○ | | | | | | | | | | | | | | |
| 正二品 | | | | | ○○○ | | | ○ | | | | | | | | | | | | | |
| 従二品 | | | | | □ | | | | ◎ | | | | | | | | | | | | ◎◎ |
| 正三品 | | ●●● | ●●◎◎<br>◎◎ | ●●●●●<br>△ | ●◎ | ●●●●●<br>●● | ●●●◎◎○<br>■ | ●◎ | | | | | □ | | | | | | | | ■ |
| 従三品 | | ○○<br>□ | ◎<br>○○<br>□□□□ | ●<br>△<br>□ | ●◎◎<br>◎○○<br>□□ | ●●●◎○<br>○ | ◎○○○<br>■■□□□□ | ◎○ | ○ | ◎<br>■ | | ○ | | | ○ | ◎<br>□ | ■ | | | ◎<br>■ | |
| 正四上 | | ◎ | ●◎◎ | ●●●◎<br>□ | ◎◎ | ●●● | ●●◎◎◎◎<br>◎◎◎<br>□ | ○ | | | | ●◎ | | | ◎◎ | | | ◎ | | | ● |
| 正四下 | △ | | ◎ | ●●● | | ◎ | ◎◎◎◎◎ | | ◎ | ◎ | | | ● | | ◎ | | | ◎ | | ◎ | |
| 従四上 | | | ○○○ | | ○○ | ○ | | | | | | | | ○ | | | | ○ | | | |
| 従四下 | | | | | | | | | | | | | | | | | | □ | | | |
| 正五上 | | | ◎ | ◎◎ | ◎◎ | | ◎◎◎◎ | | | | | | ◎◎ | | ◎◎◎ | ◎ | ◎ | ◎ | | ◎◎ | |
| 正五下 | | | | ○ | | | | | | | | | | | | | | | | ○ | |
| 従五上 | | | | | | | ◎◎ | | | | | ◎ | | | ◎ | | | | | | |
| 従五下 | | | | | | | | | | | | | | | | | | ○ | | | |
| 正六上 | | | | | | | | | | | | | | | | | | | | | |

| 不明 | 従九下 | 従九上 | 正九下 | 正九上 | 従八下 | 従八上 | 正八下 | 正八上 | 従七下 | 従七上 | 正七下 | 正七上 | 従六下 | 従六上 | 正六下 |
|---|---|---|---|---|---|---|---|---|---|---|---|---|---|---|---|
| | | | | | | | | | | | | | | | |
| | | | | | | | | | | | | | | | |
| | | | | | | | | | | | | | | | |
| | | | | | | | | | | | | | | | |
| | | | | | | | | | | | | | | | |
| | | | | | | | | | | | | | | | |
| | | | | | | | | | | | | | | ◎◎◎ | |
| | | | | | | | | | | | | | | | |
| □ | | | | | | | | | | | | | | | |
| | | | | | | | | | | | | | | | |
| | | | | | | | | | | | | | | | |
| □ | | | | | | | | ◎ | | | | | | | |
| | | | | | | | | | | | | | | | |
| | | | | | | | | | | | | | | | |
| | | | | | | | | | | | | | | ◎ | |
| | | | | | | | | | | | | | ◎◎ | | |
| | | | | | | | | | | | | | | | |
| | | | | | | | | | | | | | | | |
| | | | | | | | | | | | | | | | |
| | | | | | | | | | | | | | | | |
| | | | | | | | | | | | | | | | |

表F－4②　左遷官の前任官官品（刺史Ⅱ）

| 官品 | 高祖 | 太宗 | 高宗 | 武后 | 中宗 | 睿宗 | 玄宗 | 粛宗 | 代宗 | 徳宗 | 順宗 | 憲宗 | 穆宗 | 敬宗 | 文宗 | 武宗 | 宣宗 | 懿宗 | 僖宗 | 昭宗 | 哀帝 |
|---|---|---|---|---|---|---|---|---|---|---|---|---|---|---|---|---|---|---|---|---|---|
| 正一品 | | | | | | | | | | | | | | | | | | | | | |
| 従一品 | | | | | | | | | | | | | | | | | | | | | |
| 正二品 | | | | | | | ○○ | | ○ | | | | | | | ○ | | | ○ | | |
| 従二品 | | | ◎ | | | | ◎ | | | ◎ | | ■ | | | | ● | | | | | |
| 正三品 | | ○<br>△ | ●●●●<br>●●◎<br>□□ | | | | ◎◎◎◎○<br>■□ | ◎ | ◎◎◎ | ○○<br>■ | | | ○ | | ◎<br>△<br>■ | ◎○<br>■■■ | ◎<br>■■■ | ◎<br>■■■ | | ■ | |
| 従三品 | | □ | ◎○<br>△△<br>□□ | □□ | ◎<br>□□□<br>□□ | ◎○<br>□ | ◎◎○○○○<br>■■□□□□ | ○○<br>■□ | ◎○○○<br>■■ | ◎<br>■□□ | | ○○<br>■■■■<br>■■■ | ■■■ | ○ | ○○<br>■■■ | ○<br>□□ | ○<br>■■■■ | ◎○<br>●■■ | ■■ | ■■ | |
| 正四上 | | | ◎◎<br>□□ | ●◎◎<br>○ | ● | | ●◎◎◎○ | ● | ●◎<br>□□ | ● | | ●◎◎○<br>□ | | | | | | ●◎◎<br>□ | ●○ | ●●● | |
| 正四下 | | | ◎ | | ◎◎ | | ◎ | | ◎◎ | ◎◎ | | ◎◎<br>□□ | ◎◎○ | | ◎ | | | ◎◎ | | ○ | |
| 従四上 | | ○ | ○ | ○ | | | | | | | | | | | | | | | | | |
| 従四下 | | | | | | | | ○ | | ○○ | | ○ | | | | | | | □ | | |
| 正五上 | | | | | ◎ | ○ | ◎◎ | ◎ | ◎ | ●◎◎ | | ◎◎◎ | ◎◎ | | ◎◎◎◎ | ◎◎◎ | ◎◎ | ◎ | | | |
| 正五下 | | | | | | | | | | | | | | | | | | | | | |
| 従五上 | | | | | | | | | ◎◎ | ◎ | | ◎◎◎◎<br>◎◎ | | ◎◎ | ◎◎◎◎ | | ◎ | | | | |
| 従五下 | | | | | | | | | | | | | | | | | | | | | |
| 正六上 | | | | | | | | | | | | | | | | | | | | | |

第一節　刺　　史

| 不明 | 從九下 | 從九上 | 正九下 | 正九上 | 從八下 | 從八上 | 正八下 | 正八上 | 從七下 | 從七上 | 正七下 | 正七上 | 從六下 | 從六上 | 正六下 |
|---|---|---|---|---|---|---|---|---|---|---|---|---|---|---|---|
| △ | | | | | | | | | | | | | | | |
| □ | | | | | | | | | | | | | | | |
| | | | | | | | | | | | | | | | |
| | | | | | | | | | | | | | | | |
| □ | | | | | | | | | | | | | | | |
| | | | | | | | | | | | | | | | |
| | | | | | | | | | | ◎ | | | | | |
| | | | | | | | | | | | | | | | |
| | | | | | | | | | | | | | | | |
| | | | | | | | | | | | | | ◎ | ◎ | |
| | | | | | | | | | | | | | | | |
| □△ | | | | | | | | | | | | | ◎◎ | ◎◎◎◎◎◎ | |
| | | | | | | | | | | | | | | ◎◎◎◎◎◎ | |
| | | | | | | | | | | | | | | ◎ | |
| □□ | | | | | | | | | | | | | | ◎ | |
| | | | | | | | | | | | | | | | |
| | | | | | | | | | | | | | | | |
| | | | | | | | | | | | | | | | |
| □ | | | | | | | | | | | | | | | |
| | | | | | | | | | | | | | | | |
| | | | | | | | | | | | | | | | |

(3)諸王の外藩出鎮の問題

の三点である。このうち、本節で取り上げる問題に関わってくるのは第一の議論である。以下、その論点を概観し、併せてそれに対する唐朝の施策を検討してゆきたい。

『通典』選挙典・雑議論から見て取れるように、いわゆる内官重視、外官軽視の風潮は、魏晋以来問題とされてきたことであった。しかし、こと刺史について言えば、隋の大業元年（六〇五）になされた総管府の廃止とそれに伴う兵権の中央回収によって、その重要性が大きく低下したこと、濱口重国氏の指摘される通りである。(4)唐朝は、地方官制においても隋の制度をほとんどそのまま承け継いだため、刺史の地位は唐初においても高かろうはずがなかった。貞観十一年（六三七）八月になされた侍御史馬周の上疏によれば、当時、朝廷内には内官偏重・外官軽視の風潮があり、刺史となって外任するのは多くが戦功を立てた武人であって、京官は勤務成績不良者がようやく刺史に任ぜられ都を離れるというありさまであった。しかもこれはまだ都からさほど遠く離れていない州の刺史のことであったらしく、続けて、

辺遠の処は用人更に軽く、その材の宰莅に堪へ、徳行を以て称擢せらるる者は、十に一なること能はず。

今朝廷独重内官、県令・刺史頗軽其選、刺史多是武夫勲人、或京官不称職、方始外出。而折衝果毅之内、身材強者、先入為中郎将、其次始補州任。辺遠之処、用人更軽、其材堪宰莅、以徳行見称擢者、十不能一。所以百姓未安、殆由於此。

（『旧唐書』巻七四、馬周伝）

と述べられている。貞観二十年（六四六）、太宗が大理卿孫伏伽ら二十二人を各地に派遣し、所謂「漢の六条」に拠って地方官の勤務評定を行わせたところ、刺史・県令以下、貶黜される者が跡を絶たず、その後太宗自らが彼らを取り調べたが、有能さを認められて昇進した者は僅かに二十人に過ぎず、罪によって死刑に処せられた者七

人、流罪以下除名・免官の処分を受けた者が数百から千名に及ぶ、という惨憺たる結果に終わったのは、かかる事情を反映したものに他ならない(5)。

高宗・武后期においても、内官重視、外官軽視の傾向は基本的に変わらなかったようである。たとえば垂拱元年（六八五）、秘書省正字陳子昂は「上軍国利害事」において、朝廷が刺史・県令人事を全く軽視している状況を論じているし(6)、長安四年（七〇四）三月の李嶠・唐休璟らの上奏も、当時の内官偏重、外職軽視の問題を取り上げている。これによれば、官人たちは刺史に任ぜられてもみな再三にわたって披訴して可能な限り赴任を拒もうとし、そのため外任官の多くはいきおい「貶累之人」、つまり左遷官人ばかりというありさまとなり、地方統治がうまくいかない大きな原因となっていた。この状況を改めるべく、李嶠らは、臺閣寺監（中央官庁）の官人の内から賢才を選んで大州の刺史に任命するよう提案し、武后もこの案を採用して、鳳閣舎人韋嗣立・御史大夫楊再思ら二十人を、見任官たる京官を帯びたままの検校刺史として外任させたのであるが、後に治績の上がった者はごくわずかで、はかばかしい効果をあげることはできなかった(7)。神龍元年（七〇五）に外官人事の改革を求めてなされた挙人趙冬曦の上疏も、李嶠らとほぼ同じ現状認識に立つものであった。彼もまた、今日の外官人事は京官の勤務成績不良者を左遷して外官に任命し、大藩・近州で失政を行った官を小邑・遠官に降格しているために、官人・士大夫たちの外任を軽んじる風潮が解消されない、と指摘している(8)。

このように刺史人事の不合理を指摘する上疏が唐初から繰り返しなされているのに対し、唐朝はいかなる対応を示したのであろうか。管見の限りでは、唐朝が刺史の人材を精選せよという旨の詔勅を出したのは、中宗の景龍年間が最初である。しかも景龍元年（七〇七）十一月に下されたこの制は、中書門下に「才望兼ね優れ、公清特に著し」き人材を内外の官人の中より選抜してその名を報告させるという、甚だ具体性に乏しいものであった(9)。これに次ぐ景雲二年（七一一）十月の勅では、御史臺に対して、内外の文官・武官のうち「老弱疾患・貪暴侵漁・職事挙がらざる・職のあい当たらざる者」を三日の内に報告するよう命じた後で、ようやく具体的な施策を示している。

外州の刺史・上佐は、多く簡択されざるも、内外の職は出入須く均しかるべし。京官中に、才幹人を理むるに堪ふる者有らば、量りて外官を与へ、外官に清慎なる者有らば、京官を与ふ。

内外文武官、有老弱疾患・貪暴侵漁・不挙職事・材職不相当者、三日内各録状進。外州刺史・上佐、多不簡択、内外之職、出入須均。京官中有才幹堪理人者、量与外官、外官有清慎者、与京官。（『唐大詔令集』巻一〇〇、政事・官制上、令御史録奏内外官職事詔）

この勅は、内官と外官との出入の均等化を図る、つまり、外官として地方に赴くことを嫌う官人たちを都督・刺史等に任命して赴任させ、逆に都督・刺史であった者を京官として呼び戻すことで、外官の人材確保と外任軽視の風潮を改めさせようというものである。同じ趣旨の制勅は、玄宗の開元二年（七一四）正月、翌三年六月と、繰り返し出されている[10]。開元八年（七二〇）七月の勅になると、官人たちを刺史として外任させるための施策は一層具体的なものとなる[11]。もっともこの勅の内容は、これより先の景龍三年（七〇九）三月になされた兵部尚書韋嗣立の上疏とほとんど同じと言ってよい。韋嗣立の上疏は、濫官政策により置かれた、定員に数倍する員外官の弊害を論じる一方、刺史・県令に人材を得ないことが現今の戸口の流亡、国庫の窮乏を齎していることを述べ、結論として、諸曹侍郎・両省・両臺及び五品以上の清資望官は刺史の中から優先的に採用し、御史・員外郎など六品以上の清要官はまず県令から選ぶよう提言したものである。この時、中宗はこの上疏を聴き納れなかったのだが、それから約十年後に下されたこの勅の内容は、韋嗣立の上疏と重なり合う部分が多い。

今より已後、諸司の清望官闕ければ、先づ牧守の内より精択し、都督・刺史は却て京官中より簡授す。それ臺郎已下の除改もまた上佐・県令中より通取し、中外をして迭用し、賢良をして遺すことなからしめよ。

自今已後、諸司清望宮〔当作「官」〕闕、先於牧守内精択、都督・刺史、却向京官中簡授。其臺郎以下除改亦於上佐・県令中通取、俾中外迭用、賢良靡遺。（『唐大詔令集』巻一〇〇、政事・官制上、京官都督刺史中外迭用勅）

「清望官」とは、内外の三品以上の官、中書・黄門侍郎、尚書左右丞・諸司侍郎、太常少卿、秘書少監、太子少詹事・左右庶子・左右率、国子司業を指す（『大唐六典』巻二、尚書吏部・吏部郎中）。勅の趣旨は、官人ならば誰しも就きたいと願うエリート・コースたる清望官をまず刺史から、そしてこれに準ずる臺郎以下の官も州の上佐や県令中から選ぶようにして、いわば利益誘導の形で中央の官人をとにかく外任させようという点にある。京官を都督・刺史に任じて派遣する点は、これ以前の制勅と変わらない。[12] なお、同様の制勅は開元十二年（七二四）六月にも出されている。

このような措置の前提として、京官と外官との待遇条件の同一化が図られたものと思われる。垂拱二年（六八六）正月の赦文で、諸州の都督・刺史に京官と同じく魚袋を帯びることが許されるようになったのは、その一例であろう。[13]

では次に、こうした唐朝の施策がどの程度の効果をあらわしたのかを、前項で見た統計と照らし合わせて検討してゆきたい。

貶官数全体に占める刺史の割合が唐初から粛宗～順宗期にかけて減少していることは、前掲の表F-1により既に明らかである。しかも粛宗～順宗期には、刺史と州上佐の比率は逆転している。これは、上述した唐朝の刺史に対する施策が功を奏したことを示しているかのようである。しかし、比率が激減しているのは高祖・太宗期から高宗・武后期にかけてであり、しかも高祖・太宗期の貶官例は僅かに一五例しかなく、他の五つの時期に比べ極めて少ない。したがって唐初におけるこの変化にあまり大きな意味を求めるのは些か無理があろう。これに次ぐ高宗・武后期から中宗〜玄宗期にかけては、比率が微減しているものの、大きな変化を認めることはできず、依然として刺史への貶官例が半数近くを占めている。この時期に目立った変化を示している数字を敢えて探し出せば、各朝代ごとの一年当たりの刺史貶官数を挙げることができよう。刺史への貶官例は唐代を通じて一年当たり約一・五件である。ほとんどの朝代はこの全体の平均値の前後で落ち着いているが、中宗朝と睿宗朝のみはそれぞれ六・二件、七・三件と平均を大きく上回っているのである。しかしこれは、武周政権とそれに続く韋氏専権に対するクー・デタの影響と考えられ、唐朝の刺史に対する施策が齎した結果と見なすのは適当でない。これらのことから、刺史が中央官人の貶官ポストとして用いられることが往々にしてあるという大枠は、開元年間を中心に実施された唐朝の刺史対策によっても基本的に変化しなかったということができる。

では、唐朝が中宗朝以後繰り返し出した、刺史に関する詔勅は、何の実効も齎さない全くの具文だったのであろうか。ここでいま一度、表F4-①を見ていただきたい。前項でも指摘したが、この表に示した京畿・関内・都畿・河南・河東・河北・淮南・黔中・剣南の各道に左遷される官人の前任官の官品には、睿宗朝以前と玄宗朝とで若干の変化が認められる。すなわち、睿宗朝以前においては三品以上の官、特に宰相と三省官・臺官が多数を占めるのに対し、玄宗朝では、それらの官を中心とする点では変わらぬものの、四品以下の京官が三品官以上の数を上回っているのである。次に示すのは、各時期の前任官中に占める三品官以上と四品官以下の実数とその比率である（丸括弧内は宰相及び三省官・臺官の数）。

| | 三品官以上：四品官以下 |
|---|---|
| 高祖・太宗期 | 7［78％］：2［22％］<br>（4［80％］：1［20％］） |
| 高宗・武后期 | 23［55％］：19［45％］<br>（14［50％］：14［50％］） |
| 中宗・睿宗期 | 27［71％］：11［29％］<br>（17［68％］：8［32％］） |
| 睿宗朝以前合計 | 57［64％］：32［36％］<br>（35［60％］：23［40％］） |
| 玄宗朝 | 18［43％］：24［57％］<br>（6［21％］：23［79％］） |

　これで明らかなように、睿宗朝の前後において、前任官の官品の比率が三品以上と四品以下とでちょうど逆になっている。つまり、玄宗朝になって、三省官・臺官のうち三品以上の高級官人がこれらの地域の刺史に貶せられる割合が減少し、それよりも官品の低い四・五品の官人が左遷されて刺史に任ぜられる場合が増えたのである。粛宗朝以降は、この地域に刺史として貶せられる官人の絶対数が激減するため、はっきりとした傾向は表れていないが、やはり四品以下の官人の貶官例が多かったことに変わりはない。

　一方、表F-4②を同様に検討してみると、次のようになる。

| | 三品官以上：四品官以下 |
|---|---|
| 高祖・太宗期* | 3［75％］：1［25％］<br>（0［—］：0［—］） |
| 高宗・武后期 | 18［60％］：11［40％］<br>（9［62％］：6［38％］） |
| 中宗・睿宗期** | 9［64％］：5［36％］<br>（2［33％］：4［67％］） |
| 睿宗朝以前合計 | 52［66％］：27［34％］<br>（11［52％］：10［48％］） |
| 玄宗朝 | 22［71％］：9［29％］<br>（7［47％］：8［53％］） |

＊前任官の官品不明のもの二例あり。　＊＊前任官の官品不明のもの一例あり。

結果は①表とは異なり、著しい変化を認めることはできず、三品官以上が六割強に及んでいる。山南東・西道、江南東・西道、嶺南道といった地域の刺史に左遷されるのは、唐前期を通して三品以上の高級官人が多数を占めていたのである。但し、中宗・睿宗期に宰相・三省官・臺官の比率が三品以上と四品以下で逆転している点に注意しておく必要があろう。

では、この結果は、何を意味しているのだろうか。前掲の表F-4は、唐の前期から後期にかけての刺史への貶官数の増減を基準に、開元の十五道を二つのグループに分けて表したものであった。つまり、唐の前期と後期とでは左遷刺史の任地が異なっていたわけである。ここでもう一度、刺史をめぐる当時の議論を検討することとしよう。右御史中丞盧懐慎は、景龍年間に時政の得失を論じた上疏の中で次のように述べている。

それ寵賂を冒し、鰥寡を侮るは、為政の蠧なり。窃かに見たるに、内外の官、賕餉狼藉し、蒸人を劓剝するもの有り、流黜に坐すと雖も、俄に遷復し、還りて牧宰と為る。任ずるに江・淮・嶺・磧を以てし、粗や懲貶を示せば、内に自棄を懐き、貨を徇め貲を掊ぼり、訖に悛心無し。明主の万物におけるや、平分にして偏施する無し。罪吏を以て遐方を牧せしむるは、是れ姦に恵みて遠きを遺すと謂ふなり。遠州陬邑、何ぞ聖化に負きて、独りその悪政を受けんや。辺徼の地は、夷夏雑処し、険に憑り遠きを恃めば、擾れ易く安んじ難く、官その才に非ずんば、則ち黎庶流亡し、起ちて盗賊と為る。これに由りてこれを言はば、凡才を用ふるべからず、況んや猾吏をや。臣請ふらくは、贓を以て論じ廃せらるる者は、削迹数十年ならざれば、収歯を賜はらざらんことを。

夫冒于寵賂、侮于鰥寡、為政之蠧也。窃見内外官有賕餉狼藉、劓剝蒸人、雖坐流黜、俄而遷復、還為牧宰。任以江・淮・嶺・磧、粗示懲貶、内懐自棄、徇貨掊貲、訖無悛心。明主之於万物、平分而無偏施。以罪吏牧遐方、是謂恵姦而遺遠。遠州陬邑、何負聖化、而独受其悪政乎。辺徼之地、夷夏雑処、憑険恃遠、易擾而難安、官非其才、則黎庶流亡、起為盗賊。由此言之、不可用凡才、況猾吏乎。臣請以贓論廃者、削迹不数十年、不賜収歯」。（中略）疏奏、不報。（『新唐書』巻一二六、盧懐慎伝）

彼によれば、罪を犯した中央官人は、江淮・嶺南・隴右といった辺境地方の州郡の刺史に貶せられ、彼の地でもまた販貨を貪り悪政を行うという悪循環に陥っていたという。一方、『通典』巻一七に引く、開元三年の左拾遺張九齢の上書には、

而今、刺史・県令は、京輔近処の州の刺史、猶ほその人を択ぶを除き、県令は或ひは員を備ふるのみ。その餘、江・淮・隴・蜀・三河の諸処は、大府を除くの外、稍稍才に非ず。但だ京官の中、出でて州県を為むる

者は、或ひは是れ縁身累有り、在職声無きに、牧宰の間に用ひられ、以て斥逐の地と為る。勢に因りて附会し、遂に高班を忝けなくし、その勢の衰ふるころほひ、亦た刺史と為る。武夫・流外に至りては、資を積みて官を得、経久に成りて、才有るを許らず。諸そかくの若きの流、尽く刺史と為る。その餘、県令以下は、固より言ふに勝ふべからず。

而今刺史・県令、除京輔近処之州刺史猶択其人、県令或備員而已。其餘江・淮・隴・蜀・三河諸処、除大府之外、稍稍非才。但於京官之中、出為州県者、或是縁身有累、在職無声、用於牧宰之間、以為斥逐之地。因勢附会、遂忝高班、比其勢衰、亦為刺史。至於武夫・流外、積資而得官、成於経久、不計有才。諸若此流、尽為刺史。其餘県令以下、固不可勝言。

（『通典』巻一七、選挙典、雑議論中）

とある。これによれば、当時、刺史に人を得ていたのは京師周辺のみであり、江淮・隴右・剣南・河南・河東・河北の地方では、大州を除いて刺史の人選に問題があったという。それ以外の地域については全く触れていない。表F-4①に示した唐前期に貶官例が多かった地域と、彼がここで問題として取り上げている地域とを比べてみると、河南・河東・河北・剣南の各道は一致しており、京畿・関内道（おそらくは都畿道も）は刺史に人材を得ていたとして問題にされていない。隴右道に関しては、正史・通鑑で確認できる左遷刺史数はさして多くない。また江淮地方では、実際に刺史への貶官例が数多く確認されるのは淮南道と江南東道ぐらいであって、それ以外は目立って多くない。一方、盧懐慎のいう地域のうち、嶺南道については、唐前期における左遷刺史例が他地域に比べてさほど多いとは言えない。また、刺史への貶官例が淮南道・江南東道と同じぐらいある山南東・西道には、両者とも全く言及していない。こうして検討してみると、これら二つの上疏のうち、張九齢の上疏に述べられた当時の官人の貶官地は、唐前期に貶官例の多かった地域と共通する部分が多い。とすれば唐朝の施策も、華北を中心とするこうした地域に重点を置いてなされたと考えても差し支えないのではないか。

前述の如く、これらの地域では睿宗朝を境に、刺史として貶せられる官人の官品が三品以上から四品以下へと推移している。一方、人口が稠密であったこれらの地域の刺史は、上州刺史、すなわち従三品官が大半を占めた。つまり、四品以下の官を上州刺史に任ずるようにすれば、少なくとも官品の上では降格人事とはならない。つまり、四品以下の官は、上州刺史になった場合、官品が上昇して三品官となるため、それまで得られなかった様々な特権を享受し得るようになるのである。刺史への左遷は、三品以上の官人にとっては、それがたとい上州刺史への貶黜であっても、都から遠く離れるだけで何一つ得るものの無い、全くの降格人事であった。それゆえ彼らは「内に自棄を懐き」、暗澹たる気持ちで刺史の任に就いたのである。しかし四品以下の官人にとって上州刺史への貶官は、三品官としての特権を齎す、官品上の昇格人事としての一面を有するものであった。それは左遷には違いなかったが、官品の上昇と三品官としての特権を将来し、また前掲の詔勅を額面通りに受け取れば、次に中央官界に復帰する際に優先される可能性さえあった。このように考えれば、玄宗朝に生じた上述の変化は、刺史から貶官ポストとしての色合いを払拭する第一歩と見なし得るのではないか。変化はまず、華北を中心とする人口の稠密な地域の刺史から始まったのである。

開元年間を中心に出された一連の詔勅は、左遷官人を刺史に任ずること自体を直ちに改めることはできなかった。しかし三品以上の高級官人が当時の先進地帯たる華北地方の刺史に左遷される傾向に対しては、ある程度歯止めの効果があったと考えられる。左遷という点では変わりないが、三省官・臺官を中心とする四品以下の京官が上州の刺史として出外する場合には、三品官としての特権を伴った。少なくとも形の上では、四品以下の京官から上州刺史への遷官は、一種の昇進人事たる側面を有していた。四品以下の京官が刺史に貶せられることは、全く無価値というわけではなかったのである。三品の京官にとってそれが何の得るところも無いものだったのとは対照的である。より官品の低い官人を刺史に左遷することによって、刺史の相対的な地位は一層上昇する。刺史の貶官ポスト化の問題は、玄宗朝においては、地域を華北に限定しつつ、かように解決が図られたと考えられるのである。

勿論、官人たちの刺史に対する見方はそうたやすく変えられるものではない。開元年間においても、官人たちの間での外任軽視の風潮は根強かった。たとえば開元四年（七一六）、大理少卿に任ぜられて都に向かう途中汴州に立ち寄った揚州採訪使班景倩を、汴州刺史兼河南採訪使倪若水が見送った際、部下に向かって、

班公のこの行は登仙のごとし。吾れ騶僕と為るを得ざるを恨む。

時天下久平、朝廷尊栄、人皆重内任、雖自冗官擢方面、皆自謂下遷。班景倩自揚州採訪使入為大理少卿、過州、若水餞于郊、顧左右曰「班公是行若登仙、吾恨不得為騶僕」。（『新唐書』巻一二八、倪若水伝）

と言って羨んだエピソードからもこのことは窺われる[14]。都からさして離れていない中原地方の刺史にさえ左遷官人が任用されるという傾向が基本的に変わっていない以上、官人たちの間に存した外任軽視の風潮は、容易に拭い去ることのできぬものであったに違いない。杜佑の指摘するように、刺史の地位に決定的な変化をもたらしたのは、安史の乱を契機とするいわゆる「州の軍事化」に他ならない[15]。粛宗〜順宗期において貶官全体に占める刺史の割合が激減しているのは、その影響の端的な表れである。

## 三　唐後期における刺史への貶官

表F-1に明らかなように、刺史への貶官は、安史の乱を契機として粛宗〜順宗期に一時減少した。ところが、次の憲宗〜宣宗期には再び貶官例の過半数を占めるようになり、実数では唐代を通して最多となる。かかる現象

をいかに理解すべきであろうか。

まず、粛宗~順宗期に刺史への貶官例が激減した理由について、簡単に述べておきたい。前項でも指摘したように、安史の乱を契機とした「州の軍事化」によって刺史職はその重要性を増大させた。とりわけ、政治的中心たる華北地方と経済・財政上の要地たる江淮地方の刺史に左遷官人を充てることは、粛宗~順宗期においてはほとんど無くなった。前期においてこれらの地域の刺史が貶官ポストとしてしばしば利用されたことを思えば、随分な変わりようである。

また、この時期に河北・河南の藩鎮が跋扈し、それに伴い唐朝がこの地域における官吏の任免権を事実上喪失してしまったことも大きな要因と考えられる。唐朝は、前期において官人を刺史として左遷する際の主要な貶官地であった河南・河北両道の大部分の地域に、自らの任命する官吏を送り込めなくなっていたのである。[16]

さて、前項に述べたように、唐後期に刺史への貶官例が顕著に増加している地域は、山南東・西道、江南東・西道、嶺南道であった。また、表F-4②によれば、左遷刺史の前任官のうち、前期から後期にかけて大きく増加しているのは、京官では四・五品官であり、憲宗・穆宗両朝においては六品官もかなり多かった。外官では、三品以上の上州刺史を中心に、刺史からの貶官例が増えており、特に藩帥からの貶官例が著しく多いことに気がつく。逆に、唐前期に多かった三品以上の京官からの貶官例は激減している。

前任官について、更に詳細に検討してみよう。**表F-5**は、山南東・西、江南東・西、嶺南の各道、つまり後期になって貶官例が増加した地域の刺史に貶せられた官人の前任官について、唐後期の各時期ごとの変化を、京官・外官・武官の別に示したものである。京官は三品官以上・四品官・五品官・六品官の四つに、外官は藩帥・刺史・その他の三つにそれぞれ分けて表示した。

はじめに、唐後期全般を通じての特徴を指摘しておきたい。京官からの貶官例のうち、宰相から直接刺史に貶

**表F-5　左遷刺史の前任官（山南東・西道，江南東・西道，嶺南道）**

| 前任官＼時期 | 粛宗～順宗期 | 憲宗～宣宗期 | 懿宗～哀帝期 | 合　計 |
|---|---|---|---|---|
| 京官合計 | 35(24,11)[3] | 69(57,12)[4] | 16(12, 4)[5] | 120(93,27)[12] |
| 三品以上 | 15( 7, 8) | 14( 4,10) | 4( 2, 2) | 33(13,20) |
| 四品 | 10( 7, 3) | 12(10, 2) | 11( 9, 2) | 33(26, 7) |
| 五品 | 8( 8, 0) | 27(27, 0) | 1( 1, 0) | 36(36, 0) |
| 六品 | 2( 2, 0) | 16(16, 0) | 0( 0, 0) | 18(18, 0) |
| 外官合計 | 10 | 33 | 14 | 57 |
| 藩帥 | 5 | 25 | 11 | 41 |
| 刺史 | 5 | 5 | 1 | 11 |
| その他 | 0 | 3 | 1 | 4 |
| 武官合計 | 0 | 2 | 0 | 2 |
| 合　計 | 45 | 104 | 30 | 179 |

注：(　)内数字は，左が宰相及び三省官・臺官，右がその他の官。[　]内数字は宰相。

せられている例はさして多くない（一二〇例中一二例、一〇%）。宰相・三省官・臺官とそれ以外の官との割合は、三品官以上では前者より後者からの貶官例が同じかやや多い程度であるのに対し、四品官以下では逆転している。つまり、唐後期においては、前期において左遷刺史の主たる前任官であった、中書令・侍中・六部尚書・御史大夫からの貶官例はあまり見られなくなり、東宮官・九寺卿等の官や、中書・門下・尚書六部の侍郎といった四品官、中書舎人・給事中・諫議大夫・尚書郎中や御史中丞の五品官、あるいは更に官品の低い尚書員外郎・侍御史等の六品官から刺史へ貶せられる事例が多くなっているのである。

さて、上述の傾向は、粛宗～順宗、憲宗～宣宗、懿宗～哀帝の各時期に、基本的には共通するものである。しかし、それぞれの時期には微妙な違いがあるように思われる。まず粛宗～順宗期では、三品官以上に限って、宰相・三省官・臺官とその他の官との割合がほぼ同じである。そして三品官以上の占める割合が四割を占め、これ以降の時期に比べて高いように思われる。憲宗～宣宗期では、五品官以下からの貶官例が大幅に増加し、全体の六割以上に達している。そして、その全てが三省官・臺官から貶官されたものである。これと対照的に、三品官以上からの貶官例では、宰相・三省官・臺官以外の官からの事例が多数を占めている。懿宗～哀帝期においては、四品官からの貶官例が全体の七割近くを占め、五・六品官からの貶官例はごく少数である。要するに、三品以上の官は、時代が下るにつれて徐々に減少している。また、四品官からの貶官例は、憲宗～宣宗期に一時減少するものの、その割合は唐末に近づくにつれて増大する傾向にある。そして五・六品官は、憲宗～宣宗期には全体の絢六割を占めているが、その前後の時期ではその割合はさして大きくはない。

一方、外官から刺史への貶官では、藩帥からの貶官例が、刺史あるいはその他の外官からの貶官例に比べ極めて多くなっている。粛宗～順宗期はさほどでもないが、憲宗朝以降にこの傾向は顕著である。また、武官から刺史に貶せられる例はごく少数である。以上のことから、安史の乱後、一度は全体の三割程度にまで減少した刺史への貶官例が、憲宗～宣宗期に、主として山南東・西道、江南東・西道、嶺南道を中心に、再び過半を占めるまでに回復したのは、京官では四品官以下、とりわけ五・六品官からの、外官では藩帥からの貶官例の増加によるものであることは明らかであろう。では次にその原因について考えてみよう。

ここで注目されるのが、唐後期になって、郎中・員外郎を中・下州の刺史として出外させる規定が定められたことである。前項でも触れたように、中宗朝以来、唐朝は刺史の人材確保のために、繰り返し詔勅を発布してきた。その主旨は、京官と外官との出入の均等化を図ることであり、具体的には、清望官を刺史から、臺郎、つまり尚書郎中以下の官を上佐・県令から優先的に選ぶようにするものであった。永泰二年（七六六）四月に出された次の詔勅も、こうした唐前期の刺史対策の延長線上にあると考えられる。

勅すらく「郎中は中州刺史に任ずるを得、員外郎は下州刺史に任ずるを得て、用て岳牧の任を崇め、兼ねて臺郎の能を択べ」と。

勅「郎中得任中州刺史、員外郎得任下州刺史、用崇岳牧之任、兼択臺郎之能」。（『唐会要』巻六八、刺史上）

この勅から、これ以前には郎中・員外郎が刺史として出外することは一般にはなかったと推測され、孫国棟氏の研究によってもこのことは裏付けられる。[17] すなわち、郎中・員外郎と刺史とが相互に遷転するようになるのは中唐以降のことで、それ以前、つまり唐前期では、刺史には三省・御史臺の三・四品官が任ぜられることが多かったのである。

さて、孫氏の作製された諸表と小論とでは、時期の区切り方が異なるため単純には比較できないのであるが、孫氏著書の巻末に附された「官職遷転表」を手がかりにして言えば、粛宗朝以後、郎中・員外郎から刺史として出外している例は、ほとんどが小論の所謂「貶官」の例に相当するようである。つまり、郎中・員外郎の場合、外任はほぼ左遷を意味し、昇進の場合は三省ないしは御史臺の五品官に遷ったものと考えられる。永泰二年の詔勅は、中唐以降、郎中・員外郎が刺史として盛んに出外する契機となったには相違ないが、それは「岳牧の任を崇め、兼ねて臺郎の能を択」ぶという詔勅本来の目的とは異なる結果を齎したと言えるであろう。

では、郎中・員外郎以外の三省官・臺官についてはどうであろうか。孫氏の統計によれば、給事中・中書舎人・諫議大夫は、共に初唐よりも中唐以降のほうが刺史に遷転した例が多い。これらについても先程と同様に「官職遷転表」を手がかりにして比較してみると、その多くの場合が「貶官」であることがわかる。孫氏も指摘されているように、中唐以後これらの諸官はその重要度を増した。それ故、政争に巻き込まれて左遷の憂き目に遭うことも多くなったものと思われる。

**表F-6**は、官人が同一の理由によって連続して貶官された事例（計六三例）を一覧表にしたものである。表中、［　］内の記述は貶官後の処遇を表している。さて、この表によれば、連続貶官の事例は、憲宗～宣宗期が二六例と最も多く、中宗～玄宗期、懿宗～哀帝期の二一例がこれに次ぐ。初貶官（初貶官が京官の場合は再貶官）が刺史である例は全体で四九例、このうち憲宗～宣宗期が半数近くの二三例を占め、うち五例が藩帥である。注目すべきは、こうした例のほとんどが、左遷された官人が任地に到着する前に次なる処分が下され、上佐や司戸参軍、県尉といった更に官品の低い官に再貶されている点である。また、初貶官が藩帥の場合、再貶官は必ず刺史である。この場合も、到任前に再貶されることがあった。このように、憲宗～宣宗期における刺史への貶官例の再増加分には、実際に赴任していない場合がかなり含まれており、先掲の諸表の示す数値はその分を割り引いて評価しなければならない。また、貶官理由のほとんどが一見して政治的とわかるものである点にも、注意する必要がある。

では、藩帥からの貶官が増えたのはいかなる理由によるものであろうか。まず、政治的背景として、憲宗朝における対藩鎮政策の成功を考えねばならないだろう(18)。つまり、この時期には、唐朝の勢力の及ぶ藩鎮が前代の粛宗～順宗期よりも多くなっていたのである。またこの時期に、宰相が藩帥として出外する例が急増していることも見逃せない。**表F-7**は、『新唐書』宰相表に拠って、唐代における宰相の罷免後の処遇を各時期ごとに示したものである。この表から明らかなように、粛宗～順宗期を境に、刺史の数と藩帥の数とは逆転している。つまり、唐前期には刺史として出外することの多かった罷免宰相は、憲宗～宣宗期になるとほとんどの場合、藩帥として出鎮するようになり、ある者はその後に改めて刺史・上佐等に左遷されたのである。なお、この時期に刺史として出外した者は、ほとんどの場合、再貶・三貶されている。

以上に述べたことをまとめると次のようになろう。安史の乱後、刺史ポストにしばしば欠員が生じ、また、河

## 表F-6　連続して貶官された事例一覧

| 時期 | 姓名 | 左遷前の職 | 初貶官 | 年月 | 再貶官 | 年月 | 三貶官 | 年月 | 四貶官 | 年月 | 貶官理由 |
|---|---|---|---|---|---|---|---|---|---|---|---|
| 高祖・太宗期（1例） | 杜正倫 | 中書侍郎 | 穀州刺史 | 貞観17頃 | 交州都督 | 貞観17・3 | ［流驩州］ | | | | 漏洩太宗語→太子承乾に連坐 |
| 高宗・武后期（4例） | 房遺直 | 礼部尚書 | 汴（隰）州刺史 | 永徽3・11 | 勤州銅陵尉 | 永徽4 | | | | | 兄弟相訟 |
| | ※柳奭 | 吏部尚書 | 遂州刺史 | 永徽6・7 | 栄州刺史 | 永徽6・7 | ［象州刺史］ | 顕慶2 | | | 王廃后に縁坐 |
| | 高履行 | 益州長史 | 洪州都督 | 顕慶4・4 | 永州刺史 | 顕慶4・8 | | | | | 長孫無忌に連坐 |
| | 劉景先 | 侍中 | 普州刺史 | 光宅元・10 | 辰州刺史 | 光宅元・10 | 吉州長史 | 光宅元・12 | ［自殺］ | 永昌元 | 裴炎に連坐 |
| 中宗～玄宗期（13例） | ※敬暉 | 特進、平陽王 | 滑州刺史 | 神龍2・閏正 | 朗州刺史 | 神龍2・3 | 崖州司馬 | 神龍2・6 | ［長流崖州］ | 神龍2・7 | 武三思による（王同皎と通謀） |
| | ※袁恕己 | 特進、南陽王 | 蔡州刺史 | 同右 | 郢州刺史 | 同右 | 竇州司馬 | 同右 | ［長流環州］ | 同右 | 同右 |
| | ※桓彦範 | 特進、扶陽王 | 洺州刺史 | 同右 | 亳州刺史 | 同右 | 瀧州司馬 | 同右 | ［長流瀼州］ | 同右 | 同右 |
| | ※崔玄暐 | 梁州刺史 | （某州刺史） | | 均州刺史 | 同右 | 白州司馬 | 同右 | ［長流古州］ | 同右 | 同右 |
| | ※李邕 | 秘書監 | 邢州南和令 | 神龍2 | 富州司戸 | 神龍2 | ［右臺殿中侍御史］ | 唐隆元 | | | 張柬之に連坐 |
| | 李嶠 | 成均祭酒、同平章事 | 蔡州刺史 | 神龍初 | 通州刺史 | 神龍初 | ［吏部侍郎］ | | | | 張易之に連坐 |
| | 薛季昶 | 荊州長史 | 桂州都督 | 神龍初 | 儋州司馬 | 神龍2 | ［自殺］ | | | | 敬暉らに連坐 |
| | 魏元忠 | 右僕射、中書令 | 渠州司馬 | 景龍元・9 | 思州務川尉 | 景龍元・9 | ［卒（於涪陵）］ | | | | 宗楚客の誣奏による |
| | ○宇文融 | 黄門侍郎、同平章事 | 汝州刺史 | 開元17・9 | 昭州平楽尉 | 開元17・10 | ［龍巌州］ | | | | 朋党 |
| | 王昱 | 剣南節度使 | 処州刺史 | 開元26・9 | 端州高要尉 | 開元26・9 | ［卒］ | | | | 吐蕃と戦い敗走 |
| | 韋堅 | 刑部尚書 | 処州刺史 | 天宝5・正 | 鄂州員外別駕 | 天宝5・6 | ［長流封州］ | 天宝5・7 | | | 李林甫による（坐干進不已） |
| | 韋陟 | 汴州刺史、河南採訪使 | 濠州刺史 | 天宝5・3 | 申州刺史 | 天宝中 | ［蒲州刺史、河東採訪使］ | | | | 親累 |
| | 吉温 | 武部侍郎 | 澧州員外長史 | 天宝13・閏11 | 康州端渓尉同正長任 | 天宝14 | | | | | 坐贓（楊国忠が告発） |
| 粛宗～順宗期（6例） | 韋倫 | 秦州刺史 | 巴州長史 | （粛宗時） | 思州務川尉 | （粛宗時） | ［忠州刺史］ | （代宗初） | | | 吐蕃と戦い敗れる |
| | 穆寧 | 鄂岳沔都団練使 | 虔州司馬 | 大暦初 | 昭州平集尉 | 大暦中 | ［監察御史］ | 大暦4 | | | 杖殺沔州別駕 |
| | 韋倫 | 韶連柳都団練使 | 信州司馬 | （代宗時） | 虔州司戸 | （代宗時） | | | | | 呂太一による |
| | 杜佑 | 戸部侍郎判度支 | 蘇州刺史 | 建中3・5 | 饒州刺史 | 建中3・5 | ［嶺南節度使］ | 興元元 | | | 盧杞による |
| | ○竇参 | 中書侍郎、同平章事 | 柳州別駕 | 貞元8・4 | 驩州司馬 | 貞元9・3 | ［賜死（於邕州）］ | | | | 陸贄による |
| | 竇申 | 給事中 | 道州司馬 | 同右 | 錦州司戸 | 貞元8・4 | | | | | 陸贄による |

注：○印は見任宰相を、※印は前任宰相をそれぞれ表わす。

| 憲宗～宣宗期（26例） | | | | | | | | | | |
|---|---|---|---|---|---|---|---|---|---|---|
| 韓曄 | 司封郎中 | 池州刺史 | 永貞元・9 | 饒州司馬 | 永貞元・11 | [汀州刺史] | 元和10 | | | 王叔文に連坐 |
| 程异 | 塩鐵転運揚子院留後 | 岳州刺史 | 同右 | 柳州司馬 | 同右 | [侍御史] | | | | 同右 |
| 韓泰 | 京西神策行営節度行軍司馬 | 撫州刺史 | 同右 | 虔州司馬 | 同右 | [漳州刺史] | 元和10 | | | 同右 |
| 柳宗元 | 礼部員外郎 | 邵州刺史 | 同右 | 永州司馬 | 同右 | [柳州刺史] | 同右 | | | 同右 |
| 劉禹錫 | 屯田員外郎 | 連州刺史 | 同右 | 朗州司馬 | 同右 | [播州刺史] | 同右 | | | 同右 |
| 韋貫之 | 吏部員外郎 | 果州刺史 | 元和3・4 | 巴州刺史 | 元和3 | [都官郎中] | | | | 李吉甫による（坐考賢良方正策独奏署） |
| 呂温 | 侍御史 | 均州刺史 | 元和3 | 道州刺史 | 元和3 | [衡州刺史] | 元和5 | | | 坐貢挙門生 |
| 渾鎬 | 義武節度使 | 韶州刺史 | 元和11・12 | 循州刺史 | 元和12・正 | [卒] | | | | 為乱兵所劫 |
| 韋辞 | 侍御史 | 朗州刺史 | 元和中 | 江州司馬 | 元和中 | [戸部員外郎] | 長慶初 | | | 坐事累 |
| 柳澗 | 華州華陰令 | 房州司馬 | 元和中 | 峯州封渓尉 | 元和中 | | | | | 刺史罷任、諷百姓遮道索前年役直 |
| ○令狐楚 | 中書侍郎、同平章事 | 宣歙観察使 | 元和15・6 | 衡州刺史 | 元和15・8 | [郢州刺史] | 長慶元・4 | | | 坐贓 |
| ※杜元穎 | 西川節度使 | 邵(韶)州刺史 | 大和3・12 | 循州司馬 | 大和3・12 | [卒] | 大和6 | | | 南詔により成都城の外郭を陥される |
| ○李宗閔 | 中書侍郎、同平章事 | 明州刺史 | 大和9・6 | 処州長史 | 大和9・7 | 潮州司戸 | 大和9・8 | [衢州司馬] | 開成元 | 楊虞卿に連坐 |
| 楊虞卿 | 京兆尹 | 処(虔)州司馬 | 大和9・6 | 処(虔)州司戸 | 大和9 | [卒] | | | | 朋党 |
| 李漢 | 吏部侍郎 | 汾州刺史 | 大和9・7 | 汾州司馬 | 大和9・8 | [絳州長史] | | | | 坐李宗閔之党 |
| 蕭澣 | 刑部侍郎 | 遂州刺史 | 大和9・7 | 遂州司馬 | 大和9・8 | | | | | 坐李宗閔之党 |
| ※楊嗣復 | 吏部尚書 | 湖南観察使 | 開成5・8 | 潮州刺史 | 会昌元・3 | [江州刺史] | 会昌6・8 | | | 李徳裕による |
| ※李珏 | 太常卿 | 桂管観察使 | 同右 | 昭州刺史 | 同右 | [柳州刺史] | （同右） | | | 劉弘逸・薛季稜に連坐 |
| 裴夷直 | 諫議大夫 | 杭州刺史 | 同右 | 驩州司戸 | 同右 | [江州刺史] | 大中初 | | | 武宗即位時漏名 |
| 魏謩 | 諫議大夫 | 汾州刺史 | 会昌元・3 | 信州長史 | 会昌中 | [郢州刺史] | 大中初 | | | 楊嗣復李珏に連坐 |
| 蒋係 | 諫議大夫 | 桂管観察使 | 会昌初 | 唐州刺史 | 会昌中 | [給事中] | 大中初 | | | 李漢に連坐 |
| ○崔珙 | 右僕射、同平章事 | 澧州刺史 | 会昌4・6 | 恩州員外司馬 | 会昌4・6 | [商州刺史] | （宣宗初） | | | 坐贓及保護劉従諫 |
| 牛僧孺 | 太子太傅、東都留守 | 太子少保分司東都 | 同右 | 汀州刺史 | 会昌4・10 | 循州長史 | 会昌4・10 | [衡州刺史] | 大中初 | 李徳裕による |
| 李宗閔 | 湖州刺史 | 漳州刺史 | 会昌4・10 | 漳州長史 | 同右 | [長流封州] | 会昌4 | | | 李徳裕による |
| 李徳裕 | 東都留守 | 太子少保分司東都 | 大中元・2 | 潮州司馬 | 大中元・12 | 潮州司戸 | 大中2 | 崖州司戸[卒] | 大中2・9 | 欺罔武宗、枉殺呉湘 |
| ※李回 | 西川節度使 | 湖南観察使 | 大中2・2 | 賀州刺史 | 大中2・9 | [撫州長史] | | | | 坐不能直呉湘冤 |

懿宗～哀帝期（13例）

| | | | | | | | | | | |
|---|---|---|---|---|---|---|---|---|---|---|
| ○劉瞻 | 中書侍郎、同平章事 | 荊南節度使 | 咸通11・9 | 康（廉）州刺史 | 咸通11・9 | 驩州司戸 | 咸通11 | [康州刺史] | 乾符初 | 韋保衡による |
| ○韋保衡 | 門下侍郎、同平章事 | 賀州刺史 | 咸通14・9 | 崖州澄邁令 | 咸通14・9 | [賜死] | | | | 怨家告其陰事 |
| ※路巌 | 西川節度使 | 荊南節度使 | 咸通14・11 | 新州刺史 | 咸通14 | [免官、流儋州] | | | | 謀反の嫌疑による |
| ○孔緯 | 中書侍郎、同平章事 | 荊南節度使 | 大順2・正 | 均州刺史 | 大順2・正 | [太子賓客] | 乾寧2 | | | 楊復恭による |
| ※張濬 | 河東節度使 | 鄂岳観察使 | 同右 | 連州刺史 | 同右 | 繡州司戸 | 大順2・2 | [太子賓客] | 乾寧2 | 楊復恭による |
| ○杜譲能 | 門下侍郎、同平章事 | 梧州刺史 | 景福2・9 | 雷州司戸 | 景福2・9 | [賜死] | 景福2・10 | | | 李茂貞による |
| ○朱朴 | 中書侍郎、同平章事 | 秘書監 | 乾寧4・2 | 夔州司馬 | 乾寧4・8 | 柳州司戸 | 乾寧4・8 | | | 韓建による |
| ○王搏 | 門下侍郎、同平章事 | 工部侍郎 | 光化3・6 | 渓州刺史 | 光化3・6 | 崖州司戸 | 光化3・6 | [賜自尽（於藍田）] | | 崔胤による |
| 韓偓 | 翰林学士承旨 | 濮州司馬（司戸） | 天復3・2 | 湊州栄懿尉 | 天復3 | [鄧州司馬] | | | | 崔胤による |
| ※裴枢 | 左僕射 | 登州刺史 | 天祐2・5 | 瀧州司戸 | 天祐2・5 | [賜自尽（於滑州）] | 天祐2・6 | | | 朱全忠による |
| ※崔遠 | 右僕射 | 萊州刺史 | 同右 | 白州司戸 | 同右 | [賜自尽（於滑州）] | 同右 | | | 同右 |
| 独孤損 | 静海軍節度使、同平章事 | 棣州刺史 | 天祐2・5 | 瓊州司戸 | 天祐2・5 | [賜自尽（於滑州）] | 天祐2・6 | | | 朱全忠による |
| ○柳璨 | 門下侍郎、同平章事 | 登州刺史 | 天祐2・12 | 密州司戸 | 天祐2・12 | [長流崖州] | 天祐2・12 | [賜自尽] | 天祐2・12 | 同右 |

南・河北の藩鎮の跋扈により唐朝がこの地域に一時地方官を派遣できなかったこともあって、粛宗～順宗期には上佐への貶官が多数を占めるようになった。ただこの時期に郎中・員外郎を中・下州の刺史に任ずる旨の詔勅が出されたことは重要である。憲宗～宣宗期になると、党争の激化に伴って、政治的な理由による中央高官の左遷が増加する。この時、宰相級の人物は一旦藩帥として出外し、場合によっては更に刺史、上佐等に貶せられ、また、それ以外の三省官・臺官は、おそらく永泰年間に出された詔勅に基いて、中・下州の刺史に左遷されるようになった。この時期の刺史への貶官は、到任前に再貶・三貶されることが他の時期よりも多いため、比較の際にはその分を割り引いて考えねばならないが、それでも前の時期に比べて刺史への貶官例が増えているのは、永泰

**表F-7　唐代宰相の罷免後の処遇**（『新唐書』宰相表による）

| 時期＼官職 | 僕尚丞郎 | 東宮官 | 刺史 | 藩帥 | 除免 | 配流 | 賜死 |
|---|---|---|---|---|---|---|---|
| 高祖・太宗期 | 2 | 2 | 5 | 0 | 6 | 1 | 3 |
| 高宗・武后期 | 13 | 6 | 25 | 0 | 10 | 12 | 16 |
| 中宗〜玄宗期 | 14 | 4 | 22 | 0 | 2 | 4 | 6 |
| 粛宗〜順宗期 | 12 | 17 | 6 | 1 | 0 | 0 | 2 |
| 憲宗〜宣宗期 | 14 | 6 | 3 | 40 | 0 | 0 | 1 |
| 懿宗〜哀帝期 | 14 | 12 | 4 | 30 | 0 | 0 | 2 |

年間の詔勅に拠るところが大きいと思われる。永貞元年（八〇五）、劉禹錫・柳宗元らが王叔文の失脚に伴って左遷させられることになった時、一度は刺史として貶せられることが決まったにもかかわらず、「員外郎が刺史に貶せられるのでは処分が餘りに軽すぎる」との批判により司馬に再貶されたことがあった。いわゆる「八司馬事件」である[19]。この時、員外郎であった劉禹錫・柳宗元が当初、刺史に貶せられたのは、永泰年間の詔勅によれば、言うなれば規定通りの遷官である。この時、劉禹錫らは順宗朝に専権をふるった王叔文の党人であるとの理由で責めを被ったため、刺史への貶官では軽すぎるとの朝議の批判によって司馬に再貶されたのであるが、これはむしろ特に厳しい処分を朝議が要求したと言うべきであろう。この時期における刺史への貶官は、劉禹錫らに下された最初の処分のように永泰年間の詔勅に準拠したものが一般的であったと考えられるのである。

## 第二節　上　佐――別駕・長史・司馬

先に表F-1で見たように、粛宗～順宗期においては、刺史に代わって上佐への貶官が最も多くなる。上佐とは、刺史の下にあってその補佐を職掌とした別駕・長史・司馬を指す。ところで、唐後期の貶官ポストに言及する時に必ずと言ってよいほど引用されるのが、『朱子語類』の次のくだりである。

唐の中葉に至り、長史・司馬・別駕は皆な貶官と為り、事を事とせず。蓋し、節度使既に自ら官属を辟置するを得たればなり〈節度・観察の推・判官の属の如し〉。これ既に重ければ、則ち彼皆な軽し。

至唐中葉、而長史・司馬・別駕皆為貶官、不事専事。蓋節度使既得自辟置官属〈如節度・観察推・判官之属〉。此既重、則彼皆軽矣。（『朱子語類』巻一二八本朝・法制）

この指摘は、唐後期における貶官について大まかな流れを指し示したものとして重んずべきであろう。ただ、正史・通鑑の実例を検討してみると、これも十全な説明とは言い難く、別駕・長史・司馬には後述の如く、それぞれに違った特徴があるように思われる。

そもそも別駕・長史・司馬は、それぞれ沿革を異にしている。本論に先立って、これら三者が州の上佐となるに至った経緯及び唐代における廃置の状況について一瞥しておきたい(20)。

隋は天下を統一すると、従来の地方統治制度にも改変を加え、州郡県三段階の地方組織を改めて、郡を廃止して州県二段階とした。またこれと相前後して、それまでの刺史が軍府と州との二系統の僚属を抱えていたのを改めて、州系統の官吏を廃止し、従来の府系統の僚属を新たに刺史の僚属（州官）に据えた。いわゆる「郷官」の廃止である。これにより本来は軍府の僚属であった長史・司馬が州官となり、もともと刺史の僚属であった別駕従事史・治中は廃された。ところが、煬帝が長史・司馬を廃して賛治を置き、次いでこれを丞と改めて、郡守の下にあった通守の下に置くようにしたため、長史・司馬の名も消滅してしまった。唐初には、隋末の太守が刺史に、郡丞が別駕に改称され、更に治中が置かれて、州官の名称が本来のものに改められた。これが再び長史・司馬に改称されるのは、高宗の即位後間もない永徽二年（六五一）のことである。「治中」の官名が高宗の諱を犯すため司馬と改められ、それに伴って別駕の名も長史と改められたのである。そしてこの時一旦消滅した別駕の職は、上元二年（六七五）に再び設置され、景雲元年（七一〇）までは専ら宗室をこれに任じていた。それが、天宝八載（七四九）に省員のためまたもや廃止され[21]、その後、粛宗の上元二年（七六一）に再置、貞元一七年（八〇一）に冗員削減を理由に三たび廃止されるというふうに、幾度か廃置を繰り返して、最終的には大和元年（八二七）に、六雄・十望・十緊他三十四州にのみ別駕を設置し、それまで戦功をあげた武将を東宮・王府官に補任していたのを改め、この職に就けるようにしたのである[22]。

要するに、唐の別駕は、隋の郡丞を承けた唐初のものこそ、刺史の僚属としての役割を果たしていたが、その職掌は高宗の即位に伴う官名変更により、長史に受け継がれた。そして、上元元年に再置された別駕は、専ら宗室が任ぜられる、実務のほとんど無い閑職に過ぎなかった。睿宗朝になると庶姓の者も任ぜられるようになり、別駕の職は貶官ポストとしての性格を帯びてゆく。そして、冗員削減の波を受けて何度か改廃され、最後には戦功を立てた武人に与えられる官職になってしまうのである。一方、長史と司馬は、たとえば『朱子語類』に、安史の乱を契機とする内地節度使の設置によって、通常は観察使をも兼任する節度使の僚属と職掌が重複するようになったために閑職化の道を辿ったと説明されるように、貶官ポストとして用いられるようになるのは唐後期に入ってからのことである。

以上のような三者の沿革の違いを考慮に入れた上で、別駕・長史・司馬それぞれの貶官状況を検討してゆきたい。**表F-8**①〜③は、別駕・長史・司馬への貶官数を朝代別、地域別に表したものである。表の体例は、前掲の表F-2と同じである。

まず①表の別駕についてだが、これは貶官例が玄宗〜徳宗期、特に玄宗朝に集中しており、順宗朝以降の例はほとんど無いといってよい。地域的に言えば山南東・西道、江南東・西道、嶺南道への貶官例が多く、これで全体の八割近くを占める。員外官の割合は三〇％で、他に比べて高くなっている。そしてその大多数が玄宗朝の例である。未到任者の比率は一一％である。

次に②表の長史について。長史への貶官例は、全体の約六割が唐後期に集まっているが、唐末の例は別駕と同じくほとんど無い。地域的には、全体の八割が山南東・西道、江南東・西道、嶺南道に集中しており、また未到任者の比率は二二％で、ともに別駕の場合と類似している。③表の司馬は、貶官例が前二者に比べて格段に多く、上佐への貶官の約六割を占める。これも長史と同様に唐後期の方が多い（全体の七三％）。地域的には、山南東・西道、江南東・西道、嶺南道で六〇％餘りを占めている。未到任者の割合は全体の一五％で他の上佐とほぼ同じである。

要するに、上佐への貶官例は唐後期に集中しており、とりわけ粛宗〜順宗期に多く見られる。ただし、貶官数の最も多い時期は、別駕が玄宗朝、長史が粛宗〜順宗期、司馬が憲宗〜宣宗期というように、官品が低くなるにつれて徐々に後に遅れていっている。地域的には、三者ともに山南東・西道、江南東・西道、嶺南道への貶官例が多く、これに対して京畿・都畿・関内・河南・河東・淮南・隴右・黔中・剣南の各道への貶官例はあまり見られない。上佐の中では、司馬が貶官ポストとして最もよく使われ、上佐への貶官例の六割近くを占めている。員

## 表F－8①　別駕への貶官数

| 朝代＼道 | 京畿 | 関内 | 都畿 | 河南 | 河東 | 河北 | 山南東 | 山南西 | 隴右 | 淮南 | 江南東 | 江南西 | 黔中 | 剣南 | 嶺南 | 合 | 計 |
|---|---|---|---|---|---|---|---|---|---|---|---|---|---|---|---|---|---|
| 高祖 | | | | | | | | | | | | | | | | 0 | 0 |
| 太宗 | | | | | | | | | | | | | | | | 0 | |
| 高宗 | | | | | | | | | | | | | | | | 0 | 2 |
| 武后 | | | | | | | | | | | | | | | 2 | 2 | |
| 中宗 | | | | | | | | | | | | | | | | 0 | 34 ⓮⑤ |
| 睿宗 | | | | | 1 | | | | | | | | | | | 1 | |
| 玄宗 | | | | | 2 ② | 1 | 4 ❶ | 4 ❶① | | 4 ❸ | 3 ❶ | 10 ❹① | | | 5 ❹① | 33 ⓮⑤ | |
| 粛宗 | | | | | | | | 1 | | | | | | | | 1 | 16 ❷ |
| 代宗 | | | | | | | 1 ❶ | | | | 1 | | | | | 2 ❶ | |
| 徳宗 | | | | | | | 1 | 1 | | | 4 | 4 | 1 ❶ | 1 | 1 | 13 ❶ | |
| 順宗 | | | | | | | | | | | | | | | | 0 | |
| 憲宗 | | | | | | | | | | | | | | | | 0 | 1 ① |
| 穆宗 | | | | | | | | | | | | | | | | 0 | |
| 敬宗 | | | | | | | | | | | | | | | | 0 | |
| 文宗 | | | | 1 ① | | | | | | | | | | | | 1 ① | |
| 武宗 | | | | | | | | | | | | | | | | 0 | |
| 宣宗 | | | | | | | | | | | | | | | | 0 | |
| 懿宗 | | | | | | | | | | | | | | | | 0 | 0 |
| 僖宗 | | | | | | | | | | | | | | | | 0 | |
| 昭宗 | | | | | | | | | | | | | | | | 0 | |
| 哀帝 | | | | | | | | | | | | | | | | 0 | |
| 合計 | 0 | 0 | 0 | 1 ① | 3 ③ | 1 | 6 ❷ | 6 ❶① | 0 | 4 ❸ | 8 ❶ | 14 ❹① | 1 ❶ | 1 | 8 ❹① | 53 ⓰⑥ | |

## 表F－8②　長史への貶官数

| 朝代＼道 | 京畿 | 関内 | 都畿 | 河南 | 河東 | 河北 | 山南東 | 山南西 | 隴右 | 淮南 | 江南東 | 江南西 | 黔中 | 剣南 | 嶺南 | 合 | 計 |
|---|---|---|---|---|---|---|---|---|---|---|---|---|---|---|---|---|---|
| 高　祖 | | | | | | | | | | | | | | | | 0 | 0 |
| 太　宗 | | | | | | | | | | | | | | | | 0 | |
| 高　宗 | | | | | | | | | 1 | | 1 | | | | | 2 | 5 ❶ |
| 武　后 | | | | 1 | | | | | | | 1 | 1 ❶ | | | | 3 ❶ | |
| 中　宗 | | | | 2 ① | | | | | | | 1 | 2 ① | | 1 | | 6 ② | 15 ❶③ |
| 睿　宗 | | | | | | | | | | | 2 | | | | | 2 | |
| 玄　宗 | | | 1 | | 1 | | 1 ❶ | | | 1 | 1 | | 1 | | 1 ① | 7 ❶① | |
| 粛　宗 | | | | 1 ❶ | | | 1 ❶① | 4 ① | | 1 | 1 | 2 ❶ | | | | 10 ❸② | 24 ❹③ |
| 代　宗 | | | | | 1 | | | | | | | | | | | 1 | |
| 徳　宗 | | | | | | | 2 ① | | | | 2 ❶ | 6 | | | 2 | 12 ❶① | |
| 順　宗 | | | | | | | | 1 | | | | | | | | 1 | |
| 憲　宗 | | | | | | | | | | | | 1 | | | | 1 | 14 ② |
| 穆　宗 | | | | | | | | | | | | | | | | 0 | |
| 敬　宗 | | | | | | | | | | | | | | | | 0 | |
| 文　宗 | | | | | | | 5 | | | | 2 ① | 1 | | | | 8 ① | |
| 武　宗 | | | | | | | 1 | | | | 1 ① | 1 | | | 1 | 4 ① | |
| 宣　宗 | | | | | | | 1 | | | | | | | | | 1 | |
| 懿　宗 | | | | | | | | 1 | | | | | | | | 1 | 1 |
| 僖　宗 | | | | | | | | | | | | | | | | 0 | |
| 昭　宗 | | | | | | | | | | | | | | | | 0 | |
| 哀　帝 | | | | | | | | | | | | | | | | 0 | |
| 合　計 | 0 | 0 | 1 | 4 ❶① | 2 | 0 | 11 ❷② | 6 ① | 1 | 2 | 12 ❶② | 14 ❷① | 1 | 1 | 4 ① | 59 ❻⑧ | |

## 表F-8③　司馬への貶官数

| 朝代＼道 | 京畿 | 関内 | 都畿 | 河南 | 河東 | 河北 | 山南東 | 山南西 | 隴右 | 淮南 | 江南東 | 江南西 | 黔中 | 剣南 | 嶺南 | 合 | 計 |
|---|---|---|---|---|---|---|---|---|---|---|---|---|---|---|---|---|---|
| 高祖 | | | | | | | | | | | | | | | | 0 | 1 |
| 太宗 | | | | | | | | | | | | 1 | | | | 1 | |
| 高宗 | | | | 1 | | | | 2① | | 1 | | 1 | | 2 | | 7① | 15❶① |
| 武后 | | 1❶ | | | | 1 | | | | | 1 | 1 | 1 | 1 | 2 | 8❶ | |
| 中宗 | | | | | | | 1 | 1❶① | | | 1① | 1 | 1 | 1 | 7❺⑥ | 13❻⑧ | 30❼⑪ |
| 睿宗 | | | | 2 | | | | | | | | | | 1 | | 3 | |
| 玄宗 | | 1 | | | | | 2 | 1 | 1 | 1 | 2 | 3❶① | 1① | | 2① | 14❶③ | |
| 粛宗 | | | | | | | | | 1 | | | 2 | 1❶ | | | 4❶ | 39⓫⑤ |
| 代宗 | | | | | | | 2❶ | 1❶ | | | | 6❶① | | | 1❶ | 10❹① | |
| 徳宗 | | | | | | | 3 | 1 | | | 3① | 10❺① | 1 | | 7❶② | 25❻④ | |
| 順宗 | | | | | | | | | | | | | | | | 0 | |
| 憲宗 | | | | 1 | | | 3① | 1❶ | | | 2 | 8 | | 1 | 4❷① | 20❸② | 53❾④ |
| 穆宗 | | | | | | | | | | | | 1❶ | | | 1 | 2❶ | |
| 敬宗 | | | | | | | | | | | | 2 | | | 2 | 4 | |
| 文宗 | | | | 1 | 1 | | 1 | 1❶ | | | 1① | 2❶① | | 1 | 4 | 12❷② | |
| 武宗 | | | | | | | | | | | | 2 | | | 1❶ | 3❶ | |
| 宣宗 | 1❶ | | | | | | 3 | | | | | 5 | | | 3❶ | 12❷ | |
| 懿宗 | | | | | | | | | | | | | 1 | | 12❸① | 13❸① | 29❸④ |
| 僖宗 | | | | | | 1 | 1 | | | | | 2 | | | 1 | 5 | |
| 昭宗 | | | | 2① | | | 1① | | | | 1 | 3 | 1 | | 2① | 10③ | |
| 哀帝 | | | | 1 | | | | | | | | | | | | 1 | |
| 合計 | 1❶ | 2❶ | 0 | 8① | 1 | 2 | 17❶② | 8❹② | 2 | 2 | 11③ | 50❾④ | 7❶① | 7 | 49⓮⑫ | 167㉛㉕ | |

外官の割合は別駕が他に比して高くなっている。未到任者の比率は、三者とも十数パーセントでほぼ同じである。

次に、前任官について見てみよう。**表F-9①〜③**は、表F-4の体例に則して、別駕・長史・司馬に貶官された官人の前任者を、官品を縦軸に、朝代を横軸にとってそれぞれ示したものである。
①表の別駕に特徴的なのは、三省官・臺官からの貶官例が極めて少ないということである。この点で、刺史の場合と大きく異なる。官品でいえば、三品官以上が多く、五三例中三九例ある（七四%）。特に玄宗朝では、全体の八五%が三品以上の官で占められている。また、外官からの貶官例が一一例（全体の二一%）、武官からが七例（一三%）で、両者を合わせると全体の三分の一を超える。因みに刺史の場合は、外官と武官を合わせた割合が全体の二六%（一一七例）、うち表F-4①の地域では一七%、表F-4②の地域では三三%である。員外官として貶官された官人がいずれも三品官以上で、しかもその大半が武官と外官である点も注目される。②表の長史では、①表の別駕の場合とは対照的に、四品官以下からの貶官が多数を占めている（六〇例中三七例、六二%）。そしてその約六割近く（二一例）が三省官・臺官からの貶官例である。逆に三品以上は、先程の別駕と同様、三省官・臺官以外の京官と外官からの貶官例ばかりである。外官からの貶官例は一七例（二八%）あり、その大半が刺史である。武官からの例はほとんど無い。
③表の司馬は、上の二つとはまた違った特徴を示している。司馬に貶せられた官人の前任官の官品分布は、三品官以上が四四%（七三例）、四品官が二二%（三七例）、五品官が一五%（二五例）、六品官以下が一六%（二六例）となっており、三品以上の官からの貶官例が多い。ただ、このうちに占める三省官・臺官の割合は、別駕・長史ほどではないにせよ、さして高くはない。逆に目立つのは外官からの貶官で、全体の三分の一（五六例）あり、このうちのほとんどが従三品から正四品下、つまり刺史からの貶官例である。但し、藩帥が貶せられている例は刺史の場合ほど多くない。四品官以下では、三品官以上とは対照的に、三省官・臺官からの貶官例が多数を占め

ており、この点で別駕・長史と際立った差異を見せている。このように、前任官に関しても、別駕・長史・司馬の間にはかなりの差異があった。上佐の官品は、別駕が中都督府で正四品下、下州では従五品上、長史は、中都督府が正五品上、下州では正六品下、司馬は、中都督府で正五品下、下州では従六品上となっており、長史は別駕より二階級下、司馬は長史より一階級下に位置づけられている。三品、五品の線に注目すると、別駕は下州でもなお五品官であるのに対し、長史・司馬は上州以上でないと六品官になってしまう。但し実際には、三品以上の官が中・下州の長史や司馬に貶せられる例も頻見される。長史では、三品官以上からの貶官例のうち約半数が中・下州に貶せられている。司馬の場合、その比率は更に高い。したがって、この差異を三者の官品の違いのみによって説明し尽くすのには、無理があるように思われる。

ここで想起されるのが、前述した別駕・長史・司馬の沿革の違いである。貶官ポストとしてのこれら三者の性格の差異は、それらが州の上佐となるに至った経緯に根ざすのではなかろうか。

別駕に貶せられた官人から検討してゆきたい。武后朝の二例はいずれも宗室、睿宗朝の一例は庶姓の者が別駕に貶せられた初見例である。このように玄宗朝以前の貶官例が極端に少ないのは、高宗朝に再置された別駕が当初宗室向けの特別な官職であったためだと考えられる。玄宗朝に入っても宗室の例は数例見られるが、全体からみれば取るに足らぬ割合である。これに代わって、京官では東宮官や寺監官、散官（一五例）、外官では刺史（八例、ほとんどが河南・河東・河北道）、あるいは武官（六例、全て員外官）からの貶官が大半を占めるようになる。武官は言うに及ばず、東宮官・寺監官等も、孫国棟氏の研究から明らかなように、およそ官人としての出世コースから外れていた官職であった。また、貶官地も山南道・江南道・嶺南道といった、当時において都から遠く離れた、政治的にさして重要でなかった地域に集中していた。これらのことを考え合わせると、官品もある程度高い別駕の職は、玄宗朝においては、中央政界においてさほど重要な地位をもたないが相当高い職事官に就いていた

## 表F－9①　左遷官の前任官官品（別駕）

| 官品 | 高祖 | 太宗 | 高宗 | 武后 | 中宗 | 睿宗 | 玄宗 | 粛宗 | 代宗 | 徳宗 | 順宗 | 憲宗 | 穆宗 | 敬宗 | 文宗 | 武宗 | 宣宗 | 懿宗 | 僖宗 | 昭宗 | 哀帝 |
|---|---|---|---|---|---|---|---|---|---|---|---|---|---|---|---|---|---|---|---|---|---|
| 正一品 | | | | | | | | | | | | | | | | | | | | | |
| 従一品 | | | | ○ | | | ○ | | | | | | | | | | | | | | |
| 正二品 | | | | | | | ○○○○ | | | | | | | | | | | | | | |
| 従二品 | | | | □ | | | | | | | | | | | | | | | | | |
| 正三品 | | | | | | | ◎◎○△ | | ◎ | ●○○△ | | | | | ■ | | | | | | |
| 従三品 | | | | | | ○ | ◎◎○○○○△△△△△□□□□□□□□ | | | □□ | | | | | | | | | | | |
| 正四上 | | | | | | | | | ◎ | | | | | | | | | | | | |
| 正四下 | | | | | | | | | | ◎○○ | | | | | | | | | | | |
| 従四上 | | | | | | | ○○○ | | | | | | | | | | | | | | |
| 従四下 | | | | | | | | | | | | | | | | | | | | | |
| 正五上 | | | | | | | | ◎ | | ◎ | | | | | | | | | | | |
| 正五下 | | | | | | | | | | | | | | | | | | | | | |
| 従五上 | | | | | | | | | | | | | | | | | | | | | |
| 従五下 | | | | | | | ○ | | | | | | | | | | | | | | |
| 正六上 | | | | | | | ○ | | | | | | | | | | | | | | |

| 正六下 | 従六上 | 従六下 | 正七上 | 正七下 | 従七上 | 従七下 | 正八上 | 正八下 | 従八上 | 従八下 | 正九上 | 正九下 | 従九上 | 従九下 | 不明 |
|---|---|---|---|---|---|---|---|---|---|---|---|---|---|---|---|
| | | | | | | | | | | | | | | | |
| | | | | | | | | | | | | | | | |
| | | | | | | | | | | | | | | | |
| | | | | | | | | | | | | | | | |
| | | | | | | | | | | | | | | | |
| | | | | | | | | | | | | | | | |
| | | | | | | | | | | | | | | | |
| | | | | | | | | | | | | | | | |
| | | | | | | | | | | | | | | | |
| | | | | | | | | | | | | | | | □□不明1 |
| | | | | | | | | | | | | | | | |
| | | | | | | | | | | | | | | | □ |
| | | | | | | | | | | | | | | | |
| | | | | | | | | | | | | | | | |
| | | | | | | | | | | | | | | | |
| | | | | | | | | | | | | | | | |
| | | | | | | | | | | | | | | | |
| | | | | | | | | | | | | | | | |
| | | | | | | | | | | | | | | | |
| | | | | | | | | | | | | | | | |
| | | | | | | | | | | | | | | | |

## 表F-9②　左遷官の前任官官品（長史）

| 官品 | 高祖 | 太宗 | 高宗 | 武后 | 中宗 | 睿宗 | 玄宗 | 粛宗 | 代宗 | 徳宗 | 順宗 | 憲宗 | 穆宗 | 敬宗 | 文宗 | 武宗 | 宣宗 | 懿宗 | 僖宗 | 昭宗 | 哀帝 |
|---|---|---|---|---|---|---|---|---|---|---|---|---|---|---|---|---|---|---|---|---|---|
| 正一品 | | | | | | | | | | | | | | | | | | | | | |
| 従一品 | | | | | | | | | | | | | | | | | | | | | |
| 正二品 | | | | | | | | | | | | | | | | | | | | | |
| 従二品 | | | | | | | | | | | | | | | | | | | | | |
| 正三品 | | | | | | | | □ | | | | | | | ○ | | △ | | | | |
| 従三品 | | | | | □ | | ○ | ○○□□ | | ○○○○○ | ○ | | | | ○□ | □□ | | | | | |
| 正四上 | | | | | | ● | | ●●● | | | | | | | | | | | | | |
| 正四下 | | | | ◎□ | | | ◎□ | ◎ | | | | | | | | □□ | | | | | |
| 従四上 | | | | | | | | ○ | | ◎ | | | | | | | | | | | |
| 従四下 | | | | | | ○ | | | | | | ○ | | | | | | | | | |
| 正五上 | | | ◎○ | □ | ◎ | | ○ | | | ◎ | | | | | ◎○○ | | | | | | |
| 正五下 | | | | | | | | | | | | | | | | | | | | | |
| 従五上 | | | | | ◎○ | | | | | | | | | | | | | | | | |
| 従五下 | | | | | | | | | | | | | | | | | | | | | |
| 正六上 | | | | | □ | | | | | | | | | | | | | | | | |

| 不明 | 従九下 | 従九上 | 正九下 | 正九上 | 従八下 | 従八上 | 正八下 | 正八上 | 従七下 | 従七上 | 正七下 | 正七上 | 従六下 | 従六上 | 正六下 |
|---|---|---|---|---|---|---|---|---|---|---|---|---|---|---|---|
| | | | | | | | | | | | | | | | |
| | | | | | | | | | | | | | | | |
| | | | | | | | | | | | | | | | |
| | | | | | | | | | | | | | | | |
| | | | | | | | | | | | | | | ◎ | |
| | | | | | | | | | | | | | | | |
| ○ | | | | | | | | | | | | | | ◎ | □ |
| | | | | | | | | | | | | | | | |
| | | | | | | | | | | | | | | ◎ | |
| □ | | | | | | | | □ | | | | | | ◎◎◎ | |
| | | | | | | | | | | | | | | | |
| | | | | | | | | | | | | | | | |
| | | | | | | | | | | | | | | | |
| | | | | | | | | | | | | | | | |
| □ | | | | | | | | | | ◎ | | | | | |
| | | | | | | | | | | | | | | | |
| | | | | | | | | | | | | | | | |
| | | | | | | | | | | | | | | ◎ | |
| | | | | | | | | | | | | | | | |
| | | | | | | | | | | | | | | | |
| | | | | | | | | | | | | | | | |

## 表F－9③　左遷官の前任官官品（司馬）

| 官品 | 高祖 | 太宗 | 高宗 | 武后 | 中宗 | 睿宗 | 玄宗 | 粛宗 | 代宗 | 徳宗 | 順宗 | 憲宗 | 穆宗 | 敬宗 | 文宗 | 武宗 | 宣宗 | 懿宗 | 僖宗 | 昭宗 | 哀帝 |
|---|---|---|---|---|---|---|---|---|---|---|---|---|---|---|---|---|---|---|---|---|---|
| 正一品 | | | | | | | | | | | | | | | | | | | | | |
| 従一品 | | | | | | | | | | | | | | | | | | | | | |
| 正二品 | | | | | ○ | | ○ | | | | | | | | | | ○ | | | | |
| 従二品 | | | | | | | | | | ◎ | | | | | | | | △ | | ◎ | |
| 正三品 | | | | | ○ | | ○ | | ◎○ | ●●△ | | ●◎ | ○ | | □ | | | | | ◎◎◎○○ | |
| 従三品 | | | | ●□□ | ○□□□ | ◎ | □□□□ | ◎◎ | ○○■ | ◎○○○△□□□ | | ○△■■ | ○ | | ○○○△□□ | | ○△□□ | ○○■■■■■■□ | | ○ | |
| 正四上 | | | | ◎ | ● | | ◎○ | | ◎ | | | □□□ | | | ○ | | | | | | |
| 正四下 | | | □ | | □□□ | | ◎ | | ■ | ◎◎ | | □□□□□□ | | ◎ | □ | ◎□ | | ◎◎ | ◎ | ◎◎ | |
| 従四上 | | | □ | | | | | ◎ | | | | | | ○ | | | ○ | | | | |
| 従四下 | | | | | | | | | ○ | | | □ | | | | | | | | | |
| 正五上 | | ◎ | ◎◎ | ◎ | | | ◎ | | | ◎◎ | | ○ | | | ○ | | ○ | ◎ | | ◎ | |
| 正五下 | | | | | | | | | | | | | | | | | | | | | |
| 従五上 | | | | | ○ | | ◎ | | ◎◎ | □ | | ◎ | | ◎ | | | ○ | ◎◎ | | | |
| 従五下 | | | | | | | | | | ○ | | | | | | | | | | | |
| 正六上 | | | | | ○ | | | | | □□ | | | | | | | | | | | |

第二節　上　佐——別駕・長史・司馬

| 正六下 | 従六上 | 従六下 | 正七上 | 正七下 | 従七上 | 従七下 | 正八上 | 正八下 | 従八上 | 従八下 | 正九上 | 正九下 | 従九上 | 従九下 | 不　明 |
|---|---|---|---|---|---|---|---|---|---|---|---|---|---|---|---|
| | | | | | | | | | | | | | | | |
| | | | | | | | | | | | | | | | |
| | ◎◎◎ | | | | | | | | | | | | | | |
| | □◎ | | | | | | | | | | | | | | |
| | | ◎ | | | | | | | | | | | | | |
| | | | | | ◎ | | ◎ | | | | | | | | |
| | ◎○ | ◎ | | | | | | | | | | | | | □ |
| | | | | | | | | | | | | | | | |
| | | | | | | | | | | | | | | | |
| | ◎ | ◎ | | | ◎◎ | | | | | | | | | | □ |
| | | | | | | | | | | | | | | | |
| | □◎ | | | | | | | | | | | | | | |
| | | | | | | | | | | | | | | | |
| | | | | | ◎ | | | | | | | | | | |
| | | ◎ | | | | | | | | | | | | | □□ |
| | | | | | | | | | | | | | | | |
| | | □ | | ○ | ◎ | | | | | | | | | | 不明1 |
| | ◎ | | | | | | | | | | | | | | |
| | | | | | ◎ | | | | | | | | | | |
| | | | | | | | | | | | | | | | ○ |
| | | | | | | | | | | | | | | | |

官人たちを僻地に左遷する際の受皿としての性格を有していたと考えられる。

かような別駕の性格は、粛宗~順宗期には違ったものとなっていた。長史・司馬への貶官例が増加している中で、別駕への貶官例は玄宗朝の約半数に数を減らしている。そして、四・五品の三省官・臺官からの貶官例の占める割合が増加し、玄宗朝に多く見られた東宮官・寺監官からの貶官例は大幅に減少している。これらのことから、粛宗~順宗期には、別駕は、官品はやや低いものの所謂「清要官」が貶官されてくる官職となったと言い得る。ただ、この時期に他の上佐への貶官例が急増していることを考えると、別駕は既に貶官ポストとしてもさほど大きな意味を持たなくなっていたと思われる。そして、憲宗朝以降の貶官例が僅か一例しかないことは、別駕の職が、もはや正史に記載されるような一定程度以上の官品をもつ官人の貶官ポストたり得ず、前述した如く、戦功を立てた武人のための官職となっていたことを反映していると考えられる。

では、長史についてはどうであろうか。前述の如く、長史に貶せられた官人は、別駕の場合とは対照的に四品官以下の者が多く、しかもその約六割近くが三省官・臺官である。但し三品官以上について言えば、別駕と同じく東宮官・寺監官等の高級な閑職からの貶官例が目立つ。では、時代による差異はどうか。唐前期において、三品官以上の京官が長史に貶せられた例はほとんど見られない。これは、別駕が玄宗朝に三品以上の京官の貶官ポストとして盛んに用いられたことと好対照をなす。四品官以下では京官からの貶官例が若干あり、三省官・臺官も散見される。前期においては、刺史に貶せられる京官が正五品を下限に、主に三・四品の三省官・臺官を中心としたのに対し、長史と次に検討する司馬とは、それより格下の五・六品の京官の貶官ポストになっていたと思われる。この状況は、粛宗~順宗期になると些か変化する。すなわち、三品の京官からの貶官例が前期に比べて多くなるが、それらはいずれも三省官・臺官以外の官で、特に東宮官・寺監官からの貶官例が目立つようになる。これは別駕への貶官状況の変化に対応している。つまり、玄宗朝には別駕に貶せられていた三品以上の東宮官・

寺監官が、粛宗~順宗期には長史に左遷されるようになったのである。四品の京官からの貶官例は、前期に比べるとやや増加し、その多くが三省官・臺官である。宰相からの貶官例も三例存する。これとは逆に、五品の京官の例は大きく減っている。刺史・司馬への貶官状況を考え合わせれば、唐前期には四・五品の京官は主に中原地方の刺史に貶せられていたのが、この時期になると、山南・江南・嶺南道の刺史、もしくは同地域の長史（四品官の場合）や司馬（五品官の場合）に貶せられるようになったと理解される。そして、憲宗朝以降になると、司馬への貶官例が断然多くなり、唐末には長史への貶官例は無くなってしまうのである。

最後に、司馬に貶せられた官人について検討しておきたい。司馬への貶官例は中宗~玄宗期から数を増し、粛宗~順宗期以降は全体の約二割を占めるようになり、総数では上佐中最多となるが、その内訳は時期によって異なっている。即ち、これらの時期を通じて、三省官・臺官以外の京官（三品以上）からの貶官数は一定程度以上の数を保っているが、それぞれの時期について見れば、中宗~玄宗期には刺史（特に上州）からの貶官例が多い。粛宗~順宗期になると、それまで刺史に貶せられることの多かった三省官・臺官（五品以上）からの貶官例が増加する。憲宗~宣宗期には三省官・臺官の例は再び少なくなり、刺史（特に中・下州）からの貶官例が多くなる。中・下州刺史からの貶官例は、再貶以上のものが大半を占める。そして唐末には三省官・臺官の例が再び増し、刺史からの貶官例は減少、代わって藩帥からの例が増加するようになる。

要するに、別駕・長史・司馬に貶せられた官人は次のようにまとめられる。

［別駕］

前期……三品以上の東宮官・寺監官

粛宗~順宗期……三省官・臺官（四・五品）

憲宗朝以後……（貶官例ほとんど無し）

［長史］

前期……四品以下の京官

粛宗～順宗期……東宮官・寺監官（三品以上）、四品の京官

憲宗～宣宗期……（貶官例の減少）

懿宗～哀帝期……（貶官例ほとんど無し）

［司馬］

中宗～玄宗期……刺史（上州）、東宮官・寺監官（三品以上）

粛宗～順宗期……三省官・臺官（五品以上）、東宮官・寺監官（三品以上）

憲宗～宣宗期……刺史（中・下州）、東宮官・寺監官（三品以上）

懿宗～哀帝期……三省官・臺官（五品以上）、藩帥、三省官・臺官（五品以上）

こうしてみると、本節の初めに引用した『朱子語類』の説明は、大筋では外れていないものの、些か不十分の誹りを免れぬこと、明らかであろう。少なくとも貶官の問題に関しては、別駕・長史・司馬の三者を一括りにして云々するのは大雑把に過ぎるのであって、三者はそれぞれのもつ歴史的な背景を考え合わせた上で、個別に論ぜられねばならない。厳耕望氏によれば、晩唐時代には一部の州府に別駕が置かれ、上州に司馬が置かれた以外、中・下州には上佐が置かれなくなったという。このうち、別駕については、先に言及したように、憲宗朝以降、貶官ポストとして用いられることは無くなり、専ら戦功を立てた武人に与えられる官職になってしまった。また長史は、粛宗～順宗期までは、別駕への貶官を補完するような役割を果たしていたが、憲宗期以後は貶官例が減

少し、唐末には貶官ポストとして使われなくなってしまう。一方、司馬の職は、白居易が「江州司馬庁記」（『白氏文集』巻二六）にも述べるように、安史の乱後に節度使体制が成立した後は閑職と化し、また省員（冗員創減）があってもその対象となることは少なかった。[23]そのためか、憲宗～宣宗期には上佐中最多の貶官例を記録している。唐後期において上佐中第一の貶官ポストは、この司馬であった。その点では、馬端臨が司馬についてのみ、

唐になって、遷謫者が任ぜられることが多く、冗員となってしまった。

至唐而司馬多以処遷謫、蓋視為冗員。（『文献通考』巻六三、職官考、郡丞）

と述べているのは、さすがに慧眼と言うべきであろう。

## 第三節　司戸参軍と県尉

次に、唐末に貶官例が目立って増加している司戸参軍と県尉とについて考察する。両者とも官品は七品以下と極めて低いにもかかわらず、唐末には中央高官が左遷されることすら珍しくなかった。本節では、統計から得られた結果をもとに、それぞれの官への貶官状況を明らかにしたのちに、そうした傾向の現れる理由について検討することとしたい。

## 一　司戸参軍

まず最初に、統計をいくつか掲げておく。**表F-10**は、司戸参軍への貶官数を各朝代・各道ごとに示したもの、**表F-11**は、司戸参軍に貶せられた官人の前任官の官品分布を表F-4と同じ要領で表したものである。

さて、表F-10と前掲の表F-1とから明らかなように、司戸参軍への貶官例は唐初にはほとんど無く、時代が下るに従ってその数を増してゆき、唐末に至って最高の数字を示し、他官を抑えて最多となっている。地域的には、嶺南道への貶官例が他に比して圧倒的に多い。ただ、更に詳細に検討すると、貶官例の増える唐後期において、貶官例の多い地域が時期によって異なることに気がつく。すなわち、粛宗～順宗期では江南東・西道に貶官される例が半数以上（二四例中一四例、五八％）であるのに対し、憲宗朝から昭宗朝にかけての時期では嶺南道に貶せられている例が六割以上（七〇例中四四例、六三％）に及んでいる。そして哀帝朝では河南道への貶官例が全体の六割（二五例中一五例、六〇％）を占めており、しかもこの中で到任が確認できる例は一つも無い。

表F-11から明らかなように、司戸参軍に貶せられた官人の前任官の官品分布は、前節にて検討した別駕や長史のそれとは全く対照的である。すなわち、唐前期においては、三品以上の例は皆無、五品以上の官の貶官例も少ない（一〇例中三例）。ところが粛宗朝以降になると、五品官以上の貶せられる例が数を増し、三品官以上の官人が司戸参軍に貶せられる事例も多くなってくる。つまり、司戸参軍に左遷される官人の官品には、時代が下るにつれて高くなる傾向が認められるのである。更に言えば、司戸参軍への貶官例の増え始める粛宗～順宗期においては、六品以下の京官、とりわけ三省官・臺官（員外郎・侍御史・殿中侍御史・監察御史）からの貶官例が多い（二四例中九例、三八％）。ところが憲宗～宣宗期になると状況は一変する。六品以下の三省官・臺官からの貶官例は全体の六分の一以下（三七例中七例）に過ぎなくなり、代わって外官からの貶官例が半数を占めるようになる（三七例中一九例、五一％）。しかも、これらの多くが嶺南道に貶せられており（一九例中一二例）、更にその約半数

## 表F-10　司戸参軍への貶官数

| 朝代＼道 | 京畿 | 関内 | 都畿 | 河南 | 河東 | 河北 | 山南東 | 山南西 | 隴右 | 淮南 | 江南東 | 江南西 | 黔中 | 剣南 | 嶺南 | 合 | 計 |
|---|---|---|---|---|---|---|---|---|---|---|---|---|---|---|---|---|---|
| 高　祖 | | 1 | | | | | | | | | | | | | | 1 | 1 |
| 太　宗 | | | | | | | | | | | | | | | | 0 | |
| 高　宗 | | | | 1 | | | | | | | 1 | 1 | | | | 3 | 3 |
| 武　后 | | | | | | | | | | | | | | | | 0 | |
| 中　宗 | | | | | | | | | | | | | | | 1 | 1 | 6 |
| 睿　宗 | | | | | | | | | | | | | | | | 0 | |
| 玄　宗 | | | | 1 | | | | | | | 1 | | 2 | 1 | | 5 | |
| 粛　宗 | | | | | | | | | | | 2 | 2 | 1 | | | 5 | 24 ❸ ① |
| 代　宗 | | 1 ❶ | | | | | 1 | | | | 1 | 3 ❷ | | | | 6 ❸ | |
| 徳　宗 | | | | | | | | 1 | | | 3 | 3 | 2 | | 4 ① | 13 ① | |
| 順　宗 | | | | | | | | | | | | | | | | 0 | |
| 憲　宗 | | | | | | | 2 | 1 | | | | 2 | | 1 ❶ | 5 ① | 11 ❶ ① | 38 ❷ ③ |
| 穆　宗 | | | | | | | | | | | | 1 | | | 1 | 2 | |
| 敬　宗 | | | | | | | | | | | | | | | | 0 | |
| 文　宗 | | | | | | | 1 | | | | 2 | 1 | 1 | | 9 ② | 14 ② | |
| 武　宗 | | | | | | | | | | | 1 | | | | 3 | 4 | |
| 宣　宗 | | | | | | | | | | | | 1 | | | 6 ❶ | 7 ❶ | |
| 懿　宗 | | | | | | | 1 | | | 1 | | 1 | 1 | | 12 ① | 16 ① | 57 ❺ ㉜ |
| 僖　宗 | | | | | | | 1 | | | | | | | 1 ① | 3 | 5 ① | |
| 昭　宗 | | | | 2 ① | | | 1 | | | | | 1 | 2 ① | | 5 ④ | 11 ⑥ | |
| 哀　帝 | | | | 15 ❷ ⑮ | | 2 ❷ ① | | | | 1 ① | | | | | 7 ❶ ⑦ | 25 ❺ ㉔ | |
| 合　計 | 0 | 2 ❶ | 0 | 19 ❷ ⑯ | 0 | 2 ❷ ① | 7 | 2 | 0 | 2 ① | 11 | 16 ❷ | 9 ① | 3 ❶ ① | 56 ❷ ⑯ | 129 ❿ ㉟ | |

## 表F-11　左遷官の前任官官品（司戸参軍）

| 官品 | 高祖 | 太宗 | 高宗 | 武后 | 中宗 | 睿宗 | 玄宗 | 粛宗 | 代宗 | 徳宗 | 順宗 | 憲宗 | 穆宗 | 敬宗 | 文宗 | 武宗 | 宣宗 | 懿宗 | 僖宗 | 昭宗 | 哀帝 |
|---|---|---|---|---|---|---|---|---|---|---|---|---|---|---|---|---|---|---|---|---|---|
| 正一品 | | | | | | | | | | | | | | | | | | | | | ○○ |
| 従一品 | | | | | | | | | | | | | | | | | | | | | |
| 正二品 | | | | | | | | | | | | | | | | | | | | | |
| 従二品 | | | | | | | | | | | | | | | | | | | | | △△△ |
| 正三品 | | | | | | | | | | ○ | | □□ | | | | | | △■□ | | ◎ | ◎◎○ |
| 従三品 | | | | | | | | ◎ | | | | □ | | | ■■ | □ | △□ | ■ | ○■□ | ■ | ○○□□□ |
| 正四上 | ◎ | | | | | | | | | ◎ | | | ● | | | | | | | | □ |
| 正四下 | | | | | | | | | □ | ◎□ | | ◎ | | | □□ | | | ◎□ | ◎ | □□□ | ◎ |
| 従四上 | | | | | | | ○○ | | | □ | | | ○ | | | | | | | | ○ |
| 従四下 | | | | | | | | | | ○ | | | | | | | ○ | | | | |
| 正五上 | | | | | | | | | ◎ | | | | | | ◎ | | | ◎◎◎○ | | | ◎ |
| 正五下 | | | | | | | | | | | | | | | | | | | | | |
| 従五上 | | | | | | | | | | | | ○ | | | □ | | | ◎ | | ◎ | ◎◎◎ |
| 従五下 | | | | | | | | | | | | | | | □□ | | | | | □ | |
| 正六上 | | | | | □ | | | | | | | | | | | | □ | | | | |

| | | | | | | | | | | | | | | | | | | | | | |
|---|---|---|---|---|---|---|---|---|---|---|---|---|---|---|---|---|---|---|---|---|---|
| 正六下 | | | | | | | | | □ | □ | | | | | | | | | | | |
| 従六上 | | | □ | | | | □ | ◎ | | ◎ | | | | | □◎ | | □ | ◎◎◎ | | | ◎◎◎ |
| 従六下 | | | ◎ | | | | | | | | | | | | | | | | | ◎ | ◎ |
| 正七上 | | | | | | | | | | | | | | | | | | | | | |
| 正七下 | | | | | | | | | | ○ | | | | | | | | | | | |
| 従七上 | | | ○ | | | | | ◎ | | ◎ | | | | | ◎○ | | | | | | |
| 従七下 | | | | | | | | | | | | | | | | | | | | | |
| 正八上 | | | | | | | ◎ | | ◎◎ | ◎◎ | | ◎◎ | | | | ◎◎◎ | | | | | |
| 正八下 | | | | | | | | | | | | | | | | | | | | | |
| 従八上 | | | | | | | | | □ | ◎ | | ◎ | | | | | | ◎ | ◎ | ◎ | |
| 従八下 | | | | | | | ○ | | | | | | | | | | □ | | | | |
| 正九上 | | | | | | | | | | | | | | | | | | | | | |
| 正九下 | | | | | | | | | | | | | | | □ | | | | | | |
| 従九上 | | | | | | | | | | | | | | | | | | | | | |
| 従九下 | | | | | | | | | | | | | | | | | | | | | |
| 不　明 | | | | | | | | ○○ | | | | □□○ | | | ○ | | □ | □ | | □○ | □ |

**表F-12　司戸参軍に貶せられた官人の官品分布（唐後期）**

| 時期＼官職・官品 | 京官 三品以上 | 京官 四・五品 | 京官 六品 | 京官 七品以下 | 外官 藩帥・刺史 | 外官 その他 |
|---|---|---|---|---|---|---|
| 粛宗～順宗期 | 8（2） | 17（4） | 8（2） | 33（8） | 8（2） | 17（4） |
| 憲宗～宣宗期 | 0（0） | 16（6） | 3（1） | 22（8） | 22（8） | 30（11） |
| 懿宗～哀帝期 | 16（9） | 25（14） | 14（8） | 5（3） | 24（14） | 7（4） |

（八例）が藩帥または刺史からの貶官である。唐末の懿宗～哀帝期には、三品以上の京官からの貶官例が前の時期に比べて零例から九例と大きく増え（但し三省官は三例のみ）、五品及び六品の京官が司戸参軍に貶せられる例もそれぞれ六例→一四例、一例→八例と増加しており、その内訳は三省官・臺官が大半を占めている。因みに、七品以下からの貶官例は八例→三例に減少している。また、藩帥・刺史からの貶官例は全体の四分の一（一四例）を占めている。このように唐後期において司戸参軍に貶せられる官人の官品分布は、時期によって大きく変化している。各時期の官品分布を百分率で表せば**表F-12**のようになる（参考のために丸括弧内に実数を示しておく）。

また、特に唐末の諸例について言えば、再貶以上の貶官ポストとして司戸参軍が用いられることが多いようである。具体的に言えば、前掲の表F-6において、懿宗～哀帝期に連続して貶官されている官人の例は全部で二二例あるが、そのうちの約七割（九例）において司戸参軍が再貶以上の貶官ポストに用いられている。これ以外の時期、たとえば憲宗～宣宗期には、このような例は二六例中五例（一九％）しか存在しない。前任官について見ると、憲宗～宣宗期の場合には上佐（長史・司馬）が多いのに対し、懿宗～哀帝期には刺史であることがほとんどであり、この点でも対照的である。

以上の考察により明らかになったことと前節までの結果とを総合すれば、司戸参軍への貶官状況の変化は、次のように説明できよう。唐前期においては、司戸参軍は正史に事績が記されるような人物の貶官ポストになることは稀であった。それが安史の乱を経て粛宗～順宗期に入ると、主として七品以下の臺官の左遷先として使われるようになる。この時期に貶官された七品以下の臺官の例は全部で一一例あるが、そのうちの七例までが司戸参軍への貶官例なのである。かかる傾向は、次の憲宗～宣宗期においても、前の時期ほどではないにせよ、受け継がれている。しかしこの時期に更に顕著なのは、外官からの貶官、とりわけ上州刺史からの貶官である。この時期に、藩帥以外の上州刺史が外官に左遷されている例は全部で一七例あるが、うち三分の一弱の五例が司戸参軍に貶せられている。唐末の懿宗～哀帝期になると、憲宗～宣宗期にはまだ少なかった中・下州刺史からの貶官例もかなり多くなり、刺史の貶官例（二二例）のうち一〇例までを司戸参軍への貶官が占めるに至る。但し、これらは全て、見任もしくは前任の宰相が二度以上貶せられてなった事例であり、この点で前の時期とは異なっている。また、唐末には、三品以上の京官（三省官・臺官以外が主）、及び五・六品の京官（三省官・臺官が中心）が司戸参軍に貶せられる例が多くなっている。三省官・臺官以外の三品以上の京官について言えば、唐末の貶官例は全部で二一例、このうち三分の一にあたる四例が司戸参軍に貶せられている。また五品・六品の三省官・臺官では、それぞれ一六例中九例、一〇例中七例と、全体の六割から七割を占めるようになっている。憲宗～宣宗期には、これらの官の貶官先は、主に山南道・江南道・嶺南道の刺史であり、司戸参軍への貶官例は皆無に等しかったが、唐末には両者の立場は完全に逆転してしまったのである（それぞれ二例、零例）。この時期の司戸参軍への貶官は、未到任の割合が他の時期に比べて非常に高く、特に哀帝朝では九五％以上が任地に赴いていないと考えられる。言い換えれば、唐末における司戸参軍への貶官は、次の処分が下されるまでのつなぎに過ぎず、しかも司戸参軍への貶官は再貶ないしは三貶であることが多かったため、次の処分とは配流か賜死である場合がほとんどだったのである。

最後に、複数ある州の諸曹・諸司参軍事の中で、なぜ司戸参軍が貶官ポストとして用いられることが多かったのかについて一言しておきたい。宮崎市定、厳耕望両氏が詳説されているように、州府の僚佐は、特に唐後期においてしばしば人員整理の対象となった。そのため、下等の州では判司が全て揃わないことになってしまった(24)。たとえば、下州では司倉・司戸・司法の三つの参軍しか置かれず、これらが他の判司の職掌を兼任していたのである。そのような場合でも、司戸参軍のみは省員の対象とされることなく、五代になって他の判司が全て廃止された時でも、この官だけは残されたのであった。つまり、司戸参軍は、唐後期の判司削減の流れにあって、どの州府にも必ず置かれていた官職だったのである。刺史の軍事化により刺史が貶官ポストに用いられなくなってゆき、また節度使体制の成立によって佐官が淘汰されてゆくという流れの中で、このような官が高級官人の貶官ポストとして浮上してきたのは、ある意味では至極当然のことであったと言える。

## 二　県　尉

次に、貶官ポストとしての県尉について検討してゆきたい。**表F-13**は、県尉への貶官数を各朝代・各道ごとに表示したものである。これによれば、県尉への貶官は玄宗朝と哀帝朝に集中している。貶官地は時期により異なり、玄宗朝では嶺南道に、哀帝朝では河南道に貶官される例がそれぞれ目立って多い。嶺南道への集中的な貶官は、高宗~武后期から粛宗~順宗期にかけて一貫して多く、この時期の基本的な流れと見なし得る。任地への赴任状況という点で言えば、玄宗朝には未到任者の数はほんの僅かだったのに、哀帝朝では到任の確認できる例が一例も無い。また、哀帝朝では他の時期に比べて員外官の割合がかなり高くなっている点も注目される。

## 表F-13　県尉への貶官数

| 朝代＼道 | 京畿 | 関内 | 都畿 | 河南 | 河東 | 河北 | 山南東 | 山南西 | 隴右 | 淮南 | 江南東 | 江南西 | 黔中 | 剣南 | 嶺南 | 合 | 計 |
|---|---|---|---|---|---|---|---|---|---|---|---|---|---|---|---|---|---|
| 高祖 | | | | | | | | | | | | | | | | 0 | 0 |
| 太宗 | | | | | | | | | | | | | | | | 0 | |
| 高宗 | | | | | | | | | | | | | | | 1 | 1 | 9 ① |
| 武后 | | | | | 1 | | 1 | | | | | 1 | 1 ① | | 4 ① | 8 ① | |
| 中宗 | | | | 1 ① | | | | | | | | | 1 ① | | 4 | 6 ② | 35 ❸④ |
| 睿宗 | | | | | | | | | | | | | | | | 0 | |
| 玄宗 | | | | | | | 4 | | | | 2 | 1 | 6 | | 16 ❸② | 29 ❸② | |
| 粛宗 | | | | | | | 1 | 1 ① | | | 1 | 1 | 1 | | 2 | 7 ① | 17 ❷③ |
| 代宗 | | | | | | | 1 ❶ | | | | 1 | 1 | 1 ❶① | | 2 | 6 ❷① | |
| 徳宗 | | | | | | | 1 | | | | | | 1 ① | | 1 | 3 ① | |
| 順宗 | | | | | | | | | | | 1 | | | | | 1 | |
| 憲宗 | | | | | | | | | | | | | | 1 | 2 ❶ | 3 ❶ | 6 ❶ |
| 穆宗 | | | | | | | | | | | | | | | | 0 | |
| 敬宗 | | | | | | | | | | | | | | | | 0 | |
| 文宗 | | | | | | | | | | | | 1 | | | | 1 | |
| 武宗 | | | | | | | | | | | | | | | | 0 | |
| 宣宗 | | | | | | | 1 | | | | | | | | 1 | 2 | |
| 懿宗 | | | | | | | 1 | | | | | | | | 1 | 2 | 20 ❽⑯ |
| 僖宗 | | | | | | | | | | | | | | | 1 | 1 | |
| 昭宗 | | | | | | | | | | | | | 1 | | | 1 | |
| 哀帝 | | | | 14 ❽⑭ | | 2 ② | | | | | | | | | | 16 ❽⑯ | |
| 合計 | 0 | 0 | 0 | 15 ❽⑮ | 1 | 2 ② | 10 ❶ | 1 ① | 0 | 0 | 5 | 5 | 12 ❶④ | 1 | 35 ❹③ | 87 ⓮㉔ | |

## 表F-14　左遷官の前任官官品（県尉）

| 官品 | 高祖 | 太宗 | 高宗 | 武后 | 中宗 | 睿宗 | 玄宗 | 粛宗 | 代宗 | 徳宗 | 順宗 | 憲宗 | 穆宗 | 敬宗 | 文宗 | 武宗 | 宣宗 | 懿宗 | 僖宗 | 昭宗 | 哀帝 |
|---|---|---|---|---|---|---|---|---|---|---|---|---|---|---|---|---|---|---|---|---|---|
| 正一品 | | | | | | | | | | | | | | | | | | | | | |
| 従一品 | | | | | | | | | | | | | | | | | | | | | |
| 正二品 | | | | | | | | | | | | | | | | | | | | | |
| 従二品 | | | | | | | | | | | | | | | | | | | | | |
| 正三品 | | | | ●●● | | | □ | | | | | | | | | | | | | | |
| 従三品 | | | □ | ● | | | □□□□□ | ○○ | ○■ | □ | | ○ | | | | | | ■ | ○■□ | | |
| 正四上 | | | | ● | ● | | □ | | | □ | | | | | | | | | | | ○○ |
| 正四下 | | | | | | | | | | | | | | | | | | | ◎ | | |
| 従四上 | | | | | | | | | | ○ | | | | | | | | | | | ○○ |
| 従四下 | | | | | | | ○ | | | | | | | | | | | | | | |
| 正五上 | | | | ◎ | | | | ◎◎ | | | | | | | | | | | | | |
| 正五下 | | | | | | | | | | | | | | | | | | | | | |
| 従五上 | | | | ○ | | | ◎◎○□ | | | | | | | | | | | | | | ◎ |
| 従五下 | | | | | | | | | | | | | | | | | | | | □ | |
| 正六上 | | | | | | | □□ | □ | □ | | | | | | | | | | | | □□□ |

| | | | | | | | | | | | | | | | | | | | | | |
|---|---|---|---|---|---|---|---|---|---|---|---|---|---|---|---|---|---|---|---|---|---|
| 正六下 | | | | | | | □□ | | □ | | | | | | | | | | | | |
| 従六上 | | | | | □ | | ◎◎ | | | | | □ | | | | | □ | | | | ◎ |
| 従六下 | | | | | ◎ | | | | | | | | | | | | | | | | |
| 正七上 | | | | | | | | | | | | | | | | | | | | | |
| 正七下 | | | | | | | | | | | | | | | | | | | | | |
| 従七上 | | | | | | | | | | | | | | | ◎ | | ○ | | | | ◎◎ |
| 従七下 | | | | | | | ◎ | | | | | | | | | | | | | | |
| 正八上 | | | | ◎ | ◎ | | △◎◎ | | □ | | | | | | | | | | | | |
| 正八下 | | | | | | | | | | | | | | | | | | | | | |
| 従八上 | | | | | | | | | | | | | | | | | | | ◎ | | ◎ |
| 従八下 | | | | | | | ○ | ○ | | | | | | | | | | | | | ○ |
| 正九上 | | | | | | | ○ | | ○ | | | | | | | | | | | | □ |
| 正九下 | | | | | | | □ | | | | | | | | | | | | | | □ |
| 従九上 | | | | | | | | | | | | | | | | | | | | | |
| 従九下 | | | | | | | □ | | | | | | | | | | | | | | |
| 不　明 | | | | | ○ 不明1 | | ○□ 庶人1 | ○ | | | □ | □ | | | | | | ○□ | | | ○ |

表F-14は、県尉に貶官された官人の前任官の官品分布を、各朝代ごとに表したものである。これによれば、高宗～武后期、玄宗朝、粛宗～順宗期、哀帝朝とでその特徴は少しずつ異なっている。まず高宗～武后期では、宰相からの貶官例が他に時期に比べて際立って多い（九例中五例）。玄宗朝になると、この特徴は全く見られなくなり、代わって外官からの貶官例が増加している（二九例中一五例）。このうちの約半数は刺史からの貶官例である。先に他の外官に貶せられた官人が更に県尉に貶官された例も四例ある。ところが粛宗～順宗期には、刺史からの貶官例はほとんど見られなくなり、外官では上佐以下からの例が確認されるのみである。他に三品以上の京官（三省官・臺官以外）からの貶官例が若干ある。哀帝朝になると、三品以上の官人が県尉に直接左遷されることは無くなるようで、確認されるのは、四品の京官（三省官・臺官以外）、五品以下の三省官・臺官及び上佐以下の外官からの諸例である。

　では、以上に述べた変化は、どのような意味をもつのであろうか。今までに論じてきた刺史以下の諸官への貶官と比較対照しつつ考察を加えたい。

　まず、高宗～武后期において、他の時期に比べて宰相から県尉への貶官例が多いという点について。前述したように、この時期の宰相の主たる貶官ポストは刺史である。特に中原地方への貶官例が目につく。県尉への貶官はそれに遠く及ばない。したがって、これを餘りに重視してこの時期の特徴として強調することは、適当ではない。ただいずれの例も、政治的な色彩の濃厚な左遷である。

　次に玄宗朝に外官、特に刺史からの貶官例が増えるという点について。中宗～玄宗期における刺史の主な貶官ポストは、他州の刺史であり、司馬・別駕がこれに次ぐ。この時期における藩帥・刺史からの貶官例は全部で五〇例あるが、そのうち上州刺史からの貶官例は二三例と半数近くを占める。そしてその貶官地は、中原地方よりも山南・江南・嶺南道といった言わば後進地域が多い。ところがこれを玄宗朝に限る（計三一例）と、刺史への貶官例は九例に過ぎず、却って別駕（八例）・県尉（六例）への貶官が目立つようになる。これらはともに中宗・睿宗朝には例が無い。つまり、刺史から県尉への貶官は玄宗朝に特徴的な現象なのである。なぜこの時期に刺史から県尉への貶官が多くなされたのかについては、現在のところ明確な解答を示し得ない。ただ前述のように、この時期に県尉として左遷される場合、その任地は嶺南道であることが多いこと、再貶以上の例がこの中にいくつか含まれていること、及び、第一節で言及したように玄宗朝において刺史の職は、たとい上州の刺史であっても、その官界での位置づけは決して高くなかったことなどを勘案すると、刺史から県尉へのこのような貶官も強ち無茶なものとは言えないように思われる。勿論、これはランクの低い県尉について言えることであり、同じ県尉でも、赤県・畿県・望県・緊県といった上等の県の県尉はこれと異なる扱いをされていたことは言うまでもない[25]。

最後に、哀帝朝において四品の京官（三省官・臺官以外）、五品以下の三省官・臺官及び上佐以下の外官から河南道の県尉に貶せられる例が集中して現われる理由について一言しておきたい。県尉への貶官例は、玄宗朝をピークとして、以後は減少する傾向にある。ところが哀帝朝になって突如その数を増している。当時、唐朝の実権は朱全忠に乗っ取られ、また黄巣の乱以降は、朝廷の勢力範囲は華北の一部の地域に限られていた。ところで、貶官理由からも明らかなように、この時期に県尉に貶せられた官人は、朱全忠の専権に抵抗した、唐朝の「旧臣」とでも言うべき人々に他ならない。朱全忠は、自らに刃向ったこうした官人を一旦県尉に任じて都から追い出し、自らの本拠地たる河南に向かわせた後、任地に到着する前に殺害してしまったのである。朱全忠にしてみれば、彼らを実際に県尉に着任させるつもりなど毛頭無いのであるから、赴任先の缺員状況を気にせずに済む員外官のポストでも何ら不都合はなかったのである。

## おわりに

以上、三節にわたって、唐代における主要な貶官ポストについて論じてきた。ここで全体をまとめる意味で、官職ごとの貶官ポストを、宰相、三省官・臺官、三省官・臺官以外の京官（東宮官・寺監官等）、藩帥、刺史、上佐以下の外官の六つのグループについて、時代による変遷を踏まえつつ説明しておきたい。

宰相の貶官ポストは、唐の前期と後期とで截然と分かれている。前期においては、刺史に貶せられる例が圧倒的に多く、貶官地は中原地方に集中している。但し、高宗～武后期には山南・江南・嶺南道への貶官例も散見される。後期になると、宰相が直接刺史に貶せられることは少なくなり、荊南節度使・湖南観察使・鄂岳観察使・桂管観察使などの藩帥として出鎮するか、あるいは東宮官（太子三師・太子三少。分司官であることが多い）や寺監の長官、僕射（不帯同平章事）といった閑職に一度就いた後で改めて貶せられることが一般的となる。

三省官・臺官の貶官ポストは、当然のことながら官品によって異なる。三品以上の場合、唐代を通じて刺史への貶官例が最も多く見られる。ただ、貶官地は宰相の場合と同じく、前期には中原地方が多く、後期になると山南・江南・嶺南道が多くなる。それに次ぐものとして、中宗～玄宗期では別駕への、それ以降の時期では司馬への貶官が目につく。四品官の貶官ポストも、基本的には三品以上の場合と変わりはない。五品官の場合、高宗～武后期には刺史よりも上佐や県令・県尉への貶官例が多く、中宗～玄宗期に一時刺史への貶官が多くなるものの、粛宗～順宗期には再び上佐・県令・県尉への貶官例のほうが上回るようになる。刺史が五品官の主要な貶官ポストとなるのは、憲宗～宣宗期においてである。唐末には司馬・司戸参軍が主な貶官先となっている。六品官の貶官ポストも、五品官とおおよそ同じように変化しており、粛宗～順宗期までは上佐等への貶官が多く、憲宗～宣宗期には刺史が主な貶官ポストとなる。唐末には司戸参軍への貶官例が最も多くなっている。七品以下の場合、前期では県令・県尉が主な貶官先であり、後期にはこれに司戸参軍が加わる。このように、三省官・臺官の貶官ポストは、四品以上（二～四品）、五・六品、七品以下（七・八品）でかなりの違いが見られるのである。

三省官・臺官を除く京官（具体的には東宮官・寺監官・京兆尹等）の貶官ポストは、三省官・臺官のそれと著しい差異を示している。三品以上では、刺史への貶官例も見られるが（中宗～玄宗期から憲宗～宣宗期まで）、それも三省官・臺官の場合ほど際立ってはいない。むしろ目を惹くのは上佐への貶官である。中宗～玄宗期には別駕が、粛宗～順宗期には長史が、それ以後唐末までは司馬が、これらの官の主たる貶官ポストとなっている。四品以下についてもほぼ同様の傾向が現れている。

藩帥の貶官ポストは、玄宗朝以後、唐末に至るまで刺史、それも山南・江南・嶺南道の刺史である。ただ、唐末の懿宗～哀帝期には司馬・司戸参軍に貶せられた例も若干見られる。

刺史の貶官ポストは、唐の前期と後期とで大きな相違がある。前期、特に高宗～武后期以前においては、刺史の主要た貶官先は、他州の刺史である。貶官地はどちらかと言えば、中原地方よりも山南・江南一嶺南道であることのほうが多いが、両者には大差は無い。ところが後期には、中宗～玄宗期を過渡期として、憲宗～宜宗期までは上佐が、そして唐末には司戸参軍が、主た貶官ポストとなる。また、憲宗朝以降、一度刺史に貶せられた者が更に上佐・司戸参軍として再貶される例が数多く見られる。

上佐以下の外官については、貶官例もあまり多くないため、はっきりとした傾向は現われていない。ここではただ、上佐→他州の上佐・司戸参軍・県尉という例がいくつか見い出されること、再貶以上の場合がほとんどであることの二点を指摘するにとどめておきたい。

このように、唐代における官人の貶官ポストは時代とともに大きく変化したのであるが、これは、唐朝の地方統治のあり方の変化と大きな関わりをもっているように思われる。唐前期の地方統治をめぐる議論で常に問題となったのは、地方官の人選、わけても刺史人事を重視せよということであった。裏を返せば、当時において州県官は、長官でさえも中央官界から等閑視されていたことを、このことは物語っている。しかもこの時に問題とされたのは、河南・河東・河北の所謂中原地方と剣南・淮南道であり、それ以外の地域については言及されなかった。かかる状況に対して唐朝は、開元年間に繰り返し出した詔勅によって、三品以上の高級官人をこれらの地域の刺史に貶することに対する歯止めをかけ、代わって四品以下の京官を刺史に任して彼らの官品を三品に上げ、刺史となることにある種の附加価値をもたせることで、刺史の相対的地位の上昇を図った。しかし、これとて唐初以来の外任軽視の風潮を解消する決定打たり得ず、結局、主に中原地方の刺史の地位を大きく高めたのは、安史の乱を契機とする「州の軍事化」であった。粛宗~順宗期には、これら諸地域の刺史に代わって、上佐（特に司馬）あるいは山南・江南・嶺南道の刺史が主な貶官ポストとなる。上佐は元来刺史の補佐役であったが、節度使体制の成立により使院の幕職官にその地位を取って代わられ、当時は全くの閑職となっていた。また山南・江南・嶺南道は、前期には問題にされないほど等閑に附されていた地方であったが、後期には左遷官人ではあるものの、中央の高級官人がその刺史に任ぜられるようになった。一般に華中・華南の藩帥には罷免された宰相の就くことが多く、時には明らかに左遷である場合もあった。地方長官に優れた人材を用いるという方針は、それ自体は誰しも反対のできぬものであったが、往々にしてこの錦の御旗は政争の具として利用され、反対派の高官を都から放逐して遠方に追いやる口実とされた。この傾向は唐末には更に顕著となり、到任させるあても無く、また左降の意を強調すべく司戸参軍・県尉に中央高官を貶官し、都を出たところで命を奪うことが屢々行われたのである。(26)

以上、小論では、唐代官人の貶官について、特に外官に対象を限定して考察してきた。はじめにもお断りしておいたように、調査対象を両唐書と『通鑑』とに限定したために、[27]小論の考察は必ずしも唐代の官人世界全体に及ぶものではなく、中・下層の官人の動向にはほとんど言及し得なかった。[28]また、前任官と貶官ポストとの関係を考える際に、今回は貶官理由を踏まえた分析を敢えて行わなかった。両者の相関関係にばらつきが生じているのは、貶官理由の相違による部分が少なくないであろうことは容易に推測される。しかし、貶官理由自体が複雑かつ極めて多岐にわたる上に、史料に貶官の理由として挙げられているものの背後に権力闘争を想定しなければならない場合が多いために、その帰納的分析には細心の注意を要する。したがって、今ここでこの問題を軽々に論ずることは避け、他日、貶官以外の処分をも含め、罪吏に対する朝廷の処罰という枠組の中で、改めて考察を加えることとしたい。

注

（1）八重津洋平「唐代官人の貶をめぐる二三の問題」（『法と政治』一八―一、一九六七年）。

（2）前注、八重津論文、九八頁。

（3）『漢書』巻八九、循吏伝。

及至孝宣、繇仄陋而登至尊、興于閭閻、知民事之。（中略）常称曰「庶民所以安其田里而亡歎息愁恨之心者、政平訟理也、与我共此者、其唯良二千石乎」。

（4）濱口重国「所謂、隋の郷官廃止に就いて」（一九四一年初出。『秦漢隋唐史の研究』下巻、東京大学出版会、一九六六年所収）。

（5）『通鑑』巻一九八、貞観二十年正月丁丑条。

遣大理卿孫伏伽等二十二人以六条巡察四方、刺史・県令以下多所貶黜、其人詣闕称冤者、前後相属、上令褚遂良類状以聞。上親臨決、以能進擢者二十人、以罪死者七人、流以下除免者数百千人。

（6）陳子昂『陳伯玉文集』巻八、上軍国利害事、第三条「牧宰」。
宰相陛下之腹心、刺史・県令陛下之手足、未有無腹心手足而能独理者也。臣窃観、当今宰相已略得其人矣、独刺史・県令、陛下独甚軽之、未見得其人。

（7）『通鑑』巻二〇七、長安四年三月条。
太后嘗与宰相議及刺史・県令、三月己丑、李嶠・唐休璟等奏「窃見朝廷物議、遠近人情、莫不重内官軽外職、毎除授牧伯、皆再三披訴、比来所遣外任、多是貶累之人、風俗不澄、寔由於此。望於臺閣寺監妙簡賢良、分典大州、共康庶績。臣等請輟近侍、率先具僚」。太后命書名探之、得韋嗣立及御史大夫楊再思等二十人、癸巳、制各以本官検校刺史。（中略）其後政績可称者、唯常州刺史薛謙光・徐州刺史司馬鍠而已。

（8）『唐会要』巻六八、刺史上。
神龍元年正月、挙人趙冬曦上疏曰「臣聞、古之択牧宰者、皆出於臺郎御史、以為栄遷。（中略）今則不然。京職之不称者、乃左為外任、大邑之負累者、乃降為小邑、近官之不能者、乃遷為遠官。夫常人之心、未可卒革」。

（9）『冊府元亀』巻六九、帝王部、審官。
景龍元年十一月、制曰「共理天下者、在良二千石。宜令中書門下、於内外揀択、必取材望兼優・公清特著可以宣風導俗、具以名聞」。

（10）『唐大詔令集』巻一〇〇、政事、官制、簡京官為都督刺史詔。
当於京官内簡宏才通識堪致理興化者、量授都督・刺史等、久在外藩頻有進状者、量授京官、使出入常均、永為恒式。
『冊府元亀』巻六九、帝王部、審官、開元三年六月戊午。
勅曰「刺史宜兼於京官中簡択歴任有善政者、補置於司農・太府・少府等司、既掌財物、已知次第、復称執事、不在取限」。

（11）『旧唐書』巻八八、韋嗣立伝。
「（前略）又刺史・県令、理人之首、近年已来、不存簡択、京官有犯及声望下者、方遣牧州、吏部選人、暮年無手筆者、方擬県令、此風久扇、上下同知、将此理人、何以率化。今歳非豊稔、戸口流亡、国用空虚、租調減削、陛下不以此留念、将何以理国乎、臣望下明制、具論前事、使有司改換簡択、天下刺史・県令、皆取才能有称望者充、自今已往、応有遷除諸曹侍郎・両省・両臺及五品已上清望官、先於刺史・県令中選用。（中略）」。疏奏不納。

(12)『冊府元亀』巻六九、帝王部、審官、開元十二年条、及び『唐会要』巻六八、刺史上、開元十二年六月二十四日条。

(13)『唐会要』巻三一、魚袋。

垂拱二年正月二十日敕文「諸州都督・刺史、並準京官帯魚袋」。

(14)池田温「律令官制の形成」（岩波講座『世界歴史』五、岩波書店、一九七〇年所収）三〇七頁を参照。

(15)『通典』巻三三、職官典、郡太守の原注。

自至徳之後、州県凋弊、刺史之任、大為精選、諸州始各有兵鎮、刺史皆加団練使、故其任重矣。

「州の軍事化」については、宮崎市定「宋代州県制度の由来とその特色——特に衙前の変遷について——」（一九五三年初出。『宮崎市定全集』第一〇巻、岩波書店、一九九二年所収）において論じられている。

(16)安史の乱後のいわゆる藩鎮の跋扈については、日野開三郎『支那中世の軍閥』（三省堂、一九四二年。のち『日野開三郎東洋史学論集』第一巻、三一書房、一九八〇年に再録）を参照されたい。

(17)孫国棟『唐代中央重要文官遷転途径研究』（龍門書店、一九七八年）。

(18)所謂「元和の中興」により、憲宗朝末期から穆宗朝にかけて、河南の諸藩鎮は「順地」化し、唐朝はこの地域における官吏の任免権を回復した。前注（16）日野著書及び拙稿「唐朝の対藩鎮政策について——河南「順地」化のプロセス——」（『東洋史研究』四六—二、一九八七年）を参照。

(19)『通鑑』巻二三六、永貞元年十一月己卯条。

朝議謂「王叔文之党、或自員外郎出為刺史、貶之太軽」、己卯、再貶韓泰為虔州司馬、韓曄為饒州司馬、柳宗元為永州司馬、劉禹錫為朗州司馬。

(20)『通典』巻三三、職官典、総論郡佐および『唐会要』巻六九、別駕による。

(21)この廃止は、かつて玄宗が潞州別駕であった時に、クー・デタにより政権を握った故事によるという。『通典』巻三三、職官典、総論郡佐。

天宝八載、以玄宗由潞州別駕入定内難、遂登大位、乃廃別駕官。

（22）『唐会要』巻六九、別駕。
太和元年正月、宰相韋処厚奏「請復置六雄・十望・十緊・三十四州別駕」。先是、貞元中、宰相斉抗奏減冗員、罷諸州別駕、其京百司令入別駕、多処之朝列、及元和已後、両河用兵、偏裨立功者、率以儲宋王官雑補之、処厚乃復請置別駕以処焉。

『新唐書』巻一四二、韋処厚伝も参照。

（23）布目潮渢「白楽天の官吏生活――江州司馬時代――」（一九六〇年初出。『布目潮渢中国史論集』下巻、汲古書院、二〇〇四年所収）を参照。

（24）前注（15）宮崎論文、及び厳耕望「唐代府州僚佐考」（『唐史研究叢稿』新亜研究所、一九六九年所収）を参照。

（25）礪波護「唐代の県尉」（一九七四年初出。『唐代政治社会史研究』、同朋舎、一九八六年所収）を参照。

（26）小論では、唐代におけるこうした貶官ポストが五代から北宋にかけてどのように変遷してゆくのかについて、言及することができなかった。宋の新しい官僚体制の中に、唐後期の貶官ポストがどのように組み込まれたかについては、梅原郁『宋代官僚制度研究』（同朋舎、一九八五年）の第一章「宋代の文階」で論じられている。

（27）墓誌を始めとする石刻史料を活用できていないのも、小論の大きな欠陥である。ただ、墓誌に限って言えば、被葬者の経歴について不都合な事項を故意に記さなかったり、極めて婉曲にしか表現しないことが珍しくないため、貶官についての有力な史料とはなりづらい側面がある。

（28）小論のこうした缺点を補う近年のまとまった研究成果として、頼瑞和『唐代基層文官』（聯経出版公司、二〇〇四年）および『唐代中層文官』（聯経出版公司、二〇〇八年）を挙げ得る。

# (附)唐代貶官一覧

［凡例］

・この一覧表は、『新唐書』『旧唐書』の本紀・列伝および『通鑑』から貶官例を拾い出し、それを官職・地域ごとに分類・排列したものである。排列は年代順に従った。刺史の部分については、郁賢皓『唐刺史考全編』(安徽大学出版社、二〇〇〇年)を適宜参照した。

・史料により記述が異なり、いずれが正しいとも断定できない場合には、しばらく両存に従った。

・「未到任」欄に○印のあるものは、その官に到任する前に次の処分(賜死・再貶等)を受けたことを示し、「再貶」欄に○印のあるものは、その官への貶官が再貶以上であることを示す。また、「出典」欄の数字は巻数を表す。

・本表で用いられている略称は次の通りである。

「同三品」＝同中書門下三品、「同平章事」＝同中書門下平章事、「司法(兵・倉等)」＝司法(兵・倉等)参軍

「旧書」＝『旧唐書』、「新書」＝『新唐書』、「宰相表」＝『新唐書』宰相表

・本表で用いられている記号は次の通りである。

△＝員外官、※＝藩帥、★＝宰相

〔刺史〕

（京畿道）

| 州 | 姓名 | 朝代 | 貶官年 | 西暦 | 前任官 | 未到任 | 再貶 | 出典：旧書 | 出典：新書 | 出典：宰相表 | 出典：通鑑 | 出典：その他 |
|---|---|---|---|---|---|---|---|---|---|---|---|---|
| 同州 | 王珪 | 太宗 | 貞観7 | 633 | 侍中★ | | | 70 | 98 | 61 | 194 | |
| 商州 | 蕭瑀 | | 同20 | 646 | 太子太保★ | | | 63 | 101 | 61 | | |
| 同州 | 褚遂良 | 高宗 | 永徽元 | 650 | 中書令★ | | | 80 | 105 | 61 | 199 | |
| 岐州 | 蘇珦 | 中宗 | | | 右臺大夫 | | | | 128 | | | |
| 華州 | 崔湜 | 睿宗 | 唐隆元 | 710 | 吏部侍郎、同平章事★ | ○ | | | | 61 | 209 | |
| 岐州 | 薛謙光 | | 景雲2 | 711 | 御史大夫 | | | 101 | 112 | | 210 | |
| 華州 | 楊瑒 | 玄宗 | 開元12 | 724 | 戸部侍郎 | | | 185下 | 130 | | 212 | |
| 同州 | 顔真卿 | 粛宗 | 至徳2 | 757 | 御史大夫 | | | 128 | 153 | | | |
| 邠州 | 房琯 | | 乾元元 | 758 | 太子少師 | | | 111 | 139 | | 220 | |
| 華州 | 孔戣 | 憲宗 | 元和9 | 814 | 左丞 | | | 154 | 163 | | | |
| 同州 | 元稹 | 穆宗 | 長慶2 | 822 | 守工部侍郎、同平章事★ | | | 166 | 174 | 63 | 242 | |
| 華州 | 李固言 | 文宗 | 大和8 | 829 | 左丞 | | | 173 | | | | |
| 華州 | 張仲方 | | 大和末 | | 京兆尹 | | | 99 | | | | |
| 商州 | 鄭裔綽 | 宣宗 | 大中中 | | 給事中 | | | | 165・175 | | | |
| 商州 | 王凝 | 懿宗 | 咸通10 | 869 | 礼部侍郎 | | | 190下 | 194 | | | |

| | | | | | | | | | | | | |
|---|---|---|---|---|---|---|---|---|---|---|---|---|
| ※邠州 | 韋澳 | | 咸通中 | | 吏部侍郎 | | | 158 | | | | |
| (関内道) | | | | | | | | | | | | |
| 涇州 | 楊弘礼 | 太宗 | 貞観23？ | 649 | 司農卿 | | | 77 | 106 | | | |
| 隴州 | 馮元常 | 武后 | 文明元 | 684 | 左丞 | | | 185下 | 112 | | | |
| 綏州 | 陸元方 | | 証聖元 | 695 | 鸞臺侍郎、同平章事★ | | | 6・90 | 116 | 61 | 205 | |
| 鄜州 | 韋巨源 | | 同　元 | 695 | 右丞、同平章事★ | | | 6・90 | 123 | 61 | 205 | |
| 坊州 | 蘇味道 | | 長安4 | 704 | 鳳閣侍郎、同三品★ | | | 94 | 114 | 61 | 207 | |
| 原州 | 宗楚客 | | 長安4 | 704 | 夏官侍郎、同平章事★ | | | 6 | 109 | 61 | 207 | |
| 坊州 | 于休烈 | 玄宗 | 天宝中 | | 比部郎中 | | | 149 | 104 | | | |
| ※鄜州 | 元義方 | 憲宗 | 元和7 | 812 | 京兆尹 | | | | 201 | | | |
| (都畿道) | | | | | | | | | | | | |
| 穀州 | 杜正倫 | 太宗 | 貞観17？ | 643 | 中書侍郎 | | | 70 | 106 | | 197 | |
| 汝州 | 宇文融 | 玄宗 | 開元17 | 729 | 黄門侍郎、同平章事★ | | | 8・105 | 134 | 62 | 213 | |
| 汝州 | 蘇晋 | | 同　19 | 731 | 吏部侍郎 | | | 100 | 128 | | | |
| 汝州 | 庾準 | 代宗 | 大暦12 | 777 | 右丞 | | | 118 | 145 | | | |
| 汝州 | 張元夫 | 文宗 | 大和7 | 833 | 中書舎人 | | | 17下 | | | 244 | |
| (河南道) | | | | | | | | | | | | |
| 虢州 | 李愔 | 太宗 | 貞観18 | 644 | 蜀王、岐州刺史 | | | 76 | | | | |

| | | | | | | | | | | | | |
|---|---|---|---|---|---|---|---|---|---|---|---|---|
| 鄭州 | 許敬宗 | 高宗 | 永徽2 | 651 | 礼部尚書 | | | 82 | 223上 | | | |
| 汴州 | 房遺直 | | 同3 | 652 | 礼部尚書 | ○ | | 66 | 96 | | | |
| 青州 | 劉仁軌 | | 顕慶4 | 659 | 給事中 | | | | 108 | | 201 | |
| 濠州 | 武元爽 | | 乾封元 | 666 | 少府少監 | ○ | | | 76 | | 201 | |
| 青州 | 騫味道 | 武后 | 垂拱元 | 685 | 守内史、同三品★ | | | 6・87 | 117 | 61 | 203 | |
| 沂州 | 韋承慶 | | 長寿中 | | 鳳閣舎人 | | | 88 | 116 | | | |
| △濮州 | 李重福 | 中宗 | 神龍元 | 705 | 譙王、左散騎常侍 | | | 7・86 | 81 | | 208 | |
| 亳州 | 姚崇 | | 同元 | 705 | 太僕卿、同三品★ | | | 7 | | 61 | 208 | |
| 豫州 | 李嶠 | | 同元 | 705 | 地官尚書 | ○ | | 94 | 123 | | | |
| 滑州 | 敬暉 | | 同2 | 706 | 特進、平陽王 | ○ | | 7 | | | 208 | |
| 豫州 | 袁恕己 | | 同2 | 706 | 特進、南陽王 | ○ | | 7 | | | 208 | |
| 亳州 | 桓彦範 | | 同2 | 706 | 洺州刺史 | ○ | ○ | | | | 208 | |
| 青州 | 尹思貞 | | 同2 | 706 | 大理卿 | | | 100 | 128 | | 208 | |
| 濠州 | 員半千 | | 神龍中 | | 棣州刺史→弘文館学士 | | | | 112 | | | |
| 陳州 | 盧粲 | | 景龍元 | 707 | 給事中 | | | 189下 | 199 | | 208 | |
| 許州 | 蕭至忠 | 睿宗 | 唐隆元 | 710 | 中書令★ | ○ | | 7 | | 61 | 209 | |
| 宋州 | 韋嗣立 | | 同元 | 710 | 兵部尚書、同三品★ | ○ | | 7 | | 61 | 209 | |
| 許州 | 韋嗣立 | | 景雲元 | 710 | 中書令★ | | | | | 61 | 209 | |

(附)唐代貶官一覧（刺史）

| | | | | | | | | | | | | |
|---|---|---|---|---|---|---|---|---|---|---|---|---|
| 宋州 | 趙彦昭 | | 同元 | 710 | 中書侍郎、同平章事★ | | | | | 61 | 209 | |
| 滑州 | 李朝隠 | 玄宗 | 開元4 | 716 | 吏部侍郎 | | | 100 | 109 | | 211 | |
| 豫州 | 盧従愿 | | 同4 | 716 | 吏部侍郎 | | | 100 | 129 | | 211 | |
| 曹州 | 韋湊 | | 同10 | 722 | 河南尹 | | | | 118 | | | |
| 登州 | 厳挺之 | | 同15? | 727 | 給事中 | | | 99 | 129 | | | |
| 曹州 | 李元紘 | | 同17 | 729 | 中書侍郎、同平章事★ | | | 8・98 | 126 | 62 | 213 | |
| 青州 | 蕭嵩 | | 同27 | 739 | 太子太師 | | | 9・99 | 101 | | 214 | |
| 斉州 | 盧奐 | | 天宝元 | 742 | 兵部侍郎 | | | 103 | | | | |
| 陳州 | 張倚 | | 同2 | 743 | 御史中丞 | | | 113 | 140 | | 214 | |
| 宋州 | 裴寛 | | 同3 | 744 | 戸部侍郎 | | | 100 | 130 | | 215 | |
| 淄州 | 裴敦復 | | 同4 | 745 | 嶺南五府経略等使 | | | | | | 215 | |
| 濠州 | 韋陟 | | 同5? | 746 | 汴州刺史、河南道採訪使 | ○ | | 92 | 122 | | | |
| 潁州 | 蕭炅 | | 同8 | 749 | 刑部尚書 | | | | | | 216 | |
| 宋州 | 李峘 | | 同12 | 753 | 考功郎中 | | | 112 | | | | |
| 陝州 | 楊慎矜 | | 天宝中 | | 諫議大夫 | | | | 134 | | | |
| 鄭州 | 于頎 | 代宗 | 大暦12 | 777 | 京兆尹 | | | 146 | 149 | | | |
| ※陝州 | 杜亜 | 徳宗 | 同14 | 779 | 江西観察使 | | | 146 | 172 | | | |
| 亳州 | 李繁 | 敬宗 | 宝暦中 | | 大理少卿 | | | 130 | 139 | | | |

| | | | | | | | | | | | | |
|---|---|---|---|---|---|---|---|---|---|---|---|---|
| 鄭州 | 蕭澣 | 文宗 | 大和7 | 833 | 給事中 | | | | | | 244 | |
| 鄭州 | 権璩 | | 同9 | 835 | 中書舎人 | | | 17下 | | | | |
| 鄭州 | 柳仲郢 | 武宗 | 会昌6 | 846 | 右散騎常侍 | | | 165 | 163 | | | |
| 鄭州 | 劉潼 | 宣宗 | 大中11 | 857 | 霊武節度使 | | | 18下 | 149 | | | |
| 登州 | 裴枢 | 哀帝 | 天祐2 | 905 | 左僕射 | ○ | | | 20下・113 | 140 | | 265 |
| 莱州 | 崔遠 | | 同2 | 905 | 右僕射 | ○ | | 20下 | | | 265 | |
| 棣州 | 独孤損 | | 同2 | 905 | 静海軍節度使 | ○ | | 20下 | | | 265 | |
| 登州 | 柳璨 | | 同2 | 905 | 門下侍郎、同平章事★ | ○ | | 20下 | 223下 | 63 | 265 | |
| （河東道） | | | | | | | | | | | | |
| 隰州 | 房遺直 | 高宗 | 永徽3 | 652 | 礼部尚書 | ○ | | | | | 199 | |
| 嵐州 | 紫令武 | | 同4 | 653 | 衛州刺史 | ○ | | 58 | 90 | | | |
| 汾州 | 韋弘敏 | 武后 | 光宅元 | 684 | 太府卿、同三品★ | | | | | 61 | | |
| 幷州 | 張知泰 | 中宗 | | | 右御史大夫 | | | 185下 | | | | |
| 絳州 | 趙彦昭 | 睿宗 | 唐隆元 | 710 | 中書侍郎、同平章事★ | ○ | | 7 | | 61 | 209 | |
| 沁州 | 李邕 | | 同元 | 710 | 汴王、秘書監 | | | 64 | 79 | | 209 | |
| 晋州 | 蕭至忠 | | 景雲元 | 710 | 中書令★ | | | | | 61 | 209 | |
| 絳州 | 張錫 | | 同元 | 710 | 工部尚書、同平章事★ | | | | | 61 | 209 | |
| 蒲州 | 裴談 | | 同元 | 710 | 刑部尚書、同三品★ | | | | | 61 | 210 | |

(附)唐代貶官一覧（刺史）

| | | | | | | | | | | | | |
|---|---|---|---|---|---|---|---|---|---|---|---|---|
| 汾州 | 裴談 | | 同元 | 710 | 刑部尚書、同平章事★ | | | | 128 | | | |
| 蒲州 | 韋安石 | | 同2 | 711 | 東都留守 | | | 92 | 122 | | | |
| 沢州 | 王琚 | 玄宗 | 開元2 | 714 | 紫微侍郎 | | | 8・106 | | | 211 | |
| 絳州 | 盧従愿 | | 同16? | 728 | 東都留守 | | | 100 | 129 | | | |
| 絳州 | 韋陟 | 粛宗 | 乾元元 | 758 | 吏部尚書 | | | 92 | 122 | | | |
| 汾州 | 李勉 | | | | 太常少卿 | | | 131 | 131 | | | |
| 汾州 | 李漢 | 文宗 | 大和9 | 835 | 吏部侍郎 | | | 17下・171 | 78 | | 245 | |
| 汾州 | 魏謩 | 武宗 | 会昌元 | 841 | 諫議大夫 | | | 170 | 97 | | | |
| 潞州 | 王鎮 | | 同6 | 846 | 寿州刺史 | | | 18上 | | | | |
| 慈州 | 畢誠 | | 会昌中 | | 侍御史 | | | | 183 | | | |
| ※蒲州 | 夏侯孜 | 懿宗 | 咸通5 | 864 | 司空 | | | | 182 | | | |
| (河北道) | | | | | | | | | | | | |
| 邢州 | 李乾祐 | 高宗 | | | 御史大夫 | | | | 117 | | | |
| 冀州 | 蘇良嗣 | | | | 洛州長史 | | | | 103 | | | |
| 趙州 | 豆盧欽望 | 武后 | 証聖元 | 695 | 守内史★ | | | 6・90 | 114 | 61 | 205 | |
| 洺州 | 桓彦範 | 中宗 | 神龍2 | 706 | 特進、扶陽王 | ○ | | 7 | | | 208 | |
| 貝州 | 宋璟 | | 同2 | 706 | 黄門侍郎 | | | | | | 208 | |
| 滄州 | 解琬 | | 神龍中 | | 北庭都護 | | | 100 | 130 | | | |

| | | | | | | | | | | | | |
|---|---|---|---|---|---|---|---|---|---|---|---|---|
| 貝州 | 韋湊 | 中宗 | 景龍中 | | 司農少卿 | | | 101 | 118 | | | |
| 懐州 | 李嶠 | 睿宗 | 景雲元 | 710 | 守兵部尚書、同三品★ | | | 7 | 123 | 61 | 209 | |
| 相州 | 張説 | 玄宗 | 開元元 | 713 | 紫微令★ | | | 8・97 | 125 | 62 | 210 | |
| 幽州 | 張嘉貞 | | 同11 | 723 | 中書令★ | | | 8・99 | | | 212 | |
| 魏州 | 宇文融 | | 同15 | 727 | 戸部侍郎 | | | 8・105 | | | 213 | |
| 洺州 | 厳挺之 | | 同24 | 736 | 左丞 | | | 99 | 129 | | 214 | |
| 徳州 | 韓思復 | | 開元初 | | 諫議大夫 | | | 101 | 118 | | | |
| 魏州 | 崔沔 | | 開元中 | | 中書侍郎 | | | | 129 | | | |
| 恒州 | 杜希望 | | 開元中 | | 鄭州都督 | | | | 166 | | | |
| 徳州 | 顔真卿 | | 天宝中 | | 武部員外郎 | | | 128 | 153 | | | |
| 磁州 | 畢誠 | 武宗 | 会昌中 | | 侍御史 | | | 177 | | | | |
| （山南東道） | | | | | | | | | | | | |
| 襄州 | 尉遅敬徳 | 太宗 | 貞観3 | 629 | 右武候大将軍 | | | 68 | | | | |
| 房州 | 房遺愛 | 高宗 | 永徽3 | 652 | 散騎常侍 | | | 85 | | | 199 | |
| 忠州 | 盧承業 | | 永徽中 | | 検校左丞 | | | 81 | | | | |
| 房州 | 薛暉 | | 麟徳元 | 664 | 左奉宸衛将軍 | | | | 83 | | | |
| 郢州 | 李懐儼 | | 乾封中 | | 鸞臺侍郎 | | | 59 | | | | |
| 澧州 | 鄧玄挺 | 武后 | 嗣聖元 | 684 | 吏部侍郎 | | | 190上 | | | | |

（附）唐代貶官一覧（刺史）

| | | | | | | | | | | | | |
|---|---|---|---|---|---|---|---|---|---|---|---|---|
| 復州 | 狄仁傑 | | 垂拱4 | 688 | 豫州刺史 | | | 89 | 115 | | 204 | |
| 荊州 | 薛季昶 | 中宗 | 神龍元 | 705 | 戸部侍郎 | | | | 120 | | | |
| 朗州 | 敬暉 | | 同2 | 706 | 滑州刺史 | ○ | ○ | | | | 208 | |
| 均州 | 崔玄暐 | | 同2 | 706 | （某州刺史） | ○ | ○ | | | | 208 | |
| 郢州 | 袁恕己 | | 同2 | 706 | 豫州刺史 | ○ | ○ | | | | 208 | |
| 涪州 | 朱敬則 | | 同2 | 706 | 鄭州刺史 | ○ | | | 115 | | | |
| 襄州 | 崔湜 | | 景龍3 | 709 | 中書侍郎、同平章事★ | | | 7・24 | | 61 | 208 | |
| 帰州 | 趙彦昭 | 睿宗 | 景雲元 | 710 | 潞州刺史 | | | | 123 | | | 冊府元亀152 |
| 涪州 | 周利貞 | 玄宗 | 先天中 | | 広州都督 | | | | 205 | | | |
| 荊州 | 杜暹 | | 開元17 | 729 | 検校黄門侍郎、同平章事★ | | | 98 | 126 | 62 | 213 | |
| 荊州 | 張九齢 | | 開元25 | 737 | 右丞相 | | | 9・99 | 126 | | 214 | |
| 均州 | 宋遥 | | 天宝2 | 743 | 吏部侍郎 | | | 143 | 140 | | 215 | |
| 金州 | 苗晋卿 | | 同2 | 743 | 吏部侍郎 | | | 113 | 140 | | 215 | |
| 襄州 | 韋陟 | | 同4？ | 745 | 吏部侍郎 | | | 92 | 122 | | | |
| 復州 | 李斉物 | | 同5 | 746 | 河南尹 | | | 112 | 78 | | 215 | |
| 澧州 | 周智光 | 代宗 | 大暦2 | 767 | 同華節度使 | ○ | | 11 | 223下 | | 224 | |
| 峡州 | 薛珏 | | 大暦中 | | 楚州刺史 | | | 185下 | 143 | | | |
| 忠州 | 劉晏 | 徳宗 | 建中元 | 780 | 左僕射 | | | 12・123 | 149 | | 226 | |

| | | | | | | | | | | | | |
|---|---|---|---|---|---|---|---|---|---|---|---|---|
| 帰州 | 邵説 | 徳宗 | 建中3 | 782 | 太子賓客 | | | 12・137 | 203 | | | |
| 夔州 | 斉映 | | 貞元3 | 787 | 中書舎人、同平章事★ | | | 12・136 | 150 | 62 | | |
| 涪州 | 呉詵 | | 同4 | 788 | 福建観察使 | | | | | | 233 | |
| △万州 | 苗拯 | | 同15 | 799 | 諫議大夫 | | | 13・117 | | | | |
| 均州 | 呂温 | 憲宗 | 元和3 | 808 | 侍御史 | ○ | | 137 | 160 | | | |
| 金州 | 張仲方 | | 同3 | 808 | 倉部員外郎 | | | 171 | | | | |
| 帰州 | 高霞寓 | | 同11 | 816 | 唐鄧随節度使 | | | 15・162 | 141 | | 239 | |
| 峡州 | 韋顗 | | 同11 | 816 | 吏部侍郎 | | | 15 | | | | |
| 忠州 | 李宣 | | 同11 | 816 | 屯田郎中 | | | 15 | | | | |
| 房州 | 薛公幹 | | 同11 | 816 | 度支郎中 | | | 15 | | | | |
| 金州 | 李正辞 | | 同11 | 816 | 刑部郎中 | | | 15 | | | | |
| 金州 | 竇易直 | | 同12 | 817 | 京兆尹 | | | 15・167 | 151 | | | |
| 峡州 | 王仲舒 | | 元和中 | | 職方郎中 | | | 190下 | 161 | | | |
| 澧州 | 李建 | | 元和中 | | 京兆少尹 | | | 155 | 162 | | | |
| 朗州 | 韋辞 | | 元和中 | | 侍御史 | ○ | | 160 | | | | |
| 朗州 | 李翺 | 穆宗 | 元和15 | 820 | 考功員外郎 | | | 16・160 | 177 | | | |
| 澧州 | 李肇 | | 長慶元 | 821 | 司勲員外郎 | | | 16 | | | | |
| 朗州 | 温造 | | 同元 | 821 | 起居舎人 | | | 16・165 | 91 | | | |

| | | | | | | | | | | | | |
|---|---|---|---|---|---|---|---|---|---|---|---|---|
| 郢州 | 王鎰 | | 同元 | 821 | 刑部員外郎 | | | 16 | | | | |
| 帰州 | 杜叔良 | | 同2 | 822 | 横海節度使 | | | 16 | 211 | | 242 | |
| 随州 | 李愿 | | 同2 | 822 | 宣武軍節度使 | | | 16・133 | 154 | | 242 | |
| 涪州 | 李続 | 文宗 | 大和元 | 827 | 山南東道節度副使 | | | 17上・149 | 174 | | | |
| 夔州 | 張諷 | | 同9 | 835 | 吏部郎中 | | | 17下 | | | | |
| 忠州 | 蘇滌 | | 同9 | 835 | 考功郎中 | | | 17下 | | | | |
| ※襄州 | 殷侑 | | 開成元 | 836 | 刑部尚書 | | | 164 | | | | |
| 澧州 | 崔珙 | 武宗 | 会昌4 | 844 | 右僕射、同平章事★ | ○ | | 18上・177 | 182 | | | |
| 唐州 | 蔣係 | | 会昌中 | | 桂管観察使 | | ○ | | 132 | | | |
| 均州 | 韋正貫 | | 会昌中 | | 司農卿 | | | | 158 | | | |
| 忠州 | 薛元賞 | 宣宗 | 会昌6 | 846 | 工部尚書 | | | | | | 248 | |
| 朗州 | 劉濛 | | 大中2 | 848 | 給事中 | | | | 149 | | | |
| 朗州 | 李訥 | | 同9 | 855 | 浙東観察使 | | | | 162 | | 249 | |
| ※荊州 | 劉瞻 | 懿宗 | 咸通11 | 870 | 守中書侍郎、同平章事★ | ○ | | 19上 | 177 | 63 | 252 | |
| ※荊州 | 路巌 | 僖宗 | 同14 | 873 | 四川節度使 | ○ | | | | | 252 | |
| 澧州 | 鄭祥 | | 乾符3 | 876 | 揚州左司馬 | | | 19下 | | | | |
| ※荊州 | 孔緯 | 昭宗 | 大順2 | 891 | 門下侍郎、同平章事★ | ○ | | 179 | 163 | 63 | 258 | |
| 均州 | 孔緯 | | 同2 | 891 | 荊南節度使 | | ○ | 20上・179 | 163 | | 258 | |

| | | | | | | | | | | | | |
|---|---|---|---|---|---|---|---|---|---|---|---|---|
| 峡州 | 陸扆 | 昭宗 | 乾寧3 | 896 | 中書侍郎、同平章事★ | | | 20上・179 | 183 | 63 | 260 | |
| (山南西道) | | | | | | | | | | | | |
| 通州 | 任瓌 | 太宗 | 武徳9 | 626 | 邢州都督 | | | 59 | 90 | | | |
| 梁州 | 李義琛 | 高宗 | 永淳元 | 682 | 雍州長史 | | | 81 | | | | |
| 壁州 | 李至遠 | 武后 | 長寿元？ | 692 | 天官侍郎 | | | 148・185上 | 197 | | | |
| 集州 | 蘇味道 | | 証聖元 | 695 | 鳳閣侍郎、同平章事★ | | | 6 | 114 | 61 | 205 | |
| 利州 | 李元名 | | | | 舒王、鄭州刺史 | ○ | | | 79 | | | |
| 通州 | 李嶠 | 中宗 | 神龍初 | | 豫州刺史 | | ○ | 94 | | | | |
| 果州 | 李湛 | | | | 右散騎常侍 | | | | 110 | | | |
| 巴州 | 楊慎交 | 睿宗 | 唐隆元 | 710 | 左散騎常侍 | | | | | | 209 | |
| 通州 | 李朝隠 | | | | 長安令 | | | | 129 | | | |
| 果州 | 鍾紹京 | 玄宗 | 開元2 | 714 | 太子詹事 | | | | 121 | | 211 | |
| 洋州 | 賈会 | | 同5？ | 717 | 中書舎人 | | | 190中 | 119 | | | |
| 通州 | 王琚 | | 同24 | 736 | 蒲州刺史 | | | | | | 214 | |
| 果州 | 敬括 | | 天宝末 | | 殿中侍御史 | | | 115 | 177 | | | |
| 閬州 | 劉秩 | 粛宗 | 乾元元 | 758 | 国子祭酒 | | | 111 | | | 220 | |
| 巴州 | 厳武 | | 同元 | 758 | 京兆少尹 | | | 111 | 129 | | 220 | |
| 通州 | 劉晏 | | 上元2 | 761 | 京兆尹 | | | 123 | 149 | | 222 | |

| | | | | | | | | | | | | |
|---|---|---|---|---|---|---|---|---|---|---|---|---|
| 開州 | 唐次 | 徳宗 | 貞元8 | 792 | 礼部員外郎 | | | 190下 | 89 | | | |
| 果州 | 韋貫之 | 憲宗 | 元和3 | 808 | 吏部員外郎 | ○ | | 158 | 169 | | 237 | |
| 巴州 | 韋貫之 | | 同3 | 808 | 果州刺史 | | ○ | 158 | 169 | | | |
| 開州 | 穆質 | | 同5 | 810 | 太子左庶子 | | | 155 | 163 | | | |
| 開州 | 竇羣 | | 同6 | 811 | 黔中観察使 | | | 14・155 | 175 | | 238 | |
| 通州 | 李進賢 | | 同9 | 814 | 振武軍節度使 | | | 15 | | | 239 | |
| 開州 | 韋処厚 | | 同11 | 816 | 考功員外郎 | | | 15・159 | 142 | | | |
| 果州 | 崔韶 | | 同11 | 816 | 礼部員外郎 | | | 15 | | | | |
| 通州 | 張平叔 | 穆宗 | 長慶2 | 822 | 戸部侍郎 | | | 16 | | | | |
| 洋州 | 張武均 | 敬宗 | 宝暦元 | 825 | 将作監 | | | 17下 | | | | |
| 閬州 | 権璩 | 文宗 | 大和9 | 835 | 中書舎人 | ○ | | | 165 | | | |
| 洋州 | 崔侑 | | 同9 | 835 | 工部侍郎 | | | 17下 | | | | |
| 閬州 | 高元裕 | | 同9 | 835 | 中書舎人 | | | 17下・171 | 177 | | 245 | |
| 蓬州 | 薛逢 | 懿宗 | 咸通中 | | 巴州刺史 | | | 190下 | | | | |
| 集州 | 王徽 | 僖宗 | 光啓中 | | 太子少師 | | | 178 | 185 | | | |
| (隴右道) | | | | | | | | | | | | |
| 畳州 | 李勣 | 太宗 | 貞観23 | 649 | 太子詹事、同三品★ | ○ | | 3・67 | 93 | 61 | 199 | |
| 秦州 | 崔善為 | | 貞観中 | | 司農卿 | | | 191 | 91 | | | |

| | | | | | | | | | | | | |
|---|---|---|---|---|---|---|---|---|---|---|---|---|
| 畳州 | 丘神勣 | 武后 | 文明元 | 684 | （不明） | ○ | | 59・186上 | 209 | | 203 | |
| （淮南道） | | | | | | | | | | | | |
| 安州 | 高士廉 | 太宗 | 貞観元 | 627 | 侍中★ | | | 65 | 95 | 61 | 192 | |
| 黄州 | 李愔 | 高宗 | 永徽元 | 650 | 蜀王、号州刺史 | | | 76 | 80 | | | |
| 申州 | 李素節 | | 同6 | 655 | 郇王、岐州刺史 | | | 86 | 81 | | 202 | |
| 廬州 | 李迥秀 | 武后 | 長安4 | 704 | 夏官侍郎、同三品★ | | | 62 | 99 | 61 | 207 | |
| 廬州 | 武重規 | | | | 鄭州刺史 | | | | 206 | | | |
| 申州 | 祝欽明 | 中宗 | 神龍2 | 706 | 礼部尚書、知政事★ | | | 189下 | 109 | 61 | | |
| 楚州 | 宋璟 | 睿宗 | 景雲2 | 711 | 検校吏部尚書、同三品★ | | | 7・96 | 124 | 61 | 210 | |
| 申州 | 姚崇 | | 同2 | 711 | 中書令★ | | | 7・96 | 124 | 61 | 210 | |
| 蘄州 | 冉祖雍 | | 景雲初 | | 刑部侍郎 | | | | 202 | | | |
| 安州 | 韋抗 | 玄宗 | 開元10？ | 722 | 御史大夫、京畿按察使 | | | 92 | 122 | | | |
| 蘄州 | 王大唆 | | 同11 | 723 | 兵部尚書、同三品★ | | | 8・93 | 111 | 62 | 212 | |
| 舒州 | 呉兢 | | 開元中 | | 洪州刺史 | | | | 132 | | | |
| 沔州 | 張廷珪 | | 開元中 | | 黄門侍郎 | | | 101 | 118 | | | |
| 滁州 | 姚弈 | | 天宝元 | 742 | 右丞 | | | 103 | 124 | | | |
| 沔州 | 王忠嗣 | | 同6 | 747 | 河西・隴右節度使 | | | 103・106 | 133 | | | |
| 甲州 | 韋陟 | | 天宝中 | | 鍾離（濠州）太守 | | ○ | 92 | | | | |

(附)唐代貶官一覧（刺史）

| | | | | | | | | | | | | |
|---|---|---|---|---|---|---|---|---|---|---|---|---|
| 楚州 | 李泌 | 代宗 | 大暦中 | | 江西観察判官 | ○ | | 130 | 139 | | | |
| 安州 | 桂仲武 | 穆宗 | 元和15 | 820 | 安南都護 | ○ | | | | | 241 | |
| 楚州 | 李景倹 | | 長慶元 | 821 | 諫議大夫 | | | 16 | | | | |
| 舒州 | 楊漢公 | 文宗 | 大和9 | 835 | 司封郎中 | | | | 175 | | | |
| 安州 | 張文規 | | 開成3 | 838 | 吏部員外郎 | | | 129 | 168 | | | |
| 蘄州 | 李眖 | 懿宗 | 咸通13 | 872 | 給事中 | | | 19上 | | | | |
| （江南東道） | | | | | | | | | | | | |
| 建州 | 張文琮 | 高宗 | 永徽4 | 653 | 戸部侍郎 | | | 85 | 113 | | | |
| 台州 | 来済 | | 顕慶2 | 657 | 中書令★ | | | 4・80 | 105 | 61 | 200 | |
| 潤州 | 盧承慶 | | 同4? | 659 | 度支尚書、同三品★ | | | 81 | | | | |
| 処州 | 趙瓌 | | 上元2 | 675 | 定州刺史 | | | | 76・83 | | 202 | |
| 睦州 | 高真行 | | 永隆元 | 680 | 右衛将軍 | | | 65 | 95 | | 202 | |
| 睦州 | 楊元亨 | 武后 | 久視元 | 700 | 司府少卿 | | | 77 | 106 | | 207 | |
| 潤州 | 畢構 | 中宗 | 神龍元 | 705 | 中書舎人 | | | 100 | 128 | | 208 | |
| 睦州 | 劉幽求 | 玄宗 | 開元2 | 714 | 太子少保 | | | 8・97 | 121 | | 211 | |
| 常州 | 崔日用 | | 同2? | 714 | 吏部尚書 | | | | 121 | | | |
| 睦州 | 宋璟 | | 同3 | 715 | 御史大夫 | | | 96 | 124 | | 211 | |
| 衢州 | 李傑 | 玄宗 | 開元4 | 716 | 御史大夫 | | | 70・100 | 128 | | 211 | |

| | | | | | | | | | | | | |
|---|---|---|---|---|---|---|---|---|---|---|---|---|
| 杭州 | 韋湊 | 玄宗 | 開元5? | 717 | 河南尹 | | | 101 | | | | |
| 台州 | 張嘉貞 | | 同12 | 724 | 戸部尚書 | | | 8・99 | 127 | | 212 | |
| 衢州 | 李禕 | | 同24 | 736 | 信安郡王、朔方節度大使 | | | 76 | 80 | | 214 | |
| 処州 | 王昱 | | 同26 | 738 | 剣南節度使 | ○ | | | | | 214 | |
| 処州 | 張守珪 | | 同27 | 739 | 幽州節度使 | | | 9・103 | 133 | | 214 | |
| 処州 | 韋堅 | | 天宝5 | 746 | 刑部尚書 | | | 9・105 | 134 | | 215 | |
| 建州 | 張均 | | 同13 | 754 | 憲部尚書 | | | 9・97 | 125 | | 217 | |
| ※杭州 | 崔渙 | 粛宗 | 至徳2 | 757 | 門下侍郎、同平章事★ | | | 108 | 120 | 62 | | |
| 衢州 | 李峴 | 代宗 | 永泰元 | 765 | 吏部尚書 | | | 11 | | | | |
| 処州 | 第五琦 | | 大暦5 | 770 | 戸部侍郎 | | | 123 | 149 | | | |
| 杭州 | 杜済 | | 同8 | 773 | 京兆尹 | | | 11 | | | 224 | |
| 処州 | 王縉 | | 同12 | 777 | 門下侍郎、同平章事 | | | 11・118 | 145 | 62 | 225 | |
| 睦州 | 杜亜 | 徳宗 | 建中元 | 780 | 河中晋絳観察使 | | | 12・146 | 172 | | | |
| 蘇州 | 杜佑 | | 同3 | 782 | 戸部侍郎 | ○ | | 12・147 | 166 | | | |
| 泉州 | 薛播 | | 建中中 | | 汝州刺史 | | | 146 | 159 | | | |
| 常州 | 韋夏卿 | | 貞元8 | 792 | 給事中 | | | 13 | | | | |
| 杭州 | 于邵 | | 貞元中 | | 太子賓客 | | | | 203 | | | |
| 婺州 | 柳冕 | | 貞元中 | | 吏部郎中 | | | 149 | 132 | | | |

(附)唐代貶官一覧（刺史）

| | | | | | | | | | | | | |
|---|---|---|---|---|---|---|---|---|---|---|---|---|
| 常州 | 孟簡 | 憲宗 | 元和中 | | 諫議大夫 | | | 163 | | | | |
| 建州 | 李景倹 | 穆宗 | 元和15 | 820 | 諫議大夫 | | | 16・171 | 81 | | | |
| 漳州 | 李景倹 | | 長慶元 | 821 | 諫議大夫 | ○ | | 171 | 81 | | | |
| 台州 | 王仲周 | | 長慶2 | 822 | 太子右庶子 | | | 16 | | | | |
| 常州 | 賈餗 | 敬宗 | 同4 | 824 | 庫部郎中 | | | 169 | | | | |
| 汀州 | 蔣防 | | 同4 | 824 | 翰林学士、司封員外郎 | | | 17上・149 | 104 | | 243 | |
| 汀州 | 張又新 | 文宗 | 大和元 | 827 | 山南東道節度行軍司馬 | | | 17上・149 | 175 | | | |
| 蘇州 | 劉禹錫 | | 同5 | 831 | 礼部郎中 | | | | 168 | | | |
| 常州 | 楊虞卿 | | 同7 | 833 | 給事中 | | | 17下・176 | 175 | | 244 | |
| 越州 | 高銖 | | 同9 | 835 | 給事中 | | | 168 | | | | |
| 明州 | 李宗閔 | | 同9 | 835 | 守中書侍郎、同平章事★ | ○ | | 17下・176 | 174 | 63 | 245 | |
| 衢州 | 盧簡辞 | | 大和中 | | 太僕卿 | | | 163 | 177 | | | |
| 杭州 | 裴夷直 | 武宗 | 開成5 | 840 | 諫議大夫 | | | 18上 | 148 | | 246 | |
| 婺州 | 李中敏 | | 同5 | 840 | 給事中 | | | | | | 246 | |
| 汀州 | 牛僧孺 | | 会昌4 | 844 | 太子少保分司東都 | ○ | ○ | | | | 248 | |
| 漳州 | 李宗閔 | | 同4 | 844 | 湖州刺史 | ○ | | | | | 248 | |
| 常州 | 馬植 | 宣宗 | 大中3 | 849 | 天平軍節度使 | | | | 184 | | | |
| 睦州 | 李文挙 | | 大中5 | 851 | 宗正卿 | | | 18下 | | | | |

| | | | | | | | | | | | | |
|---|---|---|---|---|---|---|---|---|---|---|---|---|
| 処州 | 唐枝 | 宣宗 | 大中9 | 855 | 刑部郎中 | | | 18下 | | | | |
| 婺州 | 楊発 | | 同12 | 858 | 嶺南節度使 | | | 177 | 184 | | | |
| 汀州 | 孫瑝 | 懿宗 | 咸通11 | 870 | 御史中丞 | | | 19上 | | | 252 | |
| 漳州 | 王珮 | | 同13 | 872 | 吏部侍郎 | | | 19上 | | | | |
| 建州 | 李仲章 | 僖宗 | 乾符3 | 876 | 度支分巡院使 | | | 19下 | | | | |
| （江南西道） | | | | | | | | | | | | |
| 郴州 | 顔師古 | 太宗 | 貞観7? | 633 | 秘書少監 | ○ | | 73 | 198 | | | |
| 潭州 | 褚遂良 | 高宗 | 永徽6 | 655 | 右僕射★ | | | 4・80 | 105 | 61 | 199 | |
| 洪州 | 高履行 | | 顕慶4 | 659 | 益州長史 | ○ | | 65 | 95 | | 200 | |
| 永州 | 高履行 | | 同4 | 659 | 洪州都督 | | ○ | 65 | 95 | | 200 | |
| 虔州 | 許圉師 | | 龍朔2 | 662 | 左相（侍中）★ | | | 4・59 | | 61 | 201 | |
| 衡州 | 李敬玄 | | 永隆元 | 680 | 中書令★ | | | 5・81 | 106 | 61 | | |
| 岳州 | 郭待挙 | 武后 | 光宅元 | 684 | 太子左庶子 | | | 87 | | | 203 | |
| 袁州 | 崔融 | 中宗 | 神龍元 | 705 | 司礼少卿（礼部侍郎） | | | 94 | 114 | | | |
| 饒州 | 祝欽明 | 睿宗 | 景雲元 | 710 | 国子祭酒 | | | 189下 | 109 | | 210 | |
| 洪州 | 韓朝宗 | 玄宗 | 開元24 | 736 | 襄州刺史、兼山南東道採訪使 | | | | 118 | | | |
| 饒州 | 張均 | | 同26 | 738 | 兵部侍郎 | | | 97 | 125 | | | |
| 岳州 | 張説 | | 開元中 | | 相州刺史、兼河北道按察使 | | | 97 | 125 | | | |

(附)唐代貶官一覧（刺史）

| | | | | | | | | | | | | |
|---|---|---|---|---|---|---|---|---|---|---|---|---|
| 岳州 | 韋斌 | | 天宝5 | 746 | 太常少卿 | | | 92 | 122 | | 215 | |
| 袁州 | 李適之 | | 同5 | 746 | 太子少保 | | | 9・99 | 131 | | 215 | |
| 袁州 | 房琯 | | 同6 | 747 | 給事中 | | | 111 | 139 | | 215 | |
| 永州 | 李峴 | | 同13 | 754 | 京兆尹 | | | | 131 | | | |
| 道州 | 李廙 | 粛宗 | 至徳2 | 757 | 給事中 | | | 10 | | | | |
| 宣州 | 季広琛 | | 乾元2 | 759 | 青徐等五州節度使 | | | 10 | | | | |
| 饒州 | 顔真卿 | | | | 蒲州刺史 | | | 128 | 153 | | | |
| 道州 | 竇履信 | 代宗 | 宝応元 | 762 | 鴻臚卿 | | | 52 | | | | |
| 袁州 | 李遵 | | 同元 | 762 | 太子少傅 | | | 11 | | | | |
| 道州 | 敬羽 | | 同元 | 762 | 宗正卿 | | | 11・186下 | 209 | | | |
| 道州 | 崔渙 | | 大暦3 | 768 | 御史大夫 | | | 11・108 | 120 | | | |
| 饒州 | 裴士淹 | | 同5 | 770 | 礼部尚書 | | | 11 | | | | |
| 歙州 | 薛邕 | | 同8 | 773 | 吏部侍郎 | | | 11・139 | 160 | | 224 | |
| 永州 | 田承嗣 | | 同10 | 775 | 魏博節度使 | ○ | | 11・141 | 210 | | | |
| ※洪州 | 杜亜 | | 大暦中 | | 給事中 | | | 146 | 172 | | | |
| 虔州 | 裴堉 | | 大暦中 | | 左司郎中 | | | 126 | 130 | | | |
| 袁州 | 蕭定 | | 大暦中 | | 左(右)司郎中 | | | 185下 | 101 | | | |
| 饒州 | 杜佑 | 徳宗 | 建中3 | 782 | 蘇州刺史 | | ○ | 135 | | | | |

| | | | | | | | | | | | | |
|---|---|---|---|---|---|---|---|---|---|---|---|---|
| 道州 | 陽城 | 徳宗 | 貞元4 | 788 | 国子司業 | | | 192 | 194 | | | |
| 信州 | 劉太真 | | 同5 | 789 | 礼部侍郎 | | | 13・137 | 203 | | | |
| 郴州 | 穆贊 | | | | 侍御史分司東都 | | | 155 | 163 | | | |
| 池州 | 韓曄 | 憲宗 | 永貞元 | 805 | 司封郎中 | ○ | | 14・135 | | 236 | | |
| 岳州 | 程异 | | 同元 | 805 | 塩鉄転運揚子院留後 | ○ | | 135 | | | | |
| 撫州 | 韓泰 | | 同元 | 805 | 京西神策行営節度行事司馬 | ○ | | 14 | | | 236 | |
| 邵州 | 柳宗元 | | 同元 | 805 | 礼部院外郎 | ○ | | 14・160 | 168 | | 236 | |
| 吉州 | 袁滋 | | 同元 | 805 | 西川節度使 | | | 14・185下 | 151 | | 236 | |
| 道州 | 呂温 | | 元和3 | 808 | 均州刺史 | | ○ | 137 | 160 | | | |
| ※潭州 | 柳公綽 | | 同6 | 811 | 御史中丞 | | | | 163 | | | |
| 永州 | 崔能 | | 同8 | 813 | 黔中観察使 | | | 177 | | | | |
| 吉州 | 路恕 | | 同9 | 814 | 鄜坊節度使 | | | 122 | 138 | | | |
| 郴州 | 楊於陵 | | 同11 | 816 | 兵部侍郎 | | | 15・164 | 163 | | | |
| ※潭州 | 韋貫之 | | 同11 | 816 | 吏部侍郎 | | | 15・158 | 169 | | 239 | |
| 撫州 | 袁滋 | | 同12 | 817 | 唐鄧随節度使 | | | 15・185下 | 151 | | 240 | |
| ※潭州 | 崔羣 | | 同14 | 819 | 守中書侍郎、同平章事★ | | | 15・135 | 165・175 | 62 | 241 | |
| 欽州 | 馮宿 | | 元和中 | | 比部郎中 | | | 168 | | | | |
| 虔州 | 韋綬 | | 元和中 | | 諫議大夫 | | | 162 | 160 | | | |

(附)唐代貶官一覧（刺史）

| | | | | | | | | | | | | |
|---|---|---|---|---|---|---|---|---|---|---|---|---|
| ※宣州 | 令狐楚 | 穆宗 | 元和15 | 820 | 中書侍郎、同平章事★ | ○ | | 172 | | | 241 | |
| 衡州 | 令狐楚 | | 同15 | 820 | 宣歙観察使 | | ○ | 16・172 | 166 | | 241 | |
| 江州 | 銭徽 | | 長慶元 | 821 | 礼部侍郎 | | | 16・168 | 177 | | 241 | |
| 虔州 | 李渤 | | 同元 | 821 | 考功員外郎 | | | 16 | | | | |
| 吉州 | 張弘靖 | | 同元 | 821 | 太子賓客分司東都 | | ○ | 16 | 127 | | 242 | |
| 信州 | 龐厳 | 敬宗 | 同4 | 824 | 翰林学士、駕部郎中 | | | 17上・149 | 104 | | 243 | |
| 邵州 | 杜元穎 | 文宗 | 大和3 | 829 | 西川節度使 | ○ | | | 96 | 63 | 244 | |
| 永州 | 李有裕 | | 同4 | 830 | 滄景節度使 | | | 17下 | | | | |
| 饒州 | 裴弘泰 | | 同5 | 831 | 桂管観察使 | | | 17下 | | | | |
| 邵州 | 沈⿰立義 | | 同9 | 835 | 左金吾衛大将軍 | ○ | | | | | 245 | |
| 江州 | 李珏 | | 同9 | 835 | 翰林学士、司勲員外郎 | | | 17下・173 | | | 245 | |
| ※潭州 | 楊嗣復 | 武宗 | 開成5 | 840 | 吏部尚書 | ○ | | 18上・176 | 174 | | 246 | |
| ※潭州 | 李回 | 宣宗 | 大中2 | 848 | 西川節度使 | ○ | | 18下・173 | 131 | | 248 | |
| 邵州 | 楊厳 | 懿宗 | 咸通9 | 868 | 浙東観察使 | | | 177 | 184 | | | |
| 袁州 | 于瓌 | | 同13 | 872 | 湖南観察使 | | | 19上 | | | 252 | |
| 道州 | 李当 | | 同13 | 872 | 左丞 | | | 19上 | | | | |
| 郴州 | 厳郢 | | 同13 | 872 | 工部尚書 | | | 19上 | | | | |
| 歙州 | 裴枢 | 昭宗 | 龍紀初 | | 太子右庶子 | | | | 140 | | | |

| | | | | | | | | | | | | |
|---|---|---|---|---|---|---|---|---|---|---|---|---|
| ※鄂州 | 張濬 | 昭宗 | 大順2 | 891 | 河東節度使 | ○ | | 20上・179 | | | 258 | |
| (黔中道) | | | | | | | | | | | | |
| 辰州 | 劉景先 | 武后 | 光宅元 | 684 | 普州刺史 | ○ | ○ | | | 61 | 203 | |
| 施州 | 李孝逸 | | 垂拱2 | 686 | 左豹衛大将軍 | ○ | | 60 | 78 | | 203 | |
| 珍州 | 邢文偉 | | 天授元 | 690 | 内史★ | ○ | | 189下 | 106 | 61 | 204 | |
| 溱州 | 杜景倹 | | 証聖元 | 695 | 検校鳳閣侍郎、同平章事★ | | | 90 | 116 | 61 | 205 | |
| 叙州 | 鄭愔 | 睿宗 | 景雲元 | 710 | 秘書少監 | ○ | | | | | 209 | |
| 溱州 | 鍾紹京 | 玄宗 | 開元2 | 714 | 果州刺史 | | | | | | 211 | |
| 錦州 | 皇甫恂 | | 同8 | 720 | 殿中監 | | | 95 | 81 | | 212 | |
| 播州 | 皇甫惟明 | | 天宝5 | 746 | 河西隴右節度使 | ○ | | 9・105 | 134 | | 215 | |
| 施州 | 裴冕 | 代宗 | 宝応元 | 762 | 右僕射 | | | 11・113 | 140 | | 222 | |
| 費州 | 厳郢 | 徳宗 | 建中3 | 782 | 御史大夫 | | | 12 | 145 | | 227 | |
| 播州 | 劉禹錫 | 憲宗 | 元和10 | 815 | 朗州司馬↓還京 | | | 160 | | | | |
| 南州 | 王建 | 昭宗 | 乾寧4 | 897 | 西川節度使 | ○ | | | | | 261 | |
| 渓州 | 王摶 | | 光化3 | 900 | 工部侍郎 | ○ | | 177 | 116 | | 262 | |
| (剣南道) | | | | | | | | | | | | |
| 邛州 | 柳亨 | 高祖 | 武徳中 | | 左衛中郎将 | | | 77 | | | | |
| 遂州 | 柳奭 | 高宗 | 永徽6 | 655 | 吏部尚書 | ○ | | 4 | | | 199 | |

(附)唐代貶官一覧（刺史）

| | | | | | | | | | | | | |
|---|---|---|---|---|---|---|---|---|---|---|---|---|
| 栄州 | 柳奭 | | 同6 | 655 | 遂州刺史 | | ○ | | | | 199 | |
| 益州 | 盧承慶 | | 永徽初 | | 左丞 | | | 81 | | | | |
| 普州 | 李義府 | | 顕慶3 | 658 | 中書令★ | | | 4・82 | 223上 | 61 | 200 | |
| 栄州 | 于志寧 | | 同4 | 659 | 太子太師、同三品★ | | | 78 | 104 | | 200 | |
| 簡州 | 薛元超 | | 龍朔3 | 663 | 東臺侍郎 | | | 73 | 98 | | | |
| 剣州 | 武惟良 | | 乾封元 | 666 | 司衛少卿 | | | | 76 | | 201 | |
| 龍州 | 武元慶 | | 同元 | 666 | 宗正少卿 | | | | 76 | | 201 | |
| 普州 | 張大安 | | 永隆元 | 680 | 太子左庶子、同三品★ | | | 5・68 | 81・89 | 61 | | |
| 渝州 | 高審行 | | 同元 | 680 | 戸部侍郎 | | | | 95 | | 202 | |
| 黎州 | 李義琛 | | 永淳元 | 682 | 雍州長史 | | | | 105 | | | |
| 普州 | 劉景先 | 武后 | 光宅元 | 684 | 侍中★ | ○ | | 81 | 106 | | 203 | |
| 益州 | 姚璹 | | 神功元 | 697 | 納言★ | | | 89 | 102 | 61 | 206 | |
| 合州 | 張柬之 | | 聖暦元 | 698 | 鳳閣舎人 | | | 91 | 120 | | 205 | |
| 資州 | 楊元禧 | | 久視元 | 700 | 尚食奉御 | | | | 106 | | 207 | |
| 眉州 | 蘇味道 | 中宗 | 神龍元 | 705 | 益州長史 | | | 94 | 114 | | | |
| 渝州 | 劉憲 | | 同元 | 705 | 吏部侍郎 | | | 190中 | 202 | | | |
| 陵州 | 楊務廉 | | 同元 | 705 | 将作少匠 | | | 91 | | | | |
| 瀘州 | 夏候銛 | 中宗 | 神龍中 | | 給事中 | | | | 83 | | | |

| | | | | | | | | | | | | |
|---|---|---|---|---|---|---|---|---|---|---|---|---|
| 綿州 | 鍾紹京 | 玄宗 | 開元2 | 714 | 太子詹事 | ○ | | 97 | | | | |
| 梓州 | 王晙 | | 同9 | 721 | 兵部尚書 | | | 93 | 111 | | | |
| 綿州 | 崔渙 | | 天宝15 | 756 | 司門員外郎 | | | | 120 | | | |
| 剣州 | 崔渙 | | 同15 | 756 | 司門員外郎 | | | 108 | | | | |
| 遂州 | 李巨 | 粛宗 | 乾元2 | 759 | 東都留守 | | | 10・112 | 79 | | | |
| 蜀州 | 李峴 | | 同2 | 759 | 吏部尚書、同平章事★ | | | 10・112 | 131 | 62 | 221 | |
| 蜀州 | 韓洄 | 徳宗 | 建中2 | 781 | 戸部侍郎 | | | 129 | 126 | | | |
| 資州 | 羊士諤 | 憲宗 | 元和2 | 808 | 監察御史 | | | 137 | 160 | | | |
| 綿州 | 韋弘景 | | 同10? | 815 | 度支郎中 | | | 157 | 116 | | | |
| ※梓州 | 李逢吉 | | 同12 | 817 | 門下侍郎、同平章事★ | | | | 174 | 62 | | |
| 剣州 | 李宗閔 | 穆宗 | 長慶元 | 821 | 中書舎人 | | | 16・176 | 174 | | 241 | |
| 遂州 | 蕭澣 | 文宗 | 大和9 | 835 | 刑部侍郎 | ○ | | 17下 | | | 245 | |
| 普州 | 馮彭 | 懿宗 | 咸通13 | 872 | 興元少尹 | | | 19上 | | | | |
| 昌州 | 陽琯 | | 同13 | 872 | 大理正 | | | 19上 | | | | |
| 瀘州 | 柳玭 | 昭宗 | | | 御史大夫 | | | | 163 | | | |
| (嶺南道) | | | | | | | | | | | | |
| 康州 | 程知節 | 高祖 | 武徳9 | 626 | 左一馬軍総管 | | | 68 | 90 | | 191 | |
| 交州 | 杜正倫 | 太宗 | 貞観17 | 643 | 穀州刺史 | ○ | ○ | 70 | 106 | | 197 | |

（附）唐代貶官一覧（刺史）

| | | | | | | | | | | | | |
|---|---|---|---|---|---|---|---|---|---|---|---|---|
| 象州 | 韋挺 | | 同20? | 646 | 太常卿 | | | 77・191 | 98 | | | |
| 循州 | 張叡冊 | 高宗 | 永徽元 | 650 | 大理少卿 | | | | | | 199 | |
| 振州 | 韓瑗 | | 顕慶2 | 657 | 侍中★ | | | 4・80 | 105 | 61 | 200 | |
| 象州 | 柳奭 | | 同2 | 657 | 栄州刺史 | | | 77・191 | 98 | | 200 | |
| 愛州 | 褚遂良 | | 同2 | 657 | 桂州都督 | | | | | | | |
| 横州 | 杜正倫 | | 同3 | 658 | 中書令★ | | | 4・70 | 106 | 61 | 200 | |
| 潮州 | 唐臨 | | 同4 | 659 | 吏部尚書 | | | 85 | | | | |
| 交州 | 郎餘慶 | | | | 蘇州刺史 | | | | 199 | | | |
| 桂州 | 薛季昶 | 中宗 | 神龍元 | 705 | 荊州長史 | | | 185上 | | | | |
| 桂州 | 李尚隠 | 玄宗 | 開元13 | 725 | 河南尹 | | | 185下 | 130 | | | |
| 桂州 | 楊茂謙 | | 開元中 | | 相州刺史、兼河北道按察使 | | | 185下 | 197 | | | |
| 桂州 | 黎幹 | 代宗 | 大暦5 | 770 | 刑部侍郎 | ○ | | 118 | 145 | | | |
| 連州 | 王昂 | | 同12 | 777 | 刑部尚書 | ○ | | 11・118 | | | | |
| 潮州 | 李皐 | | 同12? | 777 | 衡州刺史 | | | 131 | 80 | | 226 | |
| 潮州 | 常袞 | 徳宗 | 同14 | 779 | 河南少尹 | | ○ | 12 | 150 | | 225 | |
| 驩州 | 厳郢 | | 建中3 | 782 | 御史大夫 | | | 135 | | | | |
| 連州 | 劉禹錫 | 憲宗 | 永貞元 | 805 | 屯田員外郎 | ○ | | 14・160 | 168 | | 236 | |
| 韶州 | 渾鎬 | | 元和11 | 816 | 義武軍節度使 | ○ | | 134 | 155 | | | |

| | | | | | | | | | | | |
|---|---|---|---|---|---|---|---|---|---|---|---|
| 循州 渾鎬 | 憲宗 | 元和12 | 817 | 韶州刺史 | | ○ | 15・134 | 155 | | | |
| 潮州 韓愈 | | 同14 | 819 | 刑部侍郎 | | | 15・160 | 176 | | 240 | |
| 柳州 王遂 | | 元和中 | | 大府卿 | | | 162 | 116 | | | |
| 韶州 独孤朗 | 穆宗 | 長慶元 | 821 | 員外郎 | | | 16 | 162 | | | |
| ※桂州 劉栖楚 | 文宗 | 大和元 | 827 | 京兆尹 | | | | 175 | | | |
| 韶州 杜元穎 | | 同3 | 829 | 西川節度使 | ○ | | 17上 | | | | |
| 連州 楊敬之 | | 同9 | 835 | 戸部郎中 | | | 17下 | 160 | | | |
| ※桂州 李玨 | 武宗 | 開成5 | 840 | 太常卿 | ○ | | 18上 | | | 246 | |
| 潮州 楊嗣復 | | 会昌元 | 841 | 湖南観察使 | | ○ | 176 | 174 | | 246 | |
| 昭州 李玨 | | 同元 | 841 | 桂管観察使 | | ○ | | 182 | | 246 | |
| 連州 蘇滌 | | 同6 | 846 | 舒州刺史 | | | 18上 | | | | |
| ※桂州 蔣係 | | 会昌初 | | 諫議大夫 | ○ | | | 132 | | | |
| 循州 鄭亜 | 宣宗 | 大中2 | 848 | 桂管観察使 | | | 18下・178 | 185 | | 248 | |
| 端州 崔嘏 | | 同2 | 848 | 中書舎人 | | | | 180 | | 248 | |
| 賀州 李回 | | 同2 | 848 | 湖南観察使 | | ○ | | 131 | | 248 | |
| 雷州 柳仲郢 | | 大中中 | | 山南西道節度使 | | | | 163 | | | |
| 韶州 楊厳 | 懿宗 | 咸通9 | 868 | 浙東観察使 | | | 19上 | | | | |
| 康州 劉瞻 | | 同11 | 870 | 荊南節度使 | ○ | ○ | 19上・177 | | | 252 | |

| | | | | | | | | | | | | |
|---|---|---|---|---|---|---|---|---|---|---|---|---|
| 廉州 | 劉瞻 | | 同11 | 870 | 荊南節度使 | ○ | ○ | | 181 | | | |
| 梧州 | 鄭畋 | | 同11 | 870 | 翰林学士、戸部侍郎 | | | 19上・178 | 185 | | 252 | |
| 韶州 | 于琮 | | 同13 | 872 | 普王傅分司東都 | | ○ | | 104 | | 252 | |
| 藤州 | 張鐸 | | 同13 | 872 | 給事中 | | | 19上 | | | | |
| 賀州 | 李郁 | | 同13 | 872 | 左散騎常侍 | | | 19上 | | | | |
| 新州 | 路巌 | | 同14 | 873 | 荊南節度使 | ○ | ○ | | 184 | | 252 | |
| 賀州 | 韋保衡 | 僖宗 | 同14 | 873 | 門下侍郎、同平章事★ | ○ | | 19下 | 184 | 63 | 252 | |
| 康州 | 崔渾 | | 乾符3 | 876 | 太常少卿 | | | 19下 | | | | |
| 端州 | 高濤 | | 中和元 | 882 | 昭義軍節度使 | | | 19下 | | | | |
| 連州 | 張濬 | 昭宗 | 大順2 | 890 | 鄂岳観察使 | ○ | ○ | 20下・179 | | | 258 | |
| 梧州 | 杜讓能 | | 景福2 | 893 | 門下侍郎、同平章事★ | ○ | | | | 63 | 259 | |

〔別駕〕

| | | | | | | | | | | | | |
|---|---|---|---|---|---|---|---|---|---|---|---|---|
| （河南道） | | | | | | | | | | | | |
| 蔡州 | 呉士矩 | 文宗 | 開成2 | 837 | 江南観察使 | ○ | | 89 | 115・159 | | | |
| （河東道） | | | | | | | | | | | | |
| 絳州 | 楊慎交 | 睿宗 | 景雲元 | 710 | 秘書監 | | | | 83・160 | | | |
| △晋州 | 薛伯陽 | 玄宗 | 先天2 | 713 | 右千牛衛将軍 | ○ | | 73 | 98 | | | |

| | | | | | | | | | | | | |
|---|---|---|---|---|---|---|---|---|---|---|---|---|
| 沢州 | 王守一 | 玄宗 | 開元12 | 724 | 太子少保 | ○ | | 8 | | | | |
| (河北道) | | | | | | | | | | | | |
| 莫州 | 李延年 | 玄宗 | 天宝初 | | 嗣徐王、員外太子洗馬 | | | 64 | 79 | | | |
| (山南東道) | | | | | | | | | | | | |
| 涪州 | 宋庭瑜 | 玄宗 | 先天中 | | 司農少卿 | | | 193 | | | | |
| 澧州 | 薛自勧 | | 開元24 | 736 | 涇州刺史 | | | | | | 214 | |
| 房州 | 李承宏 | | 同24 | 736 | 広武王 | | | | 81 | | 214 | |
| △峡州 | 李瑁 | | 天宝5 | 746 | 嗣薛王、鴻臚卿同正員 | | | 9・95 | 81 | | 215 | |
| △峡州 | 顔真卿 | 代宗 | 永泰2 | 766 | 刑部尚書 | | | 11・128 | 153 | | 224 | |
| 忠州 | 陸贄 | 徳宗 | 貞元11 | 795 | 太子賓客 | | | 13・139 | 157 | | 235 | |
| (山南西道) | | | | | | | | | | | | |
| 渠州 | 韋岳 | 玄宗 | 先天2 | 713 | 殿中少監 | | | 185上 | 100 | | | |
| 通州 | 閻朝隠 | | 先天中 | | 秘書少監 | | | 190中 | 202 | | | |
| 興州 | 麻察 | | 開元17? | 729 | 大理丞 | ○ | | 190中 | 128 | | 213 | |
| △壁州 | 万福順 | | 同19 | 731 | 左領軍衛大将軍 | | | 106 | 121 | | | |
| 通州 | 李季卿 | 粛宗 | | | 中書舎人 | | | 99 | 202 | | | |
| 通州 | 崔河図 | 徳宗 | 貞元中 | | | | | 13 | | | | |
| (淮南道) | | | | | | | | | | | | |

| | | | | | | | | | | | | |
|---|---|---|---|---|---|---|---|---|---|---|---|---|
| △滁州 | 李嶠 | 玄宗 | 開元2 | 714 | 特進 | | | 8 | 123 | | 211 | |
| △沔州 | 韋安石 | | 同2 | 714 | 青州刺史 | | | 8・92 | 122 | | 211 | |
| 安州 | 劉知幾 | | 同9 | 721 | 左散騎常侍 | | | 102 | 132 | | | |
| △安州 | 裴寬 | | 天宝5 | 746 | 睢陽(宋州)太守 | | | 100 | 130 | | 215 | |
| (江南東道) | | | | | | | | | | | | |
| 陸州 | 揚承令 | 玄宗 | 開元13 | 725 | 汾州刺史 | | | | | | 212 | |
| 温州 | 潘好礼 | | 開元中 | | 豫州刺史 | | | 185下 | 128 | | | |
| △湖州 | 韓朝宗 | | 天宝3 | 744 | 高平(沢州)太守 | | | | 118 | | | |
| 明州 | 徐浩 | 代宗 | 大暦8 | 770 | 吏部侍郎 | | | 11・136 | 160 | | 224 | |
| 泉州 | 姜公輔 | 徳宗 | 貞元8 | 792 | 太子右庶子 | | | 13・152 | 138 | | | |
| 衢州 | 于邵 | | 同8? | 792 | 杭州刺史 | | | 137 | 203 | | | |
| 泉州 | 馬摠 | | 同16 | 800 | 義成軍節度従事 | | | 155・157 | 163 | | 235 | |
| 衢州 | 令狐峘 | | 貞元中 | | 吉州刺史 | | | 149 | 102・150 | | | |
| (江南西道) | | | | | | | | | | | | |
| 江州 | 趙彦昭 | 玄宗 | 開元2 | 714 | 刑部尚書 | | | 92 | 123 | | | |
| △袁州 | 趙彦昭 | | 同2 | 714 | 刑部尚書 | | | | | | 211 | |
| △岳州 | 韋嗣立 | | 同2 | 714 | 太子賓客 | | | 8・88 | 116 | | 211 | |
| 邵州 | 李嶠 | | 開元12 | 724 | 嗣濮王、国子祭酒同正員 | | | 76 | | | | |

| | | | | | | | | | | | | |
|---|---|---|---|---|---|---|---|---|---|---|---|---|
| 潭州 | 王守一 | 玄宗 | 開元12 | 724 | 太子少保 | | | | | | 212 | |
| 鄂州 | 李璀 | | 同12 | 724 | 嗣許王、衛尉卿 | | | 8・86 | 81 | | | |
| 撫州 | 李令問 | | 同15 | 727 | 左散騎常侍 | | | 67 | 93・103 | | 212 | |
| △道州 | 高広済 | | 同19 | 731 | 右威衛将軍 | | | 106 | 121 | | | |
| 欽州 | 狄光嗣 | | 開元中 | | 揚州長史 | | | 89 | 115 | | | |
| △鄂州 | 韋堅 | | 天宝5 | 746 | 縉雲(処州)太守 | ○ | ○ | 105 | 134 | | 215 | |
| 衡州 | 令狐峘 | 徳宗 | 建中元 | 780 | 礼部侍郎 | | | 149 | 102 | | | |
| 吉州 | 令狐峘 | | 貞元5 | 789 | 太子右庶子 | | | 149 | 102 | | | |
| 郴州 | 竇参 | | 同8 | 792 | 中書侍郎、同平章事★ | | | 13・136 | 145 | 62 | 234 | |
| 饒州 | 穆賛 | | 同10 | 794 | 御史中丞 | | | 155 | 163 | | 235 | |
| (黔中道) | | | | | | | | | | | | |
| △施州 | 令狐建 | 徳宗 | 貞元5 | 789 | 右領軍衛大将軍 | | | 124 | 148 | | | |
| (剣南道) | | | | | | | | | | | | |
| 遂州 | 崔位 | 徳宗 | 貞元中 | | 義成軍節度使の僚佐 | | | | 162 | | | |
| (嶺南道) | | | | | | | | | | | | |
| 藤州 | 李文暕 | 武后 | 垂拱中 | | 幽州都督 | | | | 78 | | | |
| 昭州 | 李欣 | | | | 嗣濮王 | | | 76 | 80 | | | |
| 連州 | 契苾嵩 | 玄宗 | 開元16? | 728 | 特進 | | | 103 | | | | |

| | | | | | | | | | | | |
|---|---|---|---|---|---|---|---|---|---|---|---|
| △瀼州 | 王毛仲 | | 同19 | 731 | 殿中監、内外閑厩牧都使 | ○ | | 8・106 | 121 | | 213 |
| △厳州 | 李守徳 | | 同19 | 731 | 右武衛将軍 | | | 106 | 121 | | |
| △黨州 | 王景耀 | | 同19 | 731 | 右威衛将軍 | | | 106 | 121 | | |
| △振州 | 唐地文 | | 同19 | 731 | 左監門衛将軍 | | | 106 | 121 | | |
| 羅州 | 李昇 | 徳宗 | 貞元中 | | 太子詹事 | | | | 147 | | |

## 〔長史〕

| | | | | | | | | | | | |
|---|---|---|---|---|---|---|---|---|---|---|---|
| (都畿道) | | | | | | | | | | | |
| 汝州 | 王澣 | 玄宗 | 開元14？ | 726 | 駕部員外郎 | | | 190中 | | | |
| (河南道) | | | | | | | | | | | |
| 宋州 | 韋岳 | 武后 | | | 太原令 | | | 185上 | 100 | | |
| 青州 | 劉允済 | 中宗 | 神龍初 | | 鳳閣舎人 | | | 190中 | 202 | | |
| 汴州 | 宋之問 | | 景龍中 | | 考功員外郎 | ○ | | | 202 | | |
| △萊州 | 李揆 | 粛宗 | 上元2 | 761 | 中書侍郎、同平章事★ | | | 126 | | | |
| (河東道) | | | | | | | | | | | |
| 并州 | 陸璪 | 玄宗 | 開元21 | 733 | 洛陽令 | | | | 116 | | |
| 晋州 | 崔倫 | 代宗 | | | 吏部員外郎 | | | | 164 | | |
| (山南東道) | | | | | | | | | | | |

| | | | | | | | | | | | | |
|---|---|---|---|---|---|---|---|---|---|---|---|---|
| △澧州 | 吉温 | 玄宗 | 天宝13 | 754 | 武部侍郎 | | | 9・186下 | 209 | | 217 | |
| △忠州 | 第五琦 | 粛宗 | 乾元2 | 759 | 戸部侍郎、同平章事★ | ○ | | 10・123 | 149 | | 221 | |
| 涪州 | 李充 | 徳宗 | 貞元11 | 795 | 京兆尹 | | | | | | 235 | |
| 峡州 | 薛正倫 | | 同16 | 800 | 山南東道節度判官 | ○ | | 156 | | | 235 | |
| 郢州 | 紇干臮 | 文宗 | 大和3 | 829 | 西川節度使の僚佐 | | | 163 | | | | |
| 荊州 | 王式 | | 大和末 | | 殿中侍御史 | | | 164 | | | | |
| 峡州 | 孟琯 | | 大和末 | | 長安令 | | | 169 | | | | |
| 朗州 | 姚中立 | | 大和末 | | 京兆府万年令 | | | 169 | | | | |
| 澧州 | 韋譲 | | 開成4 | 839 | 光禄卿 | | | 17下 | | | | |
| 随州 | 李鉄 | 武宗 | 会昌6 | 846 | 彭州刺史 | | | 18上 | | | | |
| 夔州 | 康季栄 | 宣宗 | 大中9 | 855 | 右威衛大将軍 | | | | | | 249 | |
| （山南西道） | | | | | | | | | | | | |
| 蓬州 | 李瑀 | 粛宗 | 乾元2 | 759 | 漢中王、山南西道防禦使 | | | | 81 | | | |
| 渠州 | 魏少遊 | | 同2 | 759 | 衛尉卿 | | | 115 | 141 | | | |
| 蓬州 | 顔真卿 | | 上元元 | 760 | 刑部侍郎 | | | 128 | 153 | | 221 | |
| 巴州 | 韋倫 | | | | 秦州刺史 | ○ | | 138 | 143 | | | |
| 通州 | 李実 | 順宗 | 貞元21 | 805 | 道王、京兆尹 | | | 14・135 | 167 | | 236 | |
| 梁州 | 張雲 | 懿宗 | 咸通4 | 863 | 起居郎 | | | 19上・172 | 166 | | | |

| | | | | | | | | | | | | |
|---|---|---|---|---|---|---|---|---|---|---|---|---|
| (龍右道) | | | | | | | | | | | | |
| 西州 | 裴行倹 | 高宗 | 永徽6 | 655 | 長安令 | | | 84 | 108 | | 199 | |
| (淮南道) | | | | | | | | | | | | |
| 廬州 | 盧鉉 | 玄宗 | 天宝中 | | 閑厩判官 | | | 186下 | 134 | | | |
| 廬州 | 徐浩 | 粛宗 | | | 国子祭酒 | | | 137 | 160 | | | |
| (江南東道) | | | | | | | | | | | | |
| 越州 | 敬播 | 高宗 | | | 給事中 | | | 189上 | 198 | | | |
| 婺州 | 崔融 | 武后 | 久視元 | 700 | 鳳閣舎人 | | | 94 | | | | |
| 潤州 | 姜皎 | 中宗 | | | 尚衣奉御 | | | | 91 | | | |
| 処州 | 郭山惲 | 睿宗 | 景雲元 | 710 | 国子司業 | | | | | | 210 | |
| 婺州 | 崔日用 | | 同元 | 710 | 黄門侍郎、参知機務★ | | | | 121 | | | |
| 台州 | 宋尚 | 玄宗 | 天宝中 | | 漢東(随州)太守 | | | | 124 | | | |
| 温州 | 李皐 | 粛宗 | 上元元? | 760 | 秘書少監同正 | | | 131 | 80 | | | |
| 汀州 | 張滂 | 徳宗 | 貞元11 | 795 | 衛尉卿 | | | 13 | | | 235 | |
| △明州 | 李吉甫 | | 貞元中 | | 駕部員外郎 | | | 139・149 | 146 | | 236 | |
| 処州 | 李宗閔 | 文宗 | 大和9 | 835 | 明州刺史 | ○ | ○ | 17下 | 176 | | 245 | |
| 明州 | 韋瓘 | | | | 中書舎人 | | | | 162 | | | |
| 漳州 | 李宗閔 | 武宗 | 会昌4 | 844 | 漳州刺史 | ○ | | | 174 | | 248 | |

| | | | | | | | | | | | |
|---|---|---|---|---|---|---|---|---|---|---|---|
| （江南西道） | | | | | | | | | | | |
| △吉州　劉景先 | 武后 | 光宅元 | 684 | 辰州刺史 | | ○ | 81・87 | 106 | | 203 | |
| 衡州　李迥秀 | 中宗 | 神龍元 | 705 | 廬州長史 | ○ | | | 99 | | | |
| 饒州　韋嗣立 | | 神龍初 | | 洺州刺史 | | | 88 | 116 | | | |
| △袁州　李揆 | 粛宗 | 上元2 | 761 | 中書侍郎、同平章事★ | | | 10・185下 | 150 | 62 | 222 | |
| 撫州　劉秩 | | | | 閬州刺史 | | | | 132 | | | |
| 信州　崔造 | 徳宗 | 建中元 | 780 | 左司員外郎 | | | 130 | 150 | | | |
| 信州　盧徵 | | 貞元2 | 786 | 度支員外郎 | | | 146 | | | | |
| 永州　鄭叔則 | | 同5？ | 789 | 京兆尹 | | | 13・135 | | | | |
| 信州　李充 | | 同11 | 795 | 京兆尹 | | | 13 | | | | |
| 邵州　李銛 | | 同11 | 795 | 司農卿 | | | | | | 235 | |
| 郴州　張正甫 | | 同14？ | 798 | 襄陽従事、監察御史 | | | 162 | | | | |
| 虔州　房啓 | 憲宗 | 元和中 | | 太僕少卿 | | | | 139 | | | |
| 袁州　李徳裕 | 文宗 | 大和9 | 835 | 守太子賓客分司東都 | | ○ | 17下・174 | 180 | | | |
| 信州　魏謩 | 武宗 | 会昌中 | | 汾州刺史 | | | 176 | 97 | | | |
| （黔中道） | | | | | | | | | | | |
| 費州　宗暉 | 玄宗 | 天宝11 | 752 | 衛尉員外卿 | | | 86 | | | | |
| （剣南道） | | | | | | | | | | | |

| | | | | | | | | | | | | |
|---|---|---|---|---|---|---|---|---|---|---|---|---|
| 剣州 | 韓思復 | 中宗 | 神龍2 | 706 | 礼部郎中 | | | | 118 | | | |
| （嶺南道） | | | | | | | | | | | | |
| 桂州 | 姚璹 | 武后 | 光宅元 | 684 | 夏官侍郎 | | | 89 | 102 | | | |
| 邕州 | 周利貞 | 玄宗 | 開元中 | | 辰州長史 | ○ | | | 209 | | | |
| 韶州 | 袁高 | 徳宗 | 建中元 | 780 | 御史中丞、京畿道観察使 | | | 12・153 | 120 | | | |
| 桂州 | 于邵 | | 同元 | 780 | 礼部侍郎 | | | 12・137 | 203 | | 224 | |
| 循州 | 牛僧孺 | 武宗 | 会昌4 | 844 | 汀州刺史 | | ○ | | 74 | | | |

## 〔司馬〕

| | | | | | | | | | | | | |
|---|---|---|---|---|---|---|---|---|---|---|---|---|
| （京畿道） | | | | | | | | | | | | |
| △邠州 | 張直方 | 宣宗 | 大中中 | | | | | 18下 | | | | |
| （関内道） | | | | | | | | | | | | |
| △原州 | 婁師徳 | 武后 | 万歳通天元 | 696 | 左粛政臺御史大夫、知政事★ | | | 93 | 108 | 61 | 205 | |
| 坊州 | 韋見素 | 玄宗 | 開元末 | | 大理寺丞 | | | 108 | | | | |
| （河南道） | | | | | | | | | | | | |
| 宋州 | 劉蔵器 | 高宗 | | | 比部員外郎 | | | | 201 | | | |
| 濠州 | 竇従一 | 睿宗 | 唐隆元 | 710 | 左御史大夫 | | | 183 | 109 | | 209 | |
| 密州 | 慕容珣 | | 景雲2 | 711 | 監察御史 | | | | 83 | | | |

| | | | | | | | | | | | | |
|---|---|---|---|---|---|---|---|---|---|---|---|---|
| 虢州 | 王涯 | 憲宗 | 元和3 | 808 | 都官員外郎 | | ○ | 14・169 | 179 | | 237 | |
| 亳州 | 李従誨 | 文宗 | 開成中 | | 澶王府諮議分司東都 | | | | 78 | | | |
| 濮州 | 韓偓 | 昭宗 | 天復3 | 903 | 翰林学士承旨 | ○ | | | | | 264 | |
| 棣州 | 韓儀 | | 天祐元 | 904 | 行御史中丞 | | | 20上 | 183 | | | |
| 曹州 | 柳遜 | 哀帝 | 同2 | 905 | 太子賓客 | | ○ | 20下 | | | 265 | |
| （河東道） | | | | | | | | | | | | |
| 汾州 | 李漢 | 文宗 | 大和9 | 835 | 汾州刺史 | | ○ | 17下・171 | 78 | | 245 | |
| （河北道） | | | | | | | | | | | | |
| 衛州 | 房先敏 | 武后 | 垂拱元？ | 685 | 司門員外部 | | | 87 | 117 | | | |
| 懐州 | 崔碣 | 僖宗 | 乾符4 | 877 | 陝虢観察使 | | | | 120 | | 253 | |
| （山南東道） | | | | | | | | | | | | |
| 郢州 | 裴光庭 | 中宗 | 景龍中 | | 太常丞 | | | 84 | 108 | | | |
| 朗州 | 和逢堯 | 玄宗 | 先天2 | 713 | 戸部侍郎 | | | 185下 | 123 | | | |
| 荊州 | 呉兢 | | 開元中 | | 太子左庶子 | | | | 132 | | | |
| 峡州 | 張清 | 代宗 | 宝応元 | 762 | 太常卿同正員 | | | 52 | | | | |
| △峡州 | 蕭華 | | 同元 | 762 | 礼部尚書 | | | 99 | 101 | | 222 | |
| 澧州 | 潘炎 | 徳宗 | 建中元？ | 780 | 礼部侍郎 | | | | 160 | | | |
| 夔州 | 柳鎮 | | 貞元中 | | 殿中侍御史 | | | | 168 | | | |

| | | | | | | | | | | | | |
|---|---|---|---|---|---|---|---|---|---|---|---|---|
| 朗州 | 盧景亮 | | 貞元中 | | 右補闕 | | | | 164 | | 236 | |
| 朗州 | 劉禹錫 | 憲宗 | 永貞元 | 805 | 連州刺史 | | ○ | 14・160 | 168 | | 236 | |
| 房州 | 柳澗 | | 元和中 | | 華州華陰令 | ○ | | 160 | 176 | | | |
| 房州 | 田縉 | | 元和中 | | 衛王傅 | | ○ | | 210 | | | |
| 唐州 | 盧幷 | 文宗 | 大和3 | 829 | 西川節度使の僚佐 | | | 163 | | | | |
| 澧州 | 蔡京 | 宣宗 | 大中2 | 848 | 殿中侍御史 | | | 18下 | | | | |
| 随州 | 裴譲 | | 同5 | 851 | 同州奉先令 | | | 18下 | | | | |
| 復州 | 于延陵 | | 同12 | 858 | 建州刺史 | | | | | | 249 | |
| 涪州 | 劉承雍 | 僖宗 | 咸通14 | 873 | 戸部侍郎 | | | | | | 252 | |
| 夔州 | 朱朴 | 昭宗 | 乾寧4 | 897 | 秘書監 | ○ | | | | | 261 | |
| （山南西道） | | | | | | | | | | | | |
| 壁州 | 李義府 | 高宗 | 永徽6 | 655 | 中書舎人 | ○ | | | 223上 | | 199 | |
| 開州 | 杜易簡 | | 咸亨中 | | 考功員外郎 | | | 190上 | 201 | | | |
| △渠州 | 魏元忠 | 中宗 | 景龍元 | 707 | 特進 | ○ | | 92 | 122 | | 208 | |
| 通州 | 張洽 | 玄宗 | 開元中 | | 侍御史 | | | | 118 | | | |
| △巴州 | 蘇端 | 代宗 | 大暦中 | | 比部郎中 | | | | 142 | | | |
| 閬州 | 裴諝 | 徳宗 | 建中中 | | 左金吾衛将軍 | | | 126 | 130 | | | |
| △開州 | 王伾 | 憲宗 | 永貞元 | 805 | 左散騎常侍 | | | 14・135 | 168 | | 236 | |

| | | | | | | | | | | | | |
|---|---|---|---|---|---|---|---|---|---|---|---|---|
| △開州 | 宋申錫 | 文宗 | 大和5 | 831 | 太子左庶子 | | ○ | 17下・167 | 152 | | 244 | |
| (隴右道) | | | | | | | | | | | | |
| 渭州 | 劉秩 | 玄宗 | 天宝中 | | 憲部員外郎 | | | | 132 | | | |
| 鄯州 | 李何忌 | 粛宗 | 至徳2? | 757 | 諫議大夫 | | | 111 | 139 | | | |
| (淮南道) | | | | | | | | | | | | |
| 蘄州 | 徐斉聃 | 高宗 | 咸亨元 | 670 | 西臺舎人 | | | 190上 | 199 | | | |
| 申州 | 李巨 | 玄宗 | 天宝5 | 746 | 嗣虢王、西河(汾州)太守 | | | 112 | 79 | | 215 | |
| (江南東道) | | | | | | | | | | | | |
| 台州 | 孟詵 | 武后 | | | 鳳閣舎人 | | | | 196 | | | |
| 蘇州 | 王無競 | 中宗 | 神龍初 | | 太子舎人 | ○ | | 190中 | 107 | | | |
| 睦州 | 杜咸 | 玄宗 | 開元中 | | 魏州刺史、兼河北按察使 | | | | 106 | | | |
| 処州 | 李邕 | | 開元中 | | 戸部郎中 | | | 190中 | 202 | | | |
| 汀州 | 裴冑 | 徳宗 | 建中中 | | 宣州刺史 | | | 122 | 130 | | | |
| 泉州 | 呉通玄 | | 貞元8 | 792 | 左諫議大夫 | ○ | | 13・190下 | 145 | | 234 | |
| 汀州 | 鄭鋒 | | 同14 | 798 | 京兆府興平令 | | | 129 | | | | |
| 台州 | 陳諫 | 憲宗 | 永貞元 | 805 | 河中少尹 | | | 14・135 | 168 | | 236 | |
| 建州 | 李位 | | 元和9 | 814 | 信州刺史 | | | 154 | 163 | | | |
| 処州 | 楊虞卿 | 文宗 | 大和9 | 835 | 京兆尹 | ○ | | 176 | 174 | | | |

| | | | | | | | | | | | | |
|---|---|---|---|---|---|---|---|---|---|---|---|---|
| 湖州 | 何迎 | 昭宗 | 乾寧4 | 897 | 右諫議大夫 | | | | | | 261 | |
| （江南西道） | | | | | | | | | | | | |
| 洪州 | 許敬宗 | 太宗 | 貞観10 | 636 | 中書舎人 | | | 82 | | | | |
| 邵州 | 賈言忠 | 高宗 | 上元2 | 675 | 吏部員外郎 | | | 190中 | 119 | | | |
| 歙州 | 崔神慶 | 武后 | 長寿中 | | 幷州長史 | | | 77 | 109 | | | |
| 江州 | 鄭愔 | 中宗 | 景龍3 | 709 | 守吏部侍郎、同平章事★ | | | 7・74 | | 61 | 208 | |
| 道州 | 王翰 | 玄宗 | 開元中 | | 仙州別駕 | | | 190中 | 202 | | | |
| △道州 | 王琚 | | 天宝5 | 746 | 鄴郡（相州）太守 | | | 106 | 121 | | 215 | |
| 袁州 | 張埱 | | 同13 | 754 | 給事中 | ○ | | 97 | 125 | | | |
| 袁州 | 李峘 | 粛宗 | 乾元2 | 759 | 御史大夫 | | | 112 | 80 | | | |
| 岳州 | 賈至 | | | | 蒲州刺史 | | | | 119 | | | |
| 郴州 | 張潜 | 代宗 | 宝応元 | 762 | 鴻臚卿 | | | 52 | | | | |
| 永州 | 李遵 | | 大暦2 | 767 | 鴻臚卿 | | | 11 | | | | |
| △道州 | 楊炎 | | 同12 | 777 | 吏部侍郎 | | | 11・118 | 145 | | | |
| 虔州 | 穆寧 | | 大暦初 | | 鄂岳沔都団練使 | ○ | | 155 | | | | |
| 饒州 | 帰崇敬 | | 大暦中 | | 国子司業 | | | 149 | 164 | | | |
| 信州 | 韋倫 | | | | 韶連郴三州都団練使 | | | 138 | 143 | | | |
| 衡州 | 田晋 | 徳宗 | 建中2 | 781 | 大理正 | | | 118 | 145 | | 227 | |

| | | | | | | | | | | | | |
|---|---|---|---|---|---|---|---|---|---|---|---|---|
| △撫州 | 盧惎 | 德宗 | 建中3 | 782 | 京兆尹 | | | 12・126 | | | | |
| 袁州 | 李景略 | | 貞元6 | 790 | 豊州刺史 | | | 152 | 170 | | | |
| 道州 | 竇申 | | 同8 | 792 | 給事中 | ○ | | 13・136 | 145 | | 234 | |
| 虔州 | 李迺 | | 同12 | 796 | 宣武軍兵馬使 | | | | | | 235 | |
| △撫州 | 韓皐 | | 同14 | 798 | 京兆尹 | | | 13・129 | 126 | | | |
| △郴州 | 鄭餘慶 | | 同16 | 800 | 中書侍郎、同平章事★ | | | 13・158 | 165 | 62 | 235 | |
| 虔州 | 李衆 | | 貞元中 | | 京兆府万年令 | | | 135 | 167 | | | |
| △信州 | 盧南史 | | 貞元中 | | 侍御史 | | | 137 | | | | |
| △歙州 | 呂渭 | | | | 司門員外郎 | | | | 126・137 | 160 | | |
| 饒州 | 韓曄 | 憲宗 | 永貞元 | 805 | 池州刺史 | | ○ | 14・135 | 168 | | 236 | |
| 虔州 | 韓泰 | | 同元 | 805 | 撫州刺史 | | ○ | 14・135 | 168 | | 236 | |
| 永州 | 柳宗元 | | 同元 | 805 | 邵州刺史 | | ○ | 14・160 | 168 | | 236 | |
| 郴州 | 程异 | | 同元 | 805 | 岳州刺史 | | | 14・135 | 168 | | 236 | |
| 江州 | 白居易 | | 元和10 | 815 | 太子左賛善大夫 | | | 166 | 119 | | | |
| 永州 | 張茂和 | | 同12 | 817 | 左神武衛将軍 | | | | | | 240 | |
| 江州 | 韋辞 | | 元和中 | | 朗州刺史 | | ○ | 160 | | | | |
| 撫州 | 令狐通 | | 元和中 | | 寿州刺史 | | | 15 | | | | |
| △吉州 | 孟簡 | 穆宗 | 元和15 | 820 | 太子賓客分司東郡 | | ○ | 16・163 | 160 | | | |

| | | | | | | | | | | | | |
|---|---|---|---|---|---|---|---|---|---|---|---|---|
| 吉州 | 李彤 | 敬宗 | 長慶4 | 824 | 司農少卿 | | | 17上 | | | | |
| 道州 | 李仍叔 | | 宝暦元 | 825 | 水部郎中 | | | | 174 | | 243 | |
| 袁州 | 渾鐬 | 文宗 | 大和4 | 830 | 豊州刺史 | | | 17下・134 | 155 | | | |
| △虔州 | 楊虞卿 | | 同9 | 835 | 京兆尹 | ○ | | 17下 | | | 245 | |
| 郴州 | 敬昕 | 武宗 | 開成5 | 840 | 京兆尹 | | | | | | 246 | |
| 信州 | 柳璟 | | 会昌中 | | 礼部侍郎 | | | | 132 | | | |
| 岳州 | 呉閲 | 宣宗 | 大中5 | 851 | 景陵臺令 | | | 18下 | | | | |
| 永州 | 韋厪 | | 同10 | 856 | 司農卿 | | | | | | 249 | |
| 永州 | 李寂 | | 同11 | 857 | 入冊迴鶻判官、河南府士曹参軍 | | | 18下 | | | | |
| 郴州 | 李潯 | | 同11 | 857 | 入冊迴鶻副使、国子礼記博士 | | | 18下 | | | | |
| 邵州 | 李叢 | | 同12 | 858 | 蔡州刺史 | | | 18下 | | | | |
| 郴州 | 董禹 | 僖宗 | 乾符2 | 875 | 右補闕 | | | | | | 252 | |
| 郴州 | 楊知温 | | 同5 | 878 | 荊南節度使 | | | | | | 253 | |
| 衡州 | 孫偓 | 昭宗 | 乾寧4 | 897 | 礼部尚書 | | | | 103 | | | |
| 衡州 | 張禕 | | 同4 | 897 | 刑部尚書 | | | 162 | | | 261 | |
| 撫州 | 銭珝 | | 光化3 | 900 | 中書舎人 | | | | 177 | | | |
| (黔中道) | | | | | | | | | | | | |
| 播州 | 宗楚客 | 武后 | 聖暦2 | 699 | 左丞 | | | | 109 | | 206 | |

| | | | | | | | | | | | | |
|---|---|---|---|---|---|---|---|---|---|---|---|---|
| 南州 | 李璄 | 中宗 | 神龍3 | 707 | 宗正卿 | | | 76 | 80 | | | |
| 辰州 | 張垍 | 玄宗 | 天宝13 | 754 | 太常卿 | ○ | | 9・97 | 125 | | 217 | |
| △溱州 | 賀蘭進明 | 粛宗 | 乾元2 | 759 | 御史大夫 | | | 10 | | | 221 | |
| 播州 | 趙賛 | 徳宗 | 建中4 | 783 | 戸部侍郎 | | | 12・135 | 167 | | 229 | |
| 播州 | 蕭遘 | 懿宗 | 咸通11 | 870 | 起居舎人 | | | 179 | 101 | | | |
| 南州 | 孫偓 | 昭宗 | 乾寧4 | 897 | 礼部尚書 | | | | | | 261 | |
| (剣南道) | | | | | | | | | | | | |
| 簡州 | 盧承慶 | 高宗 | 永徽中 | | 益州長史 | | | 81 | 106 | | | |
| 翼州 | 長孫知仁 | | 顕慶4 | 659 | 渝州刺史 | | | | 105 | | | |
| 梓州 | 楊元禕 | 武后 | | | 河南府緱氏令 | | | 77 | 106 | | | |
| 嘉州 | 周利貞 | 中宗 | 神龍中 | | 侍御史 | | | 186下 | | | 208 | |
| 邛州 | 崔隠甫 | 睿宗 | | | 殿中侍御史 | | | | 130 | | | |
| 遂州 | 張仲方 | 憲宗 | 元和12 | 817 | 度支郎中 | | | 15・171 | 126 | | | |
| 遂州 | 蕭澣 | 文宗 | 大和9 | 835 | 遂州刺史 | | | | | | 245 | |
| (嶺南道) | | | | | | | | | | | | |
| 柳州 | 徐敬業 | 武后 | 嗣聖元? | 684 | 眉州刺史 | ○ | | 67 | 93 | | 203 | |
| 羅州 | 竇孝諶 | | 長寿2 | 693 | (不明) | | | 183 | | | 205 | |
| △瀧州 | 桓彦範 | 中宗 | 神龍2 | 706 | 亳州刺史 | ○ | ○ | 7・91 | 120 | 61 | 208 | |

（附）唐代貶官一覧（司馬）

| | | | | | | | | | | | | |
|---|---|---|---|---|---|---|---|---|---|---|---|---|
| △新州 | 張柬之 | | 同2 | 706 | 襄州刺史 | ○ | | 7・91 | | 61 | 208 | |
| △崖州 | 敬暉 | | 同2 | 706 | 朗州刺史 | ○ | ○ | 7・91 | | 61 | 208 | |
| △白州 | 崔元暐 | | 同2 | 706 | 均州刺史 | ○ | ○ | 7・91 | | 61 | 208 | |
| △竇州 | 袁恕己 | | 同2 | 706 | 郢州刺史 | ○ | ○ | 7・91 | | 61 | 208 | |
| 儋州 | 薛季昶 | | 同2 | 706 | 桂州都督 | ○ | ○ | 185上 | 120 | | 208 | |
| 春州 | 武攸望 | | | | 太常卿 | | | 183 | | | | |
| 春州 | 姜晦 | 玄宗 | 開元10 | 722 | 吏部侍郎 | | | 59 | 91 | | 212 | |
| 柳州 | 王守一 | | 同11 | 723 | 太子少保 | ○ | | 183 | 206 | | | |
| △広州 | 蘇端 | 代宗 | 大暦末 | | 比部郎中 | | | 119 | | | | |
| △崖州 | 楊炎 | 徳宗 | 建中2 | 781 | 左僕射 | ○ | | 12・118 | 145 | | 227 | |
| 循州 | 趙縦 | | 同3 | 782 | 太僕卿 | | | 125 | 152 | | | |
| 新州 | 盧杞 | | 同4 | 783 | 門下侍郎、同平章事★ | | | 12・135 | 223下 | 62 | 229 | |
| 恩州 | 白志貞 | | 同4 | 783 | 神策軍使、検校左散騎常侍 | | | 12・135 | 167 | | 229 | |
| 昭州 | 李則之 | | 貞元8 | 792 | 嗣虢王、左金吾衛大将軍 | | | 23・112 | 145 | | 234 | |
| 驩州 | 竇参 | | 同9 | 793 | 郴州別駕 | ○ | ○ | 13・136 | 145 | | 234 | |
| 連州 | 房孺復 | | 貞元中 | | 杭州刺史 | | | 111 | 139 | | | |
| △崖州 | 韋執誼 | 憲宗 | 永貞元 | 805 | 中書侍郎、同平章事★ | | | 14・135 | 168 | 62 | 236 | |
| △連州 | 凌準 | | 同元 | 805 | 和州刺史 | | ○ | 14・135 | 168 | | 236 | |

| | | | | | | | | | | | | |
|---|---|---|---|---|---|---|---|---|---|---|---|---|
| 雷州 | 李康 | 憲宗 | 元和元 | 806 | 東川節度使 | | | 14 | | | | |
| 驩州 | 盧従史 | | 同5 | 810 | 昭義軍節度使 | ○ | | 14・132 | 141 | | 238 | |
| 循州 | 李道古 | 穆宗 | 同15 | 820 | 宗正卿 | | | 16・131 | 80 | | 241 | |
| 端州 | 李紳 | 敬宗 | 長慶4 | 824 | 戸部侍郎 | | | 17上・173 | 181 | | 243 | |
| 昭州 | 王源植 | | 宝暦2 | 826 | 殿中侍御史 | | | 17上 | | | | |
| 循州 | 杜元穎 | 文宗 | 大和3 | 829 | 邵(或いは韶)州刺史 | | ○ | 17上・163 | 96 | | | |
| 連州 | 崔璜 | | 同3 | 829 | 西川節度判官 | | | 163 | | | | |
| 封州 | 李甘 | | 同9 | 835 | 侍御史 | | | 17下・171 | 118 | | 245 | |
| 循州 | 段嶷 | | 同9 | 835 | 右金吾衛大将軍 | | | | 153 | | | |
| △恩州 | 崔珙 | 武宗 | 会昌4 | 844 | 澧州刺史 | | ○ | | 18上・177 | 182 | | |
| △潮州 | 李徳裕 | 宣宗 | 大中元 | 847 | 太子少保分司東都 | | ○ | 18下・174 | 180 | | 248 | |
| 柳州 | 張直方 | | 同3 | 849 | 金吾衛将軍 | | | 180 | | | | |
| 賀州 | 王端章 | | 同11 | 857 | 入迴鶻冊礼使、衛尉少卿 | | | 18下 | | | 249 | |
| △端州 | 楊収 | 懿宗 | 咸通8 | 867 | 宣歙観察使 | | | 19上・177 | 184 | | 250 | |
| 端州 | 崔蕘 | | 同10 | 869 | 陝虢観察使 | | | 117 | 144 | | | |
| 昭州 | 崔蕘 | | 同10 | 869 | 陝虢観察使 | | | | | | 251 | |
| △恩州 | 康承訓 | | 同11 | 870 | 蜀王傅分司東都 | | ○ | 19上 | 148 | | | |
| 春州 | 魏簹 | | 同11 | 870 | 守礼部郎中 | | | 19上 | | | | |

| | | | | | | | | | | | | |
|---|---|---|---|---|---|---|---|---|---|---|---|---|
| 高州 | 高湘 | | 同11 | 870 | 右諫議大夫 | | | 19上・168 | 177 | | | |
| 瓊州 | 楊知至 | | 同11 | 870 | 比部郎中 | | | 19上・176 | 175 | | | |
| 振州 | 温璋 | | 同11 | 870 | 京兆尹 | ○ | | 19上・165 | 91 | | | |
| △康州 | 張直方 | | 同13 | 872 | 羽林軍統軍 | | | 19上 | 212 | | | |
| 端州 | 杜裔休 | | 同13 | 872 | 給事中 | | | 19上・166 | | | | |
| 封州 | 張裼 | | 同13 | 872 | 翰林学士承旨、兵部侍郎 | | | 19上・178 | | | | |
| 連州 | 高湜 | | 同14 | 873 | 昭義軍節度使 | | | | 177 | | | |
| 韶州 | 王鐐 | 僖宗 | 乾符中 | | 汝州刺史 | | | | 185 | | | |
| 梧州 | 崔昭緯 | 昭宗 | 乾寧2 | 895 | 右僕射 | ○ | | 20上・179 | 223下 | | 260 | |
| 昭州 | 劉崇望 | | | | 太常卿 | | | 179 | 90 | | | |

## 〔司戸参軍〕

| | | | | | | | | | | | | |
|---|---|---|---|---|---|---|---|---|---|---|---|---|
| 〔關内道〕 | | | | | | | | | | | | |
| 涇州 | 李百薬 | 高祖 | 武徳中 | | 吏部侍郎 | | | | 102 | | | |
| △豊州 | 趙計 | 代宗 | 大暦12 | 777 | 監察御史？ | | | 129 | 126 | | | |
| 〔河南道〕 | | | | | | | | | | | | |
| 萊州 | 王義方 | 高宗 | 顕慶元 | 656 | 侍御史 | | | 187上 | 112 | | 200 | |
| 徐州 | 苗晋卿 | 玄宗 | 開元中 | | 同州奉先尉 | | | 113 | | | | |

| | | | | | | | | | | | | |
|---|---|---|---|---|---|---|---|---|---|---|---|---|
| 濮州 | 韓偓 | 昭宗 | 天復3 | 903 | 戸部侍郎 | ○ | | 177 | 183 | | | |
| 登州 | 帰藹 | | 天祐元 | 904 | 侍御史 | | | 20下 | 183 | | | |
| 鄭州 | 李象 | 哀帝 | 同2 | 905 | 兵部郎中 | ○ | | 20下 | | | | |
| 陳州 | 崔澄 | | 同2 | 905 | 国子祭酒 | ○ | | 20下 | | | | |
| 輝州 | 薛滈 | | 同2 | 905 | 司封員外郎 | ○ | | 20下 | | | | |
| 鄆州 | 裴鉢 | | 同2 | 905 | 秘書少監 | ○ | | 20下 | | | | |
| △斉州 | 封渭 | | 同2 | 905 | 中書舎人 | ○ | | 20下 | | | | |
| 曹州 | 趙崇 | | 同2 | 905 | 守太保致仕 | ○ | | 20下 | | | | |
| 濮州 | 陸扆 | | 同2 | 905 | 吏部尚書 | ○ | | 20下 | 183 | | 265 | |
| 濰州 | 王贊 | | 同2 | 905 | 兵部侍郎 | ○ | | 20下 | | | 265 | |
| 淄州 | 王溥 | | 同2 | 905 | 工部尚書 | ○ | | 20下 | 182 | | | |
| 沂州 | 韋乾隆 | | 同2 | 905 | 兵部郎中 | ○ | | 20下 | | | | |
| 密州 | 崔仁魯 | | 同2 | 905 | 秘書監 | ○ | | 20下 | | | | |
| 青州 | 裴贄 | | 同2 | 905 | 守司空致仕 | ○ | | 20下 | 182 | | 265 | |
| 莱州 | 李煦 | | 同2 | 905 | 刑部郎中 | ○ | | 20下 | | | | |
| △莱州 | 張廷範 | | 同2 | 905 | 太常卿 | ○ | | 20下 | 226下 | | | |
| 密州 | 柳璨 | | 同2 | 905 | 登州刺史 | ○ | ○ | 20下 | | | | |
| （河北道） | | | | | | | | | | | | |

| | | | | | | | | | | | | |
|---|---|---|---|---|---|---|---|---|---|---|---|---|
| △貝州 | 氏叔琮 | 哀帝 | 天祐元 | 904 | 右龍武統軍 | | | 20下 | | | | |
| △祁州 | 盧協 | | 同2 | 905 | 兵部員外郎 | ○ | | 20下 | | | | |
| （山南東道） | | | | | | | | | | | | |
| 澧州 | 趙計 | 代宗 | 大暦12 | 777 | 監察御史？ | | | | | | 225 | |
| 荊州 | 宇文籍 | 憲宗 | 元和中 | | 監察御史 | | | 160 | | | | |
| 荊州 | 李景倹 | | 元和中 | | 監察御史 | | | 171 | 81 | | | |
| 朗州 | 李従晦 | 文宗 | 大和9 | 835 | 太常博士 | | | | 78 | | | |
| 澧州 | 崔朗 | 懿宗 | 咸通10 | 869 | 長安令 | | | 19上 | | | | |
| 復州 | 張公素 | 僖宗 | 乾符2 | 875 | 盧龍軍節度使 | | | 180 | 212 | | | |
| 夔州 | 薛貽矩 | 昭宗 | 天復3 | 903 | 翰林学士 | | | 177 | | | | |
| （山南西道） | | | | | | | | | | | | |
| 巴州 | 柳晃 | 徳宗 | 建中元 | 780 | 左補闕 | | | 12 | 132 | | | |
| 梁州 | 独孤朗 | 憲宗 | 元和中 | | 右拾遺 | | | 168 | 162 | | | |
| （淮南道） | | | | | | | | | | | | |
| 和州 | 楊塾 | 懿宗 | 咸通13 | 872 | 右諫議大夫 | | | 19上 | | | | |
| 安州 | 盧仁烱 | 哀帝 | 天祐2 | 905 | 起居舎人 | ○ | | 20下 | | | | |
| （江南東道） | | | | | | | | | | | | |
| 建州 | 賈言忠 | 高宗 | 上元2？ | 675 | 邵州司馬 | | | | 119 | | | |

| | | | | | | | | | | | | |
|---|---|---|---|---|---|---|---|---|---|---|---|---|
| 睦州 | 房琯 | 玄宗 | 開元22 | 734 | 監察御史 | | | 111 | 139 | | | |
| 杭州 | 李華 | 粛宗 | | | 安禄山の鳳閣舎人 | | | | 203 | | | |
| 台州 | 鄭虔 | | | | 安禄山の水部郎中 | | | | 202 | | | |
| 泉州 | 穆寧 | 代宗 | 大暦中 | | 和州刺史 | | | 155 | 163 | | | |
| 処州 | 沈既済 | 徳宗 | 建中中 | | 左拾遺 | | | 149 | 132 | | | |
| 汀州 | 蘇弁 | | 貞元14 | 798 | 太子詹事 | | | 13・189下 | 103 | | | |
| 泉州 | 于頔 | | 同16 | 800 | 戸部侍郎 | | | 13 | | | 235 | |
| 漳州 | 熊望 | 文宗 | 大和元 | 827 | 前郷貢進士 | | | 154 | 175 | | | |
| 処州 | 楊虞卿 | | 同9 | 835 | 処州司馬 | | ○ | 176 | | | | |
| 汀州 | 熊望 | 武宗 | 会昌5 | 845 | 監察御史 | | | | | | 248 | |
| (江南西道) | | | | | | | | | | | | |
| 吉州 | 杜審言 | 高宗 | | | 洛陽丞 | | | 190上 | 201 | | | |
| 衡州 | 韋倫 | 粛宗 | 至徳中 | | 屯田員外郎 | | | 138 | 143 | | | |
| 撫州 | 張鎰 | | 乾元初 | | 殿中侍御史 | | | 125 | 152 | | | |
| △吉州 | 陳珣 | 代宗 | 永泰中 | | 岐州天興尉 | | | 113 | | | | |
| △邵州 | 韓洄 | | 大暦12 | 777 | 諫議大夫 | | | 11・129 | 126 | | | |
| 虔州 | 韋倫 | | | | 信州司馬 | | ○ | 138 | | | | |
| 信州 | 蘇晃 | 徳宗 | 貞元14 | 798 | 京兆府士曹參軍 | | | 13 | 103 | | | |

| | | | | | | | | | | | |
|---|---|---|---|---|---|---|---|---|---|---|---|
| 永州 | 蘇衮 | | 同14 | 798 | 太子賛善大夫 | | | 13・189下 | 103 | | |
| 虔州 | 李夷簡 | | 貞元中 | | 監察御史 | | | | 131 | | |
| 饒州 | 顧況 | 憲宗 | 元和中 | | 著作郎 | | | 130 | | | |
| 道州 | 李将順 | | 元和中 | | 虔州刺史 | | | 154 | | | |
| 郴州 | 田垍 | 穆宗 | 元和15 | 820 | 秘書少監 | | | | | | 241 |
| 虔州 | 楊虞卿 | 文宗 | 大和9 | 835 | 虔州司馬同正員 | | ○ | 17下・176 | 175 | | 245 |
| 吉州 | 魏鉶 | 宣宗 | 大中2 | 848 | 淮南観察判官 | | | 18下 | | | |
| 衡州 | 崔序 | 懿宗 | 咸通10 | 869 | 荊南観察支使 | | | 19上 | | | |
| 郴州 | 朱朴 | 昭宗 | 乾寧4 | 897 | 夔州司馬 | | ○ | 20上 | 183 | | 261 |
| （黔中道） | | | | | | | | | | | |
| 施州 | 王守貞 | 玄宗 | 開元19 | 731 | 太子僕 | | | 106 | | | |
| 渓州 | 王守廉 | | 同19 | 731 | 太子家令 | | | 106 | | | |
| 辰州 | 張鎬 | 粛宗 | 上元2 | 761 | 左散騎常侍 | | | 10・111 | 139 | | 222 |
| 珍州 | 盧徴 | 徳宗 | 建中元 | 780 | 殿中侍御史 | | | 146 | 149 | | |
| 錦州 | 竇申 | | 貞元8 | 792 | 道州司馬 | | ○ | 190下 | | | 234 |
| 叙州 | 董昌齢 | 文宗 | 大和中 | | 邕管経略使 | | | 176 | 97 | | |
| 播州 | 張顔 | 懿宗 | 咸通11 | 870 | 行兵部員外郎 | | | 19上 | | | |
| 施州 | 張道古 | 昭宗 | 乾寧4 | 897 | 右拾遺 | | | | | | 261 |

| | | | | | | | | | | | | |
|---|---|---|---|---|---|---|---|---|---|---|---|---|
| 湊州 | 陳班 | 昭宗 | 天祐元 | 904 | 威遠軍使 | ○ | | | | | 264 | |
| （劍南道） | | | | | | | | | | | | |
| 雅州 | 劉庭琦 | 玄宗 | 開元8 | 720 | 京兆府万年尉 | | | 95 | 81 | | 212 | |
| △渝州 | 王叔文 | 憲宗 | 永貞元 | 805 | 戸部侍郎 | | | 14・135 | 168 | | | |
| 嘉州 | 孟昭図 | 僖宗 | 中和元 | 881 | 左拾遺 | ○ | | | 208 | | 254 | |
| （嶺南道） | | | | | | | | | | | | |
| 富州 | 李邕 | 中宗 | 神龍2 | 706 | 邢州南和令 | | | 190中 | 202 | | | |
| 柳州 | 蔡廷玉 | 徳宗 | 建中3 | 782 | 大理少卿、盧龍軍節度行軍司馬 | ○ | | | 193・223下 | | 227 | |
| 雷州 | 元琇 | | 貞元2 | 786 | 左丞 | | | 12・129 | 149 | | 232 | |
| 賀州 | 馬勛 | | 貞元中 | | 鳳州刺史 | | | 117 | 144 | | | |
| 連州 | 王仲舒 | | 貞元中 | | 考功員外郎 | | | | 161 | | | |
| 雷州 | 滑渙 | 憲宗 | 元和元 | 806 | 中書堂後主書 | ○ | | | | | 237 | |
| 昭州 | 令狐通 | | 同10 | 815 | 寿州団練使 | | | 124 | 148 | | 239 | |
| 春州 | 董重質 | | 同12 | 817 | 淮西節度使の降将 | | | 161 | 214 | | 240 | |
| 潘州 | 凌朝江 | | 元和中 | | 淮西節度使の降将 | | | | 214 | | | |
| 賀州 | 王士平 | | 元和中 | | 安州刺史 | | | 142 | 83 | | | |
| 崖州 | 皇甫鎛 | 穆宗 | 元和15 | 820 | 門下侍郎、同平章事★ | | | 16 | 167 | 62 | 241 | |
| 循州 | 柏耆 | 文宗 | 大和3 | 829 | 諫議大夫 | ○ | | 17上・154 | 175 | | | |

(附)唐代貶官一覧（司戸参軍）

| | | | | | | | | | | | | |
|---|---|---|---|---|---|---|---|---|---|---|---|---|
| 潘州 | 蘇特 | | 同9 | 835 | 殿中侍御史 | | | 17下 | | | | |
| 潮州 | 李宗閔 | | 同9 | 835 | 処州長史 | | ○ | 17下・176 | 174 | | | |
| 柳州 | 沈蟻 | | 同9 | 835 | 邵州刺史 | | | | | | 245 | |
| 循州 | 竇紃 | | 同9 | 835 | 京兆府渭南尉 | | | | 151 | | | |
| 柳州 | 劉蕡 | | 同9 | 835 | 秘書郎、山南東道節度使の僚佐 | | | | 178 | | | |
| 潘州 | 呉武陵 | | 大和中 | | 韶州刺史 | | | 173 | 181・203 | | | |
| 梧州 | 韓益 | | 開成元 | 836 | 金部員外郎 | | | 149 | 164 | | 245 | |
| 康州 | 王晏平 | | 開成中 | | 霊武節度使 | ○ | | | 169 | | | |
| 驩州 | 裴夷直 | 武宗 | 会昌元 | 841 | 杭州刺史 | | ○ | 18上 | 148 | | 246 | |
| 端州 | 崔元藻 | | 同5 | 845 | 監察御史 | | | | | | 248 | |
| 崖州 | 崔元藻 | | 同5 | 845 | 監察御史 | | | 173 | 181 | | | |
| 崖州 | 薛元亀 | 宣宗 | 同6 | 846 | 京兆少尹 | | | | 197 | | 248 | |
| 韶州 | 元寿 | | 大中2 | 848 | 河南府陸渾令 | | | 18下 | | | | |
| 潮州 | 李徳裕 | | 同2 | 848 | 潮州員外司馬 | | ○ | 174 | | | | |
| 崖州 | 李徳裕 | | 同2 | 848 | 潮州司戸参軍 | | ○ | 18下・174 | 180 | | 248 | |
| △恩州 | 張直方 | | 同6 | 852 | 驍衛将軍 | | | | | | 249 | |
| 賀州 | 杜倉 | | 同12 | 858 | 利州刺史 | | | 18下 | | | | |
| 儋州 | 李鄠 | 懿宗 | 咸通2 | 861 | 安南都護 | | | | | | 250 | |

| | | | | | | | | | | | | |
|---|---|---|---|---|---|---|---|---|---|---|---|---|
| 崖州 | 蔡京 | 懿宗 | 咸通3 | 862 | 嶺南西道節度使 | ○ | ○ | | | | 250 | |
| 連州 | 崔庚 | | 同10 | 869 | 左拾遺 | | | 19上 | | | | |
| 柳州 | 崔原 | | 同10 | 869 | 司勲郎中 | | | 19上 | | | | |
| 昭州 | 崔福 | | 同10 | 869 | 比部員外郎 | | | 19上 | | | | |
| 康州 | 竇滂 | | 同11 | 870 | 定辺節度使 | | | | | | 252 | |
| 雷州 | 崔顔融 | | 同11 | 870 | 行刑部員外郎 | | | 19上 | | | | |
| 驩州 | 劉瞻 | | 同11 | 870 | 廉州刺史 | | ○ | | 181 | | | |
| 循州 | 崔沆 | | 同13 | 872 | 中書舎人 | | | 19上・163 | 160 | | | |
| 潮州 | 封彦卿 | | 同13 | 872 | 中書舎人 | | | 19上 | | | | |
| 端州 | 杜裔休 | | 同13 | 872 | 給事中 | | | | | | 252 | |
| 儋州 | 李敬伸 | | 同13 | 872 | 左金吾衛大将軍 | | | 19上 | | | | |
| 賓州 | 韋保乂 | 僖宗 | 同14 | 873 | 兵部侍郎 | | | | 184 | | 252 | |
| 象州 | 王承顔 | | 乾符4 | 877 | 塩州刺史 | | | | | | 253 | |
| 賀州 | 蕭廩 | | 広明中 | | 京兆尹 | | | | 101 | | | |
| 繡州 | 張濬 | 昭宗 | 大順2 | 891 | 連州刺史 | ○ | ○ | 20上 | 185 | | 258 | |
| 雷州 | 杜讓能 | | 景福2 | 893 | 梧州刺史 | ○ | ○ | 20上・177 | 96 | 63 | | |
| 崖州 | 劉崇魯 | | 乾寧2 | 895 | 水部郎中 | | | 20上・179 | 90 | | | |
| 崖州 | 王搏 | | 光化3 | 900 | 渓州刺史 | ○ | ○ | 20上 | 116 | | 262 | |

| | | | | | | | | | | | | |
|---|---|---|---|---|---|---|---|---|---|---|---|---|
| 循州 | 鄭元規 | | 天復3 | 903 | 守刑部尚書 | ○ | | 20上 | | | 264 | |
| △崖州 | 朱友恭 | 哀帝 | 天祐元 | 904 | 左龍武統軍 | ○ | | 20下 | 223下 | | 265 | |
| 白州 | 氏叔琮 | | 同元 | 904 | 右龍武統軍 | ○ | | | | | 265 | |
| 瓊州 | 独孤損 | | 同2 | 905 | 棣州刺史 | ○ | ○ | 20下 | | | 265 | |
| 白州 | 崔遠 | | 同2 | 905 | 萊州刺史 | ○ | ○ | 20下 | 182 | | 265 | |
| 瀧州 | 裴枢 | | 同2 | 905 | 登州刺史 | ○ | ○ | 20下・113 | 140 | | 265 | |
| 崖州 | 鄭賨 | | 同3 | 906 | 左諫議大夫 | ○ | | 20下 | | | | |
| 崖州 | 孫乗 | | 同3 | 906 | 河陽節度副使 | ○ | | 20下 | | | | |

## 〔その他の州官〕

| 州 | 官職 | 姓名 | 朝代 | 貶官年 | 西暦 | 前任官 | 未到任 | 再貶 | 出典 旧書 | 出典 新書 | 出典 宰相表 | 出典 通鑑 | 出典 その他 |
|---|---|---|---|---|---|---|---|---|---|---|---|---|---|
| （京畿道） | | | | | | | | | | | | | |
| 同州 | 参軍 | 来俊臣 | 武后 | 延載元 | 694 | 殿中監 | | | 186上 | 209 | | 205 | |
| （關内道） | | | | | | | | | | | | | |
| 霊州 | 司兵 | 張孝嵩 | 玄宗 | 開元3 | 715 | 監察御史 | | | | | | 211 | |
| （河南道） | | | | | | | | | | | | | |
| 汴州 | 司録 | 裴守真 | 武后 | 天授中 | | 司府丞（大府寺丞） | | | 188 | | | | |
| 亳州 | 司法 | 王珣 | | 天授中 | | 長安尉 | | | | 111 | | | |

| | | | | | | | | | | | | | |
|---|---|---|---|---|---|---|---|---|---|---|---|---|---|
| 陝州 | 司倉 | 李渉 | 憲宗 | 元和6? | 811 | 試太子通事舎人 | | | 154 | | | | |
| (河北道) | | | | | | | | | | | | | |
| 莫州 | 録事参軍 | 鄭雲逵 | 徳宗 | 建中中 | | 幽州節度掌書記 | | | 137 | | | 227 | |
| 平州 | 参軍 | 鄭雲逵 | | 建中中 | | 幽州節度掌書記 | | | | 161 | | | |
| 莫州 | 参軍 | 劉源 | | | | 涿州刺史 | | | 143 | | | | |
| 定州 | 司法 | 李甚 | 文宗 | | | (不明) | | | 133 | | | | |
| (山南東道) | | | | | | | | | | | | | |
| △万州 | 参軍 | 厳挺之 | 玄宗 | 先天2? | 713 | 右拾遺 | | | 99 | 129 | | | |
| 涪州 | 参軍 | 王守道 | | 開元19 | 731 | 左監門長史 | | | 106 | | | | |
| 涪州 | 参軍 | 陸堅 | | 開元中 | | 汝州参軍 | | | | 200 | | | |
| 荊州 | 士曹 | 元稹 | 憲宗 | 元和5 | 810 | 東臺監察御史分司東都 | | | 14・166 | 174 | | | |
| 峡州 | 司倉 | 李渉 | | 同6 | 811 | 太子通事舎人 | | | 184 | 163 | | 238 | |
| (山南西道) | | | | | | | | | | | | | |
| 梁州 | 従事 | 李漢 | 敬宗 | 宝暦元 | 825 | 左拾遺 | | | 171 | | | | |
| 梁州 | 参軍 | 康彦範 | 僖宗 | 光啓3 | 887 | 絳州刺史 | | | 190下 | 89 | | | |
| 梁州 | 参軍 | 李巨川 | | 同3 | 887 | 河中節度掌書記 | | | 190下 | | | | |
| (淮南道) | | | | | | | | | | | | | |
| 揚州 | 兵曹 | 元伯和 | 代宗 | 大暦中 | | (元載の子) | | | 118 | | | | |

(附)唐代貶官一覧（その他の州官）

| | | | | | | | | | | | | | |
|---|---|---|---|---|---|---|---|---|---|---|---|---|---|
| （江南東道） | | | | | | | | | | | | | |
| 蘇州 | 参軍 | 武平一 | 玄宗 | 先天元 | 712 | 考功員外郎 | | | | 119 | | | |
| （江南西道） | | | | | | | | | | | | | |
| 郴州 | 司法 | 岑羲 | 武后 | 天授中 | | 太常博士 | | | | 102 | | | |
| 宣州 | 司士 | 鄭愔 | 中宗 | 神龍元 | 705 | 殿中侍御史 | | | | | | 208 | |
| 虔州 | 参軍 | 劉伯芻 | 徳宗 | 貞元19 | 803 | 主客員外郎 | | | 153 | 160 | | | |
| （黔中道） | | | | | | | | | | | | | |
| 敘州 | 司法 | 郭翰 | 武后 | 垂拱3 | 687 | 麟臺郎 | | | 87 | 117 | | 204 | |
| 播州 | 司倉 | 周思鈞 | | 同3 | 687 | 太子文学 | | | 87 | 117 | | 204 | |
| 鶴州 | 司倉 | 王守慶 | 玄宗 | 開元19 | 731 | 太子率更令 | | | 106 | | | | |
| △播州 | 参軍 | 李繁 | 徳宗 | 貞元15 | 799 | 左拾遺 | | | 13・117 | | | | |
| （剣南道） | | | | | | | | | | | | | |
| 梓州 | 司法 | 楊炯 | 武后 | 光宅元 | 684 | 太子詹事司直 | | | 190上 | 201 | | | |
| （嶺南道） | | | | | | | | | | | | | |
| 瀧州 | 参軍 | 宋之問 | 中宗 | 神龍初 | | 尚方監丞 | | | 190中 | 202 | | | |

〔県令〕

| 州 | 県 | 姓名 | 朝代 | 貶官年 | 西暦 | 前任官 | 未到任 | 再貶 | 出典 旧書 | 出典 新書 | 出典 宰相表 | 出典 通鑑 | 出典 その他 |
|---|---|---|---|---|---|---|---|---|---|---|---|---|---|
| （京畿道） | | | | | | | | | | | | | |
| 華州 | 下邽 | 杜璡 | 玄宗 | 開元24 | 736 | 補闕 | | | | | | 214 | |
| 華州 | 華陰 | 劉蛻 | 懿宗 | 咸通4 | 863 | 左拾遺 | | | 19上・172 | 166 | | | |
| （都畿道） | | | | | | | | | | | | | |
| 河南府 | 陽翟 | 王譜 | 懿宗 | 咸通元 | 860 | 右補闕 | | | | | | 250 | |
| （河南道） | | | | | | | | | | | | | |
| 曹州 | 成武 | 孔祖舜 | 高宗 | | | 監察御史 | | | | 196 | | | |
| 陝州 | 芮城 | 潘好礼 | 睿宗 | | | 監察御史 | | | | 128 | | | |
| （河東道） | | | | | | | | | | | | | |
| 絳州 | 聞喜 | 李朝隠 | 中宗 | 神龍2 | 706 | 大理丞 | | | 91・100 | | | | |
| 并州 | 晋陽 | 李憕 | 玄宗 | 開元中 | | 監察御史 | | | | 191 | | | |
| 汾州 | 孝義 | 楊仲宣 | | 開元中 | | 監察御史 | | | | 120 | | | |
| 蒲州 | 臨晋 | 薛廷老 | 敬宗 | 宝暦中 | | 右拾遺 | | | 153 | 162 | | | |
| （河北道） | | | | | | | | | | | | | |
| 孟州 | 汜水 | 李玄植 | 高宗 | | | 太子文学 | | | 189上 | | | | |

| | | | | | | | | | | | | | |
|---|---|---|---|---|---|---|---|---|---|---|---|---|---|
| 澶州 | 頓丘 | 鄧玄挺 | | | | 左史 | | | 190上 | | | | |
| 邢州 | 南和 | 李邕 | 中宗 | 神龍2 | 706 | 秘書監 | ○ | | | 202 | | | |
| 魏州 | 魏県 | 李懐讓 | | 景龍中 | | 侍御史 | | | 185下 | | | | |
| 孟州 | 温県 | 張交規 | 文宗 | 大和4 | 830 | 右補闕 | | | | 127 | | | |
| （山南東道） | | | | | | | | | | | | | |
| 峡州 | 夷陵 | 崔行礼 | 武后 | 天授3 | 692 | 司礼卿（礼部尚書） | | | | | | 205 | |
| 涪州 | 涪陵 | 魏元忠 | | 同3 | 692 | 御史中丞 | | | | | | 205 | |
| 荊州 | 江陵 | 裴潾 | 憲宗 | 元和14 | 819 | 起居舍人 | | | | | | 241 | |
| 襄州 | 鄧城 | 崔碣 | 武宗 | 会昌中 | | 右拾遺 | | | | 120 | | | |
| （山南西道） | | | | | | | | | | | | | |
| 洋州 | 西郷 | 盧献 | 武后 | 天授3 | 692 | 左丞 | | | 193 | | | 205 | |
| 渠州 | 鄰水 | 劉憲 | | 天授中 | | 左臺監察御史 | | | 190中 | 202 | | | |
| 開州 | 開江 | 楊汝士 | 穆宗 | 長慶元 | 821 | 右補闕 | | | 16・176 | | | 241 | |
| （江南東道） | | | | | | | | | | | | | |
| 湖州 | 烏程 | 韋承慶 | 高宗 | 調露初 | | 太子司議郎 | | | 88 | 116 | | | |
| 処州 | 括蒼 | 唐之奇 | 武后 | 嗣聖元？ | 684 | 給事中 | | | 67 | 93 | | 203 | |
| 杭州 | 餘杭 | 咸廙業 | 玄宗 | 開元中 | | 大理評事 | | | | 200 | | | |
| 蘇州 | 海塩 | 姚南仲 | 徳宗 | 大暦14 | 779 | 右補闕 | | | 153 | 162 | | | |

| | | | | | | | | | | | | | |
|---|---|---|---|---|---|---|---|---|---|---|---|---|---|
| 昇州 | 句容 | 王皡 | 宣宗 | 大中2 | 848 | 礼院検討官 | | | | 77 | | | |
| （江南西道） | | | | | | | | | | | | | |
| 潭州 | 湘潭 | 謝偃 | 太宗 | 貞観17 | 643 | 魏王府功曹参軍 | | | 190上 | | | | |
| 歙州 | 黟県 | 杜求仁 | 武后 | 嗣聖元？ | 684 | 詹事府司直 | | | 67 | 93・106 | | 203 | |
| 江州 | 彭沢 | 狄仁傑 | | 天授2 | 692 | 地官侍郎、同平章事★ | | | 89 | 115 | 61 | 205 | |
| 鄂州 | 江夏 | 任知古 | | 同2 | 692 | 鳳閣侍郎、同平章事★ | | | | | 61 | 205 | |
| 撫州 | 崇仁 | 孫承景 | | 万歳通天2 | 697 | 右粛政臺中丞 | | | 93 | 111 | | | |
| 撫州 | 臨川 | 王珣 | 中宗 | 神龍初 | | 洛州河南丞 | | | | 111 | | | |
| （剣南道） | | | | | | | | | | | | | |
| 遂州 | 方義 | 杜承志 | 武后 | | | 監察御史 | | | 98 | 126 | | | |
| （嶺南道） | | | | | | | | | | | | | |
| 広州 | 洊安 | 崔行功 | 高宗 | | | 吏部郎中 | | | 190上 | 201 | | | |
| 交州 | 交趾 | 王福時 | | | | 雍州司戸参軍 | | | 190上 | 201 | | | |
| 連州 | 陽山 | 韓愈 | 徳宗 | 貞元中 | | 監察御史 | | | 160 | 176 | | | |
| 崖州 | 澄邁 | 韋保衡 | 僖宗 | 咸通14 | 873 | 賀州刺史 | ○ | ○ | | 184 | | 252 | |

## 〔県丞〕

| | | | | | | | | | | | | |
|---|---|---|---|---|---|---|---|---|---|---|---|---|
| （京畿道） | | | | | | | | | | | | |
| 岐州 | 岐山 | 張同休 | 武后 | 長安4 | 704 | 司礼少卿（礼部侍郎） | | | | | 207 | |
| 同州 | 澄城 | 殷寅 | 玄宗 | 開元中 | | 河南府永寧尉 | | | | 199 | | |
| （河南道） | | | | | | | | | | | | |
| 斉州 | 山茌 | 張諤 | 玄宗 | 開元8 | 720 | 太常寺太祝 | | | 95 | 81 | | 212 |
| （河東道） | | | | | | | | | | | | |
| 蒲州 | 猗氏 | 高郢 | 代宗 | 大暦13 | 778 | 朔方節度掌書記 | | | 147 | 165 | | 225 |
| （河北道） | | | | | | | | | | | | |
| 殷州 | 博望 | 張昌儀 | 武后 | 長安4 | 704 | 尚方少監 | | | | | | 207 |
| （淮南道） | | | | | | | | | | | | |
| 楚州 | 山陽 | 韓思彦 | 高宗 | | | 監察御史 | | | | 112 | | |
| （江南東道） | | | | | | | | | | | | |
| 台州 | 臨海 | 駱賓王 | 武后 | 嗣聖元? | 684 | 長安主簿 | | | 67・190上 | 93 | | 203 |
| （江南西道） | | | | | | | | | | | | |
| 歙州 | 黝県 | 崔日知 | 玄宗 | 開元3 | 715 | 京兆尹 | | | 99・185下 | 121 | | 211 |
| 洪州 | 高安 | 東方顥 | | 開元中 | | 集賢院校理 | | | | 200 | | |

| | | | | | | | | | | | | | |
|---|---|---|---|---|---|---|---|---|---|---|---|---|---|
| 撫州 | 南豊 | 鄭章 | 玄宗 | 天宝5 | 746 | 倉部員外郎 | | | 105 | | | | |
| 郴州 | 郴県 | 張宿 | 憲宗 | 元和中 | | 左拾遺 | | | 154 | 175 | | | |
| (嶺南道) | | | | | | | | | | | | | |
| 儋州 | 吉安 | 王義方 | 太宗 | 貞観20 | 646 | 太子校書 | | | 187上 | 112 | | | |
| 交州 | 朱鳶 | 韓思彦 | 高宗 | 上元中 | | 交州乾封丞 | | | | 112 | | | |
| 端州 | 平興 | 寧嘉勗 | 中宗 | 神龍3 | 707 | 隰州永和丞 | | | 86 | 81 | | 208 | |
| 崖州 | 舎城 | 李邕 | 睿宗 | | | 戸部員外郎 | | | 190中 | 202 | | | |
| △高州 | 良徳 | 斉澣 | 玄宗 | 開元17 | 729 | 吏部侍郎 | | | 190中 | 128 | | 213 | |
| △連州 | 桂陽 | 楊護 | 代宗 | 大暦8 | 773 | 殿中侍御史 | | | 118 | | | | |

〔県尉〕

| | | | | | | | | | | | | | |
|---|---|---|---|---|---|---|---|---|---|---|---|---|---|
| (河南道) | | | | | | | | | | | | | |
| 兗州 | 乾封 | 張昌儀 | 中宗 | 神龍初 | | (不明) | ○ | | 186下 | 209 | | | |
| 宋州 | 寧陵 | 崔咸休 | 哀帝 | 天祐2 | 905 | 左補闕 | ○ | | 20下 | | | | |
| 宿州 | 符離 | 裴格 | | 同2 | 905 | 長安尉 | ○ | | 20下 | | | | |
| 曹州 | 南華 | 裴紓 | | 同2 | 905 | 衛尉少卿 | ○ | | 20下 | | | | |
| 濮州 | 范県 | 盧薦 | | 同2 | 905 | 刑部員外郎 | ○ | | 20下 | | | | |
| 沂州 | 臨沂 | 独孤憲 | | 同2 | 905 | 塩鉄判官 | ○ | | 20下 | | | | |

| | | | | | | | | | | | | | |
|---|---|---|---|---|---|---|---|---|---|---|---|---|---|
| △密州 | 鄭県 | 鄭輦 | | 同2 | 905 | 右補闕 | ○ | | 20下 | | | | |
| 徐州 | 蕭県 | 敬沼 | | 同2 | 905 | 衛尉少卿 | ○ | | 20下 | | | | |
| △濮州 | 范県 | 独孤韜 | | 同2 | 905 | 孟州汜水令 | ○ | | 20下 | | | | |
| △淄州 | 高苑 | 崔仁略 | | 同2 | 905 | 河南府長水令 | ○ | | 20下 | | | | |
| △登州 | 牟平 | 裴練 | | 同2 | 905 | 河南府密県令 | ○ | | 20下 | | | | |
| △沂州 | 新泰 | 陸珣 | | 同2 | 905 | 河南府福昌主簿 | ○ | | 20下 | | | | |
| △青州 | 北海 | 裴潤 | | 同2 | 905 | 太常少卿 | ○ | | 20下 | | | | |
| △青州 | 臨淄 | 温鑾 | | 同2 | 905 | 太常少卿 | ○ | | 20下 | | | | |
| △青州 | 博昌 | 張茂枢 | | 同2 | 905 | 祠部郎中 | ○ | | 20下 | 127 | | | |
| (河東道) | | | | | | | | | | | | | |
| 汾州 | 平遥 | 薛季昶 | 武后 | | | 監察御史 | | | | 120 | | | |
| (河北道) | | | | | | | | | | | | | |
| 滄州 | 東光 | 盧晏 | 哀帝 | 天祐2 | 905 | 河南府寿安尉 | ○ | | 20下 | | | | |
| 洺州 | 雞沢 | 柳瑗 | | 同3 | 906 | 右拾遺 | ○ | | 20下 | | | | |
| (山南東道) | | | | | | | | | | | | | |
| 涪州 | 涪陵 | 李昭徳 | 武后 | 証聖元 | 695 | 内史★ | | | 90 | | | | |
| 万州 | 南浦 | 張志和 | 玄宗 | 開元中 | | 左金吾衛録事参軍 | | | | 196 | | | |
| 唐州 | 比陽 | 趙曄 | | 開元中 | | 大理評事 | | | 187下 | | | | |

| | | | | | | | | | | | | | |
|---|---|---|---|---|---|---|---|---|---|---|---|---|---|
| 帰州 | 巴東 | 楊恵 | 玄宗 | 天宝5 | 746 | 監察御史 | | | 105 | | | | |
| 郢州 | 富水 | 豆盧友 | | 同5 | 746 | 監察御史 | | | 105 | | | | |
| 涪州 | 賓化 | 毛若虚 | 粛宗 | 上元元 | 760 | 御史中丞 | | | 186下 | 209 | | | |
| △万州 | 南浦 | 劉藻 | 代宗 | 大暦12 | 777 | 京兆府渭南令 | | | 129 | 126 | | 225 | |
| 萬州 | 南浦 | 朱体微 | 徳宗 | 建中3 | 782 | 検校大理少卿、盧龍軍節度使要籍 | | | | 193 | | 227 | |
| 鄧州 | 南陽 | 丁柔立 | 宣宗 | 大中2 | 848 | 右補闕 | | | | 180 | | 248 | |
| 唐州 | 方城 | 温庭筠 | 懿宗 | 咸通中 | | 襄陽巡官 | | | | 190下 | | | |
| （山南西道） | | | | | | | | | | | | | |
| 集州 | 難江 | 厳荘 | 粛宗 | 上元2 | 761 | 司農卿 | ○ | | | 225上 | | 222 | |
| （江南東道） | | | | | | | | | | | | | |
| 衢州 | 盈川 | 皇甫憬 | 玄宗 | 開元10? | 722 | 河南府陽翟尉 | | | 105 | | | | |
| 漳州 | 懐恩 | 鍾紹京 | | 開元中 | | 果州刺史 | | | | 121 | | | |
| 泉州 | 晋江 | 趙曄 | 粛宗 | 乾元初 | | 陳留採訪支使→没于賊 | | | 187下 | 151 | | | |
| 睦州 | 桐盧 | 裴冑 | 代宗 | 大暦中 | | 監察御史、鳳翔節度使の僚佐 | | | 122 | 130 | | | |
| 汀州 | 寧化 | 羊士諤 | 順宗 | 貞元21 | 805 | 宣歙観察判官 | | | | | | 236 | |
| （江南西道） | | | | | | | | | | | | | |
| 虔州 | 大庾 | 劉允済 | 武后 | | | 著作郎 | | | 190中 | 202 | | | |

| | | | | | | | | | | | | | |
|---|---|---|---|---|---|---|---|---|---|---|---|---|---|
| 虔州 | 贛県 | 王同慶 | 玄宗 | 開元11 | 723 | 汾州平遥令 | | | | | | 212 | |
| 撫州 | 臨川 | 李承 | 粛宗 | 至徳2 | 757 | 大理評事、河南採訪判官 | | | 115 | 143 | | | |
| 鄂州 | 江夏 | 竇参 | 代宗 | 大暦中 | | 京兆府万年尉 | | | 136 | 145 | | | |
| 虔州 | 南康 | 沈亜之 | 文宗 | 大和3 | 829 | 殿中侍御史、滄徳宣慰判官 | | | 17上・154 | 175 | | | |
| （黔中道） | | | | | | | | | | | | | |
| 琰州 | 琰川 | 吉頊 | 武后 | 久視元 | 700 | 天官侍郎、同平章事★ | ○ | | 186上 | 117 | 61 | 205 | |
| 思州 | 務川 | 魏元忠 | 中宗 | 景龍元 | 707 | 渠州司馬 | ○ | ○ | 7・92 | 122 | | 208 | |
| 琰州 | 琰川 | 鍾紹京 | 玄宗 | 開元初 | | 綿州刺史 | | | 97 | | | | |
| 播州 | 播川 | 盧惟清 | | 開元中 | | 秘書省校書郎 | | | | 205 | | | |
| 溱州 | 夜郎 | 鄭欽説 | | 天宝5 | 746 | 殿中侍御史 | | | 105 | 200 | | | |
| 溱州 | 夜郎 | 衛包 | | 同12 | 753 | 司虞員外郎 | | | | 201 | | 216 | |
| 叙州 | 龍標 | 王昌齢 | | 天宝中 | | 孟州汜水令 | | | | 203 | | | |
| 費州 | 涪川 | 閻伯璵 | | 天宝中 | | 起居舎人 | | | | 201 | | | |
| 思州 | 務川 | 韋倫 | 粛宗 | | | 巴州長史 | | ○ | 138 | | | | |
| △播州 | 播川 | 来瑱 | 代宗 | 宝応2 | 763 | 山南東道節度使 | ○ | | 114 | 144 | | | |
| 費州 | 多田 | 趙恵伯 | 徳宗 | 建中2 | 781 | 河中尹 | ○ | | 118 | 145 | | 227 | |
| 溱州 | 栄懿 | 韓偓 | 昭宗 | 天復3 | 903 | 濮州司馬 | | ○ | | 183 | | | |

| | | | | | | | | | | | | | |
|---|---|---|---|---|---|---|---|---|---|---|---|---|---|
| （剣南道） | | | | | | | | | | | | | |
| 彭州 | 唐昌 | 林蘊 | 憲宗 | 元和元 | 806 | 西川節度推官 | | | | 200 | | 237 | |
| （嶺南道） | | | | | | | | | | | | | |
| 勤州 | 銅陵 | 房遺直 | 高宗 | 永徽4 | 653 | 汴州刺史 | | | | 96 | | | |
| 振州 | 陵水 | 李昭徳 | 武后 | 永昌元 | 689 | 御史中丞 | | | | 117 | | | |
| 欽州 | 遵化 | 宗秦客 | | 天授元 | 690 | 検校内史★ | | | | | 61 | 204 | |
| 欽州 | 南賓 | 李昭徳 | | 延載元 | 694 | 内史★ | ○ | | 6・87 | 117 | | 205 | |
| 端州 | 高要 | 魏元忠 | | 長安3 | 703 | 御史大夫、兼知政事★ | | | 6・78 | 122 | 61 | 207 | |
| 端州 | 高要 | 韋承慶 | 中宗 | 神龍元 | 705 | 鳳閣侍郎、同平章事★ | | | 7 | | 61 | 208 | |
| 禄州 | 楽単 | 劉景陽 | | 同元 | 705 | （酷吏） | | | 7 | | | | |
| 藤州 | 感義 | 韋元旦 | | 神龍初 | | 左臺監察御史 | | | | 202 | | | |
| 瓊州 | 瓊山 | 姚紹之 | | | | 左臺侍御史 | | | 186下 | 209 | | | |
| 康州 | 都城 | 孫平子 | 玄宗 | 開元6 | 718 | 伊闕男子 | | | 25 | 200 | | | |
| 欽州 | 遵化 | 李邕 | | 同13? | 725 | 陳州刺史 | | | 190中 | 202 | | | |
| △潯州 | 星化 | 麻察 | | 同17 | 729 | 興州別駕 | | ○ | 190中 | 128 | | 213 | |
| 昭州 | 平楽 | 宇文融 | | 同17 | 729 | 汝州刺史 | ○ | ○ | 8・105 | 134 | | 213 | |
| 端州 | 高要 | 王昱 | | 同26 | 738 | 処州刺史 | | ○ | | | | 214 | |
| 循州 | 龍川 | 王旭 | | 開元中 | | 左司郎中 | | | 70 | 209 | | | |

(附)唐代貶官一覧（県尉）

| | | | | | | | | | | | | | |
|---|---|---|---|---|---|---|---|---|---|---|---|---|---|
| 富州 | 龍平 | 王旭 | | 開元中 | | 左司郎中 | | | 186下 | | | | |
| 康州 | 端渓 | 韋子春 | | 天宝8 | 749 | 著作郎 | | | 9 | | | | |
| 陸州 | 烏雷 | 崔昌 | | 同12 | 753 | 太子賛善大夫 | | | | 201 | | 216 | |
| 賀州 | 桂嶺 | 韋陟 | | 同13 | 754 | 河東（蒲州）太守、兼河東採訪使 | ○ | | 9・92 | 122 | | 217 | |
| 昭州 | 平楽 | 韋陟 | | 同13 | 754 | 賀州桂嶺尉 | | ○ | 92 | | | | |
| 新州 | 新興 | 員錫 | | 同13 | 754 | 吉温の判官 | | | 186下 | | | | |
| △康州 | 端渓 | 吉温 | | 同14 | 755 | 澧陽（澧州）員外長史 | | ○ | | 209 | | | |
| 端州 | 高要 | 吉温 | | 同14 | 755 | 澧陽（澧州）員外長史 | | ○ | 186下 | | | | |
| △雷州 | 海康 | 羅希奭 | | 同14 | 755 | 始安（桂州）太守 | | | 186下 | | | | |
| 端州 | 高要 | 許遠 | | 天宝中 | | 剣南節度従事 | | | 187下 | 192 | | | |
| 端州 | 高要 | 崔伯陽 | 粛宗 | 乾元2 | 759 | 御史中丞 | | | 112 | 131 | | 221 | |
| 連州 | 桂陽 | 権献 | | 同2 | 759 | 大理卿 | | | 112 | | | 221 | |
| 新州 | 新興 | 陳景佺 | 代宗 | 広徳中 | | 司農卿 | | | | 207 | | | |
| 昭州 | 平集 | 穆寧 | | 大暦中 | | 虔州司馬 | | ○ | 155 | 163 | | | |
| 連州 | 連山 | 薛宗 | 徳宗 | 建中元 | 780 | 左丞 | | | 12 | | | 226 | |
| △賀州 | 臨賀 | 揚憑 | 憲宗 | 元和4 | 809 | 京兆尹 | | | 14・146 | 160 | | 238 | |
| 峯州 | 封渓 | 柳澗 | | 元和中 | | 房州司馬 | | ○ | 160 | 176 | | | |

| | | | | | | | | | | | | | |
|---|---|---|---|---|---|---|---|---|---|---|---|---|---|
| 象州 | 立山 | 李燁 | 宣宗 | 大中2 | 848 | 検校祠部員外郎、汴宋観察判官 | | | 174・177 | 180 | | | |
| 愛州 | 崇平 | 韋君卿 | 懿宗 | 咸通13 | 872 | 河陰院官 | | | 19上 | | | | |
| 端州 | 高要 | 高湜 | 僖宗 | 乾符2 | 875 | 沢潞節度使 | | | 165 | | | | |

## 〔その他の県官〕

| 州 | 県 | 官職 | 姓名 | 朝代 | 貶官年 | 西暦 | 前任官 | 未到任 | 再貶 | 出典 旧書 | 新書 | 宰相表 | 通鑑 | その他 |
|---|---|---|---|---|---|---|---|---|---|---|---|---|---|---|
| (隴右道) | | | | | | | | | | | | | | |
| 蘭州 | 五泉 | 主簿 | 韋維 | 武后 | 光宅元 | 684 | 京兆府武功主簿 | | | | 118 | | | |
| (江南東道) | | | | | | | | | | | | | | |
| 温州 | 永嘉 | 司士 | 李延年 | 玄宗 | 天宝中 | | 嗣徐王、彭城(徐州)長史 | | | 64 | | | | |
| (剣南道) | | | | | | | | | | | | | | |
| 遂州 | 長江 | 主簿 | 賈島 | 文宗 | | | (不明) | | | | 176 | | | |
| (嶺南道) | | | | | | | | | | | | | | |
| 交州 | 龍編 | 主簿 | 李巣 | 高宗 | | | 殿中侍御史 | | | | 105 | | | |

# 附篇第二　天聖獄官令と宋初の司法制度

## はじめに——天聖令の編纂と「宋令」の位置づけ

天聖令三十巻は、北宋の天聖七年（一〇二九）に仁宗皇帝に進呈され、試行を経たのち、同十年に鏤版・頒行された法典である。[1]二〇〇六年十一月に公開された「天一閣蔵明鈔本天聖令」は、その末尾の十巻とされ、なかでも獄官令には「宋令」五十九条・「不行唐令」十二条と多くの条文が収録されている。

不行唐令が唐令復原の直接的な資料となることは言うまでもない。宋令についても、「旧文に因り、新制を以て参定」したとある以上、唐令が土臺となっていることは確かであり、唐令復原の材料となり得る。実際、『天一閣蔵明鈔本天聖令校証　附唐令復原研究』下冊に収められた雷聞氏の「唐開元獄官令復原研究」では、宋令をほぼそのまま唐令として復原した条文が十二条ある。これに、宋令の語句を一部改めて唐令とした条文（十五条）、語句を一部削除して唐令とした条文（十条）を加えれば、宋令の約六割強（五十九条のうち三十七条）が唐令復原の根本資料として用いられたことになる。なお雷氏の唐令復原研究において、宋令に基づき唐令を復原する際には、対応する養老獄令の条文との類似性が重視されているようである。

ところがその一方で、復原唐令との間にかなりの相違がある宋令が二十条（全体のほぼ三分の一）あり、また唐令復原の材料とされなかった宋令も二条ある。

このように天聖獄官令の「宋令」の構成は多様であり、それゆえ、個々の条文がそれぞれいつの制度を反映したものなのかを明らかにしておく必要があるように思う。小論ではまず、宋42条・宋2条・宋5条・宋15条・宋7条・宋11条の六つの条文を取り上げ、そこに記された諸制度の沿革について検討を加えることとする。そして、そこで得られた知見に基づき、天聖獄官令の「宋令」条文の成り立ちについて初歩的な考察を試みたいと思う。

## 第一節　天聖獄官令「宋令」の諸相――いつの制度を記しているのか

### 一　単一の制度変更を反映した条文

(1)　雍煕元年（九八四）の制度変更を反映した条文（宋42条）

宋42条は、いわゆる慮囚制度について定めた条文である。

諸て囚は、当処の長官、十日に一たび慮せよ。長官無ければ、次官　慮せよ。それ囚、延引久禁して推問を被らず、若しくは事状知るべくんば、支証未だ尽くさずと雖も、或ひは一人を数事に告し、及び告せられし人 数事有る者、若しくは重事 実を得て、軽事未だ了らざる、かくの如きの徒は、慮官並びに即ちに断決せよ。
諸囚、当処長官十日一慮、無長官、次官慮。其囚延引久禁、不被推問、若事状可知、雖支証未尽、或告一人数事、及被告人有数事者、若重事得実、軽事未了、如此之徒、慮官並即断決。

慮囚（録囚ともいう）とは、知州などの行政長官が獄を視察し、裁判の遅滞や冤罪に苦しむ囚人を救済しようという制度である。唐令では、慮囚の頻度は五日に一度とされていた。

［開七］諸若禁囚有推決未尽、留繫未結者、五日一慮、若淹延久繫、不被推詰、或其状可知、而推証未尽、或訟一人数事、及被訟人有数事、重事実、而軽事未決者、咸慮而決之。（復旧獄官令32条。『唐令拾遺』七八五頁）

唐後半期から五代にかけての史料を繙いてみても、慮囚制度そのものに変化を見て取ることはできない。問題はむしろ、制度がその通りに実行されていないことにあったようである。五代から宋初にかけて慮囚制度に変更のないことを物語る史料において強調されているのは、地方長官が獄を点検しないために、胥吏が暗躍跋扈して徒らに裁判を引き延ばし、諸々の弊害を招いている点であった。五代・後晋の開運二年（九四五）に著作郎の辺玕が、

諸道の刑獄、前朝曾て降せし勅文には、凡て是れ禁繫せられし罪人は、五日に一度録問せよ、とあり。但し年月稍や遠きを以て、漸く因循を致す。或ひは長吏事煩しく、躬親に点検するに暇あらず、或ひは胥徒倖を啓き、妄りに証明を追領するを要む。淫刑に渉ること有るを慮り、即しくは和気を傷つくを恐る。伏して乞

ふらくは、特に詔勅を降し、今より後、諸道並びに長吏に委ねて五日に一度、当面に同共して録問せしめられんことを。所冀すらくは、法に処せらるる者恨み無く、冤を銜む者伸ぶるを獲んことを。（後略）
秘書省著作郎辺玕上封事曰「（中略）臣窃見、諸道刑獄、前朝曾降勅文、凡是禁繋罪人、五日一度録問。但以年月稍遠、漸致因循。或長吏事煩、不暇躬親点検、或胥徒啓倖、妄要追領証明。慮有渉於淫刑、即恐傷於和気。伏乞特降詔勅、自今後諸道並委長吏五日一度、当面同共録問、所冀処法者無恨、銜冤者獲伸、俾令四海九州、咸歌聖徳、五風十雨、永致昌期。勅曰、人之命無以復生、国之刑不可濫挙。雖一成之典、務在公平、而三覆其詞、所宜詳審。凡居法吏、合究獄情。辺玕近陟周行、俄陳讜議、更彰欽恤、宜允申明」。（『旧五代史』巻一四七、刑法志、開運二年十月甲子）

と上書し、北宋・太宗の太平興国六年（九八一）に下された詔において、

諸州の大獄、長吏、親ら決せず、吏、縁りて奸を為し、証左を逮捕すること滋いよ蔓く、或ひは年を踰えて獄未だ具せず。今より宜しく州の長吏をして五日に一たび親しく慮問に臨ましめ、情を得る者は即ちにこれを決遣せよ。
諸州大獄、長吏不親決、吏縁為奸、逮捕証左滋蔓、或踰年而獄未具。自今宜令州長吏五日一親臨慮問、情得者即決遣之。
（『宋大詔令集』巻二〇〇、政事、刑法、令諸州大獄長吏五日一親臨慮問詔（太平興国六年九月壬戌））

と、ほぼ同じことが繰り返されているのは、事態に見るべき進展が無かったことを示している。その僅か三年後、雍熙元年（九八四）に制度を変更して、慮囚を行う間隔を二倍にしたのは、制度を些かでも実行可能なものにしようとした試みと解すべきであろうか。

始めて、諸州をして十日に一たび慮囚せしむ。

始令諸州十日一慮囚。（『長編』巻二五、雍熙元年六月庚子条）

宋令には、この制度変更が反映されている。

### (2) 淳化四年（九九三）の制度変更を反映した条文（宋2条）

宋2条は、裁判の基本的な手続きについて定めたものであるが、唐令と宋令とでかなり内容が異なっている。したがって、「単一の制度変更を反映した」適例とは必ずしも言い難いけれども、宋初における裁判制度の変更が宋令の条文に反映されていることを示す意味合いから、ここで言及しておきたい。

諸犯罪、杖〔当補「罪」〕以下、県決之、徒以上、送州推断。若官人犯罪、具案録奏、下大理寺検断、審刑院詳正其罪、議定奏聞、聴勅処分。如有不当者、亦随事駁正。其応州断者、従別勅。

〔開七〕〔開二五〕諸犯罪者、杖罪以下県決之。徒以上県断定送州、覆審訖、徒罪及流応決杖、若応贖者、即決配徴贖。其大理寺及京兆・河南府、断徒及官人罪、并後有雪減、並申省。省司覆審無失、速即下知、如有不当者、亦随事駁正。若大理寺及諸州、断流以上、若除免官当者、皆連写案状、申省。大理寺及京兆・河南府、即封案送。若駕行幸、即准諸州例。案覆理尽申奏。若按覆事有不尽、在外者遣使就覆、在京者追就刑部覆、以定之。（復旧獄官令2条。『唐令拾遺』七五七頁。『唐令拾遺補』八一七頁により補訂）

大理寺から送られてきた審理結果を覆審、つまり再度調べ直す手続きについて、唐令が「刑部が覆審を行い、問題なければ速やかに下知し、判決が不当であれば駁正する」と規定するのに対し、宋令は、官人の犯罪に限定しつつも、「審刑院がその罪を詳正し、議定まれば奏聞して勅を聴き処分」するよう定めている。審刑院が設置されたのは太宗の淳化二年（九九一）だが[2]、大理寺の判決を覆審する官庁が刑部から審刑院に変更されたのは、その二年後の淳化四年のことである。

詔して、大理寺の詳決する所の案牘は、即ち以て審刑院に送り、復た刑部を経て詳覆すること勿からしむ。
詔、大理寺所詳決案牘、即以送審刑院、勿復経刑部詳覆。（『長編』巻三四、淳化四年三月条）

宋令の条文は、この制度変更を反映したものであろう。

## 二　複数の制度変更を反映した条文

(1)　宋初の相異なる時期に成立した制度をまとめて一条とした条文（宋5条）

宋5条は、大辟、すなわち死刑を執行する際の手続きを定めた条文である。

a諸決大辟罪、在京者、行決之司一覆奏、得旨乃決。在外者、決訖六十日録案奏、下刑部詳覆、有不当者、得随事挙駁。b其京城及駕所在、決囚日、内教坊及太常並停音楽。外州決囚日、亦不挙楽。

条文の前半aは、死刑覆奏制度についての規定であり、後半bは、死刑執行の日に音楽をやめることを定めたものである。比較のため、これに相当する唐令の復原条文を掲げておく。

［開七］［開二五］c諸決大辟罪、在京者、行決之司五覆奏、在外者、刑部三覆奏〈在京者、決前一日二覆奏、

決日三覆奏、在外者、初日一覆奏、後日再覆奏。縦臨時有勅、不許覆奏、亦準此覆奏〉。若犯悪逆以上及部曲・奴婢殺主者、唯一覆奏。d其京城及駕在所、決囚日、尚食進蔬食、内教坊及太常寺、並停音楽。（復旧獄官令6条。『唐令拾遺』七六二頁）

これを宋令と比較すると、後半部分dは、宋令に「尚食進蔬食」の文言が無い点を除いて、大差ない。しかし前半部分cについては、覆奏の回数に大きな違いがある。すなわち、唐令では「在京は五たび覆奏、在外は刑部が三たび覆奏」するよう定められていたのに対し、宋令では「在京は一覆奏、在外は執行後に録案聞奏し、刑部が詳覆する」となっているのである。

cに規定された死刑の覆奏回数は、唐代後半から五代にかけて、回数を減らす方向で変更が加えられた。すなわち、徳宗の建中三年（七八二）に、「在京は行決の司が三たび覆奏し（決前二回、決日一回）、在外は所司が二たび覆奏」するよう改められ[3]、さらに五代・後唐の天成二年（九二七）には、「在京は決前・決日におのおの一度覆奏」すると変更され、覆奏回数は三回から二回に減ぜられた[4]。

宋令ではその回数がさらに少なくなり、「行決の司が一たび覆奏して、旨を得れば」死刑を執行するよう定められているのであるが、この変更がいつなされたのかは、明らかでない。しかし、天聖四年（一〇二六）になされた判刑部燕粛の上奏に「京師の大辟、一たび覆奏すと雖も、しかれども州郡の獄、疑ひ有り及び情の憫れむべき者は、上請に至る[5]」とあることから、この時すでに、死刑の覆奏回数が在京では一回と定められていたことがわかる。

一方、地方で執行された死刑の覆奏に関する宋令の規定は、北宋初の建隆三年（九六三）になされた、次の制度変更をふまえたものと考えられる。

上、宰臣に謂ひて曰く「五代、諸侯跋扈し、法を枉げて人を殺すもの多きも、朝廷、置きて問はず、刑部の職、廃せらるるに幾し。且つ人命は至つて重し。藩鎮に姑息すること、当にかくの如くすべけんや」と。乃ち諸州に令して、今より大辟を決し訖らば、録案聞奏し、刑部に委ねてこれを詳覆せしむ。

上謂宰臣曰「五代諸侯跋扈、多枉法殺人、朝廷置而不問、刑部之職幾廃。且人命至重、姑息藩鎮、当如此耶」。乃令諸州、自今決大辟訖、録案聞奏、委刑部詳覆之。（『長編』巻三、建隆三年三月条）

建国直後の宋朝は、諸州が執行した死刑案件について中央に報告を提出させ、それを刑部が再審査するよう定めることによって、中央政府の威令が地方に及ばなかった五代の遺風を些かでも改めようとしたかのようである。宋令に見える「決し訖りて六十日」以内という期限こそ無いけれども、この詔令が宋令の基礎となっていることは、明らかであろう。

宋5条の**a**の部分からは、宋初の相異なる時期になされた制度変更が、天聖令編纂の際に一条にまとめ上げられたことを看取し得るのである。

(2) 淳化四年（九九三）・天聖元年（一〇二三）の制度変更を反映し、律外の刑にも対応した条文（宋15条）

宋15条は、刑徒の労役について定めた条文である。労役刑は、唐宋刑罰制度史上、最も大きな変貌を遂げたものの一つであるが、唐令では、徒刑囚の服役場所について次のように定めていた。

〔開七〕〔開二五〕 **a**諸犯徒応配居作者、在京送将作監、婦人送少府監縫作、**b**在外州者、供当処官役、当処無官作者、聴留当州修理城隍・倉庫及公廨雑使。**c**犯流応住居作者、亦準此。**d**婦人亦留当州縫作及配舂。

（復旧獄官令17条。『唐令拾遺』七七三頁）

まず徒刑囚の労役について、京師では、男性は将作監での労役、女性は少府監での縫製作業に服役することが規定され（a）、「外州」つまり地方では、原則として「当処の官役」に従事し、官役が無い場合は「当処に留まり城隍・倉庫を修理せしめ、及び公廨にて雑使」すると定められていた（b）。次いで、流罪を犯した者のうち留住法[6]により流刑を徒刑に読み替えて執行する場合について規定され（c）、「留住法」が適用される女囚の居作に関する規定が最後に置かれている（d）。

これに対して、宋令は、

e諸犯徒[7]応配居作者、在京分送東西八作司、f在外州者、供当処官役。当処無官作者、留当州修理城隍・倉庫及公廨雑使。g犯流応住居作者、亦準此。h若婦人待配者、為鍼工。（宋15条）

と、京師における男性の労役について、「諸て罪を犯し応に居作に配すべき者は、東西八作司に分送す」と定めている（e）。居作の場所こそ異なるものの、書き出しの文言は、唐令と全く同じである。ところが、唐令ではこれに続けて記されている女囚の居作場所に関する規定が、宋令eでは削除されている。これに続くf・gの文言は、唐令のb・cと全く同じであるが、末尾のhの文言は、唐令dとはかなり違っている。

このように、宋15条は、唐令を土臺としつつも、一部の文言を改変・削除した結果、唐令とはかなり違った条文となっている。では、この条文は、一体いつの制度を反映したものなのであろうか。

宋代では、建国直後の建隆四年（九六三）に定められた「折杖法」の規定により、律（刑統）の徒刑は脊杖に読み替えて執行され、流刑は「脊杖＋一年の配役（加役流は三年）」として執行されることになっていた[8]。つまり、折杖法の施行以降、徒刑囚が実際に労役に服することはなかったのである。宋15条の規定は、流刑を読み替えて執行される「配役」（居作）に服する流刑囚に対して用意されたものと見なければならない。

さて、すでに第五章で論じたように、唐制において官営工房・土木事業を管掌する官庁であった将作監は、北宋初めの時点でその実体を失っており、長官たる「将作監」以下の官職名は、全く実職を伴わない寄禄官として用いられていた。刑徒の受け皿となる将作監にこうした変化が生じていた以上、唐令の規定通りに刑徒を服役させることが不可能であったこと、想像に難くない。事実、宋初の乾徳五年（九六七）には、

> 御史臺上言すらく「伏して見るに、大理寺の徒と断ぜし罪人、官当・贖銅に非ざるの外は、将作監に送り役せらるる者なり。それ将作監は旧と兼ねて内作使に充てられ、又た左校・右校・中校署有り。比来、工役は並びにこの司に在るも、今その名有りと雖も、復た役使すること無し。或ひは祠祭に遇ひ水火を供すれば、則ち本司より官を供すること有り。欲して望むらくは、大理寺をして格式に依りて徒罪人を断遣せし後は、並びに作坊に送付して役に応ぜしめんことを」と。これに従ふ。
>
> 御史臺上言「伏見、大理寺断徒罪人、非官当贖銅之外、送将作監役者、其将作監旧兼充内作使、又有左校・右校・中校署、比来工役、並在此司、今雖有其名、無復役使。或遇祠祭供水火、則有本司供官。欲望令大理寺依格式断遣徒罪人後、並送付作坊応役」。従之。（『長編』巻八、乾徳五年二月癸酉条）

とあるように、労役囚はひとまず作坊、つまり兵器の製造工房に預けられ、そこで服役するようになったのである。なお、「大理寺の徒と断ぜし罪人」とは、実際には、折杖法の読み替え規定により居作に服役する流刑囚を指す。御史臺の上奏では唐令の条文を踏まえた言い回しがなされているが、同様の用語法は「天聖令」でも見受けられる。宋15条に見える **g**「犯流応住居作者」なる文言には、折杖法が施行される以前の唐令の言い回しが修正されることなくそのまま残っているのであり、「宋令」の性格を考える上での手がかりとなる。

その後、刑徒の労役場所として史料に見えるものに、忠靖指揮がある。これは、都の開封に置かれた廂軍、つ

まり労役部隊の一つである。この部隊には刺面、すなわち額に入れ墨をした者と入れ墨の無い者が混在しており、それぞれ待遇が異なっていた。入れ墨をしている者は廂軍の兵士であり、傭兵である彼らには衣糧、すなわち給与が支払われた。一方、入れ墨をしていない者は労役囚であり、彼らには一日あたり幾らと定められた食糧が支給されたに過ぎない（一九七頁参照）。大中祥符三年（一〇一〇）に下された次の詔勅は、こうした格差を解消するよう命じたものである。

詔すらく「聞くが如くんば、両京・諸路の忠靖に隷せし徒役人、刺配の者は即ち衣糧を給せられ、刺配されざる者は止だ囚人の日食を給せらるのみ。各おの家眷有れば、或ひは匱乏に至る。宜しく例に依りてこれを給せしむべし」と。

〔大中祥符〕三年二月二十四日、詔「如聞、両京・諸路隷忠靖徒役人、刺配者即給衣糧、不刺配者止給囚人日食、各有家眷、或至匱乏、宜令依例給之」。（『宋会要』刑法四―五）

刑徒を忠靖指揮に配属することは、仁宗の天聖元年（一〇二三）になっても行われていた。

天聖元年七月、侍衛歩軍司言へらく「開封府の勘断して刺面せず忠靖に配せらるる徒役人は、本司、只だこれ本指揮をして収管せしめ、日ごとに口食を支し、節級を差して監して八作司に赴きて徒役せしめ、夜に至らば帰営せしむ。欲して乞ふらくは、今後、直ちに八作司に送り、轄下の司、分ちて収管せよ」と。これに従ふ。

天聖元年七月、侍衛歩軍司〔当補「言」〕「開封府勘断不刺面配忠靖徒役人、本司只是令本指揮収管、日支口食、差節級監赴八作司徒役、至夜帰営、欲乞今後直送八作司、轄下司分収管」。従之。（『宋会要』刑法四―一〇）

但し、この時の彼らの労役場所は八作司に変わっていた。八作司とは、宋初に設置された、京城内外の修繕を掌る官署であり、労働力としていくつかの廂軍の部隊を有していた。(9) 忠靖指揮に属していた刑徒は、侍衛歩軍司の管轄下に置かれた八作司所属の部隊ではないため、毎日、軍営から八作司まで通っていたようである。天聖元年の措置は、刑徒を直接、八作司に送り、八作司が刑徒を管理するよう改めたものである。宋15条eは、この制度変更を反映しているのである。

では、女囚の居作についての文言が宋令に無いのは、いかなる理由によるものであろうか。何のことはない、宋朝では、太宗の淳化四年（九九三）に詔勅を発して、女性に対する「配役」を免除していたからである。

詔すらく「凡て婦人の罪有りて流に至る者は、配役を免ず」と。

詔「凡婦人有罪至流者、免配役」。（『宋会要』刑法四―二、淳化四年七月六日）

かかる措置が決して一時的なものでなかったことは、同様の条文が『条法事類』に見えることからも明白である。

諸て流を犯し応に配すべき、及び婦人の流を犯す者は、並びに脊杖二十を決し、居作を免ず。餘は本法に依れ。

諸犯流応配、及婦人犯流者、並決脊杖二十、免居作。餘依本法。（『条法事類』巻七五、刑獄門、編配流役、名例勅）

では、宋令末尾の「h若婦人待配者、為鍼工」の文言は、いったい何を意味するのであろうか。唐宋両令を形式面から比較すれば、宋令g・fが、唐令c・dに対応していることは明白である。つまり、g・fの文言は、「留住法」が適用される場合についての規定なのである。律の流刑は、折杖法により強制移動の要素を失ってしまったけれども、この時代に強制移動を伴う刑罰が無かったわけではない。第六章第二節で論じたように、「律外の刑」として「配流刑」が宋代においても行われており、これには労役が伴った。その場合、女性は配流されず、律の「留住法」を準用して労役が課せられたのである。その労役が「鍼工（針工）」なのであった。一例を挙げよう。

> 太宗の太平興国元年（九七六）五月、詔すらく「敢へて蕃客と貨易し、その直を計りて、一百文以上に満つれば、その罪を量科せよ。十五千以上を過ぐれば、黥面して海島に配せ。この数を過ぐる者は、押送して赴闕せしめよ。婦人の犯す者は、針工に配充せよ」と。淳化五年（九九四）二月、又たその禁を申し、四貫以上ならば徒一年とし、遞加して二十貫以上とならば、黥面して本地に配して役兵に充つ。
>
> 太宗・太平興国元年五月、詔「敢与蕃客貨易、計其直、満一百文以上、量科其罪。過十五千以上、黥面配海島。過此数者、押送赴闕。婦人犯者、配充針工」。淳化五年二月、又申其禁、四貫以上徒一年、遞加、二十貫以上、黥面配本地充役兵。
>
> （『宋会要』職官四四―二）

これは、外国との密貿易を取り締まるための禁令であるが、男性に対する刑罰が配流刑であるのに対し、女性への刑罰は「配充針工」である。引用史料後半に見える淳化五年の禁令とは、太平興国元年の詔勅の内容を若干改変して申明したものであり、太平興国元年の詔勅と同様、「婦人犯者、配充針工」の文言を含んでいたものと推測される。宋令にいう「婦人待配者」とは、「律外の刑」たる配流刑に相当する罪を犯した女性を指すのであり、「鍼工」とは彼女らが配流刑の代替として課せられる労役を指すと考えられる。

宋15条は、淳化四年と天聖元年に行われた制度変更を反映すると同時に、律外の刑たる「配流刑」に対応する内容をも含む条文だったのである。

(3) 五代から天聖年間にかけてなされた、多岐にわたる制度変更を反映した条文〈宋7条〉

宋7条は、死刑執行に際しての監決規定と死刑の不執行日についての規定とを合わせた条文である。

**a**諸て大辟罪を決するは、在京及び諸州、它官を遣はし掌獄官と監決せしむ。**b**春夏は斬刑を行はず。十悪の内、悪逆以上の四等の罪は、この令に拘はらず。**c**乾元・長寧・天慶・先天・降聖節は各おの五日〈前後各おの二日〉、天貺・天祺及び元正・冬至・寒食・立春・立夏・太歳・三元・大祠・国忌等の日、及び雨雪未だ晴れざるは、皆な大辟を決せず〈長寧節は、惟だ在京のみ則ち禁ず〉。

**a**諸決大辟罪、在京及諸州、遣它官与掌獄官監決。**b**春夏不行斬刑、十悪内悪逆以上四等罪、不拘此令。**c**乾元・長寧・天慶・先天・降聖節各五日〈前後各二日〉、天貺・天祺及元正・冬至・寒食・立春・立夏・太歳・三元・大祠・国忌等日、及雨雪未晴、皆不決大辟〈長寧節、惟在京則禁〉。

ここでも比較のために、これに相当する唐令を挙げておく。

[開七][開二五] **d**諸決大辟罪、官爵五品以上、在京者、大理正監決、在外者、上佐監決、餘並判官監決。**e**従立春至秋分、不得奏決死刑、若犯悪逆以上、及奴婢・部曲殺主者、不拘此令。**f**其大祭祀及致斎、朔望、上下弦、二十四気、雨未晴、夜未明、断屠月日及假日、並不得奏決死刑。**g**在京決死囚、皆令御史・金吾監決。**h**若囚有冤枉灼然者、停決奏聞。〈復旧獄官令9乙条。『唐令拾遺』七六五頁〉

①**死刑の監決制度**〈宋7条a〉

**a**は、死刑執行に際して立ち会うべき官吏について定めた条文である。唐令では、死刑囚の官爵が処刑時の待遇にも反映されていたが（d）、宋令では「它官を遣はし掌獄官と監決せしむ」という簡潔な規定となっており、そこに品階の上下による区別は見られない。こうした条文の変化がいつ起こったかは明らかではないが、真宗の咸平五年（一〇〇二）になされた田錫の上奏に、

国家、徒以上の罪を断ずるに、皆な須らく勘鞫子細に、案牘円備にして、断官録問して、然る後に刑を行ふべし。それ大辟の罪、将に決断せんとするに、即ち酒食を給与し、他官に命じて監決せしむ。

国家断徒以上罪、皆須勘鞫子細、案牘円備、断官録問、然後行刑。其大辟罪、将決断、即給与酒食、命他官監決。（田錫『咸平集』巻一「上真宗論軽於用兵」）

と見えることから、遅くとも真宗朝の初めには、宋7条aの原型が出来上がっていたものと判断される。

### ②春夏不行斬刑制の確立（宋7条b）

bは、春から夏にかけて斬刑の執行を禁じた条文である。陰陽二気のバランスを保つため、中国の為政者は古来さまざまな「工夫」を凝らしてきたが、この措置もまた、その一環に他ならない。生物が成長する春から夏にかけての時期には、死刑の執行を避け、万物生育の妨げとなる陰の気が増大しないようにしたのである。唐令は、立春から秋分までのあいだ、死刑の奏決、つまり覆奏と執行とを禁じることによって（e）、礼制との調和を図った。

では、宋令の規定はどうであろうか。唐令で死刑の覆奏と執行を禁止していたのに対し、宋令で禁じているのは、死刑の執行のみである。この変化はすでに、後晋の天福七年（九四二）に発せられた詔勅のうちに看取し得る。

晋・天福七年十一月二十九日の勅[10]の節文に准るに「両京・諸道州府、応に大辟罪を決すべきは、今起り後、大祭祀・正冬・寒食・立春・立夏・雨雪未晴、以上の日に遇はば、並びに極刑を行ふを得ず。如し已に断じ文案を下すもの有らば、次日を取り及び雨雪定まりし後に施行すべし」とあり。

准晋天福七年十一月二十九日勅節文「両京諸道州府応決大辟罪、起今後、遇大祭祀・正冬・寒食・立春・立夏・雨雪未晴、以上日、並不得行極刑。如有已断下文案、可取次日及雨雪定後施行」。（『宋刑統』巻三〇、断獄律、決死罪）

唐末から五代にかけての時期、唐令に定める死刑覆奏制度を実行することは極めて困難であったと思われ、礼との関係から必要最低限の規定を定めておくより外なかったのであろう。宋朝成立後もしばらくの間はこうした情況を甘受せざるを得なかったようで、死刑執行の可能な日についての議論の開始は、第三代皇帝・真宗の時代を待たねばならなかった[11]。

「悪逆以上の大罪を例外として除く以外、春夏には斬刑を行わない」と定める宋令も、一見したところは、唐令ほどではないにせよ、死刑執行には相当窮屈だったように見える。しかし、この規定には抜け道が用意されていた。

八世紀後半から実施されるようになった「重杖処死法」、すなわち、笞刑や杖刑で使用するものよりも遥かに重い棒で罪人を数十回打ちのめす処刑法は、言わば「律外の死刑」であり、礼のしがらみや律令の煩瑣な手続きから死刑執行を「解放」する結果をもたらした[12]。宋令の条文は、真宗の天禧四年（一〇二〇）五月丙寅の詔、

又た詔すらく「大辟、先に詔に準りて即ちに処斬を行ふ者有り。今より、悪逆四等は律に準りて刑を用ふるを除き、自餘の斬刑、春夏に遇はば、止だ重杖処死を決し、秋分を俟ちて故の如くせよ」と。

又詔「大辟有先準詔即行処斬者、自今、除悪逆四等準律用刑、自餘斬刑、遇春夏、止決重杖処死、俟秋分如故」。（『長編』

巻九五）

に基づいているが、これによれば、悪逆以上の罪人に対しては律に準じて死刑を執行する外、春夏には斬刑の代わりに重杖処死が行われることになっていたのである。真宗時代になって始まった、死刑執行可能な期日についての議論は、礼と刑の妥協点を探る作業であったように思われる。この条文も、『礼記』月令の建前を守りながら、獄を繋囚で溢れさせぬように留意した成果のひとつと見ることが可能であろう。

### ③国忌日死刑不執行制の確立（宋7条 c）

cは、死刑不執行とする日について、多岐にわたって定めた条文である。まず、国忌日、すなわち宋朝歴代皇帝・皇后らの命日における死刑の執行禁止に関する部分について検討したい。

国忌日に死刑執行を禁止する条文は、唐令には無い。北宋では、仁宗が即位して間もない乾興元年（一〇二二）に、獄における未決囚の滞留が問題となり、その解決策のひとつとして、国忌日の刑罰執行を認めるかどうかが議論された。その時になされた審刑院の上言から、当時は「慣例」として国忌日に刑罰を執行していなかったことがわかる。

都官員外郎楊居簡上言すらく「昨ごろ知泗州たりしとき、刑禁甚だ衆く、国忌日ごとに、百餘人の杖罪を淹繋す。望むらくは忌日に決罰するを許されんことを」と。法官に下して詳議せしむ。審刑院上言すらく「唐・太和七年（八三三）の勅を按ずるに、令に准るに、国忌日には、惟だ飲酒・挙楽を禁ずるのみ、とあるも、人吏を科罰するに至りては、都（み）な明文無し。但だその日まさに釐務すべからざるに緣りて、官曹は即ち刑獄を決断せざるのみ。それ小笞の責は、礼律に在りて妨げ無し。衆官、恭んで前件の律条を詳らかにするに、但だ未だ刑名を指定すること有らず、所以に敢て決遣せざるのみ。欲して望むらくは、今より後、応て雑犯の杖罪は、幷びに決遣を許されんことを。応て徒に入る者は、即ち次日にせられよ」と。これに従ふ。

都官員外郎楊居簡上言「昨知泗州、刑禁甚衆、毎国忌日、淹繫百餘人杖罪。望許忌日決罰」。下法官詳議。審刑院上言「按唐太和七年勅、准令、国忌日、惟禁飲酒挙楽、至於科罰人吏、都無明文。但縁其日不合釐務、官曹即不決断刑獄。其小笞責、在礼律無妨。衆官恭詳前件律条、但未有指定刑名、所以不敢決遣。欲望、自今後応雑犯杖罪、幷許決遣。応入徒者、即次日」。従之。（『宋会要』礼四二―六、天聖（当作「乾興」[13]）元年七月十一日）

これによれば、罪人の数に比して刑罰執行可能な日が少ないために未決囚が滞留してしまうというのが議論の発端であったらしい。審刑院は、国忌日に刑罰の執行を禁止する法の規定が無いことから、雑犯の杖罪については国忌日における執行を許し、徒罪については翌日に執行することを提案したのである。折杖法の規定により杖刑は臀杖、徒刑は脊杖として執行されたことは、言うまでもない。

この直後に下された詔では、「歳旦・四立・二分至及び庚戌・己巳」における極刑の執行が禁止されていることから[14]、恐らくこのあたりの時期に礼制との関係が検討された結果、軽罪である杖刑は執行が許され、死刑については執行が禁止されることになったのであろう。

仁宗にとって「先帝」に当たる真宗の忌日については、天聖三年（一〇二五）に詔が下され、忌日を含めて前後三日間について死刑の執行が禁じられた[15]。この後、天聖六年に、禁止期間が長すぎるとの理由から、忌日を挟む前後二日間に短縮され[16]、それがそのまま明道二年（一〇三三）に「定式」とされた[17]。天聖令の編纂はまさにこの時期に当たるが、これについて言及した条文は見当たらない。当然のことながら、あらゆる制度変更が天聖令に反映されたわけではないことが、このことから知られるのである。

## 表F-15　聖節における死刑執行禁止の変遷

| 聖節・慶節等の名称 | 承天節 | 天慶節 | 天貺節 | 先天節 | 降聖節 | 天祺節 | 乾元節 | 長寧節 | 開基節 | 丁卯日 | 戊子日 | 典拠 |
|---|---|---|---|---|---|---|---|---|---|---|---|---|
| 説　　明 | 真宗誕節 | 天書降日 | 天書降泰山日 | 聖祖下降日 | 降延恩殿日 | 天書再降内中功徳閣 | 仁宗誕節 | 章献皇太后(仁宗母)誕節 | 太祖登位日 | 光宗本命日 | 寧宗本命日 | |
| 月　　日 | 12月2日 | 正月3日 | 6月6日 | 7月1日 | 10月24日 | 4月1日 | 4月14日 | 正月8日 | 正月4日 | | | |
| 制　定　年 | 至道3年(997) | 大中祥符元年(1008) | 大中祥符4年(1011) | 大中祥符5年(1012) | | 天禧元年(1017) | 乾興元年(1022) | | 宣和2年(1120) | | | |
| 大中祥符2年(1009)5月 | | 5日 | | | | | | | | | | 『宋会要』礼57-28 |
| 大中祥符3年(1010)2月 | 5日 | ↓ | | | | | | | | | | 『宋会要』礼57-34 |
| 大中祥符5年(1012)3月 | | 7日 | 1日 | | | | | | | | | 『宋会要』礼57-30 |
| 大中祥符5年(1012)閏10月 | | ↓ | ↓ | 假内（5日） | | | | | | | | 『宋会要』礼57-30 |
| 天禧元年(1017)正月 | | ↓ | ↓ | ↓ | | 1日(天貺節に準拠) | | | | | | 『宋会要』礼57-29 |
| 乾興元年(1022)4月 | | ↓ | ↓ | ↓ | | ↓ | 7日 | | | | | 『宋会要』礼57-34 |
| 乾興元年(1022)11月 | | ↓ | ↓ | ↓ | | ↓ | ↓ | 7日（在京） | | | | 『宋会要』礼57-37 |
| 天聖2年(1024)6月 | | 5日 | ↓ | 5日 | | ↓ | ↓ | ↓ | | | | 『宋会要』礼57-29 |
| 天聖6年(1028)2月 | | ↓ | ↓ | ↓ | | ↓ | 5日(前後各2日) | | | | | 『宋会要』礼57-17 |
| **天聖・獄官令(宋7)** | | **5日(前後各2日)** | **1日** | **5日(前後各2日)** | | **1日** | **5日(前後各2日)** | | | | | 『天聖令校証』下、415頁 |
| 慶暦元年(1041)正月 | | 1日 | | | | | 3日(前後1日) | | | | | 『宋会要』礼57-35 |
| 慶元・断獄令 | | 3日(前後1日) | 1日 | 3日(前後1日) | | 1日 | | | 3日(前後1日) | 1日 | | 『条法事類』73 |

なお、国忌日以外については、前掲の後晋・天福七年（九四二）に下された詔勅による制度変更を反映したものと考えられる。[18]

**④死刑不執行の聖節・諸慶節への拡大**（宋7条c）

最後に、聖節（誕聖節日）、すなわち宋朝歴代皇帝の誕生日における死刑の執行を禁じている部分について、言及しておきたい。唐宋時代の假節制度の変遷については丸山裕美子氏の研究[19]があるが、ここでは死刑執行禁止という点から一瞥しておく。

かかる禁令は宋初には無かったらしく、真宗の大中祥符三年（一〇一〇）になって初めて禁令の制定が始まったようである。[20]

その後の制度変遷の概略は、**表F-15**に示した通りである[21]（濃い網掛けは、天聖令の規定のもとになった規定であることを示す）。要するに、宋令のこの部分に限って言えば、仁宗の天聖六年（一〇二八）の制度変更が反映されており、「天聖令」の条文には制定直前の制度変更を取り入れたもののあることが知られるのである。[22] また、宋7条**c**には、五代・後晋の天福七年、北宋・真宗の大中祥符五年（一〇一二）、天禧元年（一〇一七）、仁宗の天聖二年（一〇二四）、天聖六年の制度変更が重層的に織り込まれている点にも注目すべきであろう。[23]

なお、この部分の規定は、仁宗の治世のうちに早くも変更された。仁宗の母・章献皇太后の誕生日である長寧節の祝賀記事は、明道二年（一〇三三）を最後に見られなくなり、[24] 彼女の死（明道二年三月）を境に、この聖節を特別扱いすることは罷められたようである。さらに慶暦元年（一〇四一）には新たな制度変更がなされ、乾元節のみ前後一日とする以外は、聖節当日にのみ死刑の執行が禁止されることとなった。[25]

### 三　唐令と全く同じ法意をもつ条文

宋11条は、流刑を執行する際の強制移動の距離について、律に定める里数を遵守すること、配所とするに適当な城鎮が無ければ、所定の距離より遠い位置にある場所に配流することを定めた条文である。

諸流人応配者、各依所配里数、無要重城鎮之処、仍逐要配之、唯得就遠、不得就近。

この条文が、次に掲げる唐令の条文、

［開二五］諸流人応配者、各依所配里数、無要重城鎮之処、仍逐要配之、惟得就遠、不得就近。（復旧獄官令13条。『唐令拾遺』七七〇頁。『唐令拾遺補』八二〇頁により補訂）

と全く同じ法意を有することとは、一目瞭然であろう。では、天聖年間においてこの条文は現行の条文であったのだろうか。換言すれば、ここに記された制度は、実際に仁宗の時代に行われていたものなのであろうか。

前述の如く、建隆四年に制定された「折杖法」によって、流刑は強制移動刑としての要素を喪失した。律の笞刑・杖刑は臀杖に、徒刑は脊杖に、流刑は脊杖＋原則一年間の配役（加役流は三年）に読み替えて執行されることとなったのである。つまり、仁宗の天聖年間には、流刑の判決を受けても実際に配流される者はいなかったのである。条文冒頭の文言「諸流人」が律の流刑に当たる罪人を指すと考えて間違いないとすれば、本条文は具文ということになるであろう(26)。

## 第二節　天聖獄官令の成り立ちについて

### 一　天聖令の編纂方針

以上、天聖獄官令の宋令の諸条文について、唐令と比較しつつ、それらがいつの制度を反映しているのかを中心に検討を重ねてきた。その結果、これらの条文は、それぞれ成立の経緯が異なることがわかった。唐令が編纂された時代から仁宗の天聖年間までの間には、さまざまな制度の変更があり、それが天聖令に反映されるのは当然のことかもしれない。問題はその反映のされ方である。すなわち、若干の手直しをしただけで済んだと推測される条文もあれば（宋42条）[27]、宋初における司法制度の変更をかなりの程度反映する一方で、一部に旧来の唐令の条文をそのまま残している条文もある（宋15条）。また、五代から天聖令編纂直前の制度変更を重層的に反映している条文もあれば（宋7条）、唐令と法意が全く変わらない宋令の条文もあった（宋11条）。制度の変更が宋令に反映されていない例も見られた（真宗の忌日の前後に死刑執行を禁じた規定）。このような多様性・重層性をどのように理解すべきかについて、以下に初歩的な考察を試みたい。

まず考慮すべきは、天聖令の編纂方針であろう。天聖令の編纂は、多難な草創期を乗り越えてどうにか安定の時代に入った宋朝が、中華王朝としての体面を保つべく敢行した事業ではあったが、その編纂方針は、「唐令のうち今も実用されている部分については努めて原文を生かしながら些少の手を加えて時代に適合せしめ、すでに死文と化している部分は敢えて削除もせずそのままとする」[28]というものであった。天聖令は、唐令の面目を一新する新時代の行政法典として編纂されたものではなかったのである。もとより、天聖令は単独で頒行されたのではなく、「附令勅」と合わせて天聖七年に仁宗に進呈され、若干の試行期間を経て、同十年、天聖編勅一三巻・赦書徳音一二巻とともに鏤版頒行されたものである。(29) 天聖令は当初より、「刑統」と並ぶ基本法典たる「令」として編まれたのであり、現実社会への対応は編勅や附令勅に委ねるというのが編纂に携わった人々の構想だったのではなかろうか。無論、そのような機能分担がうまくいったとは限らないけれども、(30) 天聖令じたいは、唐令を土臺として、五代・宋初の制度変更を適宜取り入れ、若干の修正を加えて編纂されたものに過ぎなかった。

そのようなものとして天聖獄官令の宋令を見ると、いかにもかかる方針に沿って編まれた法典に相応しい条文が並んでいることに、改めて気が付く。たとえば、宋15条は、天聖令の編纂方針そのままに、唐令の条文を下敷きとしつつ、その後の制度改変を適宜取り入れて成立した条文である。唐令の条文と全く同じ文言は「すでに死文と化している部分」に他ならず、それらが削除されずにそのまま残っているのは、天聖令「宋令」の大きな特徴と言うべきであろう。五代から宋初にかけてなされた制度変更の反映の程度が、条文によって異なっているのも、同じくその特徴とすべきであろう。

このように、天聖令の「宋令」は、制度史の史料としては些か厄介な特徴をもっており、その利用には、今回試みたような制度の変遷を追ってゆく手続きが不可欠であろう。そうすることで、唐宋変革期に生じた大きな社会変動の中で法がどのように現実に追随していったかを、天聖令の条文を通して垣間見ることが可能となるのではなかろうか。

## 二　折杖法との関係

今回取り上げた獄官令は、対象が刑罰制度であったため、他の政治制度よりも法が容易に対応し得たはずであり、その意味においては特殊な事例なのかもしれない。たとえば、折杖法への対応である。宋初に登場し、刑罰執行のあり方に大きな変化をもたらした折杖法は、天聖獄官令が対応を迫られた制度変更のひとつであったが、宋令に見える対応のしかたは、一見「多様」である。この点について最後にもう少し考察を加え、小論の締めくくりとしたい。

天聖獄官令の宋令には、折杖法に合わせた文言の修正をしていない条文があることは先に指摘したが（宋15条）、逆に、折杖法にある程度対応した条文も存在する。たとえば、

諸流配罪人居作者、不得着巾帯。毎旬給假一日、臘・寒食、各給假二日、不得出所居之院。患假者、不令陪日。役満則放。（宋16条）

諸配流囚決訖、二十日外居作、量以配所兵校防轄。（宋17条）

は、『慶元条法事類』巻七五、刑獄門、編配流役に見える断獄令の条文、

諸流囚、決訖、髠髪、去巾帯、給口食、二十日外居作、量以兵級或将校防轄。假日、不得出所居之院。以病在假者、免陪日。役満或恩、則放。

とほぼ同じ内容である。繰り返しになるが、折杖法の規定によって、徒刑は脊杖に読み替えて執行されるため労役を課されず、流刑囚のみが脊杖を受けた後に有期の労役を課された。先の宋令に対応する唐令の条文、

［開三］［開七］［開二五］諸流徒罪居作者、皆著鉗、若無鉗者、著盤枷。病及有保者聴脱。不得著巾帯。毎旬給假一日、臘寒食各給二日。不得出所役之院。患假者、陪日。役満、逓送本属。（復旧獄官令18条。『唐令拾遺』七七四頁。『唐令拾遺補』八二二頁により補訂）

の冒頭の文言「諸流徒罪居作者」を、宋16条で「諸流配罪人居作者」と改めたのは、折杖法に対応させるための修正と見ることができる。

宋17条については、『唐令拾遺』や『唐令拾遺補』の中に相当する条文は見出せない。但し、養老獄令20徒流囚条には、

凡徒流囚在役者、囚一人、両人防援。在京者、取物部及衛士充〈一分物部、三分衛士〉、在外者、取当処兵士、分番防守。

とあり、服役中の労役囚の監視・監督についての規定が存する。冒頭の文言を比べると、養老令が「凡徒流囚在役者」であるのに対し、宋令では「諸流囚」となっており、徒刑囚が対象から外されていることがわかる。養老令が唐令の強い影響の下に編纂されたことを考慮すれば、これもまた、宋16条と同様、折杖法に対応して条文が修正されたと見て問題ないであろう。

なお、雷聞氏は、宋17条に相当する唐令条文として、前掲の養老獄令をもとにして次のような復原案を提示されている（復原獄官令22条）。

諸徒流囚在役者、囚一人、両人防援。在京者、取衛士充、在外者、取当処兵士、分番防守。

しかし、この案には若干問題があるように思う。周知の如く、唐の府兵制下における折衝府の分布は関中・河東・隴右の各道に偏在していた[31]。つまり、衛士が番上してくる京師はともかく、「在外」すなわち諸州には、折衝府が必ず存在したわけではなかったのである。折衝府の無かった州に「当処の兵士」はいなかったはずであり、この部分の条文復原については再考の必要があるように思われる[32]。

さて、宋16条・宋17条はいずれも、折杖法による労役の執行に密接に関わるものである。その意味で、これらは常時参照されていた条文であったと言えるだろう。宋15条についても、在京の刑徒の労役先である「東西八作司」に限って言えば、現状の制度変更に合うよう、唐令の文言が適切に修正されていた。前節で考察したことを考え合わせれば、天聖令が「新制を以て参定」したのは、こうした言わば喫緊の事項に限られていたように思われる。天聖令の編纂者にとって、「唐令」はあまりにも偉大であり、軽々しく改変することが困難な「経典」の如き存在だったのかもしれない。

## おわりに

本章では、天聖獄官令の宋令について若干の制度史的考察を加え、そこに記された諸制度の沿革について初歩的な検討を試みた。その結果、今回取り上げた宋令について言えば、五代・宋初から天聖令制定直前の時期に至るまでになされた様々な制度変更が、多様かつ重層的に条文に反映されていることが明らかとなった。かかる多様性・重層性の原因の一つが、天聖令の編纂方針であった。「凡そ唐令を取りて本と為し、先に見行の者を挙げ、その旧文に因り参うるに新制を以てこれを定む。その今行はざる者も亦た随ひてこれを存す」[33]という方針は、「刑統」（律）と並ぶ宋朝の基本法典たる「令」をひとまず制定するためのものであった。天聖令は、同時に頒行された編勅や附令勅などと組み合わされた一連の法典として、その位置づけを理解すべきであると思う。

小論において考察の対象とした「獄官令」も、それ単独では仁宗・天聖年間の司法政策を知るための十分な史料とはなり難い。編勅や附令勅がすでに散逸している以上、この素材を活用するためには、今回試みたような制度史的な考察が不可欠であろう。また、小論で獄官令について指摘したような特徴が「天聖令」の宋令一般に当てはまるかどうかについても、今後検討すべき課題であろう。

## 注

(1)『宋会要』刑法一—四。

〔天聖七年〕正〔当作「五」〕月十八日、詳定編勅所止〔当作「上」〕刪修令三十巻、詔与将来新編勅一処頒行。先是、詔参知政事呂夷簡等参定令文、乃命大理寺丞龐籍・大理評事宋祁為修令、判大理寺趙廓・権少卿董希顔充詳定官、凡取唐令為本、先挙見行者、因其旧文参以新制定之、其今不行者、亦随存焉。又取勅文内罪名軽簡五百餘条、著於逐巻末、曰附令勅。至是上之。詔両制与法官、同再看詳、各賜器幣転階勲有差。(中略)九月二十二日、詳定編勅所言「准詔、新定編勅且未雕印、令写録、降下諸転運発運司看詳行用。如内有未便事件、限一年内、逐旋具実封聞奏。当所已写録到海行編勅并目録共三十巻・赦書徳音十二巻・令文三十巻、并依奏勅一道上進。詔送大理寺収管、候将来一年内如有修正未便事件了日、令本寺申挙下崇文院雕印施行」。〔天聖〕十年三月十六日、詔「以天聖編勅十三巻・赦書徳音十二巻・令文三十巻、付崇文院鏤版施行」。

(2)『宋会要』職官一五—二八。

審刑院〈淳化二年、置在右掖門内。掌詳讞大理寺繋案牘而奏之。以朝官一人或二人知院事、有詳議官六人、以朝官充。書令史十二人〉。先是、天下案牘先定於大理、覆之於刑部。大宗慮法吏舞文、因置審刑院於中書門之西。凡具獄案牘、先経大理断讞、既定、関報審刑、知院与詳議官定成文草、奏訖、下丞相府承相、又以聞、始命論決。蓋重慎之至也。

(3)『宋刑統』巻三〇、断獄律、決死罪。

准唐建中三年十一月十四日勅節文、応決大辟罪、自今以後、在京者宜令行決之司三覆奏、〔当補「決前両奏」〕決日一覆。在外者、所司両覆奏、仍毎覆不得過三日。餘依令式。

（4）『冊府元亀』巻六一三、刑法部、定律令、天成二年六月条。
大理少卿王鬱奏「准貞観五年（六三一）八月二十一日勅『極刑、雖令即決、仍三覆奏、在京五覆奏、決前三奏、決日両奏、惟犯悪逆者、一覆奏、著於格令』、又准建中三年十一月十四日勅『応決大辟罪、在京者宜令行決之司三覆奏、決前両奏、決日一奏』、又謹按断獄律『諸死罪囚、不待覆奏報下而決者、流二千里、即奏報応決者聴三日乃行刑、若限未満而行刑者、徒一年』。伏以、人命至重、死不再生、近年以来、全不覆奏、或蒙赦宥、已被誅夷。伏乞、勅下所司、応在京有犯極刑者、令決前・決日各一覆奏、聴進止、有凶逆犯軍令者、亦許臨時一覆奏、応諸州府、乞別降勅指揮」。奉勅、宜依。

なお、『五代会要』巻一〇、刑法雑録、天成二年六月十二日条は、王鬱を「王爵」に作る。

（5）『長編』巻一〇四、天聖四年五月条。
判刑部燕粛上奏曰「唐大理卿胡演進月囚帳、太宗曰『其間有可矜者、豈宜一以律断』、因詔、凡大辟罪、令尚書・九卿讞之。又詔、凡決死刑、京師五覆奏、諸州三覆奏。自是、全活甚衆、貞観四年（六三〇）断死罪二十九、開元二十五年（七三七）才五十八。今天下生歯未加於唐、而天聖三年（一〇二五）断大辟二千四百三十六、視唐幾至百倍。京師大辟雖一覆奏、而州郡之獄有疑及情可憫者、至上請、而法寺多所挙駁、官吏率得不応奏之罪、故皆増飾事状、移情就法、大失朝廷欽恤之意。望準唐故事、天下死罪皆得一覆奏。（中略）」。下其章中書、王曾以謂「天下皆一覆奏、則必死之人、徒充満狴犴而久不得決。請獄疑若情可矜者聴上請」。壬午、詔曰「朕念生歯之繁、抵冒者衆、法有高下、情有軽重、而有司巧避微文、一切致之重辟、豈称朕好生之志哉。其令天下死罪情理可矜及刑名疑慮者、具案以聞、有司毋得挙駁」。

（6）唐名例律28条。
諸工・楽・雑戸及太常音声人、犯流者、二千里決杖一百、一等加三十、留住、倶役三年〈犯加役流者、役四年〉。（中略）其婦人犯流者、亦留住〈造畜蠱毒応流者、配流如法〉、流二千里決杖六十、一等加二十、倶役三年。若夫・子犯流配者、聴随之至配所、免居作。

（7）「徒」字について、明鈔本は「罪」に作るが、『天聖令校証』の校訂に従って「徒」と改めた（下冊、三二九頁）。第五章注（58）を参照。

（8）『宋刑統』巻一、名例律、五刑（〔　〕内の文字は明鈔本マイクロフィルムに拠る補正）。
□□□□□□□□□□□勅尚書都省□□□□□□□□〔今〕月十六日、奉聖旨、〔其〕徒流笞杖刑名応合該除免当贖上請外、拠法書軽重等第、用常行杖施行、令臣等詳定可否奏聞、俾官吏之依憑、絶刑名之出入、立茲定制、始自聖朝。臣等参詳、伏請宣下法司、頒行天下者。奉勅、宜依、仍付所司遍下諸道州府者。

流刑。加役流、決脊杖二十、配役三年。流三千里、決脊杖二十、配役一年。流二千五百里、決脊杖十八、配役一年。流二千里、決脊杖十七、配役一年。

徒刑。徒三年、決脊杖二十放。徒二年半、決脊杖十八放。徒二年、決脊杖十七放。徒一年半、決脊杖十五放。徒一年、決脊杖十三放。

杖刑。杖一百、決臀杖二十放。杖九十、臀杖十八放。杖八十、決臀杖十七放。杖七十、決臀杖十五放。杖六十、決臀杖十三放。

笞刑。笞五十、決臀杖十下放。笞四十・三十、決臀杖八下放。笞二十・一十、決臀杖七下放。

『長編』巻四、乾徳元年（九六三）三月癸酉条。

吏部尚書張昭等上言「準詔、徒流笞杖刑名、応合該除免当贖上請外、拠法書軽重等第、用常行杖施行、令臣等詳定可否聞奏者。伏以、五刑之制、百代所遵、雖沿革之不同、貴重軽之無撓、仰承睿旨、別定明文、俾官吏之依憑、絶刑名之出入、請宣付有司頒行。凡流刑四、加役流、杖二十配役三年、（後略）」。

（9）第五章の注（57）に引く『宋会要』職官三〇―七を参照。

（10）『冊府元亀』巻六一三、刑法部、定律令は、天福七年十二月の勅とする。

（11）梅原郁『宋代司法制度研究』（創文社、二〇〇六年）四〇七～四〇九頁。

（12）『宋刑統』巻一、名例律、五刑。

准唐建中三年（七八二）八月二十七日勅節文「其十悪中悪逆以上四等罪、請准律用刑。其餘応合処絞・斬刑、自今以後、並決重杖一頓処死、以代極法」。〈釈曰「悪逆以上四等罪、謂謀反・謀大逆・謀叛・悪逆」。〉

制度の詳細については、川村康「建中三年重杖処死法考」（池田温編『中国礼法と日本律令制』東方書店、一九九二年所収）を参照。

（13）『長編』巻九九、乾興元年七月壬辰条に、

詔、国忌日聴決杖罪。従知泗州楊居簡之請也。

とあることに拠る。

(14)『長編』巻九九、乾興元年十二月庚申条。

詔三司・開封府・殿前馬歩軍司、自今歳旦・四立・二分至及庚戌・己巳、毋得断極刑。

李燾の注に、

会要、乾興元年十二月二十五日、詔開封府及三司・殿前馬歩軍司、自今毎遇国忌及庚戌・己巳、歳旦、天慶等五節、四立・二分・二至日、不得断極刑。実録不載国忌及天慶等五節、不知何故、当考。

とあるので、この詔勅により国忌日における死刑の執行禁止が定められていた可能性もある。なお、四立とは立春・立夏・立秋・立冬、二分とは春分・秋分のこと。庚戌は、仁宗が生まれた年（大中祥符三年、一〇一〇）の干支である。李𡌴『皇宋十朝綱要』巻四、仁宗、体天法道極功全徳神文聖武濬哲明孝皇帝、諱禎、真宗第六子。（中略）大中祥符三年庚戌四月十四日生。仁宗が生まれた日の干支は癸亥であるが、仁宗が「本命日」の語を「本命」すなわち誕生した年の干支に当たる日の意味で用いていたことが、次の資料からわかる。『宋会要』礼四一—一七、皇祐元年正月十七日。

幸太傅致仕鄧国公張士遜第、臨奠。翌日、帝顧謂輔臣曰「昨日左右有言、庚戌是朕本命日、不宜臨奠。朕以師臣之旧、何所避也」。文彦博曰「陛下過於唐太宗辰日哭張公謹、遠矣」。

仁宗が自らの「本命日」とする皇祐元年正月十七日の干支は庚戌である。また、己巳は、仁宗の母・章献皇太后劉氏の生まれた年（開宝二年、九六九）の干支である。『宋史』巻二四二、后妃伝、章献明粛劉皇后。

是歳（明道二年）崩、年六十五。

(15)『宋会要』礼四二—六、天聖三年二月十六日。

太常礼院言「二月十九日真宗忌、准礼例、前一日不坐、其日不視事、群臣詣西上閤門内東門進名奉慰、退赴仏寺行香。照先帝初忌、前後各三日不視事・不行刑罰、前後各五日禁止音楽、仍令百官赴景霊宮奉真殿行香、自後毎真宗忌日、皆約此制、餘如太宗忌日之例」。

(16)『宋会要』礼四二—六、天聖六年二月六日。

宰臣王曾上言「真宗忌辰、禁刑・不視事、日数太多、慮有妨闕。雖孝思追慕、而歳漸遠。望差減其数」。詔「自今前後各両日、不行刑・不視事、仍禁楽」。

（17）『宋会要』礼四二―七、明道二年正月二十一日。
詔「真宗忌辰、前後各両日、不行刑・不視事、禁楽前後各三日、著為定式」。

これより二年前の天聖九年（一〇三一）には、真宗の忌日を天慶節と同様に前後二日間禁刑とする詔勅が下されている。『長編』巻一一〇、天聖九年二月癸巳。

詔「真宗忌、前後各禁刑二日、宜如天慶節、杖以下情理軽者、釈之」。
（18）但し、太歳・三元・大祠については未詳である。また、唐令に規定された日々（致斎・朔望・上下弦・二十四気など）がいつ対象から外されたかも不明である。後考に俟ちたい。
（19）丸山裕美子「唐宋假節制度の変遷」（池田温編『日中律令制の諸相』東方書店、二〇〇二年所収）。
（20）『宋会要』礼五七―三四、景徳三年二月九日。
三司使丁謂上言「伏睹、国家以天慶節日不〔衍字か〕禁刑罰・禁烹宰。窃惟誕慶之日、動植歓心、雖均宴集之私、未頒惻隠之令。伏見、唐武徳・開元以来詔令、皆節日不行刑・禁屠鈎〔当作「釣」〕、慶成・慶陽・寿昌等節、皆禁烹宰。欲望、承天節日、准天慶節例、前後禁屠宰・輟刑罰、著于甲令、用為常式」。従之。

なお、慶成節は文宗の誕節（十月十日）、慶陽節は武宗の誕節（六月十二日）、寿昌節は宣宗の誕節（六月二十二日）である。
（21）表F-15の典拠となった資料を以下に引用しておく。
天慶節＝五日
『宋会要』礼五七―二八、大中祥符二年五月二十二日。
詔「自今遇天慶節、五日内不得用刑」。
承天節＝五日（天慶節に準拠）
前注（20）に引く『宋会要』礼五七―三四、景徳三年二月九日。
天貺節＝一日（天慶節＝七日）
『宋会要』礼五七―三〇、大中祥符五年三月二十六日。
詔「自今両京諸路、毎遇天慶節七日、天貺節一日、毋得行刑」。
先天節・降誕節＝假内五日

『宋会要』礼五七—三〇、大中祥符五年閏十月八日。

詔「以七月一日聖祖下降日為先天節、十月二十四日降延恩殿日為降聖節、並休假五日。（中略）假内不得行刑、仍禁屠宰。節日幷聴宴楽。著為定式」。

天祺節＝一日（天貺節に準拠）

『宋会要』礼五七—二九、天禧元年正月二十三日。

詔曰「大中祥符元年四月一日、天書再降内中功徳閣、其建為天祺節、一如天貺之例」。

乾元節＝七日

『宋会要』礼五七—三四、乾興元年四月。

詔「乾元節前後各一日、禁喪葬屠宰哭泣、権止行刑七日。杖罪已下情軽、特与免放。如情理重、並知在、候假開日施行」。

長寧節＝七日

『宋会要』礼五七—三七、乾興元年十一月九日。

詔「長寧節、中書枢密不得以金酒器為献、諸州亦罷貢奉、及不得奏請賜僧道紫衣師名、三京諸州比試童行、比乾元節与度三分之二」。中書門下上言「請前一月、文武官各就大相国寺起道場、罷散日錫慶院賜会、前三日内外命婦各進香、合至日入内上寿、在京禁刑罰屠宰共七日」。従之。

天慶節・先天節・降誕節＝五日

『宋会要』礼五七—二九、天聖二年六月十六日。

開封府言「天慶・先天・降聖節、徒流笞杖罪、正節日権住行刑一日外、其大辟罪即仍旧権住五日」。従之。

※『宋会要』礼五七は「二年五月十四日詔」「六月十六日開封府言」及び「十月十八日知審刑院滕渉言」の三か条の記事の繫年を落としているが、同じく職官一五—三〇は「天聖二年十月」の記事として滕渉の上言を載せる。これに拠り、上記三条を天聖二年の記事と判断した。

乾元節・長寧節＝五日（前後二日）

『宋会要』礼五七—三五、天聖六年二月六日。

詔「乾元・長寧節、禁決大辟、前〔後〕各二日。餘罪、唯正節日権停」。

天聖獄官令・宋7条

　諸決大辟罪、在京及諸州、遣它官与掌獄官監決。春夏不行斬刑、十悪内悪逆以上四等罪、不拘此令。乾元・長寧・天慶・先天・降聖節各五日〈前後各二日〉、天貺・天祺及元正・冬至・寒食・立春・立夏・太歳・三元・大祠・国忌等日、及雨雪未晴、皆不決大辟〈長寧節、惟在京則禁〉。

慶暦元年の制度変更

『宋会要』礼五七―三五、慶暦元年正月十九日。

　詔「乾元及天慶・天祺・天貺・先天・降聖節、自今惟正節日禁刑外、乾元節仍前後各一日停断大辟罪」。

慶元令

『条法事類』巻七三、刑獄門、決遣、断獄令。

　諸決大辟不以時日。即遇聖節及天慶・開基・先天・降聖〈以上各三日、前後各一日〉・天貺・天祺節・丁卯・戊子日・元正・寒食・冬至・立春・立夏・太歳・三元・大祠・国忌〈以上各一日〉及雨雪未晴、皆不行決。其流以下罪、遇聖節・正節日及丁卯・戊子日、並准此〈令衆、遇聖節、免〉。

(22) 前注(21)に引く『宋会要』礼五七―三五、天聖六年二月六日。

(23) 仁宗の生母は李氏であるが、章献皇后劉氏の子として養育されたため、仁宗は劉氏を母と奉じた。『宋史』巻二四二、后妃伝、章献明粛劉皇后。

　李宸妃生仁宗、后以為己子、与楊淑妃撫視甚至。（中略）太后保護帝既尽力、而仁宗所以奉太后亦甚備。上春秋長、猶不知為宸妃所出、終太后之世、無毫髪間隙焉。

(24)『宋会要』礼五七―一七、明道二年正月八日。

(25) 前注(21)に引く『宋会要』礼五七―三五、慶暦元年正月十九日。

(26) 但し、ひとつ気にかかるのが、配軍刑の存在である。「配軍」すなわち罪人を廂軍に編入することは、宋初において刑罰として確立し、刑罰体系の中に組み込まれていったが、真宗朝には強制移動の要素をもつ配軍刑が見られるようになっていた（本書第六章第三節を参照）。つまり、天聖令編纂時にはすでに、律の流刑とは全く別種の刑罰である配軍刑によって強制移動される罪人が存在していたのである。この条文が遠隔地に配軍される罪人に対して適用された可能性も絶無とは言い切れない。

(27) 慮囚の頻度が異なる点を除けば、宋42条は、次の養老獄令46当処長官条、

凡囚、当処長官十五日一検行、無長官、次官検行。其囚延引久禁、不被推問、若事状可知、雖支証未尽、或告一人数事、及被告人有数事者、重事得実、軽事未畢、如此之徒、検行官司、並即断決。

とほぼ同文である。雷聞氏は、養老令の条文がしばしば唐令に近似していることを考慮して、次のような唐令復原案を提示されている（復原獄官令49条）。

諸囚、当処長官五日一慮、無長官、次官慮。其囚延引久禁、不被推問、若事状可知、雖支証未尽、或告一人数事、及被告人有数事者、若重事得実、軽事未了、如此之徒、慮官並即断決。

(28) 滋賀秀三「法典編纂の歴史」（『中国法制史論集　法典と刑罰』創文社、二〇〇三年所収）、一一一頁。

(29) 前注（1）に引く『宋会要』刑法一―四を参照。

(30) 梅原郁「唐宋時代の法典編纂」（前掲『宋代司法制度研究』所収）七八一～八〇四頁。

(31) 菊池英夫「唐折衝府の分布問題に関する一考察」（『東洋史研究』二七―二、一九六八年）。

(32) 未だ確証はないが、「儀鳳三年度支奏抄・四年金部旨符」残巻に見える「所在兵防人夫等」（大津透『日唐律令制の財政構造』岩波書店、二〇〇六年、四一頁）の語などの方が、「当処の兵士」よりは適切なように思う。

(33) 前注（1）に引く『宋会要』刑法一―四。

# 主な引用史料一覧（括弧内は略称）

**典籍史料**

『尚書』、『周礼』、『礼記』、『春秋左氏伝』……いずれも『十三経注疏』（藝文印書館一九六五年景印本）所収のテキストに拠る。
「二十四史」……中華書局標点本
『資治通鑑』（『通鑑』）……中華書局一九七六年標点本
『続資治通鑑長編』（『長編』）……中華書局二〇〇四年標点本
『宋史全文続資治通鑑』（『宋史全文』）……文海出版社一九六九年景印本
『皇宋十朝綱要』……東方学会排印本
『建炎以来繫年要録』（『繫年要録』）……中文出版社一九八三年景印本
『太宗皇帝実録』（『太宗実録』）……『四部叢刊続編』所収本
『三朝北盟会編』……上海古籍出版社一九八七年景印本
『唐大詔令集』……商務印書館一九五九年排印本
『宋大詔令集』……中華書局一九六二年排印本
『元和郡県図志』……中華書局一九八三年標点本
『大唐六典』（『六典』）……広池学園事業部一九七三年景印本（「近衛本」）。宋本『大唐六典』（中華書局一九八四年景印本、古逸叢書三編之三）を適宜参照。
『大唐開元礼』……汲古書院一九七二年景印本
『通典』……十通本。宮内庁蔵北宋刻本（汲古書院一九八〇年至八一年景印本）等の版本を適宜参照。

『文献通考』……十通本。静嘉堂文庫蔵元刻明修本（京都大学文学部景照本）等の版本を適宜参照。
『唐会要』……上海古籍出版社一九九一年標点本
『五代会要』……上海古籍出版社一九七八年標点本
『宋会要輯稿』（『宋会要』）……新文豊出版一九七六年景印本
『建炎以来朝野雑記』……中華書局二〇〇〇年標点本
『慶元条法事類』（『条法事類』）……古典研究会一九六八年景印本
『律 附音義』（『律音義』）……上海古籍出版社一九七九年景印本
『故唐律疏議』……律令研究会校訂本（『訳註日本律令』二・三 律本文篇、東京堂出版、一九七五年）。条文解釈にあたっては、律令研究会編『訳註日本律令』五〜八 唐律疏議訳註篇（東京堂出版。五＝一九七九年、六＝一九八四年、七＝一九八七年、八＝一九九六年）を適宜参照した。
『重詳定刑統』（『宋刑統』、『刑統』）……中華書局一九八四年標点本。天一閣旧蔵明鈔本（米国議会図書館撮影マイクロフィルムに拠る）を適宜参照。
「天一閣蔵明鈔本天聖令」（「明鈔本天聖令」）……『天一閣蔵明鈔本天聖令校証 附唐令復原研究（上下冊）』（中華書局、二〇〇六年。『天聖令考証』と略称）
『名公書判清明集』（『清明集』）……中華書局二〇〇二年標点本
『朱子語類』……中華書局一九八六年標点本
『容斎随筆』……上海古籍出版社一九七八年標点本
『太平御覧』……中文出版社一九八〇年景印本
『冊府元亀』……臺湾中華書局一九七二年景印本（「崇禎本」）。『宋本冊府元亀』（中華書局一九八九年景印本）及び京都大学人文科学研究所蔵明（嘉靖）鈔本により校勘（避諱の場合、逐一断らずに文字を改めた）。
『玉海』……中文出版社一九七七年景印本
陳子昂『陳伯玉文集』、白居易『白氏文集』、楼鑰『攻媿集』……『四部叢刊』所収本
田錫『咸平集』、袁説友『東塘集』……『四庫全書』所収本

張方平『楽全集』……『四庫全書』所収本。『楽全先生全集』（『北京図書館古籍珍本叢刊 八九 集部・宋別集類』書目文献出版社、一九九一年所収）も適宜参照。

黄榦『勉斎先生黄文粛公文集』……『北京図書館古籍珍本叢刊 九〇 集部・宋別集類』（書目文献出版社、一九八八年）所収本

『文館詞林』……古典研究会一九六九年景印本。『日蔵弘仁本文館詞林校証』（羅国威整理、中華書局、二〇〇一年）を適宜参照。

『文苑英華』……中華書局一九六六年景印本

『養老令』……日本思想大系『律令』（井上光貞・関晃・土田直鎮・青木和夫校注、岩波書店、一九七六年）

『令義解』、『令集解』、『延喜式』……『新訂増補国史大系』（吉川弘文館）所収本

## 出土史料・石刻史料

「雲夢睡虎地秦簡」……睡虎地秦墓竹簡整理小組編『睡虎地秦墓竹簡』（文物出版社、一九九〇年）。法令集・典籍の名称もこれに準拠した。

張家山二四七号漢墓出土「二年律令」・「奏讞書」……張家山二四七号漢墓竹簡整理小組『張家山漢墓竹簡』（文物出版社、二〇〇一年）および彭浩・陳偉・工藤元男『二年律令与奏讞書――張家山二四七号漢墓出土法律文献釈読』（上海古籍出版社、二〇〇七年）を彼此参照。

「敦煌懸泉置遺跡出土漢簡」……『敦煌懸泉漢簡釈粋』（上海古籍出版社、二〇〇一年）

「吐魯番出土文書」……『吐魯番出土文書〔参〕』『同〔肆〕』（文物出版社、一九九六年）。『吐魯番出土文書』第六冊（文物出版社、一九八五年）及び第八冊（一九八七年）も参照。

王昶『金石萃編』、陸耀遹『金石続編』……北京市中国書店一九八五年景印本

陸増祥『八瓊室金石補正』、翁聘之『山右石刻叢編』、羅振玉『山右冢墓遺文』『襄陽冢墓遺文』……『石刻史料新編』（新文豊出版、一九七七年）所収本

# 唐宋時期刑罰制度研究（中文概要）

本書以流放刑和勞役刑爲中心，就唐宋時期的刑罰制度進行了考察。

論文的前半部分（第一章至第三章），以《唐律》的流刑爲主題，從其淵源、制度特徵、理念與現實的差距等觀點出發進行了考察。

《唐律》流刑出現之前，刑罰「具有強制移動性質的刑罰」的有秦漢初的遷刑、漢魏晉南朝的「徙遷刑」及北朝的流刑。在這些刑罰中，「強制性移動」以何種意義體現？**第一章**將以此爲中心進行探討。

秦漢初的遷刑並不像後世的流刑一樣，屬於僅次於死刑的重刑，其主要意圖在於隔離和幽閉罪犯。如果把遷刑理解爲「流刑」，很有可能誤解刑罰自身的本質。

漢至魏晉南朝史書中出現的「徙遷刑」也具有強制移動的因素。但是，那只是把罪犯移送到服役場所的措施，可以說是勞役刑的一種形態。並且，「徙遷刑」本身並不在主刑範圍之內。所謂「儒教國教化」進程中，受經書影響「徙邊」，即把罪犯從京師放逐到邊境使其服有期勞役時，形成了某種法律方針來對應被免予死刑的罪犯。

北魏的「徙邊」性質上與「徙遷刑」相同，同屬於「減死一等之刑」。但原則上是終身刑的點上與「徙遷刑」有著決定性的區別。而且，它是流刑的前身。即北魏的流刑實質上與「徙邊」相同。作爲主刑的「流刑」開始於北魏，是次於死刑的重刑，它的這種地位源於經書的理念。而《北周律》（《大律》）的流刑根據流放距離分等級的這一點，可以看作是《唐律》流刑的直接淵源。這種等級設定也是以經書的記述爲依據。《隋・開皇律》的流刑在包括居作的這一點，繼承了北魏、北齊的流刑；但在設定「道里之差」上，卻繼承了《北周律》的流刑。進而言之，一千里開始設置的流放距離等差是《尚書・舜典》記述的具體體現。

《唐律》的流刑基本上繼承了《隋・開皇律》的規定。並且，延長強制性移動的距離，並大幅度縮短了居作時間。在這一點上，其作爲強制性移動刑的性格可以說是加強了。

流刑在北朝的刑罰體系中占主刑地位，因其把經書理念反映在刑罰體系上，故在實際運用的階段，不得不與現實做妥協。北魏到北周以「徙邊」、隋朝以「配防」的形式執行，流刑作爲「減死一等之刑」有效發揮了其功能。

在**第二章**，通過參照《唐令拾遺》、《唐令拾遺補》等已有史料和近年公開的《明鈔本天聖令》所收條文，詳述了《唐律》的流刑制度。

本章通過分析《天聖・獄官令》條文中，關於流刑案件的裁判手續，以其在地方的實施情況爲中心，得到了全新的見解。卽明確了州的專使往返於州與中央的刑部之間，進行文書往來的事實。並且，還通過《天聖・獄官令》，進一步明確了關於流刑執行的詳細過程。

在這些新觀點的基礎上，接下來就以前探討過的隋朝的流刑制度再次進行了考察，並論及到與唐朝的不同之處。卽隋朝時在州判處爲流罪可能被押送到京師，在京師接受最終審判。流刑案件時，唐朝由州派遣專使收發文書，可能是從此遺留下來的制度。並且，與滋賀秀三氏之間有分歧的關於《唐律》流刑「流放距離的起點」問題再次進行了考察，確認了流放起點是京師的觀點。最後，對在配所（服役場所）的罪犯的處境也進行了考察，與後述宋代配流、配軍刑制度的比較奠定了基礎。

《唐律》流刑中，流放的起點在京師，這跟流刑的本質有密切的關係。流刑是「禮教性刑罰」，卽它是以儒教經典爲依據而成爲主刑的刑罰。因此，從執行刑罰的實務性來說，有衆多不合理之處。例如，把犯人流放到邊遠地方的懲罰意義早在唐代就有人提出疑問，結果，出現脱離《唐律》原則規定的刑罰。導致這一「律外流刑」的原因，就是流刑執行的現實和《唐律》理念之間的差距。**第三章**則以流刑爲例詳細論述，根據經書理念確立的《唐律》的流刑，在實際執行刑罰的階段面臨巨大困難，不得不對應現實問題。首先，在貞觀年間關於《唐律》流刑的等級差別的規定事實上被擱置起來。即《名例律》中，從流二千里到三千里的三等級流刑在運用過程中，變更爲「不限以里數」，往指定的「邊州」配流。並且，出現了皇帝詔敕爲基準的「配流刑」。所謂配流刑，是指以「別敕」爲基準的刑罰。散見於詔敕和《格》所收的條文中，脱離《唐律》原則規定的「決杖配流」等處罰只是其中一例而已。並且，允許流人回家雖與《唐律》規定相駁，卻被攝入恩赦範圍之內。諸如此類的事例，從七世紀中葉開始出現。甚至有把流刑規定爲以六年爲期的有期流放刑，並收錄到《開成格》的條文中。

這種變化的背景是唐朝對百姓的統治能力的下降。唐朝原則上禁止人民的自由移動。但到八世紀中葉以後，這種控制陷入癱瘓狀態。到了九世紀，即使流人擅自離開配所，也無法應對了。北宋在建國初期制定「折杖法」，把刑期較長的徒流刑折換成杖打刑（科處流刑時，帶配役）來執行，其原因即在此。

論文的後半部分（第四至第六章），對宋代的流放刑、勞役刑展開考察。

在**第四章**以《宋史・刑法志》爲題材，考察了關於宋代法制史料頻繁出現的「配隸」一詞所表示的刑罰內容。《唐律》中所見的配隸一詞的含義是「隸屬於國家機關」，其含義較廣，在宋代則是包括「配流」、「配軍」、「配役」在內的稱呼。可能是因爲在服役時罪犯均是隸屬於某種國家機關（官廳、軍隊等），故而該詞形成這樣的用法。

在其下的兩箇章節中，就「配隸」中的各箇刑罰進行了確認。

流刑按「折杖法」折換成「脊杖＋配役」。關於其中的「配役」，學界至今爲止的主要觀點是「配役」幾乎未被執行。但是，折杖法本身在《宋刑統》也有規定，在整箇宋代，《刑統》作爲國家的基本法典來行用。那麼，作爲流刑代用刑的配役，原則上也應該是得到了實施，這種看法可以說是理所當然的。**第五章**，從這箇疑問出發仔細考察了一般觀點，明確了在整箇宋代，流刑被折換成杖打刑和配役來執行是相當普遍的事實。進而論證了這是爲了適應宋代的現實狀況而實施的。即宋代流犯的勞役跟唐代的居作有很大的不同，罪犯被編入雜役部隊（廂軍）服勞役。要把《刑統》中的居作按部就班的執行，時代的變遷已不容許。從官廳雜役勞動的狀況中，也可以看到所謂「唐宋變革」的特徵。

唐末五代時期，因對罪犯的監督缺失，陷入癱瘓的徒刑和流刑，由於折杖法的實施才得以執行。但同時死刑和流刑之間出現了嚴重的刑罰程度的差距。更爲嚴重的是爲打擊違反專賣法者和盜竊、搶劫盜而加強的法規，引發死囚人數劇增。對此，宋朝以增加一條「減死一等之刑罰」來對應，**第六章**提起的配流刑和配軍刑就是其中一例。

宋代的配流刑是因皇帝的特赦而出現的死刑代替刑。這刑罰本身在唐代已經存在。從前的不刺面配流之外，又出現帶刺面的配流刑是這一時代的特徵。死刑的減免取決於皇帝的判斷，有時需要赴闕。配流人的刺面，當初並不是在配流之前，而是在赴闕之前執行，就是其原因。罪犯在配所被安排從事重體力勞動。

配流人，在配屬於軍隊這點上跟配役相差不多。像沙門島雖其組織狀況並不十分明確，但其外的配流地，比如作爲「遠惡州軍」受到歧視的廣南路的一部份州軍，也設有屬於廂軍之一的叫做「牢城營」的部隊，通常，服役的配流人隸屬於這一部隊服役。可以認爲，發配到沙門島以外的配流刑，實質上是被隸屬於牢城營的配軍調換的。強制性勞動從唐代的居作，卽官署的徒役，到配屬於雜役部隊的變化，說明配流刑不得不適應這一現實。

將罪犯配屬於廂軍從事雜役的配軍刑，作爲法律條文出現的是北宋太宗時期。對盜竊、強盜、違反專賣法等國家嚴格打擊的犯罪對象，宋朝緩和了唐末五代時期的嚴酷法律，將罪犯脊杖、刺面之後，編入本城、牢城等雜役部隊中服役。起初，配軍的地點是罪人現住地的部隊，後來設定了含有流放刑成份的配軍刑（五百里外、千里之外的配軍）。就這樣，配軍刑也成了「減死一等之刑罰」的一種被編入宋朝的刑罰體系當中。

到了北宋後期，配流刑和配軍刑，逐漸歸列到同一標準之下。配軍刑的「流放」，本是爲了把給本地社會帶來危害的無賴之流，流放到邊遠地區而設置的。後來，把凶犯流放到邊遠地區的，如《唐律》流刑一樣「傳統的」流放刑思想重新復活，形成了以流放沙門島爲頂峰的刺配刑序列。

宋代法制史料中，與配流、配軍並列，統稱「編配」的刑罰就是「編管」。**第七章**以這一刑罰的内容爲中心，就目前還未充分進行制度性探討的編管問題，進行了考察。

所謂「編管」是「附屬於薄籍，有監督、管理功能的刑罰」。不像編入軍隊組織之後對犯人作實質性拘留，而終究只是做帳薄上的管理。此爲其特徵。定期被傳的義務，並不是強加在所有編管人身上的義務；並且，也不屬於針對特定社會階層的刑罰。

往遠方的強制性移動並不是編管的本質。但把犯人從現住地強制性移動，爲編管這一刑罰的核心是確定無疑的。但是，移動的地方並不一定是遠方或是偏僻的地方。編管和有無居作並無實質性關聯。併科流刑與編管時，根據折杖法其刑被折換成「脊杖」和「配役」來執行。這與併科流刑和配軍時，被免除「配役」的情況截然不同。並且，編管是有刑期的。通常情況下，卽使不遇恩赦的量移、放還，只要六年刑期已滿就可允許回家。往遠方編管的實際狀況，跟唐代以來的不刺面配流刑相同。

《唐律》流放刑的直接淵源來自於鮮卑族成立的北魏「徙邊」刑。但是，其在中華王朝刑罰體系中的主刑地位，卻直接跟儒教經典的影響力有著密切的關係。作爲僅次於死刑的重刑來創設「流刑」時，根據就是儒教經典中的記述。在這種意義上，流刑可以稱之爲「禮教性刑罰」。因此，流刑理念與執行刑罰的現實之間，很早開始就存在差距。就《北周律》來說，根據移動距離的不同來設置等級差別之後，實際上，流刑就被折換成徙邊刑來執行的。就《唐律》來說，根據強制移動的距離，流刑雖設有三箇等級，但實際上流人配流的地方僅限於被指定爲「邊州」的特定州。

承認流人遇恩赦可以放還，後來又把流刑制定爲六年有期刑，也是屬於把流刑理念暫時擱置起來，而優先考慮刑罰執行的現實問題的結果。那麼，其「現實」問題究竟是甚麼呢？這里涉及到作爲配所的地區，對流囚的管理問題有直接相關。長期監視流人，對配所所在的州縣來說是相當沉重的負擔。到了唐末，由於監督不善導致了流人擅自離開配所的問題，並沒有有效的對策來解決。結果，流刑和徒刑都成了難於執行的刑罰，爲了對應違反專賣法和盜竊等治安的惡化而出臺的新法致使懲罰更加嚴厲，一點罪就會被處以死刑。北宋建國之後實施「折杖法」的背景就在於此。

由於折杖法的實施，流刑失去了流放刑的因素。使死刑與生刑脱節，重輕失調。爲了填補其差距，作爲「減死一等之刑罰」的新出臺的規定就是「刺配刑」，卽刺面配流刑和配軍刑。起初，爲維持地方的治安采取往遠方的配軍，後來因引進了考慮到《唐律》流刑距離的設定，作爲流放刑變得多樣化。到了北宋後期，根據從罪犯的現住地到配所的距離逐漸形成序列化的刑罰。

如此看唐宋時期刑罰制度上的流放刑、勞役刑的展開，値得注意的是以下兩點：

①流刑是基於經書理念的刑罰，因此在現實生活中，完全照其理念，則執行起來相當的困難，流刑的理念與現實之間存在較大差距，最終陷入了不可實施的狀態。

②然而，《唐律》之外，作爲「減死一等之刑」新設刑罰時，執政者的頭腦中首先浮現的應該是「流刑」。在刺配刑多樣化的過程中，導入了流放刑的因素，根據強制移動的距離形成了序列化的刑罰，也是《唐律》流刑的存在造成的影響。

從《唐律》到明清律均是笞、杖、徒、流、死五刑構成主刑，其原因之一《唐律》五刑是依據儒敎經典而成立。綜之，流刑，以其在五刑中的地位爲首，以經書爲依據的成份相當多。上述兩點特徵，取流刑的特質的由來。

# あとがき

本書は、十数年のあいだに発表してきた論考の中から唐宋時代の刑罰制度に関するものを選び、構成に一部変更を加えて書き改めたものである。その内訳は左記の通りである。

序　論――研究の視角と本書の構成

　書き下ろし。

第一章　流刑の淵源と理念

「遷刑・「徙遷刑」・流刑――「唐代流刑考」補論」（冨谷　至編『江陵張家山二四七号墓出土漢律令の研究』〔論考篇〕朋友書店、二〇〇六年所収）はじめに、第一節～第三節

第二章　唐律の流刑制度

第四節　隋制との比較

「流刑とは何か――唐律の流刑再考――」（『滋賀医科大学基礎学研究』一〇、一九九九年）第一節

第五節　配流の距離の起点

「流刑とは何か――唐律の流刑再考――」第二節、第三節、結びにかえて

他の部分は書き下ろし。

第三章　流刑の理念と現実

第一節　律の理念と現実との乖離

「遷刑・「徙遷刑」・流刑――「唐代流刑考」補論」結びにかえて

第二節　律外の流刑

「唐代流刑考」（梅原　郁編『中国近世の法制と社会』京都大学人文科学研究所、一九九三年所収）第三節第二項

第三節　恩赦による流人の放還

「流刑に見える唐律の理念と現実」（辻　正博編『唐宋変革期における刑罰制度の総合的研究』科学研究費成果報告書、二〇〇三年所収）

第四章　北宋時代の「配隷」

「北宋「配隷」芻議」（『滋賀医科大学基礎学研究』五、一九九四年）

第五章　宋代の流刑と配役

「宋代の流刑と配役」（『史林』七八―五、一九九五年）

第六章　宋代の配流刑と配軍刑

第一節　唐代的残滓――刺面を伴わない配流刑

第二節　罪人の赴闕と刺面配流刑

「死刑と杖刑のあいだ――宋代における追放刑と労役刑の展開――」（梅原　郁編『前近代中国の刑罰』京都大学人文科学研究所、一九九六年所収）

第三節　配軍刑

「宋初の配流と配軍」（『東洋史研究』五二―三、一九九三年）

第四節　刺配刑の序列化

書き下ろし。

第七章　宋代の編管制度
「宋代編管制度考」（『東洋史研究』六一―三、二〇〇二年）
結　論――唐宋時代の追放刑と労役刑
書き下ろし。
附篇第一　唐代貶官考
「唐代貶官考」（『東方学報』京都第六三冊、一九九一年）
附篇第二　天聖獄官令と宋初の司法制度
「天聖「獄官令」と宋初の司法制度――「宋令」の成り立ちをめぐって」（大津透編『日唐比較律令制研究の新段階』山川出版社、二〇〇八年所収。なお、本書への収録に際し、山川出版社及び編者の大津氏より特段のご配慮を賜った。）

なお、本書のもととなった諸篇については、小著の刊行を以て学術論文としての現役を退かせたいと思う。

本書の「種」となったのは、「唐代流刑考」である。博士後期課程在学時から出席を許されていた、京都大学人文科学研究所の共同研究班「中国近世の法制と社会」（班長　梅原　郁先生）の成果報告書に掲載していただいたこの論文は、『故唐律疏議』と『唐令拾遺』の内容を理解するために、関連する基本文献を読み漁って書いた、極めて未熟で粗雑なものであった。「結びにかえて」の部分に、五代から北宋にかけての流刑の展開について見通しを記したものの、その直後に書き直しの必要を痛感し、訂正の意味を込めて「宋初の配流と配軍」を『東洋史研究』に発表した。以後、宋代の「編配」に関する小論をいくつか発表し、それと並行して、唐律の流刑の淵源について考えをめぐらせてきた。

京都大学大学院文学研究科の夫馬　進教授から、これまでの研究成果をまとめて出版してはどうかとお勧めいただいたのは、二〇〇七年初夏のことと記憶する。思いもかけぬお話で、有り難く応諾はしたものの、折しも前年十一月に寧波・天一閣博物館所蔵の「明鈔本天聖令」が正式公開され、「獄官令」を中心に内容の検討を始めていた矢先のことであったため、結局、一書としてまとめ上げるまでに、かなりの時日を要してしまった。

本書は、流刑を中心とした進めてきた唐宋時代の刑罰制度に関する研究の、一応のまとめである。ただ、その内容を見るにつけ、「唐代流刑考」の内外(うちそと)を十数年かけてひたすら徘徊していたことを再認識せざるを得ない。この研究に手を染めた当時は、仁井田陞先生の「中国における刑罰体系の変遷――とくに「自由刑」の発達――」（一九三九年初出。『補訂中国法制史研究　刑法』東京大学出版会、一九八〇年に補訂再録）と、滋賀秀三先生の「刑罰の歴史――東洋」（荘子邦雄・大塚 仁・平松義郎編『刑罰の理論と現実』岩波書店、一九七二年所収）あたりが主な「手引書」であり、『故唐律疏議』の訳注もまだ完結していなかった。卒業論文・修士論文を唐代政治史で書いたわたくしにとって、法制史は「難解な」ジャンルであり、ひたすら敬遠してきた分野であった。

一九八五年、高橋芳郎先生によって、上海図書館蔵明刊本『名公書判清明集』の写真版が日本にもたらされた。そして、これが現在の研究テーマを選ぶこととなった遠因であると、今にして思う。人文研・梅原班は、新史料たる明版『清明集』と、南宋時代の法令集『慶元条法事類』とを交互に輪読し訳注を作成するというものであり、これに参加を許されたことはまことに幸運であったと言うほかない。しかし、博士後期課程に進学したばかりの若輩者にこうした史料の内容がきちんと理解できようはずもなく、毎週開かれる研究班の時間はただ辛いものでしかなかった。

茫漠とした行き詰まりを感じていたのかも知れない、一九八七年、わたくしは北京大学歴史学系への留学を希望し、叶えられた。唐代史・敦煌学の分野で著名であった碩学、王永興先生に研究のご指導をお願いし、『大唐六典』を一対一で読んでいただいたことは、何物にも代え難い研鑽の機会となった。一年間の留学を終えて、人文研（東方部）の助手に採用され、ふたたび梅原班に参加することとなった頃、曲がりなりにも法制史に対して興味を持つようになっていたのは、留学の成果と言えるであろう。午前中の研究班に引き続いて、午後から宋代判牘を読む有志の勉強会に参加したことも手伝って、わたくしの研究テーマは、政治史から制度史に移っていった。

助手になって最初に発表した論文が、本書に附篇第一として収めた「唐代貶官考」である。給料をもらって勉強できることになったので、取り敢えず新旧両唐書と『通鑑』くらいはきちんと通読しておこうと思って読み始めたところ、これまで重要だと思っていた州刺史のポストに左遷官人が当てられることが意外にも多いと感じたのが、研究の動機となった。唐代官人の人事異動については、孫国棟氏の詳細な研究（『唐代中央重要文官遷転途径研究』龍門書店、一九七八年）があったが、その関心は主としてエリート官僚の昇進コースに向けられており、左遷についてては研究の餘地があるように思われた。研究を進めてゆくうちに、流刑に対しても注意を払うようになったのは、必然であったと言える。

「唐代貶官考」を書き上げ、唐代の流刑に関する論考を執筆していた頃、滋賀医科大学への転出が決まった。新しい職場では、医師・看護師を志す学生に歴史学のおもしろさを知ってもらうため、様々なテーマを講義で取り上げた。正直なところ、どの程度面白がってもらえたか心許ないのであるが、この経験がわたくしにとって肥やしになったことは間違いない。同僚の先生方にも大変お世話になり、とりわけ、同郷の先輩でもあった人文地理学の井戸庄三先生からは、心の支えとなる言葉を折に触れて戴いた。こうしたお陰を以て、人文研その他での研究会にも継続して出席し、緊張感をもって研究活動を続けることができた。なかでも、冨谷 至・井波陵一両氏を班長とする「三国時代出土文字史料の研究」班に参加できたことは、自分の研究領域を些かなりとも拡げるのに大いに役立った。本書のもととなった論考の大半はこの滋賀医大時代に執筆・発表したものであるが、それは、この恵まれた環境の賜物である。また在職中、文部省の在外研究員として一年間、ロンドンとパリで敦煌文書の研究に没頭できたことは、まことに得難い貴重な経験であった。古文書の実物を手にしてみると、図録からは得られぬ学問的刺激を感じることができた。唐代法制に関する出土史料について、多少なりとも自信をもってコメントできるようになったのは、この時の経験に負うところが大きい。

再び母校に勤めるようになったことが、これまでの研究をまとめる際にどれほど役に立ったか、計り知れない。必要とする史料・論文のほとんど全てを勤め先で見ることのできる有り難さを、改めて痛感した。また、現在奉職している人間・環境学研究科は、じつに多彩な人材を擁しているところで、折々に多様な学問的刺激を受けた。この環境にいなければ、これまで書き散らしてきた論考を未だ一書に纏められずにいたことだろう。

顧みれば、なんと多くの先生方や同学の方々、そして家族に支えられて研究を続けて来られたことかと思う。大学院への進学を逡巡した際に背中を押していただいた萩原淳平先生、学部・大学院時代以来お世話になってきた谷川道雄先生、竺沙雅章先生、梅原　郁先生、礪波　護先生、また、ついに拝眉の機会を得なかったけれども書信や書評で叱咤激励いただいた滋賀秀三先生など、数え上げれば際限がないほど多くの方々に導かれて、これまで何とか研究生活を送って来ることができた。頂戴したご学恩に対して、この書物がいかほどの報いとなっているのか内心忸怩たるものがあるけれども、小著をひとまずの返礼としたい。

このたび、夫馬教授のご推薦により、本書は「東洋史研究叢刊」の一冊として刊行されることとなった。先生には折に触れて温かい励ましのお言葉をいただいたこと、心より感謝申し上げたい。また、校正にあたっては、山口正晃氏にお手伝い願い、多くの誤植と史料引用の不備をご指摘いただいた。中文概要の作成には、金　成愛氏の協力を得た。編集にあたられた京都大学学術出版会の佐伯かおるさんには、面倒な注文に逐一応えていただいたこと、本当にありがたく思っている。

なお、本書の刊行に際し、日本学術振興会平成二十一年度科学研究費（研究成果公開促進費）の交付を受けた。末筆ながら、関係各位に深甚なる謝意を表す次第である。

二〇一〇年一月

辻　正博

# 図表一覧

## [図版・地図]



## [表]

## 3 研究者名索引

## 2 法制史料名索引

【レ】



【ロ】

[コ]



[サ]



[シ]

［キ］



［ク］



［ケ］

# 索　引

索引は，1　一般事項索引，2　法制史料名索引，3　研究者名索引に分けてある。
本文そのままの表記ではなく，内容によってとった項目もある。

## 1 一般事項索引

## 著者略歴

辻　正博（つじ　まさひろ）
京都大学大学院人間・環境学研究科准教授。

一九六一年　滋賀県生まれ。
一九八四年　京都大学文学部史学科卒業。
一九八七年〜八八年　中国政府奨学金留学生として北京大学歴史学系に留学。
一九八八年　京都大学大学院文学研究科博士後期課程（東洋史学専攻）中途退学。
一九八八年　京都大学人文科学研究所助手。
一九九二年　滋賀医科大学医学部助教授。
一九九七〜九八年　文部省在外研究員としてロンドン大学東洋アフリカ学院に留学。
二〇〇七年より現職。
主要論著　「魏晋南北朝時代の聴訟と録囚」（『法制史研究』五五、二〇〇六年）、『新版中国の歴史（上）』（共著、昭和堂、二〇〇九年）、『草創期の敦煌学』（共著、知泉書館、二〇〇二年）ほか。

東洋史研究叢刊之七十四（新装版　12）
唐宋時代刑罰制度の研究（とうそうじだいけいばつせいどのけんきゅう）

二〇一〇年二月二十八日　初版第一刷発行

著　者　辻（つじ）　正（まさ）　博（ひろ）
発行者　加　藤　重　樹
発行所　京都大学学術出版会
〒606-8305　京都市左京区吉田河原町一五-九京大会館内
電話〇七五（七六一）六一八二　FAX〇七五（七六一）六一九〇
URL http://www.kyoto-up.or.jp
印刷所　亜細亜印刷　株式会社


定価はカバーに表示してあります

ISBN978-4-87698-532-6 C3322

ORIENTAL RESEARCH SERIES No.74

# The Penal System of the Tang and Song Dynasties

by

TSUJI Masahiro

Kyoto University Press

2010

附図　唐代の辺州と宋代の遠悪州軍

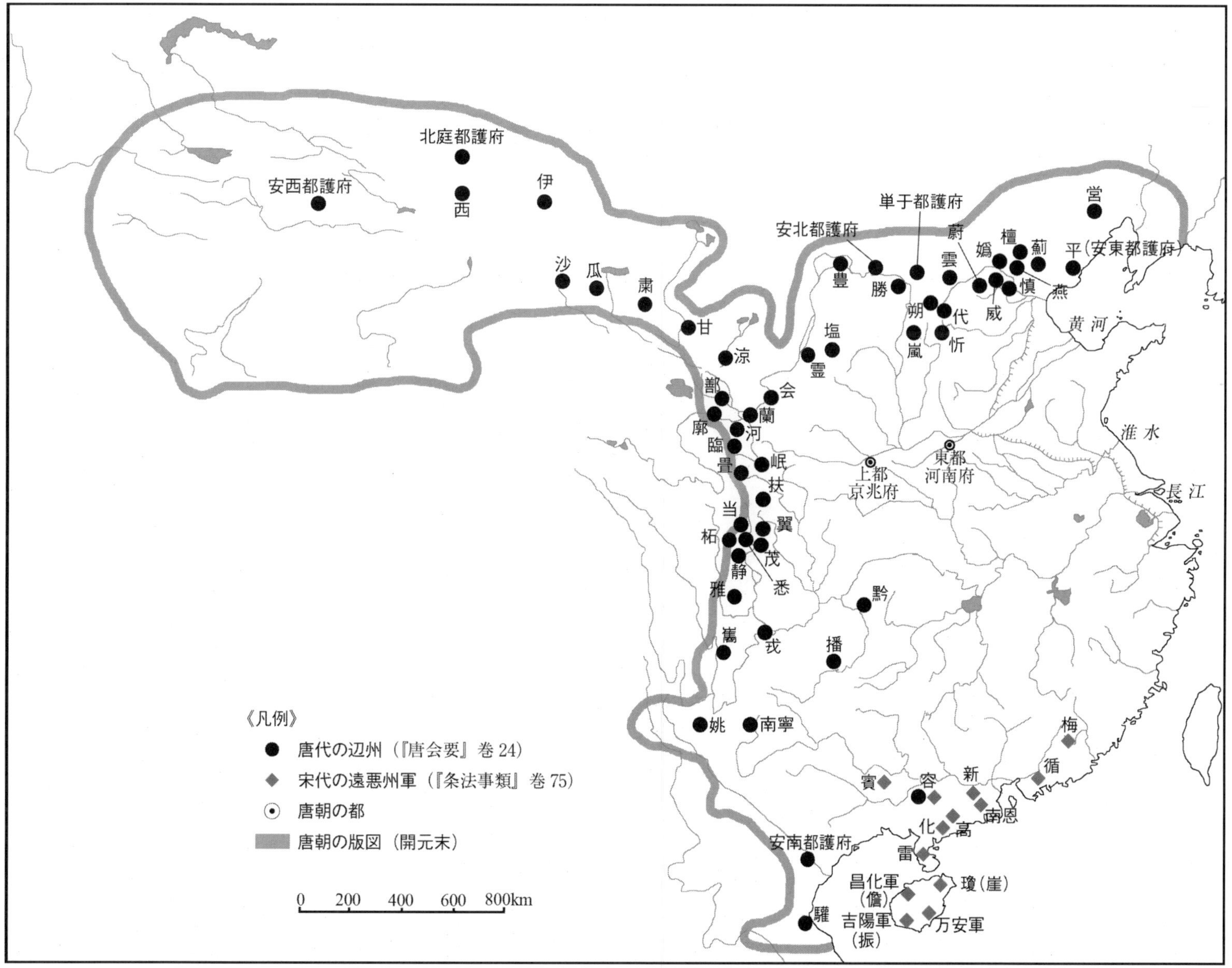


附表　唐代の辺州（『六典』と『唐会要』の比較）

| No. | 六典 | 所属道 | No. | 唐会要 | 備考 |
|---|---|---|---|---|---|
| 1 | 安東 | 河北 | 14 | 安東 | 在平州。 |
| 2 | 平 | 河北 | 53 | 平 | |
| 3 | 營 | 河北 | 30 | 営 | 『唐会要』作「牢」、今拠『六典』改。 |
| 4 | 檀 | 河北 | 13 | 檀 | |
| 5 | 嬀 | 河北 | 12 | 嬀 | |
| 6 | 蔚 | 河東 | 11 | 蔚 | |
| 7 | 朔 | 河東 | 10 | 朔 | |
| 8 | 忻 | 河東 | 52 | 忻 | |
| 9 | 安北 | 河東 | 35 | 安北 | 中受降城 |
| 10 | 單于 | 河東 | 37 | 單于 | |
| 11 | 代 | 河東 | 5 | 代 | |
| 12 | 嵐 | 河東 | 23 | 嵐 | |
| 13 | 雲 | 河東 | 54 | 雲 | 『唐会要』作「霊」、今拠『六典』改。 |
| 14 | 勝 | 関内 | 2 | 勝 | |
| 15 | 豐 | 関内 | 8 | 豐 | |
| 16 | 鹽 | 関内 | 24 | 鹽 | |
| 17 | 靈 | 関内 | 1 | 靈 | |
| 18 | 會 | 関内 | 38 | 會 | |
| 19 | 涼 | 隴右（河西） | 3 | 涼 | |
| 20 | 肅 | 隴右（河西） | 20 | 肅 | |
| 21 | 甘 | 隴右（河西） | 19 | 甘 | |
| 22 | 瓜 | 隴右（河西） | 21 | 瓜 | |
| 23 | 沙 | 隴右（河西） | 22 | 沙 | |
| 24 | 伊 | 隴右（河西） | 4 | 伊 | 『唐会要』作「相」、今拠『六典』改。 |
| 25 | 西 | 隴右（河西） | 29 | 西 | |
| 26 | 北庭 | 隴右（河西） | 36 | 北庭 | 『唐会要』作「庭」、今拠『六典』補「北」字。 |
| 27 | 安西 | 隴右（河西） | 43 | 安西 | 在亀茲。 |
| 28 | 河 | 隴右 | 39 | 河 | |
| 29 | 蘭 | 隴右 | 17 | 蘭 | |
| 30 | 鄯 | 隴右 | 18 | 鄯 | |
| 31 | 廓 | 隴右 | 16 | 廓 | |
| 32 | 疊 | 隴右 | 15 | 疊 | |
| 33 | 洮 | 隴右 | 9 | 洮 | 開元十七年廃、併入岷州。臨潭県置臨州。二十七年、又改為洮州。（『旧唐書』巻 40） |
| 34 | 岷 | 隴右 | 40 | 岷 | |
| 35 | 扶 | 剣南 | 41 | 扶 | |
| 36 | 柘 | 剣南 | 42 | 柘 | 『唐会要』作「拓」、今拠『六典』改。 |
| 37 | 維 | 剣南 | | | |
| 38 | 静 | 剣南 | 44 | 静 | |
| 39 | 悉 | 剣南 | 45 | 悉 | |
| 40 | 翼 | 剣南 | 25 | 翼 | |
| 41 | 松 | 剣南 | | | |
| 42 | 當 | 剣南 | 31 | 當 | |
| 43 | 戎 | 剣南 | 26 | 戎 | |
| 44 | 茂 | 剣南 | 33 | 茂 | |
| 45 | 巂 | 剣南 | 7 | 巂 | |
| 46 | 姚 | 剣南 | 46 | 姚 | |
| 47 | 播 | 江南（黔中） | 48 | 播 | |
| 48 | 黔 | 江南（黔中） | 6 | 黔 | |
| 49 | 驩 | 嶺南 | 34 | 驩 | |
| 50 | 容 | 嶺南 | 49 | 容 | |
| | | 河北 | 27 | 慎 | |
| | | 河北 | 28 | 威 | |
| | | 剣南 | 32 | 郎 | 当作「南寧」。武徳八年、更名郎州、開元五年復故名、天宝末没于蛮、因廃。（『新唐書』巻 43 下） |
| | | 剣南 | 47 | 雅 | |
| | | 河北 | 50 | 燕 | |
| | | 河北 | 51 | 順 | |
| | | 隴右 | 55 | 臨 | 開元十七年、臨潭県置臨州。（『旧唐書』巻 40）　二十七年四月、改臨州為洮州（『旧唐書』巻 9）　※No.9 洮州と重複。 |
| | | 河北 | 56 | 薊 | 開元十八年置。（『旧唐書』巻 39） |

注：「No.」欄の数字は、『六典』『唐会要』それぞれの史料における記載順序を示す。